독학사 2단계 심리학과

성격심리학

머리말

학위를 얻는 데 시간과 장소는 더 이상 제약이 되지 않습니다. 대입 전형을 거치지 않아도 '학점은행제'를 통해 학사학위를 취득할 수 있기 때문입니다. 그중 독학학위제도는 고등학교 졸업자이거나 이와 동등 이상의 학력을 가지고 있는 사람들에게 효율적인 학점 인정 및 학사학위 취득의 기회를 줍니다.

학습을 통한 개인의 자아실현 도구이자 자신의 실력을 인정받을 수 있는 스펙으로서의 독학사는 짧은 기간 안에 학사학위를 취득할 수 있는 가장 빠른 지름길로 많은 수험생들의 선택을 받고 있습니다.

독학학위취득시험은 1단계 교양과정 인정시험, 2단계 전공기초과정 인정시험, 3단계 전공심화과정 인정시험, 4단계 학위취득 종합시험의 1~4단계 시험으로 이루어집니다. 4단계까지의 과정을 통과한 자에 한해 학사학위 취득이 가능하고, 이는 대학에서 취득한 학위와 동등한 지위를 갖습니다.

이 책은 독학사 시험에 응시하는 수험생들이 단기간에 효과적인 학습을 할 수 있도록 다음과 같이 구성하였습니다.

01 빨리보는 간단한 키워드
핵심적인 이론만을 꼼꼼하게 정리하여 수록한 '빨리보는 간단한 키워드'로 전반적인 내용을 한눈에 파악할 수 있습니다.
→ '빨리보는 간단한 키워드' 무료 동영상 강의 제공

02 기출복원문제
'기출복원문제'를 수록하여 최근 시험 경향을 파악하고 이에 맞춰 공부할 수 있도록 하였습니다.
→ 기출복원문제 해설 무료 동영상 강의 제공

03 핵심이론
시험에 출제될 수 있는 내용을 '핵심이론'으로 수록하였으며, 이론 안의 '더 알아두기' 등을 통해 내용 이해에 부족함이 없도록 하였습니다. (2022년 시험부터 적용되는 평가영역 반영)

04 실전예상문제
앞서 공부한 이론이 머릿속에 잘 정리되었는지 확인해 볼 수 있도록 해당 출제 영역에 맞는 핵심포인트를 분석하여 '실전예상문제'를 수록하였습니다.

05 최종모의고사
최신 출제 유형을 반영한 '최종모의고사(2회분)'로 자신의 실력을 점검해 볼 수 있으며, 실제 시험에 임하듯이 시간을 재고 풀어 본다면 시험장에서의 실수를 줄일 수 있을 것입니다.

시간 대비 학습의 효율성을 높이기 위해 이론 부분을 최대한 압축하려고 노력하였습니다. 문제들이 실제 기출 유형에 맞지 않아 시험 대비에 만족하지 못하는 수험생들이 많은데, 이 책은 그러한 문제점을 보완하여 수험생들에게 시험에 대한 확신을 주고, 단기간에 고득점을 획득할 수 있도록 노력하였습니다. 끝으로 이 책으로 독학학위취득의 꿈을 이루고자 하는 수험생들이 반드시 합격하기를 바랍니다.

편저자 드림

BDES

독학학위제 소개

독학학위제란?

「독학에 의한 학위취득에 관한 법률」에 의거하여 국가에서 시행하는 시험에 합격한 사람에게 학사학위를 수여하는 제도

- ⨀ 고등학교 졸업 이상의 학력을 가진 사람이면 누구나 응시 가능
- ⨀ 대학교를 다니지 않아도 스스로 공부해서 학위취득 가능
- ⨀ 일과 학습의 병행이 가능하여 시간과 비용 최소화
- ⨀ 언제, 어디서나 학습이 가능한 평생학습시대의 자아실현을 위한 제도
- ⨀ 학위취득시험은 4개의 과정(교양, 전공기초, 전공심화, 학위취득 종합시험)으로 이루어져 있으며 각 과정별 시험을 모두 거쳐 학위취득 종합시험에 합격하면 학사학위 취득

독학학위제 전공 분야 (11개 전공)

국어국문학   영어영문학   심리학   경영학   컴퓨터공학   간호학

법학   행정학   가정학   유아교육학   정보통신학

※ 유아교육학 및 정보통신학 전공 : 3, 4과정만 개설
   (정보통신학의 경우 3과정은 2025년까지, 4과정은 2026년까지만 응시 가능하며, 이후 폐지)
※ 간호학 전공 : 4과정만 개설
※ 중어중문학, 수학, 농학 전공 : 폐지 전공으로 기존에 해당 전공 학적 보유자에 한하여 응시 가능

※ SD에듀는 현재 4개 학과(심리학과, 경영학과, 컴퓨터공학과, 간호학과) 개설 완료
※ 2개 학과(국어국문학과, 영어영문학과) 개설 진행 중

독학학위제 시험안내

과정별 응시자격

단계	과정	응시자격	과정(과목) 시험 면제 요건
1	교양	고등학교 졸업 이상 학력 소지자	• 대학(교)에서 각 학년 수료 및 일정 학점 취득 • 학점은행제 일정 학점 인정 • 국가기술자격법에 따른 자격 취득 • 교육부령에 따른 각종 시험 합격 • 면제지정기관 이수 등
2	전공기초		
3	전공심화		

4	학위취득	• 1~3과정 합격 및 면제
		• 대학에서 동일 전공으로 3년 이상 수료
		  (3년제의 경우 졸업) 또는 105학점 이상 취득
		• 학점은행제 동일 전공 105학점 이상 인정
		  (전공 28학점 포함) ➜ 22.1.1. 시행
		• 외국에서 15년 이상의 학교교육과정 수료
			없음(반드시 응시)

응시방법 및 응시료

- 접수방법 : 온라인으로만 가능
- 제출서류 : 응시자격 증빙서류 등 자세한 내용은 홈페이지 참조
- 응시료 : 20,400원

독학학위제 시험 범위

- 시험 과목별 평가영역 범위에서 대학 전공자에게 요구되는 수준으로 출제
- 시험 범위 및 예시문항은 독학학위제 홈페이지(bdes.nile.or.kr) ➜ 학습정보 ➜ 과목별 평가영역에서 확인

문항 수 및 배점

과정	일반 과목			예외 과목		
	객관식	주관식	합계	객관식	주관식	합계
교양, 전공기초 (1~2과정)	40문항×2.5점 =100점	–	40문항 100점	25문항×4점 =100점	–	25문항 100점
전공심화, 학위취득 (3~4과정)	24문항×2.5점 =60점	4문항×10점 =40점	28문항 100점	15문항×4점 =60점	5문항×8점 =40점	20문항 100점

※ 2017년도부터 교양과정 인정시험 및 전공기초과정 인정시험은 객관식 문항으로만 출제

합격 기준

■ 1~3과정(교양, 전공기초, 전공심화) 시험

단계	과정	합격 기준	유의 사항
1	교양	매 과목 60점 이상 득점을 합격으로 하고, 과목 합격 인정(합격 여부만 결정)	5과목 합격
2	전공기초		6과목 이상 합격
3	전공심화		

■ 4과정(학위취득) 시험 : 총점 합격제 또는 과목별 합격제 선택

구분	합격 기준	유의 사항
총점 합격제	• 총점(600점)의 60% 이상 득점(360점) • 과목 낙제 없음	• 6과목 모두 신규 응시 • 기존 합격 과목 불인정
과목별 합격제	• 매 과목 100점 만점으로 하여 전 과목 (교양 2, 전공 4) 60점 이상 득점	• 기존 합격 과목 재응시 불가 • 1과목이라도 60점 미만 득점하면 불합격

시험 일정

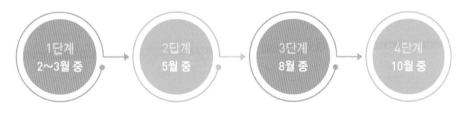

1단계	2단계	3단계	4단계
2~3월 중	5월 중	8월 중	10월 중

■ 심리학과 2단계 시험 과목 및 시간표

구분(교시별)	시간	시험 과목명
1교시	09:00~10:40(100분)	이상심리학, 감각 및 지각심리학
2교시	11:10~12:50(100분)	사회심리학, 생물심리학
중식 12:50~13:40(50분)		
3교시	14:00~15:40(100분)	발달심리학, 성격심리학
4교시	16:10~17:50(100분)	동기와 정서, 심리통계

※ 시험 일정 및 세부사항은 반드시 독학학위제 홈페이지(bdes.nile.or.kr)를 통해 확인하시기 바랍니다.

※ SD에듀에서 개설되었거나 개설 예정인 과목은 빨간색으로 표시하였습니다.

독학학위제 단계별 학습법

1단계 평가영역에 기반을 둔 이론 공부!

독학학위제에서 발표한 평가영역에 기반을 두어 효율적으로 이론을 공부해야 합니다. 각 장별로 정리된 '핵심이론'을 통해 핵심적인 개념을 파악합니다. 모든 내용을 다 암기하는 것이 아니라, 포괄적으로 이해한 후 핵심내용을 파악하여 이 부분을 확실히 알고 넘어가야 합니다.

2단계 시험 경향 및 문제 유형 파악!

독학사 시험 문제는 지금까지 출제된 유형에서 크게 벗어나지 않는 범위에서 비슷한 유형으로 줄곧 출제되고 있습니다. 본서에 수록된 이론을 충실히 학습한 후 '실전예상문제'를 풀어 보면서 문제의 유형과 출제의도를 파악하는 데 집중하도록 합니다. 교재에 수록된 문제는 시험 유형의 가장 핵심적인 부분이 반영된 문항들이므로 실제 시험에서 어떠한 유형이 출제되는지에 대한 감을 잡을 수 있을 것입니다.

3단계 '실전예상문제'를 통한 효과적인 대비!

독학사 시험 문제는 비슷한 유형들이 반복되어 출제되므로, 다양한 문제를 풀어 보는 것이 필수적입니다. 각 단원의 끝에 수록된 '실전예상문제'를 통해 단원별 내용을 제대로 학습하였는지 꼼꼼하게 확인하고, 실력을 점검합니다. 이때 부족한 부분은 따로 체크해 두고, 복습할 때 중점적으로 공부하는 것도 좋은 학습 전략입니다.

4단계 복습을 통한 학습 마무리!

이론 공부를 하면서, 혹은 문제를 풀어 보면서 헷갈리고 이해하기 어려운 부분은 따로 체크해 두는 것이 좋습니다. 중요 개념은 반복학습을 통해 놓치지 않고 확실하게 익히고 넘어가야 합니다. 마무리 단계에서는 '최종모의고사'와 '빨리보는 간단한 키워드'를 통해 핵심개념을 다시 한 번 더 정리하고 마무리할 수 있도록 합니다.

COMMENT

합격수기

> 저는 학사편입 제도를 이용하기 위해 2~4단계를 순차로 응시했고 한 번에 합격했습니다.
> 아슬아슬한 점수라서 부끄럽지만 독학사는 자료가 부족해서 부족하나마 후기를 쓰는 것이 도움이 될까 하여
> 제 합격전략을 정리하여 알려드립니다.

#1. 교재와 전공서적을 가까이에!

학사학위 취득은 본래 4년을 기본으로 합니다. 독학사는 이를 1년으로 단축하는 것을 목표로 하는 시험이
라 실제 시험도 변별력을 높이는 몇 문제를 제외한다면 기본이 되는 중요한 이론 위주로 출제됩니다. SD
에듀의 독학사 시리즈 역시 이에 맞추어 중요한 내용이 일목요연하게 압축ㆍ정리되어 있습니다. 빠르게
훑어보기 좋지만 내가 목표로 한 전공에 대해 자세히 알고 싶다면 전공서적과 함께 공부하는 것이 좋습니
다. 교재와 전공서적을 함께 보면서 교재에 전공서적 내용을 정리하여 단권화하면 시험이 임박했을 때 교
재 한 권으로도 자신 있게 시험을 치를 수 있습니다.

#2. 시간확인은 필수!

쉬운 문제는 금방 넘어가지만 지문이 길거나 어렵고 헷갈리는 문제도 있고, OMR 카드에 마킹까지 해야
하니 실제로 주어진 시간은 더 짧습니다. 1번에 어려운 문제가 있다고 해서 시간을 많이 허비하면 쉽게 풀
수 있는 마지막 문제들을 놓칠 수 있습니다. 문제 푸는 속도도 느려지니 집중력도 떨어집니다. 그래서 어
차피 배점은 같으니 아는 문제를 최대한 많이 맞히는 것을 목표로 했습니다.
① 어려운 문제는 빠르게 넘기면서 문제를 끝까지 다 풀고 ② 확실한 답부터 우선 마킹한 후 ③ 다시 시험
지로 돌아가 건너뛴 문제들을 다시 풀었습니다. 확실히 시간을 재고 문제를 많이 풀어 봐야 실전에 도움이
되는 것 같습니다.

#3. 문제풀이의 반복!

여느 시험과 마찬가지로 문제는 많이 풀어 볼수록 좋습니다. 이론을 공부한 후 실전예상문제를 풀다 보니
부족한 부분이 어딘지 확인할 수 있었고, 공부한 이론이 시험에 어떤 식으로 출제될지 예상할 수 있었습니
다. 그렇게 부족한 부분을 보충해가며 문제 유형을 파악하면 이론을 복습할 때도 어떤 부분을 중점적으로
암기해야 할지 알 수 있습니다. 이론 공부가 어느 정도 마무리되었을 때 시계를 준비하고 최종모의고사를
풀었습니다. 실제 시험시간을 생각하면서 예행연습을 하니 시험 당일에는 덜 긴장할 수 있었습니다.

> 학위취득을 위해 오늘도 열심히 학습하시는 동지 여러분에게도 합격의 영광이 있으시길 기원하면서 이만 줄입니다.

이 책의 구성과 특징

기출복원문제

▶ 온라인(www.sdedu.co.kr)을 통해 기출문제 무료 동영상 강의에 만나 보세요.

※ 본 문제는 다년간 독학사 심리학과 2단계 시험에서 출제된 기출문제를 복원한 것입니다. 문제의 난이도와 수험경향 파악용으로 사용하시길 권고드립니다. 본 기출복원문제에 대한 무단복제 및 전재를 금하며 저작권은 SD에듀에 있음을 알려드립니다.

01 다음 중 유형론과 특질론에 대한 설명으로 옳은 것은?

① 유형론은 인간의 성격을 몇 가지 유형으로 단순 분류하여 설명한다.

② 특질론은 인간의 성격이 어떻게 형성되고 그 성격이 어떤 의미를 갖는지 설명한다.

③ 유형론은 개인의 사고, 감정, 행동 등 특질을 바탕으로 성격을 설명한다.

④ 유형론은 인간의 성격이 발달 과정을 통해 형성된다고 여긴다.

02 다음 내용에서 괄호 안에 들어갈 성격심리학의 관점으로 옳은 것은?

( )은 한 개인의 행동을 분석할 때 개인의 특질이나 생물학적 특성에 기초하여 성격을 설명한다. ( )은 모든 인간이 각자 독특하고 안정적인 특질들을 가지고 있으며, 그 특질들이 성격을 이루는 기본요소가 된다고 주장한다.

① 성향적 관점

② 인본주의 관점

③ 인지주의적 관점

④ 정신역동적 관점

01 유형론(Typology)은 성격 이론 중 역사가 가장 오래된 이론으로 인간의 성격을 몇 가지 공통된 유형으로 분류하고 각 유형의 성격이 어떤지 설명하는 이론이다.

② 유형론과 특질론은 인간의 성격을 개인의 특질에 기초하여 설명하며 그 성격이 어떤 의미를 갖는지 설명하지 못한다는 한계를 지닌다.

③ 개인의 사고, 감정, 행동 등 특질을 바탕으로 성격을 설명하는 것은 특질론이다.

④ 유형론은 인간을 몇 가지 유형으로 나누고 그에 따른 성격을 설명하는 이론이다. 성격이 어떻게 형성되고 발달하는지를 연구하는 이론은 과정이론이다.

02 성향적 관점(특질이론)적 관점은 한 개인의 행동을 분석할 때 그가 처한 상황보다 개인 자체에 더 많은 기초를 두는 것으로, 특히 개인의 특질이나 생물학적 특성에 기초하여 성격을 설명하는 입장이다.

② 인본주의 관점은 모든 인간을 존엄하고 무한한 가능성이 있으며 스스로 삶을 창조하는 긍정적인 존재로 여기며, 특히 현상학적 관점에서 개인의 주관적 경험의 고유성과 가치를 인정한다.

③ 인지주의적 관점은 개인의 성격과 행동을 이해하는 데 있어 인지적 요인의 중요성을 강조하며, 개인의 감정, 의지와 따라 정서와

핵심이론

평가영역을 바탕으로 꼼꼼하게 정리된 '핵심이론'을 통해 꼭 알아야 하는 내용을 명확히 파악해 보세요.

제 1 장 | 성격의 이론과 연구법

제1절 성격의 정의

1 성격의 개념

(1) 성격에 대한 학자들의 견해

① **올포트(Allport)**
성격은 개인의 특유한 행동과 사고를 결정하는 심리신체적 체계인 개인 내 역동적 조직이다.

② **설리반(Sullivan)**
성격은 인간 상호 관계 속에서 개인의 행동을 특징짓는 비교적 지속적인 심리적 특성이다.

③ **프롬(Fromm)**
성격은 한 개인의 특징이 되며 독특성을 만들어 내는 선천적이자 후천적인 정신적 특질의 총체이다.

④ **미셸(Mischel)**
성격은 보통 개인이 접하는 생활상황에 대해 적응의 특성을 기술하는 사고와 감정을 포함하는 구별된 행동패턴이다.

⑤ **매디(Maddi)**
성격은 사람들의 심리적 행동(사고, 감정, 행위)에 있어서 공통점과 차이점을 결정하는 일련의 안정된 경향이나 특성이다.

⑥ **릭맨(Ryckman)**
성격은 개인이 소유한 일련의 역동적이고 조직화된 특성으로서, 이와 같은 특성은 다양한 상황에서 개인의 인지, 동기, 행동에 독특하게 영향을 준다.

⑦ **카버와 사이어(Carver & Scheier)**
성격은 인간의 행동, 사고, 감정의 특유한 패턴을 창조하는 심리신체적 체계인 인간 내부의 역동적 조직이다.

⑧ **버거(Burger)**
성격은 일관된 행동패턴 및 개인 내부에서 일어나는 정신내적 과정이다.

제 1 장 │ 실전예상문제

01 다음 중 〈보기〉의 내용과 같이 성격을 정의한 학자에 해당하는 사람은?

┌─ 보기 ─
성격은 개인의 특유한 행동과 사고를 결정하는 심리신체적 체계인 개인 내 역동적 조직이다.
└─

① 설리반(Sullivan)
② 올포트(Allport)
③ 미셸(Mischel)
④ 매디(Maddi)

01 ① 설리반(Sullivan)은 성격을 "인간 상호 관계 속에서 개인의 행동을 특징짓는 비교적 지속적인 심리적 특성"으로 정의하였다.
③ 미셸(Mischel)은 성격을 "보통 개인이 접하는 생활상황에 대해 적응의 특성을 기술하는 사고와 감정을 포함하는 구별된 행동패턴"으로 정의하였다.
④ 매디(Maddi)는 성격을 "사람들의 심리적 행동(사고, 감정, 행위)에 있어서 공통점과 차이점을 결정하는 일련의 안정된 경향이자 특성"으로 정의하였다.

03 실전예상문제

'핵심이론'에서 공부한 내용을 바탕으로 '실전예상문제'를 풀어 보면서 문제를 해결하는 능력을 길러 보세요.

제1회 │ 최종모의고사 │ 성격심리학

제한시간: 50분 │ 시작 ____시 ____분 ~ 종료 ____시 ____분

⊐ 정답 및 해설 279p

01 다음 중 성격에 대한 설명으로 가장 옳은 것은?

① 개인의 특정한 행동을 결정하는 데 작용하는 비지적 심리구조이다.
② 지능, 적성, 창의력 등 지적 능력을 포함하는 개념이다.
③ 보통 도덕적 기준에 의한 평가와 연관된다.
④ 주로 유기체의 생물학적인 성향을 지칭한다.

03 다음 중 성격심리학의 관점으로서 성향적 관점의 학자를 올바르게 모두 고른 것은?

┌──────────
ㄱ. 카텔(Cattell)
ㄴ. 아들러(Adler)
ㄷ. 올포트(Allport)
ㄹ. 프랭클(Frankl)
└──────────

① ㄱ, ㄴ, ㄷ
② ㄱ, ㄷ
③ ㄴ, ㄹ

04 최종모의고사

'최종모의고사'를 실제 시험처럼 시간을 정해 놓고 풀어 보면서 최종점검을 해 보세요.

+ P / L / U / S +

부록 │ 빨리보는 간단한 키워드

시험 직전의 완벽한 마무리!
빨리보는 간단한 키워드

'빨리보는 간단한 키워드'는 핵심요약집으로 시험 직전까지 해당 과목의 중요 핵심이론을 체크할 수 있도록 합니다.
또한, SD에듀 홈페이지(www.sdedu.co.kr)에 접속하시면 해당 과목에 대한 핵심요약집 무료 강의도 제공하고 있으니 꼭 활용하시길 바랍니다!

CONTENTS
목차

당신이 저지를 수 있는 가장 큰 실수는 실수를 할까 두려워하는 것이다.

– 앨버트 하버드 –

부록

빨리보는 간단한 키워드

시/험/전/에/ 보/는/ 핵/심/요/약/ 키/워/드/

훌륭한 가정만한 학교가 없고, 덕이 있는 부모만한 스승은 없다.

– 마하트마 간디 –

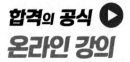

제1장 성격의 이론과 연구법

■ **성격의 개념**

① **학자별 개념**
- ㉠ 올포트(Allport) : 심리·신체적 체계인 개인 내 역동적 조직
- ㉡ 설리반(Sullivan) : 비교적 지속적인 심리적 특성
- ㉢ 프롬(Fromm) : 선전적이자 후천적인 정신적 특질의 총체
- ㉣ 미첼(Mischel) : 사고와 감정을 포함하는 구별된 행동패턴
- ㉤ 매디(Maddi) : 사람들의 공통점과 차이점을 결정하는 일련의 안정된 경향이자 특성
- ㉥ 릭맨(Ryckman) : 개인이 소유한 일련의 역동적이고 조직화된 특성
- ㉦ 카버와 샤이어(Carver & Scheier) : 심리·신체적 체계인 인간 내부의 역동적 조직
- ㉧ 버거(Burger) : 일관된 행동패턴 및 개인 내부에서 일어나는 정신의 내적 과정

② **일반적 정의**
환경에 대한 개인의 독특한 적응을 결정하는 개인 내의 신체적·정신적 체계들의 역동적 조직

③ **주요 가정**
- ㉠ 모든 행동은 적응적
- ㉡ 성격은 학습된 행동패턴
- ㉢ 문화는 성격패턴에 영향을 줌
- ㉣ 각각의 성격은 고유하고 독특한 조직을 가짐
- ㉤ 성격은 반응의 선택을 결정함
- ㉥ 패턴의 이해는 행동을 예언하도록 해 줌
- ㉦ 성격패턴의 이해는 어떤 행동의 구체적 기능을 이해하도록 해 줌

④ **유사 개념**
성질 및 기질

■ **성격의 특성과 형성**

① **특징적 요소**
- ㉠ 독특성
- ㉡ 공통성
- ㉢ 일관성(안정성)
- ㉣ 역동성

② **일반적 특징**
  ㉠ 인간의 행동과 관련
  ㉡ 개인 간 차이 있음
  ㉢ 각 상황에서 일관성 있게 나타남
  ㉣ 전체적인 맥락에서 보다 잘 이해됨
③ **성격의 형성**
  유전 vs. 환경

■ **성격의 연구 흐름**
① **역사**
  ㉠ 고대
    • 생각과 행동의 개인차가 각자의 출생 당시 서로 다른 자연현상(예 별자리, 계절 등)의 영향에서 비롯된다고 여김
    • 히포크라테스(Hippocrates)의 체액론 : 혈액(Blood), 흑담즙(Black Bile), 황담즙(Yellow Bile), 점액(Phlegm)
    • 갈렌(Galen)의 네 가지 기질론 : 다혈질(Sanguine), 우울질(Melancholic), 담즙질(Choleric), 점액질(Phlegmatic)
  ㉡ 중세 : 기본적으로 원죄가 있는 악한 존재
  ㉢ 근대 : 로크(Locke), 볼테르(Voltaire) 등 → 백지와 같은 상태(Tabula Rasa)
  ㉣ 현대
    • 크래츠머(Kretschmer) : 신체유형에 대한 관찰을 토대로 성격 및 정신장애를 분류
    • 셀든(Sheldon) : 내배엽형(Endomorphic Type), 중배엽형(Mesomorphic Type), 외배엽형(Ectomorphic Type)으로 성격을 구분
    • 융(Jung) : 단어연상검사(Word Association Test)를 개발하여 사용하면서 성격에 대한 체계적이고 과학적인 연구가 본격적으로 시도

■ **성격심리학의 목적 및 관점**
① **목적**
  ㉠ 인간의 본질을 이해하는 것
  ㉡ 인간의 부적응적인 행동을 개선하며, 더 나아가 개인의 행복을 증진
  ㉢ 성격과 관련된 후속 연구를 촉진
② **5가지 관점**
  ㉠ 정신역동적 관점
  ㉡ 성향적 관점(특질이론적 관점)
  ㉢ 인본주의적 관점(현상학적 관점)

② 행동 및 사회학습적 관점
② 인지주의적 관점
③ **최근 추세**
⑦ 성격 분석단위의 다양화
① 성격과 상황의 상호작용에 대한 연구
② 인지적 요인의 중요성 부각
② 성격에 대한 생물학적 관점으로의 활발한 접근
② 성격장애 및 성격강점에 대한 관심 고조

[심리학의 주요 학파와 학자]

학파	주요 내용	학자
구성주의	개인의 의식 경험의 세부 구성요소를 밝혀내는 데 초점을 둠	• 분트(Wundt) • 티츠너(Titchener)
기능주의	인간 정신의 지속적인 변화를 강조하면서 일상생활 속에서 정신이 어떤 기능을 하는지를 연구	• 제임스(James) • 듀이(Dewey)
행동주의	심리학이 과학의 한 분야가 되기 위해서는 관찰 및 측정 가능한 외현적 행동에 초점을 두어야 한다고 봄	• 파블로프(Pavlov) • 스키너(Skinner) • 헐(Hull) • 왓슨(Watson)
정신분석	성격을 서로 경쟁하고 갈등하는 내적 힘들의 집합으로 봄. 특히 인간행동의 여러 측면들이 그의 성격 안에 내재된 무의식적 힘에서 비롯된다고 주장함	• 프로이트(Freud) • 머레이(Murray)
신정신분석	인간행동의 동기를 이해하는 데 있어서 무의식이 아닌 의식을, 성적인 힘보다는 사회적·문화적 힘을 강조함. 특히 성격에서 자아와 자아의 발달, 사회적 관계를 중시함	• 아들러(Adler) • 에릭슨(Erikson) • 설리반(Sullivan) • 호나이(Horney) • 프롬(Fromm)
게슈탈트 (형태주의) 심리학	인간을 정신, 행동 등으로 구분하여 이해하는 것보다는 전체적인 관점에서 이해할 것을 강조	• 베르타이머(Wertheimer) • 쾰러(Köhler) • 코프카(Koffka)
인본주의 심리학	인간은 과거에 의한 결정적인 존재가 아닌 자유의지를 가지고 자기실현을 향해 나아가는 존재	• 로저스(Rogers) • 매슬로우(Maslow) • 프랭클(Frankl) • 메이(May)
인지심리학	인간을 이해하기 위해 사고, 기억, 의사결정 등 인지 과정을 연구할 것을 강조	• 나이저(Neisser) • 털빙(Tulving)

■ 성격이론의 쟁점

① 인간 vs. 상황에 대한 쟁점

㉠ 일반적인 관점 : 인간 자체에 대하여 초점을 둔 성격이론

㉡ 미첼(Mischel)의 5가지 사람변인

구성능력	개인의 인지적 · 행동적 능력과 연관된 것으로서, 적절한 조건하에서 다양한 행동을 생성할 수 있는 지적 · 사회적 · 신체적 능력
부호화 전략	개인이 사건이나 실체를 지각하고 조직화하며 이해하는 방법, 그리고 상황을 범주화하는 방법과 연관됨
기대	특별한 조건하에서 무슨 일이 일어날 것인가에 대한 개인의 구체적인 기대를 의미함
목표와 주관적 가치	기대가 유사하더라도 개인마다 서로 다른 목표나 주관적 가치를 가지므로, 동일한 결과에 대해 서로 다른 의미를 부여함으로써 서로 다른 행동으로 보일 수 있음
자기조절 체계 및 계획	각각의 개인이 자신의 행동을 조절하기 위해 채택하는 서로 다른 규칙 혹은 규준

② 인간관에 대한 쟁점

㉠ 인간관에 대한 준거 틀 : 젤리와 지글러, 매디, 슐츠와 슐츠

㉡ 인간관에 관한 3가지 모델 : 갈등 모델, 충족 모델, 일관성 모델

■ 성격평가

① 의의

개인이 어떤 성격의 소유자이고 어떤 내면적 감정을 가지고 있는지, 어떤 사고방식과 행동방식을 지니고 있는지를 파악하기 위한 절차 및 방법

② 일반적인 절차

㉠ 제1단계 : 평가목적의 명료화

㉡ 제2단계 : 자료수집의 계획

㉢ 제3단계 : 자료수집의 실시 및 채점

㉣ 제4단계 : 자료의 해석 및 통합

㉤ 제5단계 : 평가결과의 보고 및 전달

③ 기법

㉠ 면담법(면접법) : 구조화된 면담(표준화 면접), 비구조화된 면담(비표준화 면접), 반구조화된 면담(반표준화 면접)

㉡ 관찰법(행동평가법) : 자연관찰법(직접관찰법), 유사관찰법(통제된 관찰법 또는 실험적 관찰법), 참여관찰법, 자기관찰법(자기-감찰 또는 자기-탐지)

㉢ 심리검사법 : 자기보고식 검사(Self-reporting Tests), 투사적 검사(Projective Tests)

㉣ 심리생리적 측정법 : 뇌파, 심장박동, 혈압, 근육긴장도, 피부전기저항반응 등 생리적 상태를 측정할 수 있는 측정도구를 이용하여 심리적 상태나 특성을 평가

■ **성격연구의 방법**

① 사례연구

② 상관연구

③ 실험연구

[사례연구, 상관연구, 실험연구의 강점 및 제한점]

구분	강점	제한점
사례연구	• 실험의 인위성 배제 • 인간-환경 관계의 복잡성 연구 • 개인에 대한 심층적 연구	• 비체계적인 관찰 • 자료에 대한 주관적 해석 • 변인들 간의 복잡한 관계를 규명하지 못함
상관연구	• 여러 가지 변인들에 대한 연구 • 많은 변인들 간의 관계 연구 • 다량의 자료 수집	• 원인보다는 관계 규명 • 자기보고식 질문지의 신뢰도 및 타당도 문제 • 개인에 대한 심층적 연구의 어려움
실험연구	• 특정 변인의 인위적인 조작 • 자료의 객관적 기록 • 변인들 간의 인과관계 규명	• 실험실에서 연구될 수 없는 현상은 배제 • 결과의 일반화를 제약하는 인위적인 틀 • 실험자의 기대효과 야기

■ **연구방법론**

① **평가도구의 준거**

㉠ 표준화(Standardization) : 검사 시행을 위한 절차나 조건상의 일관성 혹은 동일성을 갖추고 있는 것

㉡ 신뢰도(Reliability) : 평가도구가 시간의 경과에도 불구하고 반응의 일관성을 나타내 보이는가에 관한 것

㉢ 타당도(Validity) : 평가도구가 측정하고자 하는 것을 충실히 재고 있는가에 관한 것

㉣ 객관도(Objectivity) : 평가자 혹은 채점자 간의 채점이 어느 정도 신뢰할만하고 일관성이 있는가에 대한 것

㉤ 실용도(Usability) : 평가도구가 얼마나 적은 시간과 비용, 노력을 투입하여 얼마나 많은 목표를 달성힐 수 있는가에 대한 것

② **측정과 척도**

㉠ 측정 : 일정한 규칙에 따라 사물 또는 사건에 대해 숫자를 부여하는 것

㉡ 척도 : 일종의 측정도구로서 일정한 규칙에 따라 측정대상에 적용할 수 있도록 만들어진 일련의 체계화된 기호 또는 숫자를 의미

• 명명척도 또는 명목척도(Nominal Scale)

• 서열척도(Ordinal Scale)

• 등간척도(Interval Scale)

• 비율척도(Ratio Scale)

제2장 정신역동

■ **정신분석이론**

① **기본가정**

ㄱ 정신적 결정론 또는 심리결정론(Psychic Determination) : 성격구조는 대략 5세 이전의 과거 경험에 의해 결정

ㄴ 무의식적 동기(Unconscious Motivation) : 인간행동의 원인은 바로 무의식적 동기

ㄷ 성적 추동(Sexual Drive) : 성적 에너지를 인간 삶의 원동력으로 가정(공격적 욕구도 인간의 기본적인 욕구)

ㄹ 어린 시절의 경험 : 특히 양육자로서 부모와의 상호작용 경험이 개인의 성격형성의 기초가 됨

ㅁ 이중본능이론(Dual Instincts Theory) : 삶 본능 vs. 죽음 본능

② **성격의 구조**

ㄱ 마음의 지형학적 모델(Topographic Model of the Mind) : 의식(Consciousness), 전의식(Preconsciousness), 무의식(Unconsciousness)

ㄴ 성격의 삼원구조 이론(Tripartite Theory of Personality) : 원초아(Id), 자아(Ego), 초자아(Superego)

③ **심리성적 발달이론**

ㄱ 프로이트 : 인간의 성격이 심리성적 발달단계에 따라 형성

ㄴ 심리성적 발달단계

• 구강기 또는 구순기(Oral Stage, 0~1세)

• 항문기(Anal Stage, 1~3세)

• 남근기(Phallic Stage, 3~6세)

• 잠복기 또는 잠재기(Latency Stage, 6~12세)

• 생식기(Genital Stage, 12세 이후)

④ **불안과 방어기제**

ㄱ 불안의 유형

• 현실 불안(Reality Anxiety) : 분명히 외부에 위험이 존재할 때 느끼는 불안

• 신경증적 불안(Neurotic Anxiety) : 무의식적 충동이 의식을 뚫고 올라오려 할 때 느끼는 불안

• 도덕적 불안(Moral Anxiety) : 본질적 자기 양심에 대한 두려움과 연관

ㄴ 방어기제 : 무의식적인 욕구나 충동으로부터 자아를 보호하기 위한 무의식적 사고 및 행동

• 억압(Repression)

• 부인 또는 부정(Denial)

• 합리화(Rationalization)

• 반동형성(Reaction Formation)

• 투사(Projection)

• 퇴행(Regression)

• 주지화(Intellectualization)

- 전치 또는 치환(Displacement)
- 전환(Conversion)
- 상징화(Symbolization)
- 해리(Dissociation)
- 격리(Isolation)
- 보상(Compensation)
- 대치(Substitution)
- 승화(Sublimation)
- 동일시(Identification)
- 취소(Undoing)
- 신체화(Somatization)
- 행동화(Acting-out)
- 상환(Restitution)

⑤ **성격이론의 적용과 한계**

 ㉠ 성격 평가
- 자유연상(Free Association)
- 꿈 분석(Dream Analysis)
- 전이 분석(Transference Analysis)
- 저항 분석(Resistance Analysis)
- 해석(Interpretation)
- 훈습(Working-through)

 ㉡ 정신분석이론의 공헌점
- 심리학 최초의 체계적인 이론
- 인간의 성격구조와 역동을 체계적으로 설명하는 최초의 이론
- 인간의 정신세계를 무의식까지 확장
- 신경증 환자를 치료하는 데 기여

 ㉢ 정신분석이론의 제한점
- 실증적인 연구에 의해 뒷받침되어 있지 못하며, 비과학적이라는 비판
- 표집의 대표성이 없고 일반화에 한계
- 대인관계적 측면이나 사회문화적 요인 등의 영향을 충분히 고려하고 있지 못함
- 장기간의 치료기간을 요함
- 부정적이고 비관적인 인간관과 성차별적인 편견
- 인지발달보다는 정서발달에 치중, 현재의 경험보다는 과거의 경험을 지나치게 강조

■ **후기 프로이트 학파**

① **아들러의 개인심리이론**

㉠ 특징
- 성격의 중심 : 무의식이 아닌 의식
- 인간 : 전체적·통합적
- 생애 초기(대략 4~6세)의 경험이 성인의 삶을 크게 좌우
- 인간은 창조적이고 책임감 있는 존재
- 인간은 성적 동기보다 사회적 동기에 의해 동기화
- 열등감과 보상이 개인의 발달 동기
- 인간의 행동 : 목적적이고 목표지향적
- 인간은 미래에 대한 기대로서 가상의 목표를 가짐
- 사회적 관심은 한 개인의 심리적 건강을 측정하는 유용한 척도
- 개인은 세 가지 인생과제인 '일과 여가(Work & Leisure)', '우정과 사회적 관계(Friendship & Society)', 그리고 '성과 사랑(Sex & Love)'을 가짐
- 개인의 행동과 습관 : 삶에 전반적으로 적용되고 상호작용하는 생활양식이 나타남

㉡ 주요 개념
- 열등감과 보상(Inferiority and Compensation)
- 우월성의 추구 또는 우월을 향한 노력(Striving for Superiority)
- 사회적 관심(Social Interest)
- 생활양식(Style of Life)
- 창조적 자기(Creative Self)
- 가상적 목표(Fictional Finalism)
- 초기기억(Early Recollections)
- 출생순서(Birth Order)

㉢ 프로이트와 아들러 이론의 비교

구분	프로이트(Freud)	아들러(Adler)
에너지의 원천	성적 본능(Libido)	우월에 대한 추구
성격의 개념	원초아, 자아, 초자아의 역동	생활양식
성격의 구조	원초아, 자아, 초자아로의 분리	분리할 수 없는 전체
성격결정의 요인	과거, 무의식	현재와 미래, 의식
성격형성의 주요인	성(Sex)	사회적 관심
자아의 역할	원초아와 초자아의 중재	창조적 힘
부적응의 원인	• 5세 이전의 외상경험 • 성격구조의 불균형	• 열등 콤플렉스 • 파괴적 생활양식 및 사회적 관심 결여

② 융의 분석심리이론
  ㉠ 특징
    • 광범위한 영역을 반영
    • 전체적인 성격 = 정신(Psyche), 성격의 발달 = 자기(Self) 실현의 과정
    • 정신 = 의식+무의식, 무의식 = 개인무의식+집단무의식
    • 인간 : 의식과 무의식의 대립을 극복하여 하나의 통일된 전체적 존재가 됨
    • 개인 : 독립된 존재가 아닌 역사를 통해 연결된 존재
    • 양성론적 입장
    • 성격발달 : 인생의 전반기는 분화된 자아(Ego)를 통해 현실 속에서 자기(Self)를 찾으려고 노력+
      중년기를 전환점으로 자아(Ego)가 자기(Self)에 통합
  ㉡ 주요 개념
    • 개인무의식(Personal Unconscious)
    • 집단무의식(Collective Unconscious)
    • 콤플렉스(Complex)
    • 원형(Archetype) : 자기(Self), 페르소나(Persona), 음영 또는 그림자(Shadow), 아니마(Anima)
      와 아니무스(Animus)
  ㉢ 발달단계
    • 제1단계 : 아동기
    • 제2단계 : 청년 및 성인초기
    • 제3단계 : 중년기
    • 제4단계 : 노년기
  ㉣ 심리학적 유형론
    • 8가지 성격유형 : 외향적 사고형, 외향적 감정형, 외향적 감각형, 외향적 직관형, 내향적 사고형,
      내향적 감정형, 내향적 감각형, 내향적 직관형을 제시
    • 마이어스-브릭스 성격유형검사(MBTI)의 개발에 직접적인 영향

③ 호나이의 신경증적 성격이론
  ㉠ 특징
    • 인간 : 외롭고 나약한 존재, 안전(Safety)과 사랑(Love)의 욕구에 의해 동기화
    • 신경증의 토대 : 기본적 불안(Basic Anxiety)
    • 신경증적 성격 : 신경증적 욕구+강박적 태도
    • 자기체계 : 현실적 자기(Real Self)+이상적 자기(Ideal Self)
    • 신경증의 핵심 : 당위적 요구
  ㉡ 주요 개념
    • 기본적 불안(Basic Anxiety)
    • 기본적 악(Basic Evil)
    • 신경증적 욕구(Neurotic Needs) : 10가지
    • 신경증적 경향성(Neurotic Trends) : 3가지

- 현실적 자기(Real Self)와 이상적 자기(Ideal Self)
- 당위성의 횡포 또는 당위적 요구의 폭정(Tyranny of Shoulds)

④ **설리반의 대인관계이론**

㉠ 특징
- 프로이트의 정신분석이 성격형성에 영향을 미치는 적극적인 사회적·문화적 요인들을 간과했다고 비판 → 대인관계 정신분석(Interpersonal Psychoanalysis)
- 심리치료 : 환자-치료자 간의 대인관계가 성공적인 치료에 있어서 결정적 → 대인관계치료(IPT ; Interpersonal Therapy)
- 개인의 성격과 정신병리를 대인관계의 맥락에서 이해하고 설명하고자 함
- 성격 : 심리내적인(Intrapersonal) 것이 아닌 대인관계적인(Interpersonal) 것, 생리적 욕구와 사회적 안전감의 욕구에서 야기되는 긴장에 의해 결정
- 인간 : 사회적 안전감의 욕구가 좌절될 때 불안을 경험
- 대인관계 : 불안을 유발하는 주요 요인
- 아동 : 자기체계(Self-system)를 발달
- 대인관계의 목표 : 타인으로부터 자기체계와 일치하는 반응을 유발하는 것

㉡ 주요 개념
- 역동성(Dynamism)
- 자기체계(Self-system)
- 자기상 형성 또는 자기의 정형화(Personification of Self)

⑤ **머레이의 욕구 및 동기이론**

㉠ 특징
- 내면적 동력 : 욕구(Needs), 동기(Motivation), 압력(Press)
- 프로이트의 성격의 삼원구조[원초아(Id), 자아(Ego), 초자아(Superego)] 수용 : 단, 원초아가 부정적인 충동만을 포함하는 것은 아니라고 주장
- 초자아와 자아 : 초자아는 욕구 표출에 관한 사회 환경의 내재화된 표상, 자아는 조직화된 성격의 자의식적(Self-conscious) 부분

㉡ 주요 개념
- 욕구 : 일차적 욕구와 이차적 욕구, 반응적 욕구와 발생적 욕구
- 동기/압력/주제
- 주제통각검사(Thematic Apperception Test)
- 콤플렉스(Complex)

⑥ **에릭슨의 심리사회이론**

㉠ 특징
- 전 생애에 걸친 발달과 변화를 강조
- 인간 : 합리적인 존재이자 창조적인 존재
- 병리적인 측면이 아닌 정상적인 측면에서 접근

- 행동 : 자아(Ego)에 의해 동기화, 개인의 심리적 요인과 사회문화적 영향의 상호작용에 의해 형성
- 성격발달 : 사회적 힘이 영향을 미침

ⓛ 주요 개념
- 자아(Ego)
- 자아정체감(Ego Identity)
- 점성원리(Epigenetic Principle)
- 위기(Crisis)
- 심리사회적 발달단계
  - 유아기(기본적 신뢰감 대 불신감 – 희망 대 공포)
  - 초기아동기(자율성 대 수치심·회의 – 의지력 대 의심)
  - 학령전기 또는 유희기(주도성 대 죄의식 – 목적의식 대 목적의식상실)
  - 학령기(근면성 대 열등감 – 능력감 대 무능력감)
  - 청소년기(자아정체감 대 정체감 혼란 – 성실성 대 불확실성)
  - 성인 초기 또는 청년기(친밀감 대 고립감 – 사랑 대 난잡함)
  - 성인기 또는 중년기(생산성 대 침체 – 배려 대 이기주의)
  - 노년기(자아통합 대 절망 – 지혜 대 인생의 무의미함)

⑦ 대상관계이론
ㄱ 특징
- 타인과의 관계를 중시, 관계 추구를 강조
- 남근기 이전의 유아가 어머니와의 관계에서 겪게 되는 내면적 경험과 갈등에 초점
- 유아–어머니의 이원적 관계 속에서 추동이 발생
- 어린 시절의 갈등경험 : 자기표상과 대상표상의 형성에 영향, 성인기의 대인관계에 강력한 영향력
- 자기애성 성격장애(Narcissistic Personality Disorder)와 경계선 성격장애(Borderline Personality Disorder)의 치료에 크게 기여

ㄴ 주요 개념
- 대상(Object) : 외부대상(External Object), 내부대상(Internal Object), 중간대상(Transitional Object)
- 표상(Representation) : 자기표상(Self Representation), 대상표상(Object Repre sentation)
- 내면화(Internalization)

ㄷ 주요 이론
- 클라인(Klein)의 투사적 동일시 이론
- 말러(Mahler)의 분리–개별화 이론
- 페어베언(Fairbairn)의 순수 대상관계이론

⑧ **애착이론**
　㉠ 특징
　　• 애착(Attachment) : 특정한 두 사람 간에 형성되는 정서적인 유대관계, 영아와 어머니 간의 관계에서 형성되는 심리적 경험으로서 개인의 성격형성에 지대한 영향
　　• 애착행동 : 한 개인의 인생에서 맺어지는 모든 대인관계에 영향
　　• 애착관계의 특징
　　　- 근접성 유지
　　　- 안전한 피난처
　　　- 이별 고통
　㉡ 주요 이론
　　• 로렌츠(Lorenz)의 각인이론
　　• 보울비(Bowlby)의 애착이론
　　• 에인즈워스(Ainsworth)의 애착의 유형 : 안정 애착, 불안정 애착(회피 애착/저항 애착/혼란 애착)

제3장　성향적 관점

■ **올포트의 특질이론**
① **기본 인간관**
　㉠ 낙관론적 인간관
　㉡ 양자론적 인간관
　㉢ 자유론적 인간관
　㉣ 전체론적 인간관
② **성격의 원리(Bischof)**
　㉠ 동기의 원리
　㉡ 학습의 원리
　㉢ 현재성의 원리
　㉣ 독특성의 원리
　㉤ 자아의 원리
　㉥ 비연속성의 원리
　㉦ 특질의 원리
③ **특질의 이해**
　㉠ 특질의 특성
　　• 실제적
　　• 행동을 결정하거나 행동의 원인이 됨

- 경험적으로 증명될 수 있음
- 서로 관련되고 중복될 수 있음
- 상황에 따라 변화
  - ⓛ 특질의 유형
    - 공통특질과 개인특질
    - 개인적 성향 : 주특질(Cardinal Traits), 중심특질(Central Traits), 이차적 특질(Secondary Traits)

■ 카텔의 특질이론

① 기본 인간관
  - ㉠ 준립저 인간관
  - ㉡ 양자론적 인간관
  - ㉢ 자유론적 인간관
  - ㉣ 전체론적 인간관

② 특질의 이해
  - ㉠ 공통특질과 독특한 특질
  - ㉡ 원천특질과 표면특질
  - ㉢ 체질특질과 환경조형특질
  - ㉣ 능력특질과 기질특질
  - ㉤ 역동적 특질 : 에르그(Erg), 감정(Sentiment), 태도(Attitude)

③ 성격 평가기법
  - ㉠ 자료조사방법
    - 생활기록법(L-data 기법)
    - 질문지법(Q-data 기법)
    - 검사법(T-data 기법)
  - ㉡ 16성격 요인검사(16PF) : 일반인의 성격을 이해하는 데 적합, 환자의 근본적인 특징을 이해하고 문제를 진단하는 데도 유효

■ 아이젱크의 성격 3요인 이론

① 성격의 3요인
  - ㉠ 외향성(E ; Extroversion)
  - ㉡ 신경증적 경향성(N ; Neuroticism)
  - ㉢ 정신병적 경향성(P ; Psychoticism)

② PEN 모델
  - ㉠ 인간 성격의 세 가지 차원으로써 인간행동의 중요한 부분들을 설명 가능
  - ㉡ 정신병적 경향성(P ; Psychoticism), 외향성-내향성(E ; Extraversion-Introversion), 신경증적 경향성-안정성(N ; Neuroticism-Stability) → PEN 모델

■ **성격의 5요인 이론**

① **성격의 5요인**
- ㉠ 신경증(Neuroticism)
- ㉡ 외향성(Extroversion)
- ㉢ 경험에 대한 개방성(Openness to Experience)
- ㉣ 우호성(Agreeableness)
- ㉤ 성실성(Conscientiousness)

② **5요인 이론 성격체계(FFT Personality System)**
- ㉠ 핵심요소
  - 기본 성향(Basic Tendencies)
  - 특징적 적응(Characteristic Adaptation)
  - 자기개념(Self-concept)
- ㉡ 주변요소
  - 생물학적 기반(Biological Bases)
  - 객관적 생애사(Objective Biography)
  - 외부적 영향(External Influences)

③ **NEO 인성검사 개정판(NEO-PI-R)**
- ㉠ 구성 : 신경증, 외향성, 경험에 대한 개방성의 3요인 외에 우호성(Agreeableness)과 성실성(Conscientiousness)을 추가적으로 구성
- ㉡ 총 240개의 항목

제4장　인본주의적 관점

■ **매슬로우의 인본주의이론**

① **기본 인간관**
- ㉠ 낙관론적 인간관
- ㉡ 유전론적 인간관
- ㉢ 자유론적 인간관
- ㉣ 전체론적 인간관

② **기본 가정 두 가지**
- ㉠ 인간 : 특정한 형태의 충족되지 못한 욕구들을 만족시키기 위하여 동기화되어 있는 동물
- ㉡ 추구하는 욕구 : 몇 가지 공통된 범주로 구분 가능+위계적인 형태로 계열화

③ 욕구위계의 5단계
　㉠ 제1단계 : 생리적 욕구(Physiological Needs)
　㉡ 제2단계 : 안전(안정)에 대한 욕구(Safety Needs)
　㉢ 제3단계 : 애정과 소속에 대한 욕구(Love and Belongingness Needs)
　㉣ 제4단계 : 자기존중 또는 존경의 욕구(Esteem Needs)
　㉤ 제5단계 : 자기실현의 욕구(Self-actualization Needs)
　cf. 인지적 욕구(Cognitive Needs)와 심미적 욕구(Aesthetic Needs)를 포함하여 7단계로 확장된 버전도 있음

■ 로저스의 인간중심이론
① 기본 인간관
　㉠ 낙관론적 인간관
　㉡ 유전론적 인간관
　㉢ 자유론적 인간관
　㉣ 전체론적 인간관
② 특징
　㉠ 인간 : 자신의 삶의 의미를 능동적으로 창조, 주관적 자유를 실천, 자신의 사적 경험체계 또는 내적 준거체계와 일치하는 방향으로 객관적 현실을 재구성, 유목적적이고 미래지향적 존재
　㉡ 개인의 독특하고 주관적인 경험을 강조, 주관적 현실세계만이 존재
　㉢ 인간 이해 : 그가 객관적 현실을 어떻게 지각하고 해석하는지 그 내적 준거체계를 명확히 파악해야 함
　㉣ 인간이 지닌 기본적 자유는 그에 따른 책임을 전제로 함
　㉤ 인간행동의 기본 동기 : 자기실현 경향성(실현화 경향성)
③ 주요 개념
　㉠ 유기체(Organism)
　㉡ 현상학적 장(Phenomenal Field)
　㉢ 자기(Self)와 자기개념(Self-concept)
　㉣ 실현화 경향성(Actualizing Tendency)과 자기실현 경향성(Self-actualizing Tendency)
　㉤ 가치조건(Conditions of Worth)
④ 인간중심 치료(인간중심 상담)
　㉠ 주요 요소
　　• 일치성과 진실성
　　• 공감적 이해와 경청
　　• 무조건적인 긍정적 관심(수용) 또는 존중

    ⓛ 완전히(충분히) 기능하는 사람 : 현재 자신의 자기(Self)를 완전히 자각하는 사람
     • 특성
      – 경험에 대한 개방성(Openness to Experience)
      – 실존적인 삶(Existential Living)
      – 자신의 유기체에 대한 신뢰(Trust in On's Own Organism)
      – 자유 의식(Sense of Freedom) 또는 경험적 자유(Experiential Freedom)
      – 창조성(Creativity)

■ 실존주의적 접근

① 인간본성에 관한 철학적 기본 가정
  ㉠ 인간은 자각하는 능력을 가짐
  ㉡ 인간은 정적인 존재가 아닌 항상 변화하는 상태에 있는 존재
  ㉢ 인간은 자유로운 존재인 동시에 자기 자신을 스스로 만들어 가는 존재
  ㉣ 인간은 즉각적인 상황과 과거 및 자기 자신을 초월할 수 있는 능력을 가짐
  ㉤ 인간은 장래의 어느 시점에서 무존재가 될 운명을 지니고 있으며, 자기 스스로 그와 같은 사실을 자각하고 있는 존재

② 주요 개념
  ㉠ 죽음
  ㉡ 자유
  ㉢ 고립 또는 소외
  ㉣ 무의미

③ 실존주의 치료
  ㉠ 목표
   • 실존적 조건에 대한 인식 증가
   • 선택에 대한 자유와 책임의식 증가
   • 창조적인 삶의 실천을 위한 조력
  ㉡ 원리
   • 비도구성의 원리
   • 자기중심성의 원리
   • 만남의 원리
   • 치료할 수 없는 위기의 원리

④ 의미치료(의미요법)
  ㉠ 주요 개념
   • 의지의 자유(Freedom of Will)
   • 의미에의 의지(Will to Meaning)
   • 삶의 의미(Meaning of Life)

ⓛ 인간에게 삶의 의미를 부여하는 3가지 가치체계
- 창조적 가치(Creative Values)
- 경험적 가치(Experiential Values)
- 태도적 가치(Attitudinal Values)

ⓒ 주요 기법
- 역설적 의도(Paradoxical Intention)
- 탈숙고(Dereflection)

■ 자기결정이론

① 가정

ⓞ 긍정적 인간관 : 능동적, 자율적, 성장지향적

ⓛ 내재적 동기 강조 : 장기적으로 인간 행동을 발생 및 유지시키며, 외재적 동기(칭찬이나 금전적 보상 등 외부환경)에 따라 촉진, 또는 저해

② 의의

자기결정(Self-Determination)이란 어떻게 반응할 것인가를 스스로 결정하는 과정을 말하며, 사람들의 타고난 성장경향과 심리적 욕구에 대한 동기부여와 성격에 대해 설명해 주는 이론으로 심리적 욕구만족과 내재적 동기를 강조

③ 구성이론

ⓞ 인지적 평가이론 : 내재적으로 동기화된 행동에 외재적 보상을 주는 경우 내재적 동기가 오히려 감소된다는 이론으로, 유능성, 자율성, 관계성의 기본적인 욕구가 만족될 때 내재적인 동기가 증진된다고 보는 이론

ⓛ 유기적 통합이론 : 외재적 동기의 내면화

④ 라이언과 데시(Ryan & Deci)의 자기결정성 정도에 따른 자기조절 유형 수준

행동	비자기결정적					자기결정적
동기	무동기	외재적 동기				내재적 동기
조절 양식	무조절	외적 조절 (external regulation)	부과된 조절-내사 (introjected regulation)	확인된 조절-동일시 (identified regulation)	통합된 조절 (integrated regulation)	내재적 조절
인지된 인과 소재	없음	외적	다소 외적	다소 내적	내적	내적
관련 조절 과정	무의도, 무가치, 무능력, 통제의 결여	외적인 보상 및 처벌에 순응하기 위한 타율적 행동	자타의 인정 추구, 처벌 등을 피하기 위한 동기화된 행동	내적 흥미보다는 유용성과 자신에게 중요한 것을 선택	주로 청소년기 이후에나 획득할 가능성, 흥미보다는 바람직한 측면을 받아들인 자기와의 통합이 발현된 행동	흥미, 즐거움, 내재적 만족감

제5장 인지적 관점

■ 엘리스의 비합리적 신념

① REBT의 기본 원리

    ㉠ 인지 : 인간의 정서를 결정하는 가장 중요한 요소

    ㉡ 역기능적 사고 : 정서장애의 중요한 결정 요인

    ㉢ 정서적인 문제를 해결하기 위해서는 사고를 분석하는 데서 시작하는 것이 효과적

    ㉣ 유전과 환경을 포함한 다양한 요인들이 불합리한 사고나 정신병리를 일으키는 원인이 됨

    ㉤ 행동에 대한 과거의 영향보다는 현재에 초점

    ㉥ 인간이 지닌 신념 : 쉽지는 않지만 변화함

② ABC 모델

③ 비합리적 신념의 특징

    ㉠ 당위적 사고(절대적 강요와 당위)

    ㉡ 파국화(Awfulizing) 또는 재앙화(Catastrophizing)

    ㉢ 좌절에 대한 인내심 부족

④ 치료 계획

    ㉠ 합리적 신념과 비합리적 신념의 구분

    ㉡ 내담자의 자기보고 및 치료자의 관찰을 통한 비합리적 신념의 발견 및 인식 유도

    ㉢ 내담자의 비합리적 신념에 대한 논박

    ㉣ 내담자의 비합리적 신념을 합리적 신념으로 바꾸기 위한 연습 유도 및 과제 부여

    ㉤ 합리적 행동의 시연

    ㉥ 새로 학습한 결과의 실제 적용 및 반복적 학습의 지지

⑤ ABCDEF 모델

    ㉠ A(Activating Event ; 선행사건 또는 촉발사건)

    ㉡ B(Belief System ; 신념체계 또는 비합리적 신념체계)

    ㉢ C(Consequence ; 결과)

    ㉣ D(Dispute ; 논박)

    ㉤ E(Effect ; 효과)

    ㉥ F(Feeling ; 감정)

■ **자동적 사고와 인지왜곡**

① **인지치료의 원리(Beck)**

㉠ 인지(사고)의 변화가 감정 및 행동의 변화를 유도한다는 점에 근거

㉡ 견고하고 협력적인 치료동맹을 필요로 함

㉢ 일반적으로 단기적, 문제중심적, 목표지향적

㉣ 치료에 적극적이고 구조화된 접근법

㉤ 원칙적으로 현재에 초점을 두며, 필요 시에만 과거에 관심을 가짐

㉥ 신중한 평가, 진단, 치료계획은 인지치료에 필수적

㉦ 사람들로 하여금 자신의 인지를 평가하고 바꿀 수 있도록 광범위한 전략과 개입을 사용

㉧ 귀납적 추론과 소크라테스식 질문은 인지치료의 중요한 전략

㉨ 사람들에게 자신의 인지를 확인·평가·수정하는 방법을 일러줌으로써 성서적인 건강을 촉진하고 재발을 방지하는 심리교육 모델

㉩ 과제 부여, 추수상담, 내담자 피드백은 이와 같은 접근법의 성공을 확실히 하는 데 중요

② **치료적 방법론**

㉠ 인지적 기술

• 재귀인(Reattribution)

• 재정의(Redefining)

• 탈중심화(Decentering)

㉡ 소크라테스식 질문

㉢ 척도화 기법 : 이분법적 사고를 극복하도록 하기 위해 가장 보편적으로 사용되는 치료기법

■ **개인적 구성개념 이론**

① **추론** : 11가지

㉠ 구성개념 추론(Construction Corollary)

㉡ 개별성 추론(Individuality Corollary)

㉢ 조직화 추론(Organization Corollary)

㉣ 이분법 추론(Dichotomy Corollary)

㉤ 선택 추론(Choice Corollary)

㉥ 범위 추론(Range Corollary)

㉦ 경험 추론(Experience Corollary)

㉧ 조절 추론(Modulation Corollary)

㉨ 분열(파편화) 추론(Fragmentation Corollary)

㉩ 공통성 추론(Commonality Corollary)

㉪ 사회성 추론(Sociality Corollary)

② **치료적 방법론**

　㉠ 역할구성 개념목록 검사(Rep Test ; Role Construct Repertory Test)

　㉡ 고정역할 치료(Fixed Role Therapy)

■ **자기효능감과 통제소재**

① **자기효능감 또는 자기효율성(Self-efficacy)**

자기가 무엇을 잘 할 수 있고, 자신의 노력으로 원하는 결과를 얻을 수 있다는 신념

② **통제소재**

개인이 자신에게 영향을 미치는 사건을 통제할 수 있다고 믿는 정도

성격심리학

기출복원문제

출/ 제/ 유/ 형/ 완/ 벽/ 파/ 악/

교육은 우리 자신의 무지를 점차 발견해 가는 과정이다.

- 윌 듀란트 -

※ 본 문제는 다년간 독학사 심리학과 2단계 시험에서 출제된 기출문제를 복원한 것입니다. 문제의 난이도와 수험경향 파악용으로 사용하시길 권고드립니다. 본 기출복원문제에 대한 무단복제 및 전제를 금하며 저작권은 SD에듀에 있음을 알려드립니다.

---

01 다음 중 유형론과 특질론에 대한 설명으로 옳은 것은?

① 유형론은 인간의 성격을 몇 가지 유형으로 단순 분류하여 설명한다.

② 특질론은 인간의 성격이 어떻게 형성되고 그 성격이 어떤 의미를 갖는지 설명한다.

③ 유형론은 개인의 사고, 감정, 행동 등 특질을 바탕으로 성격을 설명한다.

④ 유형론은 인간의 성격이 발달 과정을 통해 형성된다고 여긴다.

02 다음 내용에서 괄호 안에 들어갈 성격심리학의 관점으로 옳은 것은?

> (   )은 한 개인의 행동을 분석할 때 개인의 특질이나 생물학적 특성에 기초하여 성격을 설명한다. (   )은 모든 인간이 각자 독특하고 안정적인 특질들을 가지고 있으며, 그 특질들이 성격을 이루는 기본요소가 된다고 주장한다.

① 성향적 관점

② 인본주의 관점

③ 인지주의적 관점

④ 정신역동적 관점

---

01 유형론(Typology)은 성격 이론 중 역사가 가장 오래된 이론으로, 인간의 성격을 몇 가지 공통된 유형으로 분류하고 각 유형의 성격이 어떤지 설명하는 이론이다.

② 유형론과 특질론은 인간의 성격을 개인의 **특질**에 기초하여 설명하므로 성격이 어떻게 형성되는지, 그 성격이 어떤 의미를 갖는지 설명하지 못한다는 한계를 지닌다.

③ 개인의 사고, 감정, 행동 등 특질을 바탕으로 성격을 설명하는 것은 특질론이다.

④ 유형론은 인간을 몇 가지 유형으로 나누고 그에 따른 성격을 설명하는 이론이다. 성격이 어떻게 형성되고 발달하는지를 연구하는 이론은 과정이론이다.

02 성향적 관점(특질이론적 관점)은 한 개인의 행동을 분석할 때 그가 처한 상황보다 개인 자체에 더 많은 기초를 두는 것으로, 특히 개인의 특질이나 생물학적 특성에 기초하여 성격을 설명하는 입장이다.

② 인본주의 관점은 모든 인간을 존엄하고 무한한 가능성이 있으며 스스로 삶을 창조하는 긍정적인 존재로 여기고, 특히 현상학적 관점에서 개인의 주관적 경험의 고유성과 가치를 인정한다.

③ 인지주의적 관점은 개인의 성격과 행동을 이해하는 데 있어 인지적 요인의 중요성을 강조하며, 각 개인이 갖는 인지에 따라 정서와 행동이 영향을 받는다고 주장한다.

④ 정신역동적 관점은 인간의 내적인 정신구조 및 발달 과정에 관심을 기울이며, 인간의 행동을 유발하는 근원적인 에너지가 무엇인지에 초점을 둔다.

정답 (01 ① 02 ①)

03 성격이론의 평가준거에는 포괄성(Comprehensiveness), 검증성(Testability), 경제성(Parsimony), 경험적 타당성(Empirical Validity), 탐구성(Heuristic Value), 적용성(Applied Value) 등이 있다.

03 다음 중 과학적인 성격이론이 갖춰야 할 평가준거를 모두 고른 것은?

> ㄱ. 포괄성
> ㄴ. 검증성
> ㄷ. 경제성

① ㄱ, ㄴ
② ㄴ, ㄷ
③ ㄱ, ㄷ
④ ㄱ, ㄴ, ㄷ

04 요인분석이란 상관관계를 이용하여 서로 유사한 변수들끼리 묶어주는 통계분석기법으로, 상관관계가 높은 변수들끼리 같은 그룹으로 묶어주는 방법이다. 구인타당도를 검증하는 데 사용되며, 많은 변수들로 회귀분석 또는 판별분석을 수행하려면 어렵기 때문에 요인분석을 통해 얻은 요인점수로 이들 분석을 수행할 수 있다.
① 교차분석은 명목척도 및 서열척도의 성격을 가진 두 변수의 관계도를 분석하는 것이다.
③ 분산분석은 여러 집단의 평균의 동일성에 대한 검정을 하기 위한 기법이다. 집단 간 변량과 집단 내 변량의 개념을 사용하는데, 집단 간 변량은 집단 간 차이를 제곱하여 합한 것이며, 집단 내 변량은 어느 집단 내에서 개인 간의 차이를 제곱하여 합한 것이다.
④ 회귀분석은 연속형 변수들에 대해 독립변수와 종속변수 사이의 인과관계에 따른 수학적 모델인 선형적 관계식을 구하여 어떤 독립변수가 주어졌을 때 이에 따른 종속변수를 예측하는 것이다.

04 다음 내용과 연관된 통계기법은 무엇인가?

> 특질이론가들이 인간 성격의 주요한 특질을 발견하기 위해 사용한 연구 방법으로, 상관관계가 높은 변수끼리 같은 그룹으로 묶어 자료를 요약하거나 변수들 내에 존재하는 상호 독립적인 특성을 파악할 수 있다.

① 교차분석
② 요인분석
③ 분산분석
④ 회귀분석

정답 03 ④ 04 ②

05 다음 중 인간성의 주요 준거를 자유의지로 보지 <u>않은</u> 학자는?

① 매슬로우
② 프랭클
③ 스키너
④ 로저스

06 다음 중 투사적 검사에 대한 설명으로 옳지 <u>않은</u> 것은?

① 로샤 검사(Rorschach Test)가 이에 해당한다.
② 객관적 검사보다 검사자 변인이나 검사상황 변인에 따른 영향을 적게 받는다.
③ 신뢰도와 타당도의 검증이 어렵다.
④ 모호한 검사자극에 대한 수검자의 비의도적·자기노출적 반응으로 나타난다.

07 다음 중 실험연구의 한계로 옳지 <u>않은</u> 것은?

① 연구자의 주관적 해석이 개입될 가능성이 높다.
② 실험실에서 연구될 수 없는 현상은 배제한다.
③ 결과의 일반화를 제약하는 인위적인 틀이 있다.
④ 실험자의 기대효과를 야기한다.

---

05 스키너(Skinner)는 개인은 과거 경험이나 생물학적 요인, 외부의 힘 등에 의해 결정되고 지배된다는 결정론을 주장한 학자로, 스키너 외에도 프로이트(Freud), 카텔(Cattell) 등의 학자들이 이에 해당한다.
인간성의 주요 준거를 자유의지로 보아 개인은 유전이나 환경의 영향을 초월하여 자신의 운명을 통제한다고 주장한 학자로는 로저스(Rogers), 매슬로우(Maslow), 프랭클(Frankl), 켈리(Kelly) 등이 있다.

06 투사적 검사(Projective Test)는 비구조적인 검사 과제를 통해 개인의 다양한 반응을 무제한적으로 허용하고, 개인의 독특한 심리 특성을 측정하는 데 주목적을 둔 검사이다. 객관적 검사보다 검사자 변인이나 검사상황 변인에 따른 영향을 많이 받는다.

07 연구자의 주관성이 개입될 가능성이 높은 것은 사례연구이다.

실험연구
• 관심 있는 변인을 통제하여 다른 변인에 미치는 영향을 밝힘으로써 변인 간의 인과관계를 규명한다.
• 인위적으로 통제된 조건에서, 연구하려는 변인을 체계적으로 변화시킬 때 그 효과가 어떻게 나타나는지 측정한다.
• 종속변인의 변화가 독립변인의 처치효과에 의해 나타난 결과임을 증명하기 위해 다른 변인들을 일정하게 통제한다.
• 실험실에서 연구할 수 없는 현상은 배제되고, 결과의 일반화를 제약하는 틀이 있으며, 실험자의 기대효과를 야기한다는 한계가 있다.

정답   05 ③   06 ②   07 ①

08 법칙정립적 접근(Nomothetic Approach)은 많은 사람을 통해 얻는 자료를 바탕으로 일반화할 수 있는 보편적인 원리나 일반적인 변인을 발견하는 것을 목표로 연구한다.
① 개별사례적 접근은 개인을 고유하게 만드는 특이성과 특징을 알아내는 것을 목표로, 특정한 개인에 초점을 맞추고 그 개인을 나타내는 특질을 연구한다.
② 정신역동적 접근은 인간의 내적인 정신구조 및 발달 과정에 관심을 기울이며 인간의 행동을 유발하는 근원적인 에너지가 무엇인지에 초점을 두고 연구한다.
④ 사회인지적 접근은 개인이 환경과 상호작용을 하면서 마음속으로 정보를 처리하고 문제를 해결하는 인지적 요인을 밝히는 것을 중요 과제로 삼고 연구한다.

08 다음 내용에 해당하는 성격 연구방법은?

> 일반적인 변인이나 보편적 원리를 추론하기 위하여 다수의 연구대상들 간 차이를 비교하고 분석한다.

① 개별사례적 접근
② 정신역동적 접근
③ 법칙정립적 접근
④ 사회인지적 접근

09 상관연구는 다수의 일반인을 대상으로 하여 성격에 관한 수량화된 자료를 수집하고, 자료 간의 상관관계를 통계적 방법으로 분석하여 성격특성의 관계나 성격에 영향을 미치는 요인을 규명하는 연구방법이다. 질문지 등의 방법을 사용하여 여러 수검자로부터 한꺼번에 많은 양의 정보를 얻을 수 있고, 이를 토대로 하여 다른 많은 사람의 다양한 성격특성을 연구할 수 있도록 한다.
① 사례연구에 대한 설명이다.
②·③ 실험연구에 대한 설명이다.

09 다음 중 성격의 상관연구에 대한 설명으로 옳은 것은?
① 임상적 방법으로 개인에 대해 심층적인 연구를 한다.
② 어느 한 변인을 통제하여 다른 변인에 미치는 영향을 밝혀 변인들 간의 인과관계를 규명한다.
③ 연구자는 통제된 조건에서 관심 있는 변인을 조작할 수 있다.
④ 한 번에 여러 수검자로부터 많은 양의 정보를 얻을 수 있다.

정답 08 ③ 09 ④

10 다음 내용에 해당하는 것으로 옳은 것은?

> 과학적 연구의 목적은 연구 대상을 구성하는 세부적인 구조를 분석하고 변화와 인과관계를 밝히는 데에 있다.

① 기술
② 설명
③ 예측
④ 통제

11 다음 내용에 해당하는 측정방식은 무엇인가?

> • 평가 대상자에게 성격특성이 기재된 카드를 제시하여 대상자가 자신이 속하는 특성을 분류하게끔 하는 방식이다.
> • 로저스는 자기개념을 측정하기 위하여 이 방법을 많이 사용하였다.

① 리커트 척도
② 의미분별 척도
③ Q-분류방법
④ 개인 지향성 검사

---

10 과학적 탐구의 목적에는 기술(Description), 설명(Explanation), 예측(Prediction), 통제(Control) 등이 있는데, 이 중 설명은 대상의 세부적 구조를 분석하고, 변화와 인과관계를 규명하는 것을 말한다.
① 기술은 대상을 있는 그대로 파악하고 이해하는 것을 말한다.
③ 예측은 대상이 앞으로 어떻게 변화할지 예견하는 것을 말한다.
④ 통제는 대상에 인위적인 조작을 가해 원하는 방향으로 변화가 일어나도록 하는 것을 말한다.

11 Q-분류방법(Q-sort)은 평가 대상자에게 어떠한 진술, 특성, 그림 등이 기재된 카드를 준 다음 그가 속하는 특성을 나타내는 차원에서 그가 생각하는 현재 위치에 따라 카드를 분류하도록 하는 방법이다. 이를 잘 활용한 사람은 상담심리학자 로저스(C. Rogers)인데, 그는 내담자에게 현재 자신을 나타내는 카드와 미래에 되고 싶은 모습을 나타내는 카드를 분류하게 하여, 이상적으로 생각하는 자신의 모습과 현재의 모습 사이의 괴리를 찾는 데 이 방법을 사용하였다.
① 리커트 척도는 측정하려고 하는 특성에 관해 5단계(전혀 그렇지 않다/그렇지 않다/잘 모르겠다/그렇다/매우 그렇다)로 나누어 수검자가 동의하는 어느 하나에 표시하도록 하는 것이다.
② 의미분별 척도는 양극적인 형용사 단어들 사이에 거리를 두고 어느 쪽에 가까운지를 답변하도록 하는 척도이다.
④ 개인 지향성 검사는 쇼스트롬(Shostrom)이 만든 인성검사로, 매슬로우(Maslow)의 자아실현론을 과학화·일반화하여 만든 것이다. 자아를 실현한 사람의 발달에서 중요한 것으로 간주되는 가치와 행동을 측정하는 데 사용된다.

정답 10 ② 11 ③

12 자아(Ego)는 성격의 심리적 구성요소로, 환경에 대한 현실적 적응을 담당하는 심리적 구조와 기능을 의미한다. 자아는 '현실의 원리'에 따라 현실적 여건을 고려하여 판단하고 욕구 충족을 지연시키며 행동을 통제한다. 자아는 즉각적인 만족을 추구하려는 원초아와 현실을 중재하는 역할을 하는 동시에 초자아가 주도하는 도덕적인 측면을 고려하여 합리적이고 규범적인 행동을 위한 조정 역할을 수행한다.
②·④ 원초아(Id)에 대한 설명이다.
③ 초자아(Superego)에 대한 설명이다.

12 프로이트가 주장한 성격 구성요소 중 자아에 대한 설명으로 옳은 것은?

① 자아는 현실적 여건을 고려하여 판단하고 욕구 충족을 지연시키며 사회 윤리에 맞게 행동을 조정한다.
② 자아는 성격의 원초적·본능적 요소이며, 행동의 힘을 부여하는 근원적인 생물학적 충동을 저장하고 있다.
③ 자아는 도덕적 완성을 추구하며 사회적 요구에 부합하는 측면에서 만족을 추구한다.
④ 자아는 모든 추동 에너지의 원천으로서 쾌락을 추구하며 충동적으로 작동한다.

13 구강기(Oral Stage)는 리비도(Libido)가 입, 혀, 입술 등 구강 부위에 집중되어 있는 0~1세 시기이다. 이 시기에 욕구가 과도하게 충족되어 고착되면 지나치게 낙관적이거나 의존적이 되고, 욕구가 좌절되어 고착되면 공격적이고 비판적인 성격이 된다. 항문기(Anal Stage)에 과도한 욕구 좌절을 겪으면 청결과 질서에 집착하며, 시간을 철저히 지키는 등 완벽주의적 성향을 보인다.

13 프로이트의 심리성적 발달단계 중 구강기에 발생하는 고착증상으로 나타나는 성격이 아닌 것은?

① 지나치게 낙관적이다.
② 지나치게 의존적이다.
③ 지나치게 비판적이다.
④ 지나치게 완벽주의적이다.

정답 12 ① 13 ④

14 다음 내용에 해당하는 방어기제는 무엇인가?

> 받아들이기 어려운 상황을 그럴듯한 이유를 붙여 수용될 만한 설명으로 바꾸어 자존심이 상하거나 죄책감을 느끼는 데에서 벗어나게 하는 것을 말한다. 포도를 발견했으나 먹을 수 없는 상황에서 "저 포도는 신 포도라서 안 먹는다."라고 하거나 사기꾼이나 거짓말쟁이가 "다 그렇게 해.", "선의의 거짓말이었어."와 같이 이야기하는 것 등이 이에 해당한다.

① 투사
② 합리화
③ 취소
④ 반동형성

15 다음 내용에 해당하는 불안의 유형은?

> 자아가 본능적 충동인 원초아를 통제하지 못하여 발생할 수 있는 불상사에 대해 위협을 느낌으로써 나타난다. 본능이 지배하는 부분이 커져 자아가 이를 통제할 수 없을 것이라는 긴장과 두려움을 일컫는다.

① 현실 불안
② 신경증적 불안
③ 도덕적 불안
④ 정신증 불안

14 합리화(Rationalization)는 더 이상 현실에 실망을 느끼지 않기 위해서, 또는 정당하지 못한 자신의 행동에 그럴듯한 이유를 더하기 위해 자신의 말이나 행동을 정당화하는 것이다.
① 투사(Projection)는 사회적으로 인정받을 수 없는 자신의 행동과 생각을 마치 다른 사람의 것인 양 생각하고 남을 탓하는 것이다.
③ 취소(Undoing)는 자신의 공격적 욕구나 충동으로 벌인 일을 무효화함으로써 죄의식이나 불안한 감정에서 벗어나고자 하는 것이다.
④ 반동형성(Reaction Formation)은 자신이 가지고 있는 무의식적 소망이나 충동을 본래의 의도와 반대되는 방향으로 바꾸는 것이다.

15 프로이트는 불안의 유형을 '현실 불안, 신경증적 불안, 도덕적 불안'으로 나누었는데, 이 중 신경증적 불안(Neurotic Anxiety)은 현실을 고려하여 작동하는 자아와 본능에 의해 작동하는 원초아 간의 갈등에서 비롯된다. 이는 무의식적 충동이 의식을 뚫고 올라오려 할 때 느끼는 불안으로 볼 수 있다.
① 현실 불안(Reality Anxiety)은 외부세계에서의 실제적인 위협을 지각함으로써 발생하는 불안이다.
③ 도덕적 불안(Moral Anxiety)은 원초아와 초자아 간의 갈등에 의해 야기되는 불안으로, 본질적 자기 양심에 대한 두려움과 연관된다.

정답 14 ② 15 ②

16 '생의 편협한 제한 욕구'는 고립형 혹은 회피형 성격의 신경증 욕구로, 가능한 한 타인의 주목을 끌지 않고 살아가려는 욕구이다.

공격형 성격의 신경증 욕구
- 힘 : 타인을 자신의 마음대로 통제하려는 욕구
- 착취 : 타인을 이용하여 이득을 취하려는 욕구
- 특권 : 특권적 지위와 명예를 얻고자 하는 욕구
- 존경 : 타인으로부터 가치 있는 존재로 추앙받고자 하는 욕구
- 성취 혹은 야망 : 수단과 방법에 구애됨 없이 성공에 이르려는 욕구

16 호나이의 '공격형 성격의 신경증 욕구'에 해당하지 <u>않는</u> 것은?

① 힘 욕구
② 착취 욕구
③ 존경에 대한 욕구
④ 생의 편협한 제한 욕구

17 정신을 크게 의식(Consciousness)과 무의식(Unconscious)의 두 측면으로 구분하고, 무의식을 다시 개인무의식(Personal Unconscious)과 집단무의식(Collective Unconscious)으로 구분한 학자는 융(Jung)이다.

17 다음 중 아들러에 대한 설명으로 옳지 <u>않은</u> 것은?

① 후기 프로이트 학파 이론가이다.
② 집단 무의식 개념을 추가했다.
③ 사회적 욕구 및 의식적 사고를 강조했다.
④ 프로이트의 본능적 성 욕구 강조를 비판했다.

정답 16 ④ 17 ②

18 다음 내용에 해당하는 것으로 옳은 것은?

> 말러가 제안한 이론으로, 그는 유아가 '분리'와 '개별화'의 상호 보완적 발달 경로를 거치며, 어머니와의 융합 시기가 지나면 자신을 별개의 존재로 인식하고 독립된 존재로 성장해 나간다고 하였다.

① 공생기
② 자기표상
③ 분리불안
④ 분리-개별화

18 말러(Mahler)는 분리-개별화 이론에서 유아가 독립적 · 자율적인 존재가 되려는 욕구와 어머니와의 공생적 융합(Symbiotic Fusion) 상태로 되돌아가려는 욕구 사이에서 분투한다고 보았다. 그는 유아가 '분리(Separation)'와 '개별화(Individuation)'의 상호보완적 발달 경로를 거치며, 자신과 세상이 분리되어 있다는 감각을 성취하면서 점차 '자기(Self)'라는 명확한 심리내적 표상으로 발달해 나간다고 여겼다.

① 공생기는 유아가 자신과 어머니를 별개의 존재로 인식하지 못한 채 어머니를 사신의 일부로 지각함으로써 하나의 공생체인 것처럼 느끼고 행동하는, 생후 2~6개월 시기를 의미한다.

② 자기표상(Self Representation)은 대상관계이론의 주요 개념 중 하나이다. 발달하는 자기 자신에 대한 정신적 표현으로, 유아가 환경 속에서, 대상이나 주요 타자와의 관계 속에서 경험한다.

③ 분리불안(Separation Anxiety)은 애착 대상과 분리되는 상황에 대하여 두려워하고 거부하는 상태를 의미한다.

정답 18 ④

19 불안-몰입 애착(Anxious-preoccupied Attachment)은 자신은 부정적으로 여기고 타인은 긍정적으로 여겨 타인에게 버림받는 것에 두려움이 크고 관계에 집착하는 성향이 강하다. 상대에게 과도한 친밀감, 인정, 반응을 요구하며 지나치게 의존적이고 높은 수준의 감정 표현, 근심, 충동성을 보이기도 한다.

① 안정 애착(Securely Attachment)은 자신과 타인에 대해 긍정적으로 여겨 자신이 사랑받을 만한 가치가 있고, 타인을 신뢰할 수 있다고 생각한다. 따라서 다른 사람과 친밀한 관계를 형성하는 데 문제가 없고 혼자 있어도 두려워하지 않는다.

② 거부-회피 애착(Dismissive-avoidant Attachment)은 자신은 긍정적으로 여기지만 타인은 부정적으로 여겨 타인을 신뢰하지 못하고 타인과 지나치게 가까워지면 불편함을 느낀다. 자신의 감정을 잘 드러내지 않으며 친밀한 관계를 부담스럽게 여긴다.

④ 공포-회피 애착(Fearful-avoidant Attachment)은 자신과 타인을 모두 부정적으로 여겨 타인과 정서적으로 친해지길 원하면서도 불편해하기도 한다.

19 **다음 내용에 해당하는 성인 애착 유형으로 옳은 것은?**

> 다른 사람에게 과하게 의존하며 다른 사람과 금방 사랑에 빠지나 오래 가지는 못한다. 연인 사이에서는 애정을 강박적으로 확인하며, 확인받지 못할 경우 과하게 실망하기도 한다.

① 안정 애착
② 거부-회피 애착
③ 불안-몰입 애착
④ 공포-회피 애착

20 ④는 프로이트(Freud)에 대한 설명이다.
에릭슨(Erikson)은 인간의 행동은 개인의 심리적 요인과 사회문화적 영향의 상호작용에 의해 형성되며, 성격발달은 유아기에서 노년기에 이르기까지 8단계에 걸쳐 이루어진다고 보았다.

20 **다음 중 에릭슨의 성격 발달 이론에 대한 설명으로 옳지 않은 것은?**

① 인간을 합리적인 존재이자 창조적인 존재로 보면서, 창조성과 자아정체감의 확립을 강조한다.

② 성격은 자아통제력과 사회적 지지에 의해 형성되며, 전 생애에 걸쳐 발달한다.

③ 인간의 행동은 개인의 심리적 요인과 사회문화적 영향의 상호작용에 의해 형성된다.

④ 영·유아기 초기 경험이 인간의 성격을 결정하므로 부모의 영향이 특히 중요하다.

정답 19 ③ 20 ④

21 다음 중 올포트의 특질이론에 대한 설명으로 옳지 <u>않은</u> 것은?

① 개인특질은 개인으로 하여금 독특한 행동을 하도록 만드는 내면적 성향을 의미한다.

② 공통특질은 동일 문화권에 속한 구성원들이 공통적으로 지니는 일반적인 성향을 의미한다.

③ 이차성향은 특정한 대상이나 상황에 따라 달라지는 행동특성을 의미한다.

④ 중심성향은 개인 생활 전반에 광범위하게 영향을 끼치는 가장 일반적인 성향이다.

22 다음 중 카텔의 주요 평가 기법에 해당하지 <u>않는</u> 것은?

① 검사법
② 질문지법
③ 관찰법
④ 생활기록법

23 다음 내용과 관련이 있는 학자는?

> • 특질을 행동으로부터 추론된 정신구조이자, 행동의 규칙성 혹은 일관성을 설명하는 구성개념으로 간주하였다.
> • 요인분석을 통해 인간 성격의 기본적 요인으로서 16가지의 원천특질을 확인하였다.

① 미셸
② 올포트
③ 카텔
④ 아이젱크

---

21 올포트는 공통특질을 '특질(Trait)'로 지칭하는 한편, 개인특질을 '개인적 성향(Personal Disposition)'으로 다시 명명하였다. 그리고 개인적 성향을 위계적으로 세분화하여 '주성향 또는 기본성향(Cardinal Disposition)', '중심성향(Central Disposition)', '이차성향(Secondary Disposition)'의 3가지 범주로 분류하였다. 이 중 개인의 생활 전반에 광범위하게 퍼져 있는, 가장 일반적이고 일관성이 있는 기본 성향은 주성향(Cardinal Disposition)이다.

22 카텔(Cattell)은 성격을 객관적으로 측정하기 위하여 자료를 수집하고 통계분석을 실시하였다. 그가 성격평가를 위한 자료수집과 관련하여 활용한 주요 방법으로는 생활기록법(L-data 기법), 질문지법(Q-data 기법), 검사법(T-data 기법) 등이 있다.

23 카텔(Cattell)은 특질을 성격의 정신적 구성요소이자, 인간행동의 규칙성 혹은 일관성을 설명하는 근본적인 구성개념으로 간주하고 성격특질의 일반적 양상을 밝히고자 하였다. 그는 사전, 정신과 및 심리학 문헌자료 등에서 성격 특성을 묘사하는 용어들을 모아 분류하고 개념을 선정하여 16가지 성격특성을 측정하기 위한 16PF 검사를 고안하였다.

정답 21 ④   22 ③   23 ③

24 카텔(Cattell)은 안정성과 영속성을 기준으로 특질을 원천특질(Source Trait)과 표면특질(Surface Trait)로 구분하였다. 원천특질은 비교적 안정적이고 영속적인 특질로서, 개인의 성격을 구성하는 핵심이 되며 각각의 원천특질은 단일요인으로 행동을 야기한다. 표면특질은 대부분의 사람들이 겉으로 보이는 행동을 통해 알 수 있는 특질로, 여러 가지 요인으로 구성되기 때문에 안정적이거나 영속적이지 못하다. 또한 단일원천에 의해 결정되지 않으므로 성격요인을 구성하지 못한다.

24 카텔이 구분한 다음 특질 중 안정성과 영속성을 기준으로 구분되는 것은?

① 원천특질
② 기질특질
③ 능력특질
④ 역동적 특질

25 아이젱크(Eysenck)는 모든 사람에게 적용이 가능한 보편적인 특질을 찾기 위해 요인분석 방법을 사용하여 외향성(E ; Extraversion), 신경증적 경향성(N ; Neuroticism), 정신병적 경향성(P ; Psychoticism)이라는, 성격의 최상위에 자리 잡은 3개의 기본적인 성격특질을 제시하였다. 이 중 제시된 질문과 관련이 있는 것은 신경증적 경향성이다. 신경증적 경향성은 정서적인 안정성/불안정성의 차원을 반영하는데, 신경증적 경향을 가진 사람은 정서적으로 과민하고 불안이나 우울, 분노 등의 부정적인 정서를 자주 경험하며 성미가 까다롭고 변덕스러우며, 침착성이 부족하다.

25 다음 내용에 해당하는 질문과 관련이 있는 아이젱크의 성격유형은?

> • 종종 기분이 올라갔다가 내려갔다가 하나요?
> • 종종 짜증이 날 때가 있나요?
> • 대개 초조한 기분이 드나요?

① 외향성
② 내향성
③ 신경증
④ 정신증

정답 (24 ① 25 ③)

26 다음 중 성격 5요인의 외향성에 대한 설명으로 옳지 <u>않은</u> 것은?

① 외향성이 높은 사람은 활동성이 높은 활동에 행복을 느끼고, 외향성이 낮은 사람은 정적인 활동에 행복을 느낀다.
② 외향성이 높은 사람들은 사회적 영향력이나 사회적 관계를 갖는 기법을 많이 알고 있다.
③ 타인과의 상호작용을 통하여 인간관계적 자극을 추구하는 성향을 의미한다.
④ 사회 적응성과 타인에 대한 공동체적 속성을 의미하며 대인관계 지향성 수준을 평가한다.

27 다음 중 성격 5요인 성실성의 하위특질에 해당하지 <u>않는</u> 것은?

① 자제심
② 의무감
③ 순응성
④ 유능감

28 다음 중 인본주의적 관점에 대한 설명으로 옳지 <u>않은</u> 것은?

① 인간 존엄과 자유의지를 부정하는 기존의 정신분석과 행동주의를 비판하였다.
② 개인의 사고, 감정, 행동에서의 일관된 특질이 성격을 이룬다고 보았다.
③ 인간을 자기실현의 욕구를 가지며 잠재력을 실현하는 창조적 존재로 보았다.
④ 인간을 자신의 문제를 스스로 해결할 수 있는 자유로운 존재로 보았다.

---

26 성격 5요인 중 사회 적응성과 다른 사람에 대한 우호적·수용적·협동적인 성향을 의미하며 대인관계 지향성 수준을 평가하는 것은 '우호성(Agreeableness)'이다.

외향성(Extroversion)
다른 사람과의 교류를 통하여 인간관계적 자극을 추구하는 성향을 의미하며, 대인관계의 상호작용 강도, 활동성 및 자극 추구 수준, 즐거움에 이르는 능력 등을 평가한다. 외향적 수준이 높은 사람은 사교적이고 활동적이며 사회적 교류의 기회가 많은 곳을 찾아 사람들과 어울리는 것을 즐기고, 외향적 수준이 낮은 사람은 말수가 적고 생기가 없으며 사람들 앞에 나서기를 꺼리는 경향이 있다.

27 성격 5요인 중 성실성(Conscientiousness)은 자기조절을 잘하고 책임감이 강한 성취 지향적 성향을 의미하며, 목표 지향적 행동의 조직화와 지속적인 유지, 목표 지향적 행동에 동기를 부여하는 정도 등을 평가한다. 성실성의 하위특질에는 유능감, 질서, 의무감, 성취노력, 자제심, 신중함 등이 있다.

28 개인의 사고, 감정, 행동에서의 일관된 양식을 특질로 정의하고 이를 통하여 인간의 성격을 설명한 관점은 성향적 관점(특질이론적 관점)이다.

정답 26 ④ 27 ③ 28 ②

29 매슬로우(Maslow)는 인간의 독특성과 무한한 성장 가능성을 강조하는 인본주의 심리학의 발달에 초석을 제공한 학자이다. 그는 개인의 행동을 유발하는 동기요인으로서 인간생활에 가장 기본적이고 필수적인 생리적 욕구에서부터 최상위 단계인 자기실현의 욕구에 이르기까지 다양한 욕구와 발달단계를 제시하였다. 또한 인격적 성숙과 창조적 업적을 이룬 세계적인 위인들의 삶을 분석하여 인간은 자기실현을 위해 계속 노력하는 성장 지향적인 존재임을 강조하였다.

29 다음 내용에 해당하는 학자는 누구인가?

> • 인본주의 심리학의 창시자로, 인간의 욕구는 낮은 단계의 욕구부터 시작하여 차츰 상위 단계로 올라간다는 '욕구의 위계론'을 주장하였다.
> • 건강하고 창조적인 삶을 사는 사람들을 관찰하여 자기실현적 인간의 특성을 제시하였다.

① 매슬로우
② 아들러
③ 로저스
④ 프랭클

30 자기실현(Self-actualization)은 인간이 자신의 재능과 잠재력을 충분히 발휘하여 자신의 이상을 실현하고 진정한 '자기(Self)'가 되는 것을 말한다. 인본주의 이론은 인간은 자기실현의 욕구를 가진 존재로서, 환경 조건만 적당하면 자신이 가지고 있는 잠재력을 실현해 나갈 수 있는 창조적인 존재라고 여겼다.
① 자기이해(Self-understanding)는 인간이 자신의 있는 그대로를 이해하는 것을 말한다. 로저스는 인간중심 상담의 중요한 목표는 '진정한 자기'를 발견하는 것인데, 이러한 자기이해는 오로지 그 개인에 달려 있지 않고 성장하는 과정에서 사회적 환경의 영향을 받으며 이루어진다고 하였다.
③ 자기효능감(Self-efficacy)은 행동주의 학자 반두라(Bandura)에 의해 소개된 개념으로, 자신이 어떤 일을 성공적으로 수행할 수 있는 능력이 있다고 믿는 기대와 신념을 말한다.
④ 무조건적인 긍정적 존중(Unconditional Positive Regard)은 로저스의 인간중심 치료의 주요 요소 중 하나로, 내담자의 생각이나 느낌에 대하여 그 어떤 판단도, 평가도 내리지 않고 내담자를 존중하고 수용하는 것이다.

30 다음 내용에 해당하는 개념은 무엇인가?

> 인간이 자신의 잠재력과 가능성을 충분히 인식하고 발휘하여 자기가 목적한 이상을 실현하는 것을 의미한다.

① 자기이해
② 자기실현
③ 자기효능감
④ 무조건적인 긍정적 존중

정답 (29 ① 30 ②)

31 다음 중 로저스의 인간중심 치료의 주요 요소에 해당하는 것은?

① 공감적 이해
② 역기능적 인지 수정
③ 성격역동에 대한 이해
④ 상황과 해석 간 관련성 이해

31 로저스는 인간은 내면적 동기와 잠재력이 있는 존재이기 때문에 치료자가 내담자를 조정하여 변화시키기보다 내담자 스스로 변화를 모색하며 문제를 해결해야 한다고 주장하며 인간중심 치료의 기반을 마련하였다. 이러한 인간중심 치료의 주요 요소에는 일치성과 진실성, 공감적 이해와 경청, 무조건적인 긍정적 관심 또는 존중 등이 있다.

32 다음 중 실존주의적 접근에 대한 설명에 해당하지 <u>않는</u> 것은?

① 인간을 고유성을 지닌 개체로 인정하였다.
② 인간 존재에게 주어진 궁극의 속성으로 실존을 탐구하고 죽음, 자유, 소외, 무의미 등의 문제들을 다룬다.
③ 인간 성격의 보편적 특질을 찾고 정리하고자 하였다.
④ 구체적인 상황 속에서의 인간을 연구 대상으로 하였다.

32 실존주의적 접근은 인간의 본질규정에 관한 문제보다는 인간의 존재양식을 규명하는 데 관심을 두었다. 실존주의적 접근은 인간 존재에게 주어진 궁극적인 속성으로서 실존에 대해 탐구하고 죽음, 자유, 고립(소외), 무의미 등 존재의 궁극적인 문제들을 다룸으로써 삶을 적극적으로 선택하고 인간 스스로 의미를 발견하도록 유도하였다. 인간 성격의 보편적인 특질을 찾고 정리하고자 한 학자는 특질이론을 연구한 카텔이다.

33 다음 내용에 해당하는 욕구로 옳은 것은?

> 자기결정이론의 구성 이론 중 내재적 동기를 증진시키는 기본적 욕구의 하나로, 과제를 효율적으로 통제하며 성공적으로 수행하는 능력에 대한 욕구이다. 이에 따라 인간은 과제가 어려워 제대로 수행하지 못하면 좌절하고, 과제가 쉬우면 지루함을 느끼며, 최적의 도전에 성공했을 때 가장 큰 기쁨을 느낀다.

① 관계성 욕구
② 유능성 욕구
③ 자율성 욕구
④ 인과성 욕구

33 내재적 동기를 증진시키는 기본적 욕구
• 관계성 욕구 : 타인과 친밀한 정서적 유대 및 애착을 형성하고, 그로 인해 사랑과 존중을 얻으려는 욕구이다.
• 유능성 욕구 : 과제를 효율적으로 통제하며 성공적으로 수행하는 능력에 대한 욕구이다.
• 자율성 욕구 : 외부 통제나 간섭 없이 스스로의 행동을 자율적으로 선택하고 결정하려는 욕구이다.

정답 31 ① 32 ③ 33 ②

34 인지적 접근의 대표적인 학자인 엘리스(Ellis)와 벡(Beck)은 인간의 인지, 정서, 행동 가운데 인지의 역할을 특히 강조하면서 인지가 인간의 성격 및 정신병리에 어떻게 작용하는지 체계적으로 설명하였다.
① 관찰과 대리학습의 중요성을 강조한 학자는 사회학습이론을 연구한 반두라이다.
② 인간의 내적인 정신구조 및 무의식을 강조한 이론은 정신분석이론이다.
③ 특정한 행동을 이끌어 내고, 유지하고, 제거하는 환경적 반응이나 사건 사이의 관계를 강조한 이론은 행동주의이론이다.

34 다음 중 엘리스와 벡의 공통점으로 옳은 것은?

① 관찰과 대리학습의 중요성을 강조한다.
② 인간의 내적인 정신구조 및 무의식을 강조한다.
③ 특정한 행동을 이끄는 환경적 반응의 관계를 강조한다.
④ 인간의 인지, 정서, 행동 중 인지의 역할을 강조한다.

35 엘리스(Ellis)는 인간은 비합리적으로 생각하거나 스스로 해를 끼치려는 경향성을 가지고 있긴 하지만, 사용되지 않은 잠재력과 성장자원이 있으며 자신과 사회의 운명을 변화시킬 수 있는 능력이 있어 비합리적 사고가 합리적 사고로 대치된다고 여겼다.

35 다음 중 엘리스의 합리적·정서적 행동이론에 대한 설명으로 옳지 <u>않은</u> 것은?

① 엘리스의 상담 및 치료방법은 곧 인지·정서·행동적 상담(치료)을 의미한다.
② 비합리적 신념의 특징 중 당위적 사고는 인간문제의 근본요인에 해당하는 매우 경직된 사고이다.
③ 정신병리는 아동기에 의미 있는 사람으로부터 학습된 비합리적 신념 등에 의하여 일어난다.
④ 인간은 비합리적 존재이므로 신념체계를 합리적으로 바꾸기는 불가능하다.

정답 34 ④ 35 ④

36 다음 내용에서 괄호 안에 공통으로 들어갈 용어로 옳은 것은?

> ( )은(는) 벡(Beck)이 인지적 관점을 토대로 제시한 인지치료에 사용되는 개념 중 하나이다. ( )은(는) 과거 경험을 추상화한 기억체계로, 생활 속에서 경험하는 다양한 사건에 관한 정보를 선택하고 그 의미를 해석함으로써 미래의 결과를 예상하도록 하는 인지구조이다.

① 중간신념
② 구성개념
③ 인지도식
④ 자동적 사고

37 다음 내용에 해당하는 벡의 인지적 왜곡은?

> • 중요한 요소들은 무시하고 사소한 부분에 초점을 맞추고 그에 따라 전체 경험을 이해하는 것을 말한다.
> • 다수의 사람에게 칭찬을 들었음에도 불구하고 소수의 비난에 집중하여 '내가 잘못했구나'라고 생각하는 경우가 이에 해당한다.

① 개인화
② 정신적 여과
③ 잘못된 명명
④ 독심술적 오류

36 인지도식(Schemas)은 사물이나 사건에 대한 전체적인 윤곽 또는 지각의 틀을 말한다. 자기 자신, 타인, 세계, 미래를 보는 개인의 특유하고 습관적인 사고방식으로, 벡(Beck)은 이와 같은 인지도식이 부적절하게 형성될 경우 인지적 왜곡이 일어나며, 이는 개인의 정서 및 행동에 부정적인 영향을 미친다고 보았다.
① 중간신념 또는 중재적 신념(Intermediate Beliefs)은 핵심신념이 자동적 사고를 유발하는 데 중간 역할을 하며, 주어진 상황을 보는 관점에 영향을 준다. 자동적 사고를 형성하는 극단적 · 절대적 규칙 및 태도를 반영한다.
② 인지적 관점에서, 켈리(Kelly)는 모든 인간은 자신의 구성개념에 근거하여 사건을 해석 · 예언 · 통제한다고 보았다. 따라서 개인의 성격을 파악하기 위해서는 개인이 세상을 이해하고 분석하는 고유의 개인적 구성개념을 이해할 필요가 있다고 보았다.
④ 자동적 사고(Automatic Thoughts)는 개인의 마음속에 끊임없이 지나가는 인지의 연속적인 흐름을 말하는데, 주로 상황과 정서를 매개한다.

37 정신적 여과(Mental Filtering)는 다른 중요한 요소들은 무시한 채 사소한 부분에 초점을 맞추고, 그 부분적인 것에 근거하여 전체 경험을 이해하는 것을 말한다. 보통 상황의 긍정적인 양상을 여과하는 데 초점이 맞추어져 있으며, 극단적으로 부정적인 세부사항에 머문다.
① 개인화(Personalization)는 자신과 관련시킬 근거가 없는 외부사건을 자신과 연관 짓는 경향이다.
③ 잘못된 명명(Mislabelling)은 어떠한 하나의 행동이나 부분적 특성을 토대로 사람이나 사건에 대하여 완전히 부정적이고 단정적으로 명명하는 것을 말한다.
④ 독심술적 오류(Mind Reading)는 다른 사람의 마음을 마음대로 추측하고 단정하는 것을 말한다.

정답 36 ③ 37 ②

성격심리학 **19**

38 켈리(Kelly)의 구성개념적 대안주의(Cons tructive Alternativism)란 세상을 구성하는 방식에는 다양한 대안들이 존재하며, 개인은 자신의 구성 방식을 다른 대안으로 언제든지 변화시킬 수 있다는 철학적 입장이다. 이에 의하면 개인은 다양한 상황에서 다양한 사람들과 접촉하면서 그에 부합하는 구성개념을 발달시켜 나간다. 특히, 새로운 상황에서 낯선 사람과 직면하는 경험은 개인으로 하여금 구성개념의 목록을 확장하거나 수정할 것을 요구한다.

38 다음 중 켈리의 구성개념 이론에 대한 설명으로 옳지 <u>않은</u> 것은?

① 모든 인간은 자신의 구성개념에 근거하여 사건을 해석하고 통제한다.

② 인간은 주변 사건을 관찰하고 탐색하며 미래를 통제하려는 시도를 반복하며 삶을 영위한다.

③ 익숙한 상황에서 친숙한 사람과 직면하는 경험은 개인의 구성개념 목록을 확장하거나 수정할 것을 요구한다.

④ 개인은 언제든지 자신의 생각의 틀인 구성개념을 바꿀 수 있으며, 자신의 경험을 자유롭게 재해석할 수 있다.

39 반두라(Bandura)는 자기효능감(Self-efficacy)에 영향을 미치는 네 가지 근원요소를 설정하였는데, 그중 완숙경험은 직접적 경험으로, 목표를 달성하기 위한 시도에서 비롯된 성공 혹은 실패 경험은 자기효능감의 가장 중요한 결정 요인이 된다. 성공 경험은 효능감을 높이고 실패 경험은 효능감을 낮춘다.

② 각성수준은 주어진 수행 상황에서 개인이 느끼는 정서적 각성의 정도와 질을 의미한다. 개인이 수행 과제를 어떻게 해석하느냐에 따라 자기효능감에 영향을 준다.

③ 대리경험은 타인의 성공이나 실패를 목격하는 것을 의미한다. 만일 개인이 모델 대상을 더 가까이 동일시하는 경우 자기효능감에 미치는 효과는 더 커진다.

④ 사회적 설득은 격려의 말이나 수행에 대한 구체적 피드백을 의미한다. 이것만으로 효능감이 지속적으로 증가하지는 않지만, 개인의 노력을 유도하고 새로운 전략을 시도하게 할 수 있다.

39 다음 내용에서 괄호 안에 공통으로 들어갈 용어로 옳은 것은?

> (　)은 반두라가 제안한 자기효능감의 토대에 해당하는 근원 요소이다. (　)은 직접적 경험으로서 효능감 정보에 대한 가장 강력한 근원이 된다. 성공은 효능감을 높이는 반면, 실패는 효능감을 낮춘다.

① 완숙경험
② 각성수준
③ 대리경험
④ 사회적 설득

정답 38 ③　39 ①

40 다음 중 통제소재에 대한 설명으로 옳지 <u>않은</u> 것은?

① 내적 통제자는 자신의 삶이 스스로의 통제 아래에 있다고 여긴다.

② 개인이 어떤 일의 결과를 통제하는 정도에 대한 일반화된 기대를 말한다.

③ 외적 통제자는 부정적인 결과를 자신의 능력 부족으로 귀인하며 개선 의지를 보인다.

④ 로터는 기대(Expectancy)라는 인지 기능을 중요한 변인으로 하여 통제소재에 관한 이론을 제시하였다.

40 로터(Rotter)가 제시한 통제소재(Locus of Control)는 개인이 자신에게 영향을 미치는 사건을 통제할 수 있다고 믿는 정도를 의미한다. 이러한 일반화된 기대의 통제소재는 어떤 일의 결과가 내적 특성(자신의 능력, 노력 등)에 의한 것이라는 신념, 외적 특성(운, 우연한 기회, 타인, 제도 등)에 의한 것이라는 신념으로 구분된다. 외적 통제소재를 가진 사람(외적 통제자)은 다른 사람이나 외부 요인들이 자신의 삶을 통제하고 있다고 생각하는 경향이 있다. 따라서 부정적인 결과가 일어날 경우 자신의 노력이나 능력이 그가 받는 강화에 영향을 미치지 못한다고 믿기 때문에 상황을 개선하려는 의지를 보이지 않는다.

정답 40 ③

SD에듀와 함께, 합격을 향해 떠나는 여행

제 1 장

성격의 이론과 연구법

교육이란 사람이 학교에서 배운 것을 잊어버린 후에 남은 것을 말한다.

– 알버트 아인슈타인 –

제 1 장 | 성격의 이론과 연구법

제1절　성격의 정의

1 성격의 개념

(1) 성격에 대한 학자들의 견해

① **올포트(Allport)**

성격은 개인의 특유한 행동과 사고를 결정하는 심리신체적 체계인 개인 내 역동적 조직이다.

② **설리반(Sullivan)**

성격은 인간 상호 관계 속에서 개인의 행동을 특징짓는 비교적 지속적인 심리적 특성이다.

③ **프롬(Fromm)**

성격은 한 개인의 특징이 되며 독특성을 만들어 내는 선천적이자 후천적인 정신적 특질의 총체이다.

④ **미첼(Mischel)**

성격은 보통 개인이 접하는 생활상황에 대해 적응의 특성을 기술하는 사고와 감정을 포함하는 구별된 행동패턴이다.

⑤ **매디(Maddi)**

성격은 사람들의 심리적 행동(사고, 감정, 행위)에 있어서 공통점과 차이점을 결정하는 일련의 안정된 경향이자 특성이다.

⑥ **릭맨(Ryckman)**

성격은 개인이 소유한 일련의 역동적이고 조직화된 특성으로서, 이와 같은 특성은 다양한 상황에서 개인의 인지, 동기, 행동에 독특하게 영향을 준다.

⑦ **카버와 샤이어(Carver & Scheier)**

성격은 인간의 행동, 사고, 감정의 특유한 패턴을 창조하는 심리신체적 체계인 인간 내부의 역동적 조직이다.

⑧ **버거(Burger)**

성격은 일관된 행동패턴 및 개인 내부에서 일어나는 정신내적 과정이다.

(2) 성격의 일반적 정의 기출

① 성격은 환경에 대한 개인의 독특한 적응을 결정하는 개인 내의 신체적·정신적 체계들의 역동적 조직이다.

② 성격은 한 개인이 환경과 상호작용하면서 나타나는 독특하고 일관성이 있으며, 인지적이고 정동적인 안정된 행동양식이다.

③ 성격은 태어날 때부터 유전적으로 가지고 있는 것뿐만 아니라 성장과 함께 학습하면서 생기게 된 것, 그리고 개인이 가지고 있는 긍정적 혹은 부정적 특성 모두를 포함하여 특정 개인을 다른 사람과 구별해 주는 것이다.

④ 따라서 성격은 다른 사람이나 환경과 상호작용하는 관계에서 행동양식을 통해 드러난다.

(3) 성격의 이해를 위한 주요 가정(Forgus & Shulman)

① 삶 자체가 지속적인 적응의 과정이므로 모든 행동은 적응적이다.

② 성격은 학습된 행동패턴이다.

③ 문화는 성격패턴에 영향을 준다.

④ 각각의 성격은 그 자체로 고유하고 독특한 조직을 가진다.

⑤ 성격은 반응의 선택을 결정한다.

⑥ 패턴의 이해는 행동을 예언하도록 해 준다.

⑦ 기본적인 성격패턴의 이해는 어떤 행동의 구체적 기능을 이해하도록 해 준다.

(4) 성격의 유사개념

① **성격(Personality)**

㉠ 개인의 특정한 행동을 결정하는 데 작용하는 **비지적 심리구조**로서, 지능이나 적성, 창의력 등 지적인 특성과 구분되는 개념이다.

㉡ 인간행동을 결정하는 데 작용하는 여러 가지 요인들이 하나의 연관성을 가진 체제를 이루는 심리적 구조이다.

② **성질(Character)**

㉠ 대개의 경우 어떤 도덕적 기준에 의해 평가하는 것으로서, 인간 성격에 대한 도덕적 판단과 연관된다.

㉡ "그 사람 성질 참 고약하다."는 표현에서처럼 '좋다' 혹은 '나쁘다'의 의미가 내포되어 있다.

③ **기질(Temperament)**

㉠ 유기체의 생물학적인 성향을 지칭하는 것으로서, 인간행동의 결정요인 중 **생물적 · 생리적 근거**에 의한 성향을 말한다.

㉡ 성격의 구성요소 중 다른 어떤 요소보다도 유전적인 작용이 더욱 크다고 할 수 있다.

2 성격의 특성

(1) 성격의 특징적 요소

① **독특성**

성격은 사람들을 구별할 수 있는 개인의 **독특성** 혹은 **개인차**를 반영한다. 즉, 성격은 개인들 간의 심리적 차이를 설명하는 개념이라고 할 수 있다.

② **공통성**

성격은 사람들이 보편적으로 공유하는 **공통성**을 내포한다. 그로 인해 개인의 독특한 행동들을 공통
성에 근거하여 통합적으로 설명할 수 있다.

③ **일관성 혹은 안정성**

성격은 비교적 **일관되고 안정적인 행동패턴**을 반영한다. 성격을 통해 개인의 행동을 이해하고 예언
할 수 있는 것도 이와 같은 일관성 혹은 안정성에서 비롯된다.

④ **역동성**

성격은 개인 내부의 **역동적이고 조직화된 특성**을 반영한다. 개인의 다양한 행동은 외부 자극에 대한
반사적 반응이 아닌 내면적 조직체의 심리적 과정을 통해 표출된 것이다.

(2) 성격의 일반적인 특징

① **성격은 인간의 행동과 관련이 있다.**

성격은 겉으로 드러나는 행동을 관찰함으로써 파악할 수 있다. 예를 들어, 사람들과 어울리기를 꺼
려하는 사람에 대해, 그 사람의 성격특성이 내성적이라고 말한다.

② **성격은 개인 간에 차이가 있다.**

성격을 이해하기 위해서는 개인마다 가지고 있는 고유한 **독특성**이 고려되어야 한다. 동일한 상황에
서도 각 개인이 그 상황에 대처하는 방식은 서로 다르게 나타난다.

③ **성격은 각 상황에서 일관성 있게 나타난다.**

개인의 어떤 모습이 특정한 상황에서만 나타나는 것이 아닌 거의 모든 상황에서 **일관성** 있게 나타날
때, 그것을 그 사람의 성격으로 특징지을 수 있다.

④ **성격은 전체적인 맥락에서 보다 잘 이해될 수 있다.**

개인의 성격은 생물학적 측면, 환경적 측면, 개인 내적인 측면 등 **전체적인 측면**에서 고려되어야
한다.

3 성격의 형성

(1) 유전과 환경

① 인간의 성격이 선천적으로 유전되는 것인가 아니면 후천적으로 형성되는 것인가에 관한 이른바 '천
성 대 양육(Nature vs. Nurture)'의 논란은 유전과 환경에 대한 논쟁으로 이어졌다.

② 현대의 심리학자들은 성격이 유전적 요인과 환경적 요인의 **상호작용**에 의해 결정되는 것으로 간주
하고 있다. 그에 따라 어떤 성격특성이 얼마나 유전에 의해 영향을 받으며, 어떤 환경적 요인의 상호
작용을 통해 형성되는가에 관심이 모아지고 있다.

③ 성격형성에 있어서 유전과 환경의 영향을 모두 인정하고 그것이 상호작용한다는 것을 전제로 할 때,
그와 같은 상호작용이 어떻게 진행되는가에 대한 이해가 필요하다. 이 문제에 대한 연구결과로 주목

할 만한 것이 행동유전학(Behavior Genetics)이다. 행동유전학은 인간의 행동적 특성이 유전적 요인에 의해 영향을 받는 정도 및 기제를 연구한다.

(2) 쌍생아 연구와 입양 연구

① 쌍생아 연구(Twin Studies)

㉠ 쌍생아 연구는 일란성 쌍생아와 이란성 쌍생아의 특성을 비교하여 유전과 환경의 영향을 구별할 수 있다는 가정에서 비롯된다.

㉡ 일란성 쌍생아는 동일한 정자와 난자로부터 발생하므로 유전자가 100% 일치한다. 반면, 이란성 쌍생아는 다른 보통의 형제와 마찬가지로 50% 정도의 유전자를 공유한다. 따라서 어떤 성격특성에 있어서 일란성 쌍생아의 유사성이 이란성 쌍생아보다 높은 경우, 그와 같은 특성은 두 사람이 공유하는 유전자 비율의 차이에서 기인하는 것으로 볼 수 있다.

㉢ 다만, 일란성 쌍생아의 유사성이 반드시 유전자에 의한 것이라고 확신할 수는 없다. 일란성 쌍생아의 경우 동일한 유전자를 가진 것은 물론 신체적 특성과 양육환경 또한 유사하므로, 이들 간의 유사성은 유전적 동일성과 환경적 동일성이 혼합된 것으로 보아야 한다.

② 입양 연구(Adoption Studies)

㉠ 입양 연구는 어린 시절 다양한 이유로 서로 다른 환경에서 성장하게 된 쌍생아의 특성을 비교함으로써 유전과 환경의 영향을 밝힌다.

㉡ 입양 연구의 또 다른 중요성은 쌍생아와 부모의 특성을 비교함으로써 유전과 환경의 영향에 대한 정보를 제공한다는 것이다. 즉, 생물학적 부모와의 유사성 정도는 유전적 요인에 기인하는 것으로 볼 수 있는 반면, 양부모와의 유사성 정도는 환경적 요인에 기인하는 것으로 볼 수 있다.

㉢ 베르그만(Bergman) 등의 쌍생아 연구와 입양 연구를 결합한 연구결과에 따르면, 성격의 5요인, 즉 '신경증(Neuroticism)', '외향성(Extraversion)', '개방성(Openness)', '우호성(Agreeableness)', '성실성(Conscientiousness)' 중에서 개방성은 유전적 요인이 상대적으로 강한 반면, 우호성과 성실성은 환경적 요인이 중요함을 보여주었다.

(3) 공유 환경과 비공유 환경

① 개인의 성격형성에 영향을 미치는 환경적 요인은 '공유 환경(Shared Environment)'과 '비공유 환경(Nonshared Environment)'으로 구분된다.

② 공유 환경은 자녀가 동일한 가정환경에서 동일한 부모로부터 양육되는 환경을 말하는 것으로 '동질 환경'이라고도 한다. 반면, 비공유 환경은 동일한 가정 내에서 양육되더라도 자녀마다 각기 다른 경험을 하게 되는 환경을 말하는 것으로 '이질 환경'이라고도 한다. 예를 들어, 자녀의 성별, 출생순서, 개인적 특성 등에 따라 부모가 다른 양육태도를 보이게 되는데, 이는 비공유 환경이 조성되는 것으로 볼 수 있다.

③ 여러 연구결과에 따르면, 일반적으로 공유 환경보다는 비공유 환경이 성격의 개인차에 더 큰 영향을 미치는 것으로 나타났다. 즉, 같은 부모 밑에서 성장한다는 사실 자체보다는 같은 가정의 형제라도 서로 다른 경험을 한다는 것이 성격형성에 보다 큰 영향을 미친다는 것이다.

④ 던과 플로민(Dunn & Plomin)은 여러 연구결과들을 종합하여 성격 전반의 변량 중 40%는 유전적 요인, 35%는 비공유 환경의 경험, 5%는 공유 환경의 경험, 그리고 나머지 20%는 측정오차에 기인하는 것으로 결론을 내렸다. 이를 통해 유전적 요인과 환경적 요인은 각각 40%로 비슷하다고 볼 수 있다.

제2절　성격이론의 흐름과 쟁점

1 성격연구의 흐름

(1) 성격연구의 역사
① 고대
  ㉠ 고대인들은 생각과 행동의 개인차가 각자의 출생 당시 서로 다른 자연현상(예 별자리, 계절 등)의 영향에서 비롯된다고 보았다.
  ㉡ 고대 그리스의 의학자인 **히포크라테스(Hippocrates)**는 인체를 구성하는 네 가지 체액, 즉 **혈액**(Blood), 흑담즙(Black Bile), 황담즙(Yellow Bile), 점액(Phlegm) 중 어떤 체액이 우세하냐에 따라 개인의 성격과 행동방식이 달라진다고 주장하였다.
  ㉢ 로마의 의학자인 **갈렌(Galen)**은 히포크라테스의 체액론을 발전시켜 각 체액에 일치하는 기질, 즉 **다혈질(Sanguine), 우울질(Melancholic), 담즙질(Choleric), 점액질(Phlegmatic)**로 성격을 구분하였다.
② 중세
  ㉠ 중세인들은 개인차에 대한 관심에도 불구하고 성격에 대한 창의적인 연구를 시도하지 않았다.
  ㉡ 셰익스피어(Shakespeare), 세르반테스(Cervantes), 디킨스(Dickens) 등이 문학작품 속에 인간의 성격을 묘사하였다.
  ㉢ 전통적인 교회의 교리에 따라 인간의 삶은 선과 악이 서로 싸우는 전쟁터이며, 인간은 기본적으로 원죄가 있는 악한 존재로 태어난다고 보았다.
③ 근대
  ㉠ 계몽주의 시대에 이르러 근대인들은 인간이 기본적으로 그리 악한 존재는 아니라는 관점을 가지게 되었다.
  ㉡ 로크(Locke), 볼테르(Voltaire) 등은 인간이 '백지와 같은 상태(Tabula Rasa)'로 태어난다고 주장하였으며, 이는 20C 발달심리학과 실험심리학의 여러 개념들의 토대가 되었다.
  ㉢ 오랜 역사적 뿌리를 가진 점성학, 수비학, 수상학, 골상학, 관상학 등 의사과학적 접근이 개인의 성격이나 특성을 파악하여 그의 장래나 운명을 예측한다는 점에서 성격연구의 일부로 간주되기도 한다.

④ **현대**
　㉠ 크래츠머(Kretschmer)는 신체유형에 대한 관찰을 토대로 성격 및 정신장애를 분류하였다.
　㉡ 셀든(Sheldon)은 기존의 신체유형에 따른 체질론을 발전시켜 3가지 신체유형, 즉 **내배엽형**
　　(Endomorphic Type), **중배엽형**(Mesomorphic Type), **외배엽형**(Ectomorphic Type)으로 성격
　　을 구분하였다.
　㉢ 1908년 융(Jung)이 단어연상검사(Word Association Test)를 개발하여 사용하면서 성격에 대한
　　체계적이고 과학적인 연구가 본격적으로 시도되었다.

(2) 성격연구의 주요 사건들

① 1879년 – 분트(Wundt)가 독일 라이프치히에 심리학 연구를 위해 실험실을 개설함으로써 현대 심리
　학의 효시를 이룸
② 1900년 – 프로이트(Freud)가 「꿈의 해석(Die Traumdeutung)」을 출간하여 정신분석이론을 제
　시함
③ 1906년 – 파블로프(Pavlov)가 고전적 조건화(고전적 조건형성)를 발견함
④ 1917년 – 미국의 제1차 세계대전 개입과 함께 집단 심리검사도구인 '군대 알파(Army α)'와 '군대
　베타(Army β)'가 개발됨
⑤ 1921년 – 융(Jung)이 「심리학적 유형(Psychological Types)」을 발표하였으며, 로샤(Rorschach)가
　최초의 투사적 검사인 '로샤 검사(Rorschach Test)'를 개발함
⑥ 1935년 – 머레이와 모건(Murray & Morgan)이 '주제통각검사(TAT ; Thematic Apperception
　Test)'를 개발함
⑦ 1937년 – 올포트(Allport)가 「성격 : 심리학적 해석(Personality : A Psychological Interpretation)」을
　출간하여 성격심리학 연구의 토대를 제시함
⑧ 1943년 – 하더웨이와 매킨리(Hathaway & McKinley)가 '미네소타 다면적 인성검사(MMPI ;
　Minnesota Multiphasic Personality Inventory)'를 개발함
⑨ 1949년 – 카텔(Cattell)이 '16성격 요인검사(16PF ; Sixteen Personality Factor Questionnaire)'
　를 개발함
⑩ 1952년 – 미국 정신의학협회(APA ; American Psychiatric Association)가 「정신장애의 진단 및
　통계편람(DSM ; Diagnostic and Statistical Manual of Mental Disorders)」을 출간함
⑪ 1953년 – 스키너(Skinner)가 조작적 조건화(조작적 조건형성)의 원리를 발표함
⑫ 1954년 – 매슬로우(Maslow)가 「동기와 성격(Motivation and Personality)」을 출간함
⑬ 1955년 – 켈리(Kelly)가 「개인적 구성개념의 심리학(The Psychology of Personal Constructs)」을
　출간함
⑭ 1960년 – 아이젱크(Eysenck)가 성격 3요인 이론을 제시함
⑮ 1961년 – 터프스와 크리스탈(Tupes & Christal)이 성격 5요인 구조를 제시함
⑯ 1968년 – 미첼(Mischel)이 「성격과 평가(Personality and Assessment)」를 출간하여 '개인–상황
　논쟁'을 제기함

⑰ 1977년 – 반두라(Bandura)가 「사회학습이론(Social Learning Theory)」을 출간함

⑱ 1981년 – 골드버그(Goldberg)가 성격 5요인에 대해 'Big Five'라는 명칭을 붙임

⑲ 1985년 – 코스타와 맥크레이(Costa & McCrae)가 'NEO 성격질문지(NEO-PI ; NEO Personality Inventory)'를 개발함

⑳ 1994년 – 클로닝거(Cloninger)가 기질 및 성격검사(TCI ; Temperament and Character Inventory)를 개발함

2 성격심리학의 목적 및 관점

(1) 성격심리학의 목적

① 성격심리학은 인간의 본질을 이해하는 것을 목적으로 한다.

② 성격심리학은 인간의 부적응적인 행동을 개선하며, 더 나아가 개인의 행복을 증진시킨다.

③ 성격심리학은 각각의 이론들에서 중요시하는 변인들 간의 관계를 밝힘으로써 성격과 관련된 후속 연구를 촉진시킨다.

(2) 성격심리학의 주요 5가지 관점

① **정신역동적 관점** 기출

ㄱ 인간의 내적인 정신구조 및 발달 과정에 관심을 기울이며, 인간의 행동을 유발하는 근원적인 에너지가 무엇인지에 초점을 둔다.

ㄴ 정신의 에너지, 인간행동이 결정되는 상황적 맥락, 정신과 환경의 상호작용 등에 따라 성격이 역동적으로 작용한다고 본다.

ㄷ 프로이트(Freud)의 정신분석이론, 아들러(Adler)의 개인심리이론, 융(Jung)의 분석심리이론, 에릭슨(Erikson)의 심리사회이론 등이 대표적이다. 특히 프로이트와 융은 외식 너미 무의식에 인간을 움직이는 힘이 존재한다고 본 반면, 아들러와 에릭슨은 무의식보다는 의식 속에 인간을 움직이는 힘이 있다고 보았다.

② **성향적 관점(특질이론적 관점)** 기출

ㄱ 성향적 관점은 한 개인의 행동을 분석할 때 그가 처한 상황보다 개인 자체에 더 많은 기초를 두는 것으로, 특히 개인의 특질이나 생물학적 특성에 기초하여 성격을 설명하는 입장이다.

ㄴ 특질(Traits)은 개인의 사고, 감정, 행동에서의 일관된 양식으로 포괄적으로 정의할 수 있다. 성향적 관점은 모든 인간이 각자 독특하고 안정적인 특질들을 가지고 있으며, 그 특질들이 성격을 이루는 기본요소가 된다고 주장한다.

ㄷ 문화에 따라 공통적인 특질 및 사람들을 구별해 주는 독특한 특질이 있다고 가정한다.

ㄹ 다른 성격이론들이 문제 증상의 치료에 관심을 둔 반면, 성향적 접근은 단지 인간의 성격을 파악하는 것에만 초점을 둔다.

  ⑩ 올포트(Allport)와 카텔(Cattell)의 특질이론, 아이젱크(Eysenck)의 성격 3요인 이론이 대표적이다. 특히 올포트는 사례연구 등 질적 연구방법을 통해 인간의 독특한 특질을 밝히려고 한 반면, 카텔은 통계적 기법인 요인분석(Factor Analysis)을 통해 인간의 보편적인 특질을 밝히려고 하였다. 또한 아이젱크는 인간 성격의 생물학적 영향력을 강조함으로써 '생물학적 유형론'으로 불리기도 한다.

③ 인본주의적 관점(현상학적 관점) 기출
  ㉠ 각 개인이 지각하는 주관적 현실을 중시하며, 특히 현상학적 관점에서 개인의 주관적 경험의 고유성과 가치를 인정한다.
  ㉡ 과거가 아닌 현재, 즉 '여기-지금(Here & Now)'을 강조한다.
  ㉢ 모든 인간은 존엄하고 무한한 가능성이 있으며, 스스로 자신의 삶을 창조해 나가는 긍정적인 존재이다.
  ㉣ 매슬로우(Maslow)의 인본주의이론(자기실현이론), 로저스(Rogers)의 인간중심이론, 프랭클(Frankl)의 실존주의적 접근 등이 대표적이다. 특히 이 관점은 철학적 입장으로 현상학과 실존주의를 토대로 인간의 가치와 자유의지를 강조한다.

④ 행동 및 사회학습적 관점 기출
  ㉠ 개인의 내면적 요인보다는 환경적 요인을 강조한 행동주의 심리학은 환경에 의해 학습되거나 강화된 행동 혹은 습관적 행동으로써 개인의 성격적 특성을 연구하였다.
  ㉡ 학습(Learning)은 인간이 환경과 사건을 통해 배우게 되는 경험과 연습에 의해 나타나는 비교적 연속적인 변화를 강조한다.
  ㉢ 행동주의와 학습이론은 정신 내부보다는 주로 관찰할 수 있는 행동 및 행동변화에 초점을 둔다.
  ㉣ 스키너(Skinner)의 조작적 조건형성에 기반을 둔 신행동주의이론, 반두라(Bandura) 및 로터(Rotter)의 사회학습이론 등이 대표적이다. 특히 초기 행동주의이론이 인간의 성격에 대한 개념 자체에 관심을 두지 않았던 반면, 현대 심리학의 추세에 따라 반두라와 로터 등은 학습에서 인간 행동에 선행되는 인지의 중요성을 강조하였다.

⑤ 인지주의적 관점
  ㉠ 개인의 성격과 행동을 이해하는 데 있어서 인지적 요인의 중요성을 강조하며, 개개인이 갖는 인지에 따라 정서 및 행동이 영향을 받는다고 주장한다.
  ㉡ 현재 개인에게 주어진 상황 자체보다는 그 개인의 내적인 인지구조가 어떠한가에 따라 상황에 대한 해석이 달라진다고 본다.
  ㉢ 엘리스(Ellis)와 벡(Beck)의 성격에 대한 인지적 접근, 켈리(Kelly)의 개인적 구성개념 이론 등이 대표적이다. 특히 엘리스는 개인의 신념체계를, 벡은 개인의 인지도식을, 켈리는 개인적 구성개념을 성격과 결부시켰다.

(3) 성격심리학의 최근 추세
① 성격 분석단위의 다양화
성격의 분석단위가 특질(Trait), 도식(Schema), 심리양식(Mode), 행동각본(Script) 등 다양해지고 있다.

② 성격과 상황의 상호작용에 대한 연구

'개인-상황 논쟁(Person-Situation Controversy)'이 개인의 행동을 예측하는 데 있어서 성격 요인의 설명력에 의문을 제기한 이후, 최근 개인의 행동을 설명하고 예측하기 위해서는 상황 요인은 물론 성격 요인을 함께 고려하는 것이 필수적이라는 견해가 지배적이다.

③ 인지적 요인의 중요성 부각

개인이 사회적 상황을 어떻게 인식하고 해석하느냐에 따라 행동은 달라진다. 즉, 사회적 상황을 해석하는 방식이 개인의 성격과 밀접하게 연결되어 있는 것이다.

④ 성격에 대한 생물학적 관점으로의 활발한 접근

최근 진화심리학의 관점에서 인간의 성격과 행동을 설명하려는 다각적인 시도가 전개되고 있다. 또한 유전생물학과 신경과학이 유전적 요인과 뇌의 신경생리학에 기초하여 개인의 성격과 행동을 설명하고자 노력하고 있다.

⑤ 성격장애 및 성격강점에 대한 관심 고조

최근 성격장애의 심리적 특성을 다각적으로 탐색하는 연구가 활발히 진행되고 있으며, 긍정심리학의 발전으로 성격의 긍정적 측면에 대한 관심이 증가하고 있다.

더 알아두기

심리학의 주요 학파와 학자 기출

학파	주요 내용	학자
구성주의	개인의 의식 경험의 세부 구성요소를 밝혀내는 데 초점을 둔다.	• 분트(Wundt) • 티츠너(Titchener)
기능주의	인간 정신의 지속적인 변화를 강조하면서 일상생활 속에서 정신이 어떤 기능을 하는지를 연구한다.	• 제임스(James) • 듀이(Dewey)
행동주의	심리학이 과학의 한 분야가 되기 위해서는 **관찰 및 측정 가능한 외현적 행동에 초점**을 두어야 한다고 본다.	• 파블로프(Pavlov) • 스키너(Skinner) • 헐(Hull) • 왓슨(Watson)
정신분석	성격을 서로 **경쟁하고 갈등하는 내저 힘들의 집합**으로 본다. 특히 인간행동의 여러 측면들이 그의 성격 안에 내재된 무의식적 힘에서 비롯된다고 주장한다.	• 프로이트(Freud) • 머레이(Murray)
신정신분석	인간행동의 동기를 이해하는 데 있어서 무의식이 아닌 의식을, 성적인 힘보다는 사회적·문화적 힘을 강조한다. 특히 성격에서 **자아와 자아의 발달, 사회적 관계를 중시**한다.	• 아들러(Adler) • 에릭슨(Erikson) • 설리반(Sullivan) • 호나이(Horney) • 프롬(Fromm)
게슈탈트(형태주의) 심리학	인간을 정신, 행동 등으로 구분하여 이해하는 것보다는 **전체적인 관점에서 이해할 것을 강조**한다.	• 베르타이머(Wertheimer) • 퀼러(Köhler) • 코프카(Koffka)

| 인본주의 심리학 | 인간은 과거에 의한 결정적인 존재가 아닌 자유의지를 가지고 자기실현을 향해 나아가는 존재이다. | • 로저스(Rogers)
• 매슬로우(Maslow)
• 프랭클(Frankl)
• 메이(May) |
| 인지심리학 | 인간을 이해하기 위해 사고, 기억, 의사결정 등 인지 과정을 연구할 것을 강조한다. | • 나이저(Neisser)
• 털빙(Tulving) |

3 성격이론의 쟁점

(1) 인간 대 상황에 대한 쟁점

① 의의

㉠ 성격에 대한 기존의 일반적인 관점은 인간 자체에 대해 초점을 두는 것이었다. 이는 20C 초에 이르기까지 프로이트(Freud)의 인간 본능과 무의식을 강조한 정신분석이론에서 올포트(Allport)와 카텔(Cattell)의 특질이론까지 성격이론의 주류를 이루었다.

㉡ 인간 자체에 초점을 둔 성격이론에 대해 반발하여 상황의 중요성을 제기한 학자는 미국의 심리학자 미첼(Mischel)이다. 그는 인간에 대한 일반화된 예언을 강조하기보다는 '상황 속의 인간(Person in the Situation)'을 이해하고자 하였다.

㉢ 최근 미첼은 행동을 결정하는 데 있어서 두 가지 변인, 즉 **사람변인**과 **상황변인**의 중요성을 인정하면서 사람과 상황의 상호작용 관점을 제시하였다. 특히 그는 사람변인을 성실성, 공격성 등 형용사적 특질로 나타내지 않고, 이를 인지 혹은 정보처리의 개념으로 제시하였다.

② **미첼(Mischel)의 5가지 사람변인**

미첼은 특별한 상황에서 사람의 행동을 통제하는 기본적인 심리적 과정과 관련하여 다음의 5가지 사람변인, 즉 **구성능력**(Construction Competencies), **부호화 전략**(Encoding Strategies), **기대**(Expectancies), **목표와 주관적 가치**(Goals and Subjective Values), **자기조절 체계 및 계획**(Self-regulatory Systems and Plans)을 제시하였다.

구성능력	개인의 인지적 · 행동적 능력과 연관된 것으로서, 적절한 조건하에서 다양한 행동을 생성할 수 있는 지적 · 사회적 · 신체적 능력을 말한다.
부호화 전략	개인이 사건이나 실체를 지각하고 조직화하며 이해하는 방법, 그리고 상황을 범주화하는 방법과 연관된다.
기대	특별한 조건 하에서 무슨 일이 일어날 것인가에 대한 개인의 구체적인 기대를 의미한다.
목표와 주관적 가치	기대가 유사하더라도 개인마다 서로 다른 목표나 주관적 가치를 가지므로, 동일한 결과에 대해 서로 다른 의미를 부여함으로써 서로 다른 행동으로 보일 수 있다.
자기조절 체계 및 계획	각각의 개인이 자신의 행동을 조절하기 위해 채택하는 서로 다른 규칙 혹은 규준을 의미한다.

(2) 인간관에 대한 쟁점

① 의의

　㉠ 인간성에 대한 가정은 인간을 어떻게 보는가에 대한 철학적 견해를 토대로 형성된 틀로서, 많은 성격심리학자들은 인간 본성에 대한 가정을 서로 달리하고 있다.

　㉡ 인간 본성에 대한 가정이 개인의 행동방식은 물론 대인관계방식에도 영향을 미치는 만큼, 다양한 성격이론을 전체적으로 조망하는 데 있어서 인간성에 대한 기본 가정으로서 인간관을 이해할 필요가 있다.

　㉢ 인간관에 대한 학자별 대표적인 준거 틀은 다음과 같다.

젤리와 지글러 (Hjelle & Ziegler)	• 자유론 대 결정론 • 전체주의 대 요소주의 • 가변성 대 불변성 • 빌싱싱 내 반응성 • 가지성 대 불가지성	• 합리성 대 비합리성 • 체질론 대 환경론 • 주관성 대 객관성 • 평형성 대 불평형성
매디 (Maddi)	• 갈등 모델 • 일관성 모델	• 충족 모델
슐츠와 슐츠 (Schultz & Schultz)	• 자유의지 대 결정론 • 과거 대 현재 • 평형 대 성장	• 유전 대 환경 • 독특성 대 보편성 • 낙관론 대 비관론

② 인간관에 관한 3가지 모델(Maddi)

　㉠ 갈등 모델 : 인간은 필연적으로 서로 반대되는 두 가지 힘들 간의 마찰이 이루어지는 존재이다.

심리사회적 입장	• 개인 내부의 힘과 외부의 힘으로서 사회적 힘 간의 갈등을 가정한다. • 대표적인 학자 : 프로이트(Freud), 머레이(Murray), 에릭슨(Erikson) 등
정신내적 입장	• 개인 내부의 상반되는 두 가지 힘들 간의 갈등을 가정한다. • 대표적인 학자 : 융(Jung), 랭크(Rank), 펄스(Perls) 등

　㉡ 충족 모델 : 인간은 내부에 한 가지 큰 힘을 가지고 있으며, 이를 표현하려고 노력하는 존재이다.

실현화 입장	• 개인 내부의 잠재력을 삶의 과정을 통해 지속적으로 실현시키려고 노력한다. • 대표적인 학자 : 로저스(Rogers), 매슬로우(Maslow), 코스타와 맥크레이(Costa & McCrae) 등
완성 입장	• 개인 내부의 큰 힘이 완성의 이상을 추구하도록 유인한다. • 대표적인 학자 : 올포트(Allport), 아들러(Adler), 프롬(Fromm) 등

　㉢ 일관성 모델 : 인간은 환경과 상호작용을 하면서 외부세계로부터 피드백을 받는 존재로서, 이때 피드백은 그의 기대와 일관적일 수도 혹은 비일관적일 수도 있다.

인지부조화 입장	• 일관성과 비일관성이 필연적으로 사고 과정에 수반된다. • 대표적인 학자 : 켈리(Kelly), 엡스타인(Epstein), 맥클리랜드(McClelland) 등
활성화 입장	• 습관적인 신체적 긴장의 정도와 실제로 존재하는 긴장의 정도 간의 일관성을 강조한다. 즉 개인은 이미 익숙해진 긴장의 정도를 계속 유지하려는 속성이 있다. • 대표적인 학자 : 피스크와 매디(Fiske & Maddi) 등

③ 인간관의 주요 준거

㉠ 자유의지 대 결정론 [기출]

자유의지	• 개인은 유전이나 환경의 영향을 초월하여 자신의 운명의 통제자이다. • 대표적인 학자 : 로저스(Rogers), 매슬로우(Maslow), 프랭클(Frankl), 켈리(Kelly) 등
결정론	• 개인은 과거 경험이나 생물학적 요인, 외부의 힘 등에 의해 결정되고 지배된다. • 대표적인 학자 : 프로이트(Freud), 스키너(Skinner), 카텔(Cattell) 등

㉡ 유전 대 환경

유전	• 개인은 생득적 요인으로서 유전의 영향을 더욱 많이 받는다. • 대표적인 학자 : 프로이트(Freud), 융(Jung), 아이젱크(Eysenck), 카텔(Cattell) 등
환경	• 개인은 자신을 둘러싼 환경의 영향을 더욱 많이 받는다. • 대표적인 학자 : 왓슨(Watson), 스키너(Skinner), 반두라(Bandura), 로터(Rotter) 등

㉢ 독특성 대 보편성

독특성	• 개인은 유일무이한 존재로서 다른 사람과 비교할 수 없는 독특성을 가진다. • 대표적인 학자 : 올포트(Allport), 아들러(Adler), 매슬로우(Maslow), 로터(Rotter) 등
보편성	• 인간은 근본적으로 매우 유사하므로 서로 간에 공통적인 보편성을 가진다. • 대표적인 학자 : 왓슨(Watson), 아이젱크(Eysenck), 프롬(Fromm), 코스타와 맥크레이(Costa & McCrae) 등

㉣ 발생성 대 반응성

발생성	• 인간은 자신의 주도하에 환경에 적응하며 살아간다. • 대표적인 학자 : 올포트(Allport), 아들러(Adler) 등
반응성	• 인간은 주어진 환경이 제공하는 자극에 반응하며 살아간다. • 대표적인 학자 : 스키너(Skinner) 등

㉤ 낙관론 대 비관론

낙관론	• 인간을 긍정적·희망적인 존재로 본다. • 대표적인 학자 : 올포트(Allport), 아들러(Adler), 매슬로우(Maslow), 로저스(Rogers) 등
비관론	• 인간을 부정적·이기적인 존재로 본다. • 대표적인 학자 : 프로이트(Freud) 등

[참고]

'인간관의 주요 준거'에서 각 준거별로 제시된 대표적인 학자들은 교재에 따라 약간씩 다르게 제시되고 있습니다. 이는 대략적인 연속선상에서의 일반적인 분류에 불과하며, 특히 교재에 따라 몇몇 학자들은 중립적 성향을 가진 것으로 제시되기도 합니다.

(3) 그 밖의 쟁점

① **인지/정서/행동의 관계**

　㉠ 성격이론가들은 인간의 행동을 '지・정・의'의 세 가지 측면에서 설명하는 경향이 있다. 여기서 지(知)는 인지와 사고, 정(情)은 정서와 감정, 의(意)는 의지와 행동을 의미한다.

　㉡ 일반적으로 엘리스(Ellis)의 합리적・정서적 행동치료(인지・정서・행동치료)나 벡(Beck)의 인지치료는 인간의 사고를, 로저스(Rogers)의 인간중심이론은 인간의 정서를, 스키너(Skinner)의 조작적 조건화 이론은 인간의 행동을 보다 강조하는 경향이 있다.

　㉢ 그러나 인간의 성격을 다루는 데 있어서 '지・정・의'의 세 가지 측면 중 어느 한 측면이 더 중요하다고 단정 지을 수는 없다.

② **개인 간/개인 내의 관계**

　㉠ 인간을 이해하는 데 있어서 개인 간 차이에 초점을 둘 것인지, 아니면 한 개인의 내적인 측면에 초점을 둘 것인지에 따라 이론적 접근법이 서로 다르다.

　㉡ 특질이론가들은 개인만의 독특한 특질은 물론 보편적 특질을 밝히고자 하였고, 정신역동이론가들은 인간의 무의식이나 의식 차원에서 일어나는 정신 과정에 관심을 기울였으며, 인지이론가들은 인간의 내적인 신념체계나 인지도식에 초점을 두어 인간의 행동을 설명하였다.

　㉢ 그러나 인간의 성격을 다루는 데 있어서 어떤 접근방식이 더욱 중요하다고 단정 지을 수는 없다.

③ **무의식/의식의 관계**

　㉠ 무의식과 의식은 현실에서의 자각 여부로 구분할 수 있다. 즉, 의식은 개인이 현재 경험하고 기억하는 내용인 반면, 무의식은 현재 기억하려고 노력해도 기억되지 않는 내용이다.

　㉡ 프로이트(Freud)의 정신분석이론은 무의식과 의식을 구분하고 특히 무의식이 인간의 행동에 강력한 영향을 미친다고 주장한 반면, 로저스(Rogers)의 현상학적 관점은 의식의 중요성을 강조하였다.

　㉢ 사실 무의식과 의식 중 어느 영역이 인간의 행동에 더 큰 영향을 미치는지를 밝히는 것은 매우 어렵다.

④ **과거/현재/미래의 관계**

　㉠ 인간의 현재 행동에 영향을 미치는 원인과 동기를 어떤 성격이론가는 과거에서, 다른 이론가들은 현재 혹은 미래에서 찾기도 한다.

　㉡ 성격형성과 관련하여 정신분석이론은 개인의 과거 경험을, 현상학적 관점은 '여기-지금'에서의 현재 경험을, 개인심리이론은 가상의 목표를 향한 미래의 이상을 강조한다.

　㉢ 그러나 인간행동의 원인과 동기의 출발을 언제로 보는 것이 타당한가에 대한 논쟁은 결론을 내리기 어려운 문제이다.

> **더 알아두기**
>
> **성격이론의 평가준거(Ryckman, Pervin & John)** [기출]
>
> - 포괄성(Comprehensiveness) : 이론은 광범위한 자료를 토대로 인간을 종합적으로 설명할 수 있어야 한다.
> - 검증성(Testability) : 이론은 명확히 기술되고 측정될 수 있는 개념들을 가져야 한다.
> - 경제성(Parsimony) : 이론은 어떤 영역의 다양한 자료 및 현상들을 단순하고 경제적으로 설명할 수 있어야 한다.
> - 경험적 타당성(Empirical Validity) : 이론은 뒷받침해 주는 자료들을 통해 경험적으로 타당하다는 것을 보여줄 수 있어야 한다.
> - 탐구성(Heuristic Value) : 이론은 절대적인 것이 아니며, 도전에 의해 새로운 아이디어와 연구를 촉발시키는 것이어야 한다.
> - 적용성(Applied Value) : 이론은 인간 삶에 실제적으로 적용될 수 있는 것이어야 한다.

제3절   성격의 연구

1 성격평가의 이해

(1) 성격평가의 의의

① 성격평가(Personality Assessment)는 심리평가 중에서 특히 성격에 초점을 두고 이루어지는 것으로서, 개인이 어떤 성격의 소유자이고 어떤 내면적 감정을 가지고 있는지, 어떤 사고방식과 행동방식을 지니고 있는지를 파악하기 위한 절차 및 방법을 말한다.

② 개인의 성격을 평가하기 위해 심리학자들은 다음의 자료들을 분석하게 된다.

    ㉠ 평가대상자와의 개별적 면담

    ㉡ 평가대상자에 대한 행동관찰

    ㉢ 개인의 생활사 관련 기록

    ㉣ 주변인물들(예 가족, 친구, 교사 등)의 보고

    ㉤ 표준화된 심리검사를 통해 수집한 자료 등

③ 수집된 자료들은 심리학적 지식과 이론에 근거하여 다각적으로 분석하고 통합함으로써 평가결과를 도출하게 된다.

(2) 성격평가의 일반적인 절차

① **제1단계 – 평가목적의 명료화**

㉠ 성격평가는 다양한 목적을 위해 다양한 방식으로 실시될 수 있으므로, 평가자는 우선 성격평가의 목적과 초점을 분명히 이해하여야 한다.

㉡ 성격평가는 개인의 성격 전반을 파악하기 위해 이루어질 수도, 좀 더 구체적이고 특수한 성격적 측면에 초점을 두고 이루어질 수도 있다.

㉢ 성격평가를 통해 파악할 수 있는 성격적 측면들은 다음과 같다.

> • 일반적 성격특성(예 외향성/내향성)
> • 신념 및 사고(예 자기, 타인 및 세상에 대한 긍정적 혹은 부정적 신념이나 사고)
> • 정서 및 동기(예 정서 상태와 민감성, 동기의 주제와 강도)
> • 행동방식(예 사기관리 행동, 학습 혹은 업무 방식)
> • 자기존중감(예 의식적 혹은 무의식적 자기개념)
> • 대인관계 양식(예 대인관계의 형성 및 유지 방식)
> • 정신건강 상태(예 현실 판단력, 자아강도)
> • 성격장애(예 성격장애의 유형 및 심각도)
> • 심리적 갈등(예 무의식적 갈등 영역, 열등의식의 주제)
> • 심리적 강점(예 창의성, 지도력 등 성격적 강점, 개인적 능력과 기술)

② **제2단계 – 자료수집의 계획**

㉠ 성격평가를 위해 사용할 수 있는 평가도구는 매우 다양하다. 면담(면접), 행동관찰, 개인생활사 분석, 심리검사자료 등을 통해 성격의 다양한 측면을 평가할 수 있다.

㉡ 성격평가의 목적을 달성하기 위해서는 신뢰도와 타당도가 검증된 평가도구를 선택해야 하며, 평가하고자 하는 성격의 주요 측면에 따라 적절한 평가방법을 선택해야 한다.

㉢ 특히 성격평가를 위해서는 '**자각가능성(Awareness)**'과 '**보고가능성(Reportability)**'을 함께 고려해야 한다. 이때 '자각가능성'은 측정하려는 심리적 특성을 개인이 스스로 의식할 수 있느냐를 말하며, '보고가능성'은 측정하고자 하는 심리적 특성을 개인이 평가자에게 언어적으로 보고할 수 있느냐를 의미한다.

③ **제3단계 – 자료수집의 실시 및 채점**

㉠ 자료수집 과정에서 평가자는 평가대상자로부터 심리평가의 목적과 과정을 설명하고 자료수집에 대한 사전 동의를 얻어야 한다.

㉡ 평가자는 평가대상자로 하여금 자신에 대해 자유롭게 표현할 수 있도록 편안한 분위기를 조성해야 한다.

㉢ 검사 실시 전 평가자는 검사 실시 방법은 물론 채점 방식을 잘 숙지하고 있어야 한다.

㉣ 검사 실시를 통해 수집된 자료는 정확하게 기록되고 채점되어야 한다.

④ 제4단계 – 자료의 해석 및 통합

　㉠ 자료의 해석과 통합을 위해서는 성격심리학에 관한 전문적 지식은 물론 관련 심리학 분야에 대한 지식, 평가도구의 개발원리 및 장단점, 평가결과의 활용법 등에 대한 이해가 필요하다.

　㉡ 성격검사의 해석 과정은 검사점수와 채점결과의 의미를 표준화된 규준에 근거하여 이해하는 과정으로서, 이를 통해 개인의 성격특성에 관한 구체적인 정보를 얻게 된다.

　㉢ 일반적으로 임상장면에서는 내담자의 성격과 심리상태를 평가하기 위해 면담(면접), 행동관찰, 개인생활사 분석, 심리검사자료 등 다양한 자료들을 다각적으로 분석하고 통합하여 평가결과를 도출한다.

⑤ 제5단계 – 평가결과의 보고 및 전달

　㉠ 성격평가의 마지막 과정은 자료의 해석과 통합에 의해 도출한 성격평가의 결과를 평가의뢰자에게 전달하는 것이다.

　㉡ 성격평가 보고서는 평가의뢰자가 알고자 하는 평가목적에 초점을 두고 기술되어야 한다.

　㉢ 시행한 검사의 종류와 주요 결과, 통합적 해석을 통한 종합적 평가결과를 평가의뢰자가 잘 이해할 수 있는 문장으로 기술한다.

　㉣ 평가결과를 평가대상자에게 직접 구두로 전달해야 하는 경우 그가 궁금해 하는 내용에 초점을 두고 상세히 설명하는 한편, 설명 과정에서 낙인효과와 같은 부정적인 영향이 미치지 않도록 주의하여야 한다.

2 성격평가의 자료

(1) 생활기록 자료(L-data ; Life-record Data)

① 개인의 성장 과정, 가족관계, 현재 생활상황 등 개인의 생활사에 관한 자료를 말한다.

② 개인의 전기와 생활기록으로부터 얻어질 수 있는 정보로 구성된다.

③ 개인의 성격형성 과정을 이해하는 데 도움이 되며, 특히 사례연구에서 생활기록 자료가 중요한 역할을 한다.

④ 예를 들어, 지능과 학업성적 간의 관계에 대해 연구하고자 하는 경우, 학적부에 기재된 성적을 자료로 사용할 수 있다.

(2) 관찰자 자료(O-data ; Observer-rating Data)

① 관찰자 평정자료로서 연구자 혹은 관찰대상자 개인을 잘 알고 있는 사람이 그에 대해 관찰한 자료를 말한다.

② 부모, 친구, 교사, 배우자 등 알 수 있는 관찰자에 의해 제공된 정보로 구성된다.

③ 관찰자 자료는 개인에 대한 관찰자의 언어적 보고뿐만 아니라 관찰자가 그의 여러 속성을 리커트(Likert) 척도로 평정하여 수량화한 형태로 사용될 수 있다.

④ 자료는 보통 성격특성에 대한 평정의 형태로 제공된다. 즉, 관찰자로 하여금 개인에 대해 '친절함', '성실함', '외향적임' 등 성격특성을 평정하도록 요구한다.

(3) 검사 자료(T-data ; Test Data)

① 표준화된 성격검사나 실험과제를 통해 수집된 객관적인 자료를 말한다.
② 개인에게 검사문항이나 실험과제를 제시하고 그 반응과 수행결과를 객관적으로 측정함으로써 그의 성격특성을 평가할 수 있다.
③ 예를 들어, 지능검사와 같은 표준화된 검사에서의 수행도 검사 자료에 해당한다.

(4) 자기보고 자료(S-data ; Self-report Data)

① 개인이 자신에 대해 스스로 설명하거나 평가자의 질문에 대해 응답한 자료를 말한다.
② 수검자(피검사자) 자신이 제공하는 정보로 구성되며, 보통 자료는 질문에 대한 답변의 형태로 제시된다.
③ 사실 개인의 행동은 주관적 사고와 믿음에 의해 유발되고, 중요한 내면적 경험들은 외현적 행동으로 표출되지 않으므로 제삼자에 의해 관찰될 수 없다.
④ 따라서 자기보고 자료는 성격을 반영하는 주관적 사고와 내면적 경험을 평가할 수 있는 중요한 자료가 된다.

3 성격평가의 기법

(1) 면담법(면접법)

① 의의 및 특징 기출
  ㉠ 면담 혹은 면접(Interview)은 필요한 자료를 수집하기 위해 면담자(면접자)와 피면담자(피면접자) 간의 언어를 매개로 상호작용하는 것을 활용하는 방법이다.
  ㉡ 일반적으로 상담 및 심리치료 상황에서 상담자가 내담자의 성격을 평가하기 위해 사용하는 자료 수집 방법 중 가장 중요한 수단이다.
  ㉢ 상담자는 면담을 통해 내담자의 가치 있는 행동관찰, 독특한 특성, 현실상황에 대한 반응 등 중요한 정보를 얻게 된다. 특히 내담자의 경험담이나 생활사, 조사항목에 대한 응답 등 언어적 진술 내용은 물론 감정, 태도, 표정, 어투 등 비언어적인 특성도 파악할 수 있다.
  ㉣ 다만, 면담의 실시를 비롯하여 면담 결과의 정리, 분류, 부호화, 채점 등에 시간과 비용이 상대적으로 많이 소요된다.

② **면담의 유형**

면담법에서 면담의 진행 형식은 구조화 정도에 따라 다음과 같이 구분된다.

구조화된 면담 (표준화 면접)	• 면담자(면접자)가 면담조사표를 만들어서 상황에 구애됨이 없이 모든 응답자에게 동일한 질문 순서와 동일한 질문내용에 따라 수행하는 방법이다. • 비구조화된 면담에 비해 응답 결과에 있어서 상대적으로 **신뢰도가 높지만 타당도는 낮다.** • 반복적인 면담이 가능하며, **면담 결과에 대한 비교가 용이**하다. • 면담의 신축성·유연성이 낮으며, 깊이 있는 측정을 도모할 수 없다.
비구조화된 면담 (비표준화 면접)	• 면담자가 면담조사표의 질문 내용, 형식, 순서를 미리 정하지 않은 채 면담상황에 따라 자유롭게 응답자와 상호작용을 통해 자료를 수집하는 방법이다. • 구조화된 면담에 비해 응답 결과에 있어서 상대적으로 **타당도가 높지만 신뢰도는 낮다.** • **면담의 신축성·유연성이 높으며, 깊이 있는 측정을 도모할 수 있다.** • 반복적인 면담이 불가능하며, 면담 결과에 대한 비교가 어렵다.
반구조화된 면담 (반표준화 면접)	• 일정한 수의 중요한 질문을 구조화(표준화)하고 그 외의 질문은 비구조화(비표준화)하는 방법이다. • 면담자가 면담지침에 따라 응답자에게 상황에 적합한 변형 질문을 제시할 수 있다. • 사실과 가설을 확인할 수 있을 뿐만 아니라 새로운 사실이나 가설을 발견할 수도 있다. • 반구조화된 면담의 종류로는 초점집단면담법, 임상면담법 등이 있다.

(2) 관찰법(행동평가법)

① **의의 및 특징**

㉠ 관찰(Observation)은 사물의 현상이나 사건을 주의 깊게 살펴보는 방법이다. 특히 심리평가에서 관찰법은 한 개인이 보이는 행동을 관찰하여 평가하는 것을 말한다.

㉡ 일반적으로 상담 및 심리치료 상황에서 내담자의 자료수집을 위한 활동이나 보고 능력이 부족한 경우 혹은 다른 측정방법을 사용할 때 사회적 상호작용 과정을 방해할 우려가 있는 경우 유용하게 사용된다.

㉢ 다만, 관찰법은 내담자의 겉으로 드러나지 않는 특성이나 사적인 행동 혹은 관찰되기를 원하지 않는 행동 등에 대해 자료수집이 어렵다.

② **관찰의 유형**

자연관찰법 (직접관찰법) 기출	• **관찰자가 실제 생활환경에서 내담자의 자연스러운 행동을 관찰하는 방법**이다. • 여러 상황에 걸쳐 많은 정보를 확보하도록 함으로써 문제 행동에 대한 리스트 작성 및 기초 자료 수집에 효과적이다. • 내담자의 문제 행동이 나타나는 데 시간이 오래 걸리며, 비용면에서도 효율적이지 못한다.
유사관찰법 (통제된 관찰법 또는 실험적 관찰법)	• **관찰자에 의해 미리 계획되고 조성된 상황의 전후 관계에 따라 특정한 환경 및 행동 조건에서 내담자의 행동을 부각시키기 위한 방법**이다. • 내담자의 문제 행동을 포착하는 데 시간이 적게 걸리며, 비용면에서도 효율적이다. • 내담자의 반응요인으로 인해 외적 타당도가 저해될 수 있다.

참여관찰법	• 내담자와 자연스러운 환경에서 생활하는 사람에게 관찰대상을 관찰·기록하게 하여 그에 대한 결과를 보고하도록 하는 방법이다. • 자연스러운 환경에서의 자료수집이 가능하며, 광범위한 문제 행동에 적용이 가능하다. • 관찰자의 편견이나 선입견이 개입될 수 있으며, 관찰 이전의 상호작용에 의해 관찰 기록의 정확성을 확신하기 어렵다.
자기관찰법 (자기-감찰 또는 자기-탐지)	• 관찰자가 자기 자신의 행동을 스스로 관찰하며, 자신과 환경 간의 상호작용에 대해 기록하는 방법이다. • 관찰자 자신의 행동에 대한 피드백을 통해 문제 행동을 통제할 수 있다. • 관찰자가 자신에 대한 관찰 및 기록을 왜곡할 수 있다.

(3) 심리검사법

① 의의 및 특징

㉠ 심리검사는 사람들의 사고, 감정, 행동을 표본추출을 통해 얻어진 결과를 표준화시켜 비교하는 체계적인 과정이다.

㉡ 성격검사의 경우 사람들로부터 성격과 관련된 심리적 변인을 통계적인 기법을 사용하여 **표준화한 규준과 비교함으로써** 개인의 성격을 평가하는 것이다.

㉢ 성격평가를 위한 심리검사는 검사과제의 구조화 여부에 따라 '자기보고식 검사'와 '투사적 검사'로 구분된다.

② 자기보고식 검사(Self-reporting Tests)

㉠ '객관적 검사(Objective Tests)' 혹은 '구조적 검사(Structured Tests)'라고도 하며, 검사과제가 구조화되어 있다.

㉡ 수검자들이 다양한 상황에서 자신의 사고, 감정, 행동에 대해 묻는 질문에 대해 보고하는 것으로서, 보통 검사문항을 질문의 형태로 제시하는 **질문지 방법(Questionnaire Method)**을 취하게 된다.

㉢ 검사에서 제시되는 문항의 내용이나 그 의미가 **객관적으로 명료화**되어 있으므로, 모든 사람에게서 동일한 방식의 해석이 내려질 것으로 기대된다.

㉣ 검사에서 평가되는 내용이 검사의 목적에 부합하여 일정하게 준비되어 있으니, 수검사가 일정한 형식에 따라 반응하도록 되어 있다.

㉤ 검사의 목적은 개인의 독특성을 측정하기보다는 개인마다 공통적으로 지니고 있는 특성이나 차원을 기준으로 하여 개인들을 **상대적으로 비교**하는 데 있다.

㉥ 성격평가를 위해 널리 사용되는 자기보고식 검사는 다음과 같다.

> • 미네소타 다면적 인성검사(MMPI ; Minnesota Multiphasic Personality Inventory)
> • 마이어스-브릭스 성격유형검사(MBT ; Myers-Briggs Type Indicator)
> • 기질 및 성격검사(TCI ; Temperament and Character Inventory)
> • 캘리포니아 성격검사(CPI ; California Psychological Inventory)
> • 16성격 요인검사(16PF ; Sixteen Personality Factor Questionnaire) 등

③ **투사적 검사(Projective Tests)** 기출

ⓐ 비구조적 검사 과제를 제시하여 개인의 다양한 반응을 무제한적으로 허용하므로 '비구조적 검사 (Unstructured Test)'라고도 한다.

ⓑ 투사적 검사는 개인의 독특한 심리적 특성을 측정하는 데 주목적을 두며, 특히 성격검사에서는 성격의 관찰할 수 없는 측면을 탐색하려는 것이 목적이다.

ⓒ 투사적 검사에서 수검자의 특성은 명료한 검사자극에 대한 수검자의 의도적 · 가장적 반응이 아 닌 모호한 검사자극에 대한 수검자의 비의도적 · 자기노출적 반응으로 나타난다.

ⓓ 머레이(Murray)는 검사자극 내용이 모호할수록 수검자가 지각적 자극을 인지적으로 해석하는 과정에서 심리구조의 영향을 더욱 강하게 받는다고 주장하였다.

ⓔ 검사자극 내용을 불분명하게 함으로써 막연한 자극을 통해 수검자가 자신의 내면적인 욕구나 성 향을 외부에 자연스럽게 투사할 수 있도록 유도한다.

ⓕ 성격평가를 위해 널리 사용되는 투사적 검사는 다음과 같다.

- 로샤 검사(Rorschach Test) 또는 로샤 잉크반점 검사(Rorschach Inkblot Test)
- 주제통각검사(TAT ; Thematic Apperception Test)
- 아동용 주제통각검사(CAT ; Children Apperception Test)
- 집-나무-사람 그림검사(HTP ; House-Tree-Person)
- 인물화 검사(DAP ; Draw-A-Person) 등

나는 친목회나 모임에서
☐ 이야기를 많이 하는 편이다.
☐ 다른 사람들의 이야기를 듣는 편이다.

나에게 있어 더 나은 칭찬은
☐ 온정적인 사람이라고 불리는 것이다.
☐ 능력이 있는 사람이라고 불리는 것이다.

[MBTI(자기보고식 검사)]　　　　　　[Rorschach Test(투사적 검사)]

(4) 심리생리적 측정법

① **의의 및 특징**

ⓐ 성격과 관련된 심리생리적 반응 특성을 측정하기 위해 사용된다.

ⓑ 뇌파, 심장박동, 혈압, 근육긴장도, 피부전기저항반응 등 생리적 상태를 측정할 수 있는 측정도 구를 이용하여 심리적 상태나 특성을 평가한다.

ⓒ 특히 성격과 관련된 뇌의 구조적 특성을 측정하기 위해 양전자 방출 단층촬영(PET), 자기공명영 상(MRI), 뇌파전위 기록술(EEG) 등 첨단 장비가 사용되기도 한다.

② **양전자 방출 단층촬영(PET ; Positron Emission Tomography)** 기출

- ㉠ 양전자를 방출하는 방사성 의약품을 정맥주사로 투여한 후 일정 시간이 경과한 후 단층촬영을 하여 인체의 기능적·생화학적 정보를 입수하는 침입적 방사선 이용 검사방법이다.
- ㉡ 대뇌의 특정 부위에서 사용되고 있는 포도당을 측정하여 특정 기능을 할 때의 대뇌활동 지표를 얻는다.
- ㉢ 예를 들어, 인지적 과제를 수행하는 동안 두뇌포도당 신진대사율의 수준은 크게 달라진다. 즉, 보다 많은 인지기능을 요하는 과제수행에는 보다 많은 도전이 필요하므로, 두뇌포도당 신진대사 율이 상대적으로 높게 나타난다.

③ **자기공명영상(MRI ; Magnetic Resonance Imaging)**

- ㉠ 지구 자장(磁場)의 약 5만 배 정도 강력한 자력이 발생하는 '스캐너'에 머리와 상체를 넣도록 한 후 스캐너의 자기적 특성을 이용하여 인체조직이 밀도치를 해부학적으로 볼 수 있도록 한다.
- ㉡ 특히 '기능적 자기공명영상(fMRI ; functional Magnetic Resonance Imaging)'은 MRI를 약간 변형시킨 것으로서, 이를 이용하면 사람의 사고, 추론, 문제해결 등의 작업을 수행할 때 뇌의 어떤 부위가 활발하게 움직이는지를 추정할 수 있다.
- ㉢ fMRI는 **활성화된 뇌 부위의 산소 사용량을 측정**한다. 사람의 모든 신체적 혹은 정신적 활동은 뉴런(Neuron)이라는 뇌신경세포를 활성화시키는데, 뉴런이 활성화되면 산소 요구량이 늘어나 해당 뇌 부위의 혈류를 증가시킨다.
- ㉣ fMRI는 사람들이 특정 작업을 할 때 가장 활발해지는 뇌 부위를 파악하는 데는 효과적이지만, 특정한 두뇌 활동의 시간적 흐름을 파악하는 데는 별로 도움이 되지 못한다.

④ **뇌파전위 기록술(EEG ; Electroencephalogram)**

- ㉠ 뇌에서 발생하는 알파파(α파), 베타파(β파) 등의 전기적 파동에 의한 주파수상의 변화를 분석 하는 방법이다.
- ㉡ 머리 표면에 여러 개의 전극을 부착하여 여기서 얻어지는 신호를 증폭시키는 방식으로서, 뇌신 경세포의 전위 변동을 기록하게 된다.
- ㉢ EEG는 활동에 반응하는 혈류를 증가시키는 것이 아닌 뇌신경세포의 전기 활동을 직접 측정하므 로, fMRI에 비해 신경에서 일어나는 일에 대한 보다 정확한 시간적 정보를 얻을 수 있다. 다만, 신경 활동 정보는 수백만 개의 뇌신경세포에서 동시에 수집하므로, 어떤 뇌 부위에서 특정 신경 활동을 수행하는지에 대한 정확한 정보를 얻기는 어렵다.

4 성격 연구의 주요 방법

(1) 사례연구(임상연구) 기출

① 사례연구는 **임상적 방법으로 개인에 대해 심층적인 연구**를 하는 것으로서, 임상적 연구의 주된 연구 방법이 곧 사례연구이다.

② 사례연구에서는 개인에 대한 다양한 정보를 수집하여 분석한다. 즉, 개인이 나타내는 현재의 독특한 행동이나 심리적 양상, 심리적 문제의 발생경위와 최근 생활상황, 개인의 성장 과정 및 가족적 배경, 학업 및 직업적응 상태, 신체적 질병력, 여러 심리검사자료 등을 수집하여 체계적으로 분석한다.

③ 사례연구는 보통 장기간에 걸쳐 진행되며, 주로 **임상적인 치료장면**에서 이루어진다. 예를 들어, 정신분석학자인 프로이트(Freud)는 임상작업에 의해 이루어진 사례연구와 심층관찰을 통해 성격에 관한 중요한 이론을 발전시키는 데 공헌하였다.

④ 사례연구는 한 대상을 깊이 있게 조사하고 분석하므로 **특수성과 개별성** 측면에서 강점이 있으며, 면담, 관찰, 검사, 자서전 등 다양한 방법을 활용하므로 다각적인 접근이 가능하다.

⑤ 다만, 연구자의 주관성이 개입될 가능성이 높으므로 일반화에 한계가 있으며, 많은 시간과 노력이 소요되므로 경제적이지 못한 단점도 있다.

(2) 상관연구 기출

① 상관연구는 다수의 일반인을 대상으로 성격에 관한 수량화된 자료를 수집하고 통계적 방법으로 자료들 간의 **상관관계**를 분석함으로써 성격특성의 관계나 성격에 영향을 미치는 요인들을 규명하는 연구방법이다. 따라서 상관연구는 어떤 사건이나 현상에 내재되어 있는 여러 변인의 규칙적인 관계를 규명하는 데 초점을 둔다.

② 본래 '상관(Correlation)'은 어떤 사건과 사건 혹은 현상과 현상 사이에 나타나는 특정한 관계를 말한다. 만약 한 변인의 값이 커질 때 다른 변인의 값도 커진다면 '**정적 상관(Positive Correlation)**'이 있다고 하고, 한 변인의 값이 커질 때 다른 변인의 값이 작아진다면 '**부적 상관(Negative Correlation)**'이 있다고 한다.

③ 상관연구의 전통은 성격을 설명하는 주요한 특질과 차원을 추출하는 데 기여하였다. 예를 들어, 카텔(Cattell)이나 아이젱크(Eysenck)와 같은 특질이론가들은 성격의 개인차를 설명할 수 있는 중요한 **특질들을 발견하기 위해 요인분석(Factor Analysis)을 사용**하였다. 성격을 묘사하는 다양한 형용사를 제시하여 많은 사람들에게 자신의 성격을 평정척도로 평가하도록 할 경우, 서로 상관이 높게 나타나는 형용사들의 군집을 발견할 수 있으며, 이를 통해 각 성격특질들의 상관관계를 분석할 수 있는 것이다. 기출

④ 상관연구는 질문지 등을 사용하여 한 번에 여러 수검자들로부터 많은 양의 정보를 얻을 수 있으며, 이를 토대로 다른 많은 사람들의 다양한 성격특성을 연구할 수 있도록 해 준다.

⑤ 상관연구는 개인에 대한 심층적인 연구가 불가능하거나 바람직하지 않은 경우, 실험연구를 수행하기 불가능한 경우에 사용된다.

⑥ 상관연구는 실험연구와 같이 관심 있는 변인들을 통제하거나 인과관계를 설명할 수 없다. 예를 들어, 연령, 성별, 지능 수준, 성격특성 등의 변인은 인위적으로 조작할 수 없으며, 연구자는 자신이 특별히 관심 있는 변인 이외에 다른 변인들을 통제하기가 어렵다. 그로 인해 원인과 결과는 직접 밝힐 수 없으나, 두 변인의 관련성을 밝힘으로써 인간 내적으로 일어나는 심리적 현상을 예측할 수 있도록 해 준다.

(3) 실험연구 기출

① 실험연구는 관심 있는 변인을 통제하여 다른 변인에 미치는 영향을 밝힘으로써 변인들 간의 인과관계를 규명한다.

② 본래 '실험(Experiment)'은 연구자가 통제된 조건하에서 어느 한 변인을 조작하고, 해당 변인이 다른 변인에 어떠한 영향을 미치는지를 관찰하는 것이다. 즉, 인위적으로 통제된 조건 하에서 연구하고자 하는 변인을 체계적으로 변화시킬 때 그 효과가 어떻게 나타나는지를 측정한다.

③ 효과를 연구하기 위해 사용되는 특정 변인을 '독립변인 또는 독립변수(Independent Variable)'라 하며, 독립변인의 조작에 의해 영향을 받는 변인을 '종속변인 또는 종속변수(Dependent Variable)'라고 한다.

④ 다른 조건들을 일정하게 고정시키는 것을 '통제(Control)'라고 하며, 독립변인이 어떻게 결과에 영향을 미치는가를 알아보기 위한 조작을 '처치(Treatment)'라고 한다. 이때 실험처치를 가하는 피험자 집단을 '실험집단(Experimental Group)'이라 하며, 실험처치를 가하지 않는 피험자집단을 '통제집단(Control Group)'이라고 한다.

⑤ 종속변인의 변화가 독립변인의 처치효과에 의해서만 나타난 결과임을 증명하기 위해 다른 변인, 즉 외생변인(또는 가외변인)들은 일정하게 통제되어야 한다.

⑥ 대부분의 심리학 연구에서 인과관계에 관한 질문에 응답하기 위해 가장 선호되는 연구방법이다.

더 알아두기

1. 요인분석과 상관계수

- 요인분석(Factor Analysis)은 '상관(Correlation)'이라고 하는 통계적인 관계의 검사에 기초를 둔다.
- 상관은 두 변인의 관계를 나타낸다. 이 관계의 방향은 두 변인의 점수가 함께 증가 혹은 감소할 때 정적인 것이며(예 물가가 오를수록 실업률이 증가한다), 어느 한 변인의 점수가 증가하고 다른 변인의 점수가 감소할 때 부적인 것이다(예 물가가 오를수록 소비율이 감소한다).
- 상관계수(Correlation Coefficient)는 두 변인이 서로 관계되어 있는 정도를 나타내는 지수로서, 한 변인이 변해감에 따라 다른 변인이 얼마만큼 함께 변하는가를 보여주는 것이다.
- 상관계수는 '-1'에서 '+1' 사이의 값을 갖는다. 이는 관계의 강도를 나타내는 것으로 볼 수 있는데, '+1'은 정적 상관, '-1'은 '부적 상관', '0'은 '상관없음'을 의미한다. 예를 들어, 100명의 학생들이 특정 심리검사를 받고 한 달 후에 동일한 검사를 다시 받았는데, 두 번의 검사에서 각 학생의 점수가 동일했다면 상관계수는 '+1'이 된다.

2. 사례연구, 상관연구, 실험연구의 강점 및 제한점 기출

구분	강점	제한점
사례연구	• 실험의 인위성 배제 • 인간–환경 관계의 복잡성 연구 • 개인에 대한 심층적 연구	• 비체계적인 관찰 • 자료에 대한 주관적 해석 • 변인들 간의 복잡한 관계를 규명하지 못함
상관연구	• 여러 가지 변인들에 대한 연구 • 많은 변인들 간의 관계 연구 • 다량의 자료 수집	• 원인보다는 관계 규명 • 자기보고식 질문지의 신뢰도 및 타당도 문제 • 개인에 대한 심층적 연구의 어려움
실험연구	• 특정 변인의 인위적인 조작 • 자료의 객관적 기록 • 변인들 간의 인과관계 규명	• 실험실에서 연구될 수 없는 현상은 배제 • 결과의 일반화를 제약하는 인위적인 틀 • 실험자의 기대효과 야기

제4절   연구방법론

1 평가도구의 준거

(1) 표준화(Standardization)

① 평가도구가 갖추고 있는 규준(Norm)에 대한 것으로서, 검사 시행을 위한 절차나 조건상의 일관성 혹은 동일성을 갖추고 있는 것을 말한다.

② 검사자는 해당 검사가 어떤 표준화 과정을 거쳐 형성되어 규준이 결정되었는가를 이해하고, 동일한 조건 및 방식으로 검사를 시행할 필요가 있다.

(2) 신뢰도(Reliability)

① 평가도구가 시간의 경과에도 불구하고 반응의 일관성을 나타내 보이는가에 관한 것이다. 즉, 신뢰도가 높은 검사란 측정하고자 하는 특성을 일관성 있게 측정하는 검사이다.

② 동일한 대상에 대해 같거나 유사한 측정도구를 사용하여 반복 측정할 경우 동일하거나 비슷한 결과를 얻을 수 있는 정도와 연관된다.

③ 예를 들어, 상담자가 내담자의 지능을 알아보기 위해 정확도가 보장된 체중계로 내담자의 몸무게를 측정했다면, 타당도는 낮지만 신뢰도는 높은 측정으로 볼 수 있다.

(3) 타당도(Validity)

① 평가도구가 측정하고자 하는 것을 충실히 재고 있는가에 관한 것이다.

② 검사를 구성하고 있는 내용이 평가자가 의도했던 내용을 얼마나 정확하게 측정하는가, 즉 측정하고자 하는 개념이나 속성을 얼마나 실제에 가깝게 정확히 측정하고 있는가를 말한다.

③ 예를 들어, 국어시험에서 독해력을 측정하려 했지만 실제로는 암기력을 측정했다면 타당도가 문제시된다.

(4) 객관도(Objectivity)

① 평가하는 사람의 주관적인 편견을 피하는 것으로서, 평가자 혹은 채점자 간의 채점이 어느 정도 신뢰할만하고 일관성이 있는가를 말한다.

② 주로 채점이 객관적인 것을 말하며, 정답과 오답의 구분이 명확하고 채점이 용이한 것이 표준화 검사로서 바람직하다.

③ 평가도구는 평가자 간의 객관성을 높이기 위해 객관적인 절차와 준거를 갖추는 것이 필요하다.

(5) 실용도(Usability)

① 평가도구가 얼마나 적은 시간과 비용, 노력을 투입하여 얼마나 많은 목표를 달성할 수 있는가를 말한다.

② 타당도나 신뢰도가 높다고 하더라도 검사 실시나 채점이 복잡하고 어렵다면 검사의 효율성은 낮아진다.

> [참고]
> 신뢰도(Reliability)와 타당도(Validity)를 한 마디로 정의하면 각각 '일관성'과 '정확성'으로 표현할 수 있습니다. 특히 신뢰도를 심리측정학 분야에서 사용할 때는 주로 '일관성(Consistency)'의 의미로 사용됩니다. 예를 들어, 동일한 사람을 대상으로 동일한 검사를 반복 실시하거나 동등한 형태의 A형과 B형으로 검사 및 재검사를 수행하였을 때 동일한 점수들이 관찰된다면, 해당 검사는 '일관성'이 있다고 말합니다. 참고로 객관도(Objectivity)는 신뢰도의 일종으로서, '검사자의 신뢰도'라고도 불립니다.

2 검사의 표준화

(1) 의의 및 특징

① 검사의 표준화는 검사의 제반 과정에 대한 일관성을 확보하기 위한 노력이다.

② '표준화 검사(Standardized Test)'는 검사의 실시에서부터 채점 및 해석에 이르기까지의 과정을 단일화·조건화하여 검사의 제반 과정에서 검사자의 주관적인 의도나 해석이 개입될 수 없도록 하는 것이다.

③ 경험적으로 제작되어 적절한 규준 및 기준점수, 타당도 및 신뢰도의 자료를 제시하며, 측정된 결과들을 상호 비교할 수 있도록 해 준다.

④ '검사절차의 표준화'는 검사 실시 상황이나 환경적 조건에 대한 엄격한 지침을 제공하는 동시에 검사자의 질문 방식이나 수검자의 응답 방식까지 구체적으로 규정함으로써 시간 및 공간의 변화에 따라 검사 실시 절차가 달라지지 않도록 하는 것을 말한다.

⑤ '채점 및 해석의 표준화'는 검사의 최종판을 검사 예정 집단과 가능한 한 비슷하게 구성한 '규준집단(Norming Sample)'에 실시하여 채점 및 해석의 기준, 즉 '규준(Norm)'을 미리 설정하는 것을 말한다.

(2) 표준화 검사와 비표준화 검사의 특징

① **표준화 검사**

㉠ 정해진 절차에 따라 실시되고 채점되는 검사이다. 즉, 검사 조건이 모든 수검자에게 동일하며, 모든 채점은 객관적이다.

㉡ 표준화된 평가 절차를 위해 검사의 구조, 실시방법, 해석에 대한 특정한 기준을 갖추고 있다.

㉢ 대부분의 표준화 검사는 검사의 신뢰도와 타당도를 확보한 검사이다. 즉, 신뢰도와 타당도가 비교적 높다.

㉣ 검사 결과는 대규모 표집으로부터 얻은 규준 자료를 참고하여 해석되며, 이를 통해 **규준집단에 비교해서 수검자의 상대적 위치**를 알 수 있다.

② **비표준화 검사**

㉠ 상담에 활용되는 많은 심리검사들은 검사 해석을 위한 대표적 규준집단, 검사 채점의 신뢰도 등의 기준을 갖추고 있지 않은 경우가 많다.

㉡ 비표준화 검사는 표준화된 검사에 비해 신뢰도가 떨어지지만, 기존의 심리검사에 의해 다루어지지 못한 측면들을 융통성 있게 고려할 수 있다.

㉢ 투사적 기법, 행동관찰, 질문지 등이 포함된다. 이러한 방법들은 평가 절차상 신뢰도는 낮지만 검사 대상자의 일상생활, 주관적인 생각 등 표준화 검사를 통해 얻기 어려운 정보들을 제공해 준다.

(3) 표준화 검사의 기능

① **예언 또는 예측**

표준화 검사는 확률에 의한 잠정적 추론을 토대로 인간행동의 특성 및 장래를 예측할 수 있도록 해 준다.

② **진단**

표준화 검사는 수검자가 가지고 있는 장점과 단점, 현재 가지고 있는 능력과 특징적 양상 등 수검자에 대한 다각적인 특질을 파악하도록 함으로써, 그 속에 내재된 문제를 포착하고 그 원인을 발견할 수 있도록 해 준다.

③ 조사

표준화 검사는 학급이나 학교의 상태, 지역적 차이나 인종적 차이의 비교 등 어떠한 집단의 일반적인 경향을 조사할 수 있도록 하며, 그 결과를 다른 집단과 비교할 수 있도록 해 준다.

④ 개성 및 적성의 발견

표준화 검사는 수검자의 개성 및 적성을 발견하도록 하며, 이를 토대로 진학이나 직업적 선택 등의 지도 또는 배치를 가능하게 해 준다.

(4) 표준화 검사의 제작 과정

① 제1단계 – 검사 목적 정의

검사 제작자는 사전에 검사의 목적을 구체적으로 정의하여야 한다. 해당 검사를 통해 측정하고자 하는 것이 무엇인지, 주요 검사 대상자는 어떤 사람들인지, 검사는 어떤 용도로 사용되는지 등을 명확히 기술한다.

② 제2단계 – 사전 검사설계

검사 제작자는 검사 실시 형태(개인 또는 집단), 반응 형태(선택형 또는 완성형), 검사 소요시간, 검사를 통해 산출되는 점수의 개수(양), 점수 보고 방식 등을 고려하여 검사를 설계한다. 또한 검사의 시행·채점·해석을 위해 어느 정도의 경험과 훈련, 전문성을 필요로 하는지를 결정한다.

③ 제3단계 – 문항 준비

검사 제작자는 문항의 형태 및 반응의 형태, 그리고 문항의 채점 형태를 고려하여 문항을 작성한다. 이때 수검자가 올바르게 이해할 수 있도록 작성하며, 특히 완성형 문항의 경우 타당도와 신뢰도가 확보될 수 있도록 주의를 기울인다.

④ 제4단계 – 문항 분석

문항 분석은 '예비검사단계', '통계분석단계', '문항선택단계'로 이루어진다. 예비검사단계에서는 수검자의 수검 과정에서의 느낌, 예상치 못한 반응, 문항에 대한 잘못된 해석 가능성 등을 검토하고, 통계분석단계에서는 문항의 난이도, 변별도, 추측도 등에 대한 통계적 분석을 통해 구성된 문항들이 양질의 문항인지 확인한다. 또한 문항선택단계에서는 문항의 적절성 여부를 통해 수검자의 특성을 유의미하게 반영할 수 있는 문항들로 검사를 구성한다.

⑤ 제5단계 – 표준화 및 규준 작성

표준화 과정은 검사에 규준을 제공하는 것으로서, 문항의 최종적인 선택 이후 실시된다. 규준은 검사 결과 점수에 대한 객관적이고 의미 있는 해석을 위해 필요하다. 예를 들어, 지능검사에서는 연령 규준을, 학습 성과를 측정하는 성취도검사에서는 학년규준을 사용한다.

⑥ 제6단계 – 최종 검사준비 및 출판

출판은 검사도구 및 검사책자를 포함하여 검사 매뉴얼, 채점 보고서 등을 제작하는 과정이다. 간단한 검사의 경우 검사책자, 채점판, 지시사항 등을 포함하나, 복잡한 검사의 경우 부가적으로 해석지침, 특수전문보고서, 채점 및 보고를 위한 컴퓨터프로그램 등을 포함한다.

더 알아두기

규준(Norm)

- 특정 검사 점수의 해석에 필요한 기준이 되는 자료로서, 한 특정 개인의 점수가 어떤 의미를 지니고 있는지에 관한 정보를 제공해 준다.
- 비교대상의 점수들을 연령별, 사회계층별, 직업군별로 체계적으로 정리하여 자료로 구성한 것으로서, 특정 집단의 전형적인 또는 평균적인 수행 지표를 제공해 준다.
- 개인의 점수를 다른 사람들의 점수와 비교하고 해석하는 과정에서 비교대상이 되는 집단을 '규준집단' 또는 '표준화 표본집단'이라고 한다.
- 규준참조검사(Norm-referenced Test)는 개인의 점수를 해석하기 위해 유사한 다른 사람들의 점수를 비교하여 평가하는 상대평가 목적의 검사로서, 점수분포를 규준으로 하여 원점수를 규준에 따라 상대적으로 해석한다.
- 규준은 크게 발달규준과 집단 내 규준으로 분류한다.

발달규준	수검자가 정상적인 발달 경로상에서 어느 정도 수준에 위치해 있는지를 표현하는 방식으로 원점수에 의미를 부여한다. 예 연령규준(정신연령규준), 학년규준, 서열규준, 추적규준 등
집단 내 규준	개인의 원점수를 규준집단의 수행과 비교해 볼 수 있도록 한 것이다. 예 백분위 점수, 표준점수, 표준등급 등

3 측정과 척도

(1) 측정의 의의

① '측정(Measurement)'은 추상적·이론적 세계를 경험적 세계와 연결시키는 수단이다. 즉, 이론을 구성하고 있는 개념이나 변수들을 현실세계에서 관찰이 가능한 자료와 연결시키는 과정이다.

② 측정은 넓은 의미에서는 어떤 사실을 묘사 또는 기술하는 방법의 하나라고 할 수 있지만, 일반적으로는 묘사대상이 되는 사상(事象)에 수치를 부여한다는 의미로 사용된다. 따라서 측정은 '**일정한 규칙에 따라 사물 또는 사건에 대해 숫자를 부여하는 것**'이라고 할 수 있다.

③ 예를 들어, '아동의 공격성'을 검증하기 위해서는 '공격성'이란 추상적인 개념을 "친구를 때린다", "물건을 던진다" 등과 같이 경험적으로 관찰이 가능한 구체적인 행동으로 정의한 다음, 일정한 기간 동안 그와 같은 행동이 몇 번이나 나타나는지를 숫자로 나타내어 간접적으로 추론할 수 있다.

(2) 측정의 과정으로서 개념적 정의와 조작적 정의

① 개념적 정의(Conceptual Definition)

　㉠ 연구의 대상 또는 현상 등을 보다 명확하고 정확하게 표현하기 위해 개념적으로 정의하는 것이다.

　㉡ 상징적인 것으로서 의사소통을 가능하게 해 준다.

　㉢ 문제의 개념적 정의화는 사전적으로 정의를 내리는 것을 의미하므로 **추상적·주관적인 양상**을 보인다.

　㉣ 특히 어떤 변수에 대해 개념적 정의를 내리는 과정을 '개념화(Conceptualization)'라 한다.

② 조작적 정의(Operational Definition)

　㉠ 개념이 추상적이어서 직접 조사하기 어려운 경우 그것을 측정 가능한 형태로 대체하거나 지수로 정립하는 것이다.

　㉡ 추상적인 개념적 정의를 실증적·경험적으로 측정이 가능하도록 구체화하여 정의를 내리는 것으로서, 될 수 있는 한 실행 가능하고 관찰 가능한 것으로 구성개념을 변환한 것이다.

　㉢ 조작적 정의의 최종산물은 **수량화(계량화)**이며, 이는 양적 조사에서 중요한 과정에 해당한다.

　㉣ 특히 어떤 변수에 대해 조작적 정의를 내리는 과정을 '조작화(Operationalization)'라 한다.

(3) 척도의 의의

① '척도(Scale)'는 일종의 측정도구로서 일정한 규칙에 따라 측정대상에 적용할 수 있도록 만들어진 일련의 체계화된 기호 또는 숫자를 의미한다.

② '연속성'은 척도의 중요한 속성으로서, 이는 실제로 측정대상의 속성과 일대일 대응의 관계를 맺으면서 대상의 속성을 양적 표현으로 전환하도록 한다.

③ 척도에 의해 측정하는 것은 특정 대상의 속성을 객관화하여 그 본질을 보다 명백하게 파악하며, 측정대상들 간의 일정한 관계 또는 그 대상 간의 비교를 정확하게 할 수 있도록 하기 위해서이다.

④ 척도로 측정대상을 숫자화한다는 것은 어느 정도 비약적인 성격을 갖는 측정상의 추상화 과정을 의미한다.

⑤ 예를 들어, '아동의 공격성'을 측정하기 위한 문항으로 "친구를 때린다", "물건을 던진다" 등과 같은 각각의 문항들은 '공격성'을 구성하는 구성요소일 수는 있어도 '공격성' 자체를 설명하는 것은 아니다. 따라서 구성요소들에 의한 수치를 합한 값이나 중요도에 따라 가중치를 부여한 값 등 일정한 규칙에 근거하여 합산한 값으로 '공격성'의 수준을 설명할 수 있다. 이와 같이 일관적인 내적 구조를 가지는 일련의 문항들이 '척도'에 해당한다.

(4) 척도의 종류

① 명명척도 또는 명목척도(Nominal Scale)

　㉠ 숫자의 차이가 대상에 따라 측정한 속성이 다르다는 것만을 나타내는 척도이다.

　㉡ 예를 들어, 축구선수인 영구는 10번, 맹구는 11번, 짱구는 12번의 등번호를 할당받았다고 하자. 이는 세 사람이 같은 사람이 아니라는 **차이정보**만을 나타낼 뿐 그 외에 아무런 정보를 갖고 있지

못하다. 다른 예로, 남자를 1로, 여자를 2로 정리한 경우, 1과 2는 성별이 다른 사람이라는 **차이정보**만을 나타낼 뿐이다.

② **서열척도(Ordinal Scale)**

    ㉠ 숫자의 차이가 측정한 속성의 차이에 관한 정보뿐만 아니라, 그 순위관계에 대한 정보도 포함하는 척도이다.

    ㉡ 예를 들어, 학급의 석차를 내기 위해 총점을 계산해 보니 영구가 1등, 맹구가 2등, 짱구가 3등이었다고 하자. 이때 1, 2, 3의 숫자는 세 사람의 성적이 서로 다르다는 차이정보를 제공하는 것은 물론, 2를 할당받은 맹구의 경우 1을 할당받은 영구에 비해 성적이 나쁘지만 3을 받은 짱구보다는 성적이 더 좋다는 **서열정보**를 제공한다.

③ **등간척도(Interval Scale)**

    ㉠ 서열척도는 명명척도에 비해 담고 있는 정보량이 많은 반면, 숫자의 차이크기가 실제 측정한 속성의 차이크기와 다를 수 있다는 문제점이 있다. 즉, 1등인 영구, 2등인 맹구, 3등인 짱구의 점수 차이가 같지 않을 수 있다는 것이다.

    ㉡ 등간척도는 수치상의 차이가 실제 측정한 속성들 간의 차이와 동일한 숫자집합을 말한다. 따라서 등간척도는 할당된 수의 차이(1등, 2등, 3등)가 서로 다르다는 차이정보, 맹구의 성적은 영구보다는 나쁘지만 짱구보다는 좋다는 서열정보 외에도, 수의 차이가 반영하는 속성의 차이가 동일하다는 **등간정보**도 포함한다. 예를 들어, 온도계로 온도를 측정할 때 0도와 5도의 차이는 15도와 20도의 차이와 같다.

④ **비율척도(Ratio Scale)**

    ㉠ 차이정보, 서열정보, 등간정보 외에 수의 비율에 관한 정보까지 담고 있는 척도이다.

    ㉡ 비율척도는 등간척도가 지니는 성격에 더하여 **절대 '0'의 값(절대영점)**을 가짐으로써 비율의 성격을 지닌다. 예를 들어, 몸무게는 절대영점을 가진다. 만약 영구의 몸무게가 90kg, 맹구의 몸무게가 60kg, 짱구의 몸무게가 30kg이라고 가정할 때, 각 수치는 세 사람이 서로 다르다는 차이정보, 맹구가 영구보다는 가볍지만 짱구보다는 무겁다는 서열정보, 맹구와 영구의 무게차이가 맹구와 짱구의 무게차이와 같다는 등간정보 외에도, 영구의 몸무게는 짱구의 몸무게의 세 배에 달한다는 **비율정보**도 포함한다.

4   신뢰도(Reliability)

(1) 의의 및 특징

① 측정의 신뢰도는 측정도구가 측정하고자 하는 현상을 일관성 있게 측정하는 능력을 말한다. 다시 말해, 어떤 측정도구를 동일한 현상에 반복 적용하여 동일한 결과를 얻게 되는 정도를 그 측정도구의 신뢰도라고 한다.

② 신뢰도는 개인차, 검사의 문항 수 및 문항반응 수, 검사의 유형, 신뢰도 추정방법 등에 의해 영향을 받는다.

③ 신뢰도는 '내적 신뢰도(Internal Reliability)'와 '외적 신뢰도(External Reliability)'로 분류된다.

내적 신뢰도	• 사건이나 현상에 대한 관찰자들 간의 일치도로서, 연구 자료의 수집 및 분석, 해석상의 일관성 정도를 말한다. • 다른 연구자들에게 이미 산출된 일련의 구성개념을 제시했을 때 본래의 연구자가 했던 것과 동일한 방식으로 자료와 구성개념을 결부시킬 수 있다면 내적 신뢰도가 높은 것으로 본다.
외적 신뢰도	• 연구결과에 있어서의 일치도를 말한다. • 동일한 설계를 바탕으로 다른 연구자들도 동일한 현상을 발견하거나 유사한 상황에서 동일한 구성개념을 산출한다면 외적 신뢰도가 높은 것으로 본다.

(2) 신뢰도의 추정방법

① **검사-재검사 신뢰도(Test-retest Reliability)**
  ㉠ 가장 기초적인 신뢰도 추정방법으로서, 동일한 검사를 동일한 수검사 집단에 일정 시간 간격을 두고 두 번 실시하여 얻은 두 검사점수의 상관계수에 의해 신뢰도를 추정한다.
  ㉡ 검사-재검사 신뢰도는 두 검사의 실시 간격에 따라 크게 영향을 받는다. 즉, 검사 간격이 짧은 경우 신뢰도가 높게 나타나는 반면, 검사 간격이 긴 경우 신뢰도가 상대적으로 낮게 나타난다.
  ㉢ 안정성을 강조하는 방법으로서 적용이 매우 간편하나, 대부분의 심리검사에서 신뢰도를 찾기 위한 방법으로는 적합하지 않다.

② **동형검사 신뢰도(Equivalent-form Reliability)**
  ㉠ 동일한 수검자에게 첫 번째 시행한 검사와 동등한 유형의 검사를 실시하여 두 검사 점수 간의 상관계수에 의해 신뢰도를 추정한다.
  ㉡ 동형검사 신뢰도는 각각의 측정도구가 매우 유사해야만 신뢰도를 측정할 수 있는 수단으로서 인정받을 수 있다.
  ㉢ 동형검사의 개발에 있어서 각각의 검사의 동등성을 보장하는 것이 중요하며, 따라서 문항 수, 문항 표현 방식, 문항 내용 및 범위, 문항 난이도, 검사 지시내용, 구체적인 설명, 시간제한 등 다양한 측면에서 동등성이 검증되어야 한다.

③ **반분신뢰도(Split-half Reliability)**
  ㉠ 반분신뢰도 또는 반분법은 전체 문항수를 반으로 나눈 다음 상관계수를 이용하여 두 부분이 모두 같은 개념을 측정하는지 일치성 또는 동질성 정도를 비교하는 방법이다.
  ㉡ 양분된 각 측정도구의 항목 수는 그 자체가 각각 완전한 척도를 이룰 수 있도록 충분히 많아야 한다. 반분된 항목 수는 적어도 8~10개 정도가 되어야 하며, 전체적으로 16~20개 정도의 항목을 가지고 있어야 한다.
  ㉢ 반분신뢰도는 단 한 번의 시행으로 신뢰도를 구할 수 있으나, 반분하는 방식에 따라 각기 다른 신뢰도를 측정하므로 단일의 측정치를 산출하지 못한다.

④ **문항내적합치도(Item Internal Consistency)**
  ㉠ 단일의 신뢰도 계수를 계산할 수 없는 반분법의 문제점을 고려하여, 가능한 한 모든 반분신뢰도를 구한 다음 그 평균값을 신뢰도로 추정하는 방법이다.
  ㉡ 쿠더와 리처드슨(Kuder & Richardson)에 의해 처음 개발되었으며, 이후 크론바흐(Cronbach)가 이에 대한 수학적 설명을 시도하였다. 특히 크론바흐 알파계수(Cronbach's α Coefficient)에서

크론바흐 알파 값은 '0~1'의 값을 가지며, 값이 클수록 검사 문항들이 동질적이고 신뢰도가 높은 것을 나타낸다.

ⓒ 반분신뢰도와 같이 단 한 번의 시행으로 신뢰도를 구할 수 있으나, 검사 내용이 이질적인 경우 신뢰도 계수가 낮아지는 단점이 있다.

⑤ 관찰자 신뢰도(Observer Reliability)

㉠ 관찰자 신뢰도 또는 채점자 신뢰도는 관찰의 안정성을 기초로 한 신뢰도 추정방법으로서, '재검사적 관찰자 신뢰도'와 '대안적 관찰자 신뢰도'로 구분된다.

㉡ 재검사적 관찰자 신뢰도는 '관찰자 내 신뢰도(Intra-observer Reliability)'라고도 하며, 한 사람의 관찰자가 일정한 관찰지침과 절차에 의거하여 동일 측정대상에 대해 시간적 간격에 의한 반복관찰을 시행한 후, 그 결과의 상관관계를 점수로 산정하여 신뢰도를 평가하는 방법이다.

㉢ 대안적 관찰자 신뢰도는 '관찰자 간 신뢰도(Inter-observer Reliability)'라고도 하며, 두 사람 이상의 관찰자가 일정한 관찰지침과 절차에 의거하여 동시에 독립적인 관찰을 시행한 후, 관찰자 간 관찰의 결과를 점수로 산정하여 신뢰도를 평가하는 방법이다.

5 타당도(Validity)

(1) 의의 및 특징

① 측정의 타당도는 조사자가 측정하고자 한 것을 실제로 정확히 측정했는가의 문제이다. 다시 말해, 타당한 측정수단이란 측정하고자 하는 것을 측정할 수 있는 도구이다. 따라서 어떤 측정수단이 조사자가 의도하지 않은 내용을 측정할 경우 이 수단은 타당하지 못한 것이 된다.

② 타당도는 시간의 경과, 우연한 사건, 실험대상의 탈락, 테스트 효과, 선별요인, 도구요인 등 다양한 요인들에 의해 영향을 받는다.

③ 타당도는 '내적 타당도(Internal Validity)'와 '외적 타당도(External Validity)'로 분류된다.

내적 타당도	• 어떤 연구에서 종속변인에 나타난 변화가 독립변인의 영향 때문이라고 추론할 수 있는 정도를 말한다. • 각 변수 사이의 인과관계를 추론하여 그것이 실험에 의한 진정한 변화에 의한 것으로 판명되는 경우 내적 타당도가 높은 것으로 본다.
외적 타당도	• 외적 타당도는 연구의 결과에 의해 기술된 인과관계가 연구대상 이외의 경우로 확대・일반화될 수 있는 정도를 말한다. • 내적 타당도가 연구결과의 정확성(Accuracy)과 관련된 개념이라면, 외적 타당도는 연구결과의 일반화 가능성(Generalizability)의 문제와 연관된다.

(2) 타당도의 추정방법

① 내용타당도(Content Validity)

㉠ '논리적 타당도(Logical Validity)'라고도 하며, **검사의 문항들이 그 검사가 측정하고자 하는 내용영역을 얼마나 잘 반영하고 있는지를 나타낸다.** 즉, 내용타당도는 내용영역을 얼마나 정확하고 자세하게 기술하는가에 달려 있다.

㉡ 논리적 사고에 입각한 **논리적인 분석 과정으로 판단하는 주관적인 타당도**로서, 객관적인 자료에 근거하지 않으므로 타당도 계수를 산출하기 어렵다.

㉢ 예를 들어, '10대 청소년들의 부모에 대한 관심도'를 측정하기 위한 두 가지 측정도구로서, 하나는 청소년들이 자신의 부모를 좋아하는지 묻는 문항, 다른 하나는 청소년들이 자신의 부모에 대해 얼마나 알고 있는지 묻는 문항을 개발했다고 할 때, 어느 정도는 후자가 부모에 대한 관심도를 측정하기에 적합하다고 판단할 수 있디.

㉣ '안면타당도 또는 액면타당도(Face Validity)'는 내용타당도와 마찬가지로 측정항목이 연구자가 의도한 내용대로 실제로 측정하고 있는가 하는 것으로서, **내용타당도가 전문가의 평가 및 판단에 근거한 반면, 안면타당도는 전문가가 아닌 일반인의 일반적인 상식에 준하여 분석한다.**

② 준거타당도(Criterion Validity)

㉠ '기준타당도' 또는 '준거관련타당도(Criterion-related Validity)라고도 하며, **경험적 근거에 의해 타당도를 확인하는 방법이다.**

㉡ 이미 전문가가 만들어놓은 신뢰도와 타당도가 검증된 측정도구에 의한 측정결과를 기준으로 한다.

㉢ **통계적으로 타당도를 평가하는 것으로서**, 사용하고 있는 측정도구의 측정값과 기준이 되는 측정도구의 측정값 간의 상관관계에 관심을 둔다.

㉣ 준거변인에 관한 측정이 어느 시기에 행해지는가에 따라 '**동시타당도 또는 공인타당도(Concurrent Validity)**'와 '**예언타당도 또는 예측타당도(Predictive Validity)**'로 구분된다.

동시타당도 (공인나낭노)	새로 제작한 검사의 타당도를 위해 기존에 타당도를 보장받고 있는 검사와의 유사성 혹은 연관성에 의해 타당도를 검증하는 방법이다. ⑩ 재직자에게 응시자용 문제를 제시하여 시험늘 실시한 후 재직자의 평소 근무실적과 시험성적을 비교하여 근무실적이 좋은 재직자가 시험에서도 높은 성적을 얻었다면, 해당 시험은 타당도를 갖추었다고 볼 수 있다.
예언타당도 (예측타당도)	어떠한 행위가 일어날 것이라고 예측한 것과 실제 대상자 또는 집단이 나타낸 행위 간의 관계를 측정하는 것이다. ⑩ 적성검사에서 높은 점수를 받은 사람들이 입사 후 업무수행이 우수한 것으로 나타났다면, 해당 검사는 타당도를 갖추었다고 볼 수 있다.

③ 구성타당도(Construct Validity)

㉠ '구인타당도' 또는 '개념타당도'라고도 하며, **검사가 해당 이론적 구성개념이나 특성을 잘 측정하는 정도를 말한다.**

㉡ 객관적인 관찰이 어려운 추상적인 개념, 즉 적성, 지능, 흥미, 직무만족, 동기, 외향성 혹은 내향성과 같은 성격특성 등을 얼마나 잘 측정하는지를 나타낸다.

ⓒ 심리검사는 추상적 구성개념들을 실제적인 수준에서 관찰 가능한 행동표본들로 구성한 것이다. 따라서 심리검사가 포함하고 있는 행동표본들이 실제 그 검사로 측정하고자 하는 구성개념을 잘 반영하는가 하는 것이 구성타당도이다.

ⓐ 구성타당도를 분석하는 방법으로 '수렴타당도 또는 집중타당도(Convergent Validity)', '변별타당도 또는 판별타당도(Discriminant Validity)', '요인분석(Factor Analysis)'이 있다.

수렴타당도 (집중타당도)	새로 개발한 검사를 기존의 검사들과 비교해서 상관계수를 구하는 방법으로서, **상관계수가 높을수록 타당도가 높다.** 예 지능지수(IQ)와 학교성적과 같이 검사 결과가 이론적으로 연관되어 있는 변수들 간의 상관관계를 측정하는 경우 두 검사 간의 상관계수가 높게 나타났다면, 새로운 지능검사는 지능이라는 개념을 잘 측정한 것으로 볼 수 있다.
변별타당도 (판별타당도)	다른 특성을 측정하는 다른 종류의 검사와의 상관계수를 구하는 방법으로서, **상관계수가 낮을수록 타당도가 높다.** 예 지능지수(IQ)와 외모와 같이 검사 결과가 이론적으로 연관되어 있지 않은 변수들 간의 상관관계를 측정하는 경우 두 검사 간의 상관계수가 높게 나타났다면, 새로운 지능검사는 지능이라는 개념을 잘 측정하지 못한 것으로 볼 수 있다.
요인분석	**검사를 구성하는 문항들의 상관관계를 분석하여 상관이 높은 문항들을 묶어주는 통계적 방법이다.** 예 수학과 과학 문항들을 혼합하여 하나의 시험으로 치르는 경우, 수학을 잘 하는 학생의 경우 수학 문항들에 대해, 과학을 잘 하는 학생의 경우 과학 문항들에 대해 좋은 결과를 나타내 보일 것이므로 해당 문항들은 두 개의 군집, 즉 요인으로 추출될 것이다.

01 다음 중 〈보기〉의 내용과 같이 성격을 정의한 학자에 해당하는 사람은?

> ─ 보기 ─
> 성격은 개인의 특유한 행동과 사고를 결정하는 심리신체적 체계인 개인 내 역동적 조직이다.

① 설리반(Sullivan)
② 올포트(Allport)
③ 미첼(Mischel)
④ 매디(Maddi)

01 ① 설리반(Sullivan)은 성격을 "인간 상호 관계 속에서 개인의 행동을 특징짓는 비교적 지속적인 심리적 특성"으로 정의하였다.
③ 미첼(Mischel)은 성격을 "보통 개인이 접하는 생활상황에 대해 적응의 특성을 기술하는 사고와 감성을 포함하는 구별된 행동패턴"으로 정의하였다.
④ 매디(Maddi)는 성격을 "사람들의 심리적 행동(사고, 감정, 행위)에 있어서 공통점과 차이점을 결정하는 일련의 안정된 경향이자 특성"으로 정의하였다.

02 다음 중 성격에 대한 설명으로 가장 옳은 것은?

① 개인의 특정한 행동을 결정하는 데 작용하는 비지적 심리구조이다.
② 인간행동의 결정요인 중 생물적·생리적 근거에 의한 성향을 말한다.
③ '좋다' 혹은 '나쁘다'의 의미가 내포되어 있다.
④ 개인의 행동을 통해 성격을 판단할 수는 없다.

02 ② 기질(Temperament)에 대한 내용에 해당한다.
③ 성질(Character)에 대한 내용에 해당한다.
④ 성격은 학습된 행동패턴으로서, 관찰할 수 있는 행동을 토대로 성격을 판단할 수 있다.

정답 (01 ② 02 ①)

03 성격은 전체적인 맥락에서 보다 잘 이해될 수 있다. 즉, 개인의 성격은 생물학적 측면, 환경적 측면, 개인 내적인 측면 등 전체적인 측면에서 고려되어야 한다.

03 다음 중 성격의 특징에 대한 설명으로 옳지 <u>않은</u> 것은?

① 성격은 개인들 간의 심리적 차이를 설명하는 개념이다.

② 개인 내부의 역동적이고 조직화된 특성을 반영한다.

③ 개인의 다양한 행동은 내면적 조직체의 심리적 과정을 통해 표출된다.

④ 성격을 보다 잘 이해하기 위해 생물학적 측면은 배제되어야 한다.

04 ㄱ-ㄷ-ㄹ-ㄴ이 옳은 순서이다.
ㄱ. 1900년
ㄴ. 1953년
ㄷ. 1937년
ㄹ. 1949년

04 다음 중 성격연구의 주요 사건들을 가장 오래된 것부터 순서대로 올바르게 나열한 것은?

> ㄱ. 프로이트(Freud)가 「꿈의 해석」을 출간함
> ㄴ. 스키너(Skinner)가 조작적 조건화 원리를 발표함
> ㄷ. 올포트(Allport)가 「성격 : 심리학적 해석」을 출간함
> ㄹ. 카텔(Cattell)이 '16성격 요인검사(16PF)'를 개발함

① ㄱ - ㄴ - ㄷ - ㄹ

② ㄱ - ㄷ - ㄹ - ㄴ

③ ㄴ - ㄱ - ㄷ - ㄹ

④ ㄴ - ㄷ - ㄹ - ㄱ

05 현상학적 관점은 각 개인이 지각하는 주관적 현실을 중시하며, 과거가 아닌 현재, 즉 '여기-지금(Here & Now)'을 강조한다.

05 다음 중 성격심리학의 관점에 대한 설명으로 옳지 <u>않은</u> 것은?

① 성향적 관점 – 모든 인간은 각자 독특하고 안정적인 특질들이 있다.

② 정신역동적 관점 – 인간의 행동을 유발하는 근원적인 에너지가 무엇인지에 초점을 둔다.

③ 현상학적 관점 – 각 개인이 지각하는 주관적 현실보다는 객관적 현실을 중시한다.

④ 행동 및 사회학습적 관점 – 직접적으로 관찰할 수 있는 행동 및 행동변화에 초점을 둔다.

정답 03 ④ 04 ② 05 ③

06 다음 중 인본주의적 관점에서 성격연구를 전개한 학자에 해당하는 사람을 올바르게 모두 고른 것은?

> ㄱ. 로저스(Rogers)
> ㄴ. 아들러(Adler)
> ㄷ. 프랭클(Frankl)
> ㄹ. 반두라(Bandura)

① ㄱ, ㄴ, ㄷ
② ㄱ, ㄷ
③ ㄴ, ㄹ
④ ㄱ, ㄴ, ㄷ, ㄹ

06 ㄱ, ㄷ이 옳은 내용이다.
ㄴ. 아들러(Adler)의 개인심리이론은 정신역동적 관점에 해당한다.
ㄹ. 반두라(Bandura)의 사회학습이론(사회인지이론)은 행동 및 사회학습적 관점에 해당한다.

07 다음 심리학의 주요 학파 중 게슈탈트 심리학이 강조한 내용으로 가장 옳은 것은?

① 인간에 대해 전체적인 관점에서 이해하여야 한다.
② 인간의 사고, 기억, 의사결정 등 인지 과정을 연구해야 한다.
③ 일상생활 속에서 정신이 어떤 기능을 하는지를 연구해야 한다.
④ 개인의 의식 경험의 세부 구성요소를 밝혀내는 데 초점을 두어야 한다.

07 ② 인지심리학
③ 기능주의
④ 구성주의

08 다음 중 매디(Maddi)가 제시한 인간관의 3가지 모델에 해당하지 않는 것은?

① 갈등 모델
② 충족 모델
③ 합리 모델
④ 일관성 모델

08 합리 모델이 해당되지 않는다.

인간관에 관한 3가지 모델(Maddi)
• 갈등 모델 : 인간은 필연적으로 서로 반대되는 두 가지 힘들 간의 마찰이 이루어지는 존재이다.
• 충족 모델 : 인간은 내부에 한 가지 큰 힘을 가지고 있으며, 이를 표현하려고 노력하는 존재이다.
• 일관성 모델 : 인간은 환경과 상호작용을 하면서 외부세계로부터 피드백을 받는 존재로서, 이때 피드백은 그의 기대와 일관적일 수도 혹은 비일관적일 수도 있다.

정답 06② 07① 08③

09 로터(Rotter)는 인간이 외적 그리고 내적 환경의 여러 측면에 끊임없이 반응한다고 주장하면서 사회학습이론을 제안하였다.
①·②·③ 융(Jung), 카텔(Cattell), 프로이트(Freud) 등은 개인이 생득적 요인으로서 유전의 영향을 더욱 많이 받는다고 보았다.

09 다음 중 인간의 성격발달에 있어서 유전보다 환경의 영향력을 강조한 학자는?

① 융(Jung)
② 카텔(Cattell)
③ 프로이트(Freud)
④ 로터(Rotter)

10 ① 생활기록 자료(L-data)
② 자기보고 자료(S-data)
④ 관찰자 자료(O-data)

10 다음 중 성격평가의 자료로서 'T-data'에 대한 설명으로 옳은 것은?

① 개인의 성장 과정, 가족관계, 현재 생활상황 등 개인의 생활사에 관한 자료를 말한다.
② 개인이 자신에 대해 스스로 설명하거나 평가자의 질문에 대해 응답한 자료를 말한다.
③ 표준화된 성격검사나 실험과제를 통해 수집된 객관적인 자료를 말한다.
④ 관찰대상자 개인을 잘 알고 있는 사람이 그에 대해 관찰한 자료를 말한다.

11 자연관찰법은 관찰자가 실제 생활환경에서 내담자의 자연스러운 행동을 관찰하는 방법이다.

11 다음 성격평가의 기법 중 관찰법에 대한 설명으로 옳지 <u>않은</u> 것은?

① 자연관찰법 - 일상장면에서 실험자가 과학적 개입을 하면서 관찰한다.
② 유사관찰법 - 미리 계획된 조건에서 내담자의 행동을 부각시키면서 관찰한다.
③ 참여관찰법 - 내담자와 자연스러운 환경에서 생활하는 사람이 관찰한다.
④ 자기관찰법 - 관찰자가 자기 자신의 행동을 스스로 관찰한다.

정답 (09 ④ 10 ③ 11 ①)

12 다음 중 성격평가를 위해 널리 사용되는 자기보고식 검사에 해당하는 것을 올바르게 모두 고른 것은?

> ㄱ. 기질 및 성격검사(TCI)
> ㄴ. 마이어스–브릭스 성격유형검사(MBTI)
> ㄷ. 캘리포니아 성격검사(CPI)
> ㄹ. 주제통각검사(TAT)

① ㄱ, ㄴ, ㄷ
② ㄱ, ㄷ
③ ㄴ, ㄹ
④ ㄱ, ㄴ, ㄴ, ㄹ

13 다음 중 〈보기〉의 내용과 연관된 성격평가의 기법에 해당하는 것은?

> ─ 보기 ─
> 대뇌의 특정 부위에서 사용되고 있는 포도당을 측정하여 특정 기능을 할 때의 대뇌활동 지표를 얻는다.

① 뇌파전위 기록술(EEG)
② 기능적 자기공명영상(fMRI)
③ 양전자 방출 단층촬영(PET)
④ 심전극(Depth Electrode)

14 다음 중 특질이론가들이 인간 성격의 주요한 특질과 차원을 추출하기 위해 사용한 성격 연구의 방법에 해당하는 것은?

① 상관연구
② 실험연구
③ 사례연구
④ 임상연구

12 ㄱ, ㄴ, ㄷ이 옳은 내용이다.
ㄹ. 주제통각검사(TAT ; Thematic Apperception Test)는 비구조적 검사 과제를 사용하는 투사적 검사에 해당한다. 수검자가 동일시할 수 있는 인물과 상황을 그림으로 제시하여 수검자의 반응양상을 분석·해석한다.

13 ① 뇌파전위 기록술(EEG)은 뇌에서 발생하는 알파파(파), 베타파(파) 등의 전기적 파동에 의한 주파수상의 변화를 분석하는 방법이다.
② 기능적 자기공명영상(fMRI)은 활성화된 뇌 부위의 산소 사용량을 측정하여 특정 작업 수행시 뇌의 어떤 부위가 활발히 움직이는지를 추정하는 방법이다.
④ 심전극(Depth Electrode)은 뇌파전위 기록술(EEG)과 같이 전극을 머리 표면에 부착하는 것이 아닌 뇌의 내부에 삽입하여 전기저 신호를 입수하는 방법이다.

14 카텔(Cattell)이나 아이젠크(Eysenck)와 같은 특질이론가들은 성격의 개인차를 설명할 수 있는 중요한 특질들을 발견하기 위해 상관연구에 기반을 둔 요인분석(Factor Analysis)을 사용하였다.

정답 12① 13③ 14①

15 ① 인과관계에 관한 질문에 응답하기 위해 가장 선호되는 연구방법은 실험연구이다.
② 많은 변인들 간의 관계를 연구하는 것은 상관연구이다.
④ 성격평가를 위해 질문지와 관찰법 모두 효과적으로 사용된다.

15 다음 중 성격 연구의 방법에 대한 설명으로 가장 옳은 것은?

① 인과관계에 관한 질문에 응답하기 위해 가장 선호되는 것은 사례연구이다.
② 실험연구에서는 많은 변인들 간의 관계를 연구한다.
③ 상관연구에서는 자기보고식 질문지를 널리 사용한다.
④ 성격평가를 위해서는 질문지보다는 관찰법을 활용하는 것이 바람직하다.

16 내용타당도(Content Validity)는 검사의 문항들이 그 검사가 측정하고자 하는 내용영역을 얼마나 잘 반영하고 있는지를 나타낸다.
① 예언타당도(Predictive Validity)는 어떠한 행위가 일어날 것이라고 예측한 것과 실제 대상자 또는 집단이 나타낸 행위 간의 관계를 측정하는 것이다.
② 동시타당도(Concurrent Validity)는 새로 제작한 검사의 타당도를 위해 기존에 타당도를 보장받고 있는 검사와의 유사성 혹은 연관성에 의해 타당도를 검증하는 방법이다.
③ 구성타당도(Construct Validity)는 검사가 해당 이론적 구성개념이나 특성을 잘 측정하는 정도를 말한다.

16 다음 심리검사의 타당도를 추정하는 방법 중 검사의 내용이 측정하려는 속성과 일치하는지를 논리적으로 분석·검토하여 결정하는 것은?

① 예언타당도
② 동시타당도
③ 구성타당도
④ 내용타당도

정답 15 ③ 16 ④

17 다음 중 비표준화 검사와 비교할 때 표준화 검사의 특징과 가장 거리가 먼 것은?

① 신뢰도와 타당도가 비교적 높다.

② 검사의 실시와 채점이 객관적이다.

③ 체계적 오차는 있어도 무선적 오차는 없다.

④ 규준집단에 비교해서 수검자의 상대적 위치를 알 수 있다.

17 '체계적 오차'는 응답자 개인이나 검사 자체의 특성으로 인해 발생하는 오차인 반면, '무선적 오차'는 검사 과정에서 통제되지 않은 요인들에 의해 우연하게 발생하는 오차이다. 표준화 검사는 검사 제작 과정에서 신뢰도와 타당도 검증이 이루어지고 검사의 실시 · 채점 · 해석이 객관적으로 수행되므로 비표준화 검사에 비해 전반적으로 오차가 적다. 그러나 이와 같은 낮은 오차율은 검사자 변인이나 검사상황 변인에 의한 영향을 적게 받음으로써 나타나는 결과일 뿐 표준화 검사에도 오차는 있기 마련이다.

18 다음 중 어떤 일정한 규칙에 따라 사물이나 사건에 수치를 할당하는 과정은?

① 표준화

② 측정

③ 평가

④ 척도

18 '측정'이란 추상적 · 이론적 세계를 경험적 세계와 연결시키는 수단이다. 즉, 이론을 구성하고 있는 개념이나 변수들을 현실세계에서 관찰이 가능한 자료와 연결시키는 과정이다.

정답 17 ③ 18 ②

19 기말고사 석차와 같이 순위관계에 대한 정보를 제공하는 것은 서열척도(Ordinal Scale)에 해당한다.

19 다음 중 〈보기〉의 사례와 연관된 척도의 종류로 옳은 것은?

> ┌ 보기 ┐
> ○○중학교에서는 지난 번 실시한 기말고사 결과를 발표하였다. 공개된 정보에 따르면, A학생이 1등, B학생이 2등, C학생이 3등인 것으로 나타났다.

① 서열척도

② 명명척도

③ 등간척도

④ 비율척도

20 측정수단이 조사자가 의도하지 않은 내용을 측정할 경우 이 수단은 타당하지 못한 것이 되므로, 측정의 타당도는 낮다. 반면, 측정이 통제된 시간적·공간적 조건에서 이루어졌다는 가정 하에 체중계로 측정한 몸무게는 동일하게 나타날 것이므로, 측정의 신뢰도는 높다고 볼 수 있다.

20 다음 중 〈보기〉의 사례에서 측정의 신뢰도와 타당도에 대한 설명으로 옳은 것은?

> ┌ 보기 ┐
> 조사자는 내담자의 지능을 알아보기 위해 정확도가 보장된 체중계로 내담자의 몸무게를 측정했다.

① 신뢰도와 타당도가 모두 낮은 측정이다.

② 신뢰도와 타당도가 모두 높은 측정이다.

③ 타당도는 낮지만 신뢰도는 높은 측정이다.

④ 신뢰도는 낮지만 타당도는 높은 측정이다.

정답 (19 ① 20 ③)

제 2 장

정신역동

우리 인생의 가장 큰 영광은 결코 넘어지지 않는 데 있는 것이 아니라
넘어질 때마다 일어서는 데 있다.

- 넬슨 만델라 -

제 2 장 | 정신역동

제1절 정신분석이론

1 정신분석이론의 발전과정

(1) 심적 외상론의 시기(1886~1896년)

① 프로이트(Freud)는 브로이어(Breuer)와 함께 히스테리 환자에 관한 공동연구를 하였다. 브로이어는 히스테리의 원인을 심적 외상(Psychological Trauma)으로 보았으며, 이러한 외상은 무의식 속에 억압되어 있으므로 정화(Catharsis)를 통해 해방시킬 때 증상이 사라질 것이라고 주장하였다.

② 1895년 프로이트는 브로이어와 함께 환자를 치료하는 과정에서 정신분석의 시작으로 간주되는 「히스테리 연구(Studies on Hysteria)」를 발표하였으며, 이러한 과정에서 정신적 결정론과 무의식적 동기와 같은 정신분석이론의 기본 틀을 형성하게 되었다.

③ 프로이트는 심적 외상의 주된 원인이 성적인 것에서 비롯된다고 강조하였다. 특히 성적인 내용의 충격적인 사건에 대한 기억이 무의식적 과정을 통해 증상을 유발하므로, 그와 같은 무의식적 기억을 회상하고 관련된 감정을 배출함으로써 증세가 호전될 수 있다고 주장하였다. 그러나 브로이어는 히스테리의 원인이 성적인 데 있다는 프로이트의 주장에 반대하였으며, 그로 인한 견해 차이로 이후 브로이어와 결별하게 된다.

(2) 추동심리학의 시기(1896~1923년)

① 프로이트는 새로운 사례들을 접하면서 기존에 사용하던 최면술의 효과에 한계가 있음을 인지하고, 새로운 기법으로서 자유연상법을 시도하게 된다.

② 1896년 프로이트는 자유연상법을 통해 환자의 무의식을 탐색하여 치료하는 방법을 '정신분석(Die Psychoanalyse)'이라고 명명하였다.

③ 1896년 10월 아버지가 사망했을 때 프로이트는 심한 죄책감과 신경증 증세로 고통스러워하였으며, 이를 계기로 자기분석을 실시하였다. 그리고 이러한 자기분석은 정신분석이론의 발전에 기여한 오이디푸스 콤플렉스(Oedipus Complex)와 유아기 성욕설 등으로 이어졌다.

④ 1897년 프로이트는 불면증을 호소하는 한 여성 환자를 치료하면서, 환자가 호소하는 성적 외상의 내용이 실재한 사건에 대한 기억이 아닌 환자의 공상과 상상에서 비롯된 것임을 깨닫게 되었다. 이와 같이 환자의 내면적 욕망과 공상이 증상의 주된 원인임을 깨닫게 됨으로써, 그의 연구는 환자의 내면세계에서 일어나는 무의식적인 심리적 역동으로 향하게 되었다.

⑤ 프로이트는 자기분석과 다양한 임상경험을 토대로 인간을 특정한 방향으로 몰아가는 내면적 충동, 즉 **추동(Drive)**에 깊은 관심을 가지게 되었고, 이는 이른바 '**추동심리학(Drive Psychology)**'으로 이어지게 되었다.

⑥ 1900년 프로이트는 「꿈의 해석(Die Traumdeutung)」을 통해 인간의 내면세계를 **의식(Consciousness)**, **전의식(Preconsciousness)**, **무의식(Unconsciousness)**으로 구분하는 **지형학적 모델(Topographical Model)**을 제시하였으며, 1905년 「성욕에 관한 세 편의 에세이(Drei Abhandlungen zur Sexualtheorie)」를 통해 유아기 성욕설을 주장하였다.

[Sigmund Freud]

⑦ 1909년 프로이트는 미국 클라크(Clark) 대학의 초정으로 정신분석에 대한 강연을 하게 되면서 국제적인 명성을 얻게 되었고, 1910년 국제정신분석학회(IPA ; International Psychoanalytical Association)의 결성과 함께 많은 추종자들을 거느리게 되었다. 그들 중에는 아들러(Adler)와 융(Jung)도 있었으나, 그들은 각자 자신의 이론과 스타일을 발전시켜 나가면서 곧 정신분석 집단에서 이탈하게 되었다.

(3) 자아심리학의 시기(1923~1939년)

① 프로이트의 관심은 인간이 환경과 상호작용하면서 자신의 내면적 추동과 외부현실을 조정하는 자아(Ego)로 향하게 되었으며, 이는 이른바 '**자아심리학(Ego Psychology)**'으로 이어지게 되었다.

② 1923년 프로이트는 「자아와 원초아(The Ego and the Id)」를 통해 기존의 지형학적 모델을 성격의 삼원구조, 즉 **원초아(Id), 자아(Ego), 초자아(Superego)**로 발전시키면서 자아의 기능을 보다 구체적으로 제시하였다.

③ 1926년 프로이트는 「억압, 증상과 불안(Inhibitions, Symptoms and Anxiety)」을 통해 불안을 위험신호에 대한 자아의 적극적인 반응으로 보았으며, 자아가 그와 같은 불안을 감소시키기 위해 방어기제를 사용하는 등 현실적 적응을 위한 다양한 기능을 수행한다고 주장하였다.

④ 1936년 프로이트의 딸인 안나(Anna Freud)는 아버지의 생각을 이어받아 「자아와 방어기제」를 발표하였으며, 이는 프로이트 사후 자아심리학의 발전에 크게 기여하였다.

(4) 프로이트 사후의 시기(1939년~현재)

① 1939년 프로이트가 83세의 나이로 사망한 이후 정신분석은 크게 두 가지 흐름으로 나뉘게 되었다.

② 우선 하나의 흐름은 프로이트가 주장한 정신분석의 기본적인 이론 틀을 고수하면서 이를 더욱 정교하게 발전시킨 것으로서, 자아심리학, 대상관계이론, 자기심리학, 관계적 정신분석 등이 해당한다.

③ 다른 흐름은 무의식을 인정하면서도 기존의 이론 틀을 비판하고 독자적인 이론체계로 발전시킨 이른바 '정신역동이론'의 범주에 포함되는 것으로서, 분석심리학, 개인심리학, 그리고 그 밖의 신정신분석 학파(신프로이트 학파) 등이 해당한다.

더 알아두기

정신분석이론과 정신역동이론

- 정신분석(Psychoanalysis)은 인간심리에 대한 구조적 가정 및 여러 가지 형태의 부적응 행동에 대한 역동적 이해 등의 이론적 배경에 기초를 둔다.
- 정신분석이론의 창시자인 프로이트(Freud)는 인간의 정신과 여러 가지 힘 사이의 관계를 다루면서, 인간의 행동이 의식적인 동기보다는 무의식적인 동기에 의해 좌우된다고 보았다. 특히 그는 인간의 정신활동이 과거의 경험(대략 5세 이전의 경험)에 의해 결정된다는 정신적 결정론(심리결정론)을 제시하였다.
- 자아심리학, 대상관계이론 등은 프로이트 정신분석이론의 기본적인 토대를 유지한 채 이를 발전시킨 반면, 분석심리학, 개인심리학, 신정신분석 학파의 이론 등 이른바 '정신역동(Psychodynamic)'이라 불리는 이론들은 기존의 프로이트 정신분석이론을 비판하는 입장에서 독자적인 이론적 체계로 발전하였다.
- 최근의 정신역동은 정신분석보다 넓은 의미를 포함하나 프로이트의 정신분석이론의 주요 개념에 근거하므로 사실상 정신분석과 같은 개념으로 이해하는 것이 일반적이다. 다만, 정신역동이 여기-지금(Here & Now)의 치료적 관계에서 환자의 의식과 잠재의식에 초점을 두는 반면, 정신분석은 환자의 무의식과 과거 경험에 주목하여 치료적 관계를 통한 과거의 재경험 및 재구성 과정에 초점을 둔다는 점에서 차이가 있다.

2 정신분석이론의 주요 개념

(1) 정신분석이론의 기본가정

① **정신적 결정론 또는 심리결정론(Psychic Determination)**
  ㉠ 인간의 모든 심리적 현상은 그에 선행하는 어떤 원인에 의해 결정된다.
  ㉡ 인간의 기본적 성격구조는 대략 5세 이전의 과거 경험에 의해 결정된다. 특히 5세 이전의 성(性)과 관련된 심리적 외상(Trauma)에 의해 성격이 형성되거나 신경증적 증상이 나타난다.
  ㉢ 그러나 인간은 자신의 행동을 결정하는 심리적 원인의 극히 일부만을 의식할 뿐 그 대부분은 자각하지 못한다.

② **무의식적 동기(Unconscious Motivation)**
  ㉠ 정신적 결정론이 의미하는 인간행동의 원인은 바로 무의식적 동기에 있다.
  ㉡ 인간의 행동은 의식적 요인보다는 무의식적 요인에 의해 훨씬 더 강력한 영향을 받는다.
  ㉢ 무의식에 의해 인간의 많은 행동이 결정되므로, 개인이 스스로의 힘으로 이해할 수 없는 수많은 행동과 현상이 나타나게 된다.

③ 성적 추동(Sexual Drive)

㉠ 프로이트는 성적 에너지를 인간 삶의 원동력으로 보았다.

㉡ 성적 추동은 성인의 경우 성행위를 비롯한 다양한 형태로 표현될 수 있으며, 아동의 경우 양육자, 특히 어머니와의 관계에서 나타난다.

㉢ 프로이트는 성적 욕구와 함께 공격적 욕구도 인간의 기본적인 욕구로 간주하였다.

④ 어린 시절의 경험

㉠ 어린 시절의 경험, 특히 양육자로서 부모와의 상호작용 경험이 개인의 성격형성의 기초를 이루게 된다.

㉡ 성인의 행동은 어린 시절의 경험을 통해 형성된 무의식적 성격구조가 발현된 것으로 볼 수 있다.

㉢ 따라서 개인의 행동을 이해하기 위해 어린 시절의 경험과 기억에 대한 탐구가 이루어져야 한다.

(2) 이중본능이론(Dual Instincts Theory)

① 삶 본능(Eros)

㉠ 추동(Drive)은 인간이 출생 초기부터 지니고 있는 생물학적 욕구를 의미하는 것으로서, 프로이트는 이를 먹기, 마시기, 배설하기, 숨쉬기 등으로 나타나는 '자기 보존적 추동(Self-preservative Drive)', 성적인 쾌락과 종족 번식으로 나타나는 '종(種) 보존적 추동(Species-preservative Drive)'으로 구분하였다.

㉡ 프로이트는 특히 일상생활에서 쉽게 충족될 수 없고 사회적으로 억압되는 성적인 추동을 '리비도(Libido)'라고 하였다. 리비도는 무의식 세계의 주된 동력으로서, 삶 본능에 의해 나타난 정신에너지를 의미한다.

㉢ 프로이트가 인간의 성격과 관련하여 중요하게 고려한 삶 본능은 성(性)과 관련된 것이나, 이는 단순히 남녀 간의 육체적 성욕만을 의미하는 것이 아닌 인간에게 쾌락을 주는 모든 행동이나 생각을 포함한다.

② 죽음 본능(Thanatos)

㉠ 프로이트는 삶 본능과 상반된 개념으로서 죽음에 대한 무의식적 소망, 즉 '죽음 본능'을 제시하였다.

㉡ 죽음 본능의 주요 구성요소는 바로 '공격성'이다. 즉, 개인의 죽음 본능은 공격성으로 표출되어 소멸, 파괴, 정복을 추구하게 된다.

㉢ 삶 본능으로서의 성욕과 죽음 본능으로서의 공격욕은 서로 충돌을 일으키기도 한다. 예를 들어, 영아는 어머니의 젖을 빨면서 동시에 깨물기도 한다.

제2절 성격의 구조

1 마음의 지형학적 모델(Topographic Model of the Mind)

(1) 의식(Consciousness)

① 의식은 어떤 순간에 우리가 알거나 느낄 수 있는 모든 감각과 경험으로서, 특정 시점에 인식하는 모든 것을 말한다.

② 의식은 정신세계의 극히 일부분에 해당하며, 우리가 자각하지 못하는 부분도 많다.

(2) 전의식(Preconsciousness)

① 전의식은 의식과 무의식의 교량역할로서, 현재는 의식하지 못하지만 조금만 노력하면 의식으로 가져올 수 있는 정신세계의 일부분이다.

② 인식의 표면 밑에 있는 내용으로서, 부분적으로 망각된 마음의 일부분을 다시 회상함으로써 의식으로 떠올릴 수 있다.

(3) 무의식(Unconsciousness)

① 무의식은 정신 내용의 대부분에 해당하는 것으로서, 의식적 사고의 행동을 전적으로 통제하는 힘이다.

② 의식적 인식이 어렵지만 행동에 큰 영향력을 발휘하는 사고·기억·욕구를 말하며, 아동기의 외상(Trauma), 부모에 대한 감추어진 적대감, 억압된 성적 욕구 등이 해당한다.

③ 사회적으로 수용되기 어려운 성적 욕구나 부도덕한 충동, 수치스러운 경험, 폭력적 동기 등은 의식에 떠오를 경우 위협적인 것으로 느껴지므로, 무의식은 이러한 억압된 욕구, 감정, 기억의 보관소로서의 역할을 한다.

④ 프로이드는 정신세계를 빙산에 비유하면서, 개인의 생각과 행동에 지대한 영향을 미치는 무의식이 대부분 수면 아래 잠겨있다고 주장하였다.

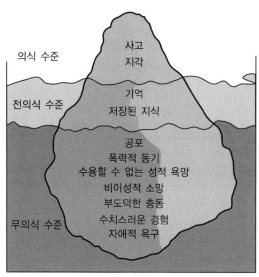

[마음의 지형학적 모델]

2 성격의 삼원구조 이론(Tripartite Theory of Personality) 기출

(1) 원초아(Id)

① 원초아는 성격의 가장 원시적인 부분으로서, 모든 본능의 저장소이기도 하다. 즉, 성격의 원초적(일차적)·본능적 요소이며, 행동의 힘을 부여하는 근원적인 생물학적 충동(식욕, 성욕 등)을 저장하고 있다.

② 원초아는 '쾌락의 원리(Pleasure Principle)'에 따른다. 즉, 현실적 여건을 고려하지 않고 즉각적으로 욕구를 충족시키고자 한다.

③ 모든 추동(Drive) 에너지의 원천으로서 본능적 추동에 의해 충동적으로 작동하며, 성격의 다른 두 부분인 자아(Ego)와 초자아(Superego)에 대해 쾌락을 위한 압력을 가한다.

④ 자기중심적이고 비현실적·비논리적인 원시적 사고 과정을 나타내므로, 기초적인 심리적 과정이라는 의미에서 '일차 과정(Primary Process)'이라고 부른다. 특히 '일차 과정 사고(Primary Process Thinking)'는 비합리적으로 욕구를 만족시키려는 직접적이고 비현실적인 시도를 말한다.

⑤ 원초아는 대상들 사이의 차이를 알지 못하며, 현실과 현실이 아닌 것을 구분하지 못하여 환상을 마치 현실로 받아들이기도 한다.

⑥ 원초아의 비극은 심상(Image)과 객관적 대상(Object)을 구분하지 못하는 것에서 비롯된다. 예를 들어, 영아는 배가 고플 때 어머니의 젖가슴을 찾지만, 어머니가 곁에 없는 경우 젖가슴에 대한 상상을 하게 된다.

⑦ 원초아는 강력한 힘을 가지고 있지만 이를 적절히 이용하고 분배하기 위해서는 다른 존재에게 의지해야만 하는 '눈이 먼 왕'으로 비유될 수 있다.

(2) 자아(Ego)

① 자아는 성격의 심리적 구성요소로서, 환경에 대한 현실적 적응을 담당하는 심리적 구조와 기능을 의미한다.

② 자아는 '현실의 원리(Reality Principle)'에 따른다. 즉, 현실적 여건을 고려하여 판단하고 욕구충족을 지연시키며, 행동을 통제한다.

③ 자아는 의식, 전의식, 무의식의 세 측면을 모두 가지고 있다. 또한 감각과 운동, 지각 및 추론, 판단과 기억 등 인지적 기능은 물론 감정의 조절, 만족의 지연, 좌절에 대한 인내 등 다양한 적응적 기능을 담당한다.

④ 자아는 원초아와 달리 현실적·합리적·이성적인 사고 과정을 나타내므로, 이를 '이차 과정(Secondary Process)'이라고 부른다.

⑤ 원초아의 심상(Image)을 통한 만족은 본질적으로 긴장을 해소시키지 못한다. 자아는 원초아와 달리 심상과 객관적 대상, 즉 마음속에 있는 것과 외부세계에 있는 것을 일치시키게 되는데, 이는 곧 '동일시(Identification)'의 과정이다. 예를 들어, 배가 고픈 사람은 머릿속으로 음식을 상상하는 것만으로 욕구를 충족시킬 수 없다는 것을 알고 있다. 그는 허기를 채우기 위해 음식점으로 향하게 된다.

⑥ 자아는 욕구충족을 위해 적절한 대상과 방법이 발견될 때까지 혹은 환경 조건이 갖추어질 때까지 긴장 해소를 보류할 수 있다. 즉, 환경과 여건을 고려하여 욕구를 어떤 방법으로 만족시킬 수 있는가를 결정하게 되는 것이다. 이와 같은 과정을 '현실검증(Reality Testing)'이라고 한다.

⑦ 결국 자아는 성격의 집행자이자 의사결정 요소로서, 즉각적인 만족을 추구하려는 원초아와 현실을 중재하는 역할을 한다. 또한 초자아가 주도하는 도덕적인 측면을 고려하여 합리적이고 규범적인 행동을 위한 조정 역할을 수행한다.

(3) 초자아(Superego)

① 초자아는 성격의 사회적 구성요소로서, 성격발달 과정에서 개인의 내면세계의 부분이 되는 사회적 규준과 도덕성을 나타낸다.

② 초자아는 '도덕의 원리(Moral Principle)'에 따른다. 즉, 행동의 옳고 그름을 판단하는 도덕적 규범이나 가치관에 따라 기능한다.

③ 초자아는 개인의 내적 도덕성인 양심(Conscience)과 함께 부모에 의해 내면화된 것으로서 개인이 추구하고자 하는 자아 이상(Ego ideal)에 의해 작동하게 된다. 예를 들어, 부모가 자녀의 부절적한 행동을 꾸짖을 때 자녀의 양심은 발달하게 되며, 이는 죄책감 형성으로 이어진다. 반면, 부모가 자녀의 적절한 행동을 칭찬할 때 자녀의 자아 이상은 발달하게 되며, 이는 긍정적인 자존감 형성으로 이어진다.

④ 아동은 대략 5~6세경 부모의 규칙과 훈계에 의해 성격의 도덕적 측면을 형성하게 되며, 콤플렉스를 해결하면서 성격의 사회적 구성요소로서 초자아를 발달시키게 된다. 즉, 초자아는 부모와 상호작용하면서 부모가 제공하는 보상이나 처벌에 반응하는 과정, 오이디푸스 콤플렉스 및 엘렉트라 콤플렉스를 해결하는 과정에서 발달하게 된다.

⑤ 아동은 초자아를 통해 자신의 행동을 스스로 통제함으로써 부모의 처벌과 그에 대한 불안을 회피할 수 있다. 이와 같이 초자아가 발달하면 점차 부모의 통제에서 벗어나 **초자아에 의한 자기통제**가 가능해진다.

⑥ 그러나 초자아에 의한 자기통제는 현실의 원리에 의한 것이 아니다. 초자아는 원초아의 충동을 조절하는 동시에 현실적인 것보다는 완전한 것을 추구하도록 자아를 설득한다. 즉, 초자아의 주요 목적은 욕구충족을 위한 적절한 방법을 찾는 것이 아닌 **도덕적 완성을 추구하는 것으로, 사회적 요구에 부합하는 측면에서 만족**을 추구하는 것이다.

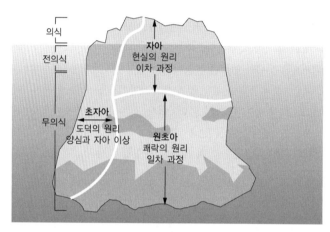

[성격의 삼원구조]

제3절 성격의 발달과 평가

1 심리성적 발달이론

(1) 의의 및 특징

① 프로이트(Freud)는 유아기 성적 추동의 목표는 다양한 방식으로 성감대를 적절하게 자극함으로써 만족을 얻는 데 있다고 주장하였다. 이러한 주장을 통해 성적 추동(Sexual Drive)이 유아의 성장 과정에 어떻게 나타나는지를 밝히고자 하였다.

② 프로이트가 제시한 성욕은 단순히 성교행위로 이어지는 종(種)의 보전을 목표로 하는 것이 아닌, **타인과의 접촉을 통해 쾌락과 애정을 얻고자 하는 욕구**를 말한다.

③ 신체에서 점막으로 이루어진 세 부위, 즉 입, 항문, 성기는 다수의 신경이 분포되어 감각과 쾌감을 민감하게 느낄 수 있는 기관이다. 그러나 이 기관들은 단순히 식욕, 배설욕, 성욕만을 의미하는 것은 아니다. 예를 들어, 유아는 어머니의 젖꼭지를 빨면서 쾌감을 느끼다가 좀 더 성장하여 배변훈련을 받게 되어 항문에 관심을 가지게 되고, 이후 그 관심은 돌출된 성기로 향하게 된다.

④ 결국 입, 항문, 성기는 부모와의 상호작용이 일어나는 주된 신체기관으로서, 프로이트는 그와 같은 점에 착안하여 신체 부위에 초점을 둔 심리성적 발달이론을 제안하였다.

(2) 고착(Fixation)

① 프로이트는 인간의 성격이 심리성적 발달단계에 따라 형성된다고 보았다. 이때 심리성적 발달단계는 정신에너지인 리비도(Libido)가 신체 부위 중 어디에 집중되어 있느냐에 따라 다섯 단계, 즉 '구강기(구순기)', '항문기', '남근기', '잠복기(잠재기)', '생식기'로 구분된다.

② 인간은 출생하여 이와 같은 다섯 단계에 따라 성격을 형성하지만, 경우에 따라 어떤 사람은 지나친 만족 혹은 좌절로 인해 특정 단계에 머물러 있는 경우도 있다.

③ 프로이트는 이와 같은 욕구의 만족 혹은 좌절의 경험이 성격형성에 중대한 영향을 미친다고 보았다. 즉, 특정한 심리성적 발달단계에서 욕구가 과도하게 충족되거나 좌절될 경우, 리비도가 그 단계에 머물게 되어 성인이 된 후에도 그 단계의 만족을 추구하는 성격특성을 나타내게 된다는 것이다.

④ 이와 같이 리비도가 신체의 다른 부위로 이동하지 않는 것을 '고착(固着, Fixation)'이라고 한다.

2 심리성적 발달단계

(1) 구강기 또는 구순기(Oral Stage, 0~1세) 기출

① 유아의 리비도(Libido)는 입, 혀, 입술 등 구강 부위에 집중되어 있다.

② 유아는 입으로 빨고, 먹고, 깨무는 행위를 통해 긴장을 감소시키는 동시에 자애적 쾌락을 경험한다.

③ 유아는 리비도의 일차적 대상인 어머니의 젖을 빨면서 어머니에게 전적으로 의존하게 되며, 그 상태에서 세상에 대한 지각을 배우게 된다.

④ 생후 8개월 무렵 이가 나기 시작하면서 공격성이 발달하게 되며, 이유에 대한 불만에서 어머니에 대한 최초의 양가감정(Ambivalence)을 경험한다.

⑤ 구강기의 과도한 욕구충족은 '구강 수용적 성격(Oral Receptive Personality)' 혹은 '구강 수동적 성격(Oral Passive Personality)'을 유발한다. 이는 명랑하고 낙관적이며, 다른 사람에게 과도하게 의존하고 그들에게 인정을 받고자 하는 성향을 보인다.

⑥ 구강기의 과도한 욕구좌절은 '구강 공격적 성격(Oral Aggressive Personality)'을 유발한다. 이는 비관적·냉소적·공격적이고 타인의 의견에 반대를 잘 하여 논쟁을 일삼으며, 심한 경우 타인을 이용하거나 지배하려고 한다.

⑦ 구강기에 고착된 사람은 손가락 빨기, 손톱 물어뜯기, 음주와 흡연, 수다 떨기 등 구강 만족을 위한 습관적 행동을 나타내 보일 수 있다. 반면, 이 시기에 욕구충족이 적절히 이루어진 사람은 자신감 있고 관대하며, 외부세계에 대해 신뢰감을 가지는 안정된 성격을 형성하게 된다.

(2) 항문기(Anal Stage, 1~3세)

① 아동의 리비도는 배설과 관련된 항문 부위에 집중되어 있다.

② 아동은 배변을 참거나 배설을 하면서 긴장을 감소시키는 동시에 쾌락을 경험한다.

③ 이 시기의 성격형성은 **본능적 충동인 배설과 외부적 현실인 배변훈련에 의해 결정된다.** 특히 아동은 부모의 통제를 받는 과정에서 갈등을 경험하게 된다.

④ 배변훈련이 순조롭게 진행되지 못할 경우 아동의 행동은 두 가지 방식, 즉, 아무 시간과 장소에 배변을 함으로써 부모의 요구를 거절하는 방식, 반대로 변을 보유하면서 부모를 조작하려는 방식으로 나타나게 된다.

⑤ '항문 공격적 성격(Anal Aggressive Personality)' 혹은 '항문 폭발적 성격(Anal Expulsive Personality)'은 부모가 배변훈련을 지나치게 느슨하게 시킬 경우 아동이 부모의 요구를 거절함으로써 나타날 수 있다. 적절한 좌절경험 없이 과도한 욕구충족이 이루어지므로, 감정적이고 쉽게 분노감을 느끼며, **파괴적인 성향**을 보인다. 또한 지나치게 불결하고 무질서하며, 외설적 농담을 즐기고 애인과의 관계에서 강한 소유욕을 보일 수 있다.

⑥ '항문 보유적 성격(Anal Retentive Personality)'은 부모가 배변훈련을 철저히 시킬 경우 아동의 대소변을 참는 억제 경향이 일반화되어 나타날 수 있다. 과도한 욕구좌절로 인해 고집이 세고 타인에게 인색하며, 대인관계에서 복종적인 성향을 보인다. 또한 청결과 질서에 집착하며, 시간을 철저히 지키는 등 **완벽주의적인 성향**을 보인다.

⑦ 이 시기에 욕구충족이 적절히 이루어진 사람은 독립적이고 자기주장적이며, 타인과의 관계에서 협력적인 성격을 형성하게 된다.

(3) 남근기(Phallic Stage, 3~6세) 기출

① 아동의 리비도는 성기 부위에 집중되어 있다.

② 아동은 성기를 자극하고 자신의 몸을 보여주거나 다른 사람의 몸을 보면서 쾌락을 경험한다.

③ 남근기의 갈등은 아동의 반대 성인 부모에 대한 근친상간 욕망에의 환상과 관련되어 있다.

④ 남아가 반대 성인 어머니에 대해 무의식적 욕망을 느끼고 갈등을 경험하는 것을 '**오이디푸스 콤플렉스(Oedipus Complex)**'라고 한다. 남아는 어머니에 대한 성적 소망을 나타내는 한편, 아버지를 자신의 경쟁자이자 위협적인 존재로 여긴다.

⑤ 남아는 아버지와 어머니가 특별한 관계에 있음을 지각하고 아버지에 대해 질투심과 적개심을 품게 된다. 그러나 자신의 연약함을 알고 있으므로, 힘 있는 아버지에 의해 자신의 성기가 잘릴 수 있다는 두려움을 가지게 되는데, 이를 '**거세불안(Castration Anxiety)**'이라고 한다.

⑥ 남아는 자신을 아버지와 **동일시(Identification)**함으로써 오이디푸스 콤플렉스를 극복하게 된다. 그리고 사회적 규범이자 도덕적 실체라고 할 수 있는 아버지와의 동일시를 통해 **초자아(Superego)**를 형성하게 된다.

⑦ 반면, 여아가 반대 성인 아버지에 대해 무의식적 욕망을 느끼고 갈등을 경험하는 것을 '**엘렉트라 콤플렉스(Electra Complex)**'라고 한다. 프로이트는 남아가 느끼는 '거세불안'과 대비되는 개념으로, 여아가 '**남근선망(Penis Envy)**'을 갖는다고 보았다.

⑧ 여아는 자신을 어머니와 동일시함으로써 엘렉트라 콤플렉스를 극복하고 초자아를 형성하게 된다.

⑨ 이와 같은 오이디푸스 콤플렉스 혹은 엘렉트라 콤플렉스를 해결한 사람은 성정체감 형성, 삼각관계의 수용 등 건강한 이성관계를 맺을 수 있는 능력을 발달시키게 된다. 반면, 이를 해결하지 못한 사람은 권위적 인물에 대한 과도한 두려움과 복종적 태도, 경쟁자에 대한 지나친 경쟁의식 등을 가질 수 있다.

⑩ 이 시기에 고착된 성인 남성의 경우 경솔하고 남성다움이나 정력을 과시하며, 강한 자부심과 함께 허세를 부리기도 한다. 반면, 성인 여성의 경우 유혹적이고 경박스러우며, 이성관계가 복잡하고 남성을 이기려는 경쟁심이 강한 성향을 보인다.

(4) 잠복기 또는 잠재기(Latency Stage, 6~12세)

① 아동의 리비도는 억압되어 성적 충동이 잠재되어 있다.

② 사실 이 시기는 성적 본능이 휴면을 취하므로, 엄밀한 의미에서 심리성적 단계라고 보기 어렵다.

③ 다른 단계에 비해 평온한 시기로서, 리비도의 승화를 통해 **지적인 호기심을 표출**한다.

④ 학교 활동, 우정관계, 취미, 스포츠 등을 통해 성적 충동을 승화시킨다. 특히 리비도의 대상은 동성 친구로 향하고 동일시 대상도 주로 친구가 된다.

⑤ 자아가 성숙하고 초자아가 강화되는 시기로서, 특히 오이디푸스적 욕망을 보다 능숙하게 제지한다.

⑥ 현실적 성취와 원만한 대인관계를 위한 적응능력의 발달이 이루어지게 된다.

⑦ 이 시기에 좌절을 경험한 사람은 열등감을 가지게 되며, 소극적이고 회피적인 성격특성을 나타낼 수 있다.

(5) 생식기(Genital Stage, 12세 이후)

① 잠복되어 있던 성적 에너지가 되살아나는 시기로 사춘기에 시작한다.

② 이 시기에는 급격한 신체적 성장과 함께 호르몬의 변화를 보인다. 특히 **2차 성징**이 나타나며, 남자는 턱수염이 나는 반면, 여자들은 가슴이 발달한다.

③ 리비도의 대상은 동성친구에서 또래의 이성친구에게로 **옮겨간다**. 소년과 소녀는 서로 나른 싱직 징체감을 인식하게 되며, 성적 욕구 및 대인관계 욕구를 충족시킬 방법을 찾는다.

④ 부모로부터의 심리적 독립과 함께 자기정체성의 확립이라는 과중한 발달과제를 가진다.

⑤ 프로이트는 생식기를 통해 성격형성이 완결된다고 보았다.

> [참고]
> 프로이트(Freud)의 심리성적 발달단계의 각 단계별 명칭은 교재에 따라 약간씩 다르게 제시되기도 합
> 니다. 예를 들어, 3단계의 'Phallic Stage'를 '남근기' 혹은 '성기기'로, 5단계의 'Genital Stage'를 '생식
> 기' 혹은 '성기기'로 번역하기도 합니다. 문제는 번역상의 차이로 인해 '성기기'가 3단계 혹은 5단계의
> 명칭으로 혼용되고 있다는 점입니다. 일례로, 노안영은 3단계의 명칭으로 '남근기' 대신 '성기기'를 사
> 용하는 이유에 대해, 그것이 심리성적 단계에서 여성을 배제하는 의미로 받아들여질 수 있다는 것입니
> 다. 그러나 그의 지적에도 불구하고 여전히 '성기기'를 3단계 대신 5단계의 명칭으로 사용하는 경우가
> 많습니다. 또한 프로이트의 심리성적 발단단계의 각 단계별 연령 구분도 교재에 따라 약간씩 다르게
> 제시되기도 합니다. 즉, 구강기를 '0~1세', 항문기를 '1~3세' 또는 '2~3세', 남근기를 '4~5세', 잠복기
> 를 '5세~사춘기' 또는 '6~12세', 생식기를 '청소년기~성인기' 또는 '13세 이후'로 소개하는 교재도 있
> 습니다. 이와 같은 프로이트의 심리성적 발달단계의 각 단계별 명칭 및 연령 구분은 교재에 따라 약간
> 씩 차이가 있으므로, 이점 유념하여 학습하시기 바랍니다.

제4절 ┃ 불안과 방어기제

1 불안

(1) 불안과 증상

① 프로이트는 신경증 환자들을 치료하면서 환자들이 나타내 보이는 불안 증세에 관심을 가지게 되었
으며, 그 불안의 원인에 대해 연구하기 시작하였다.

② 그는 초기에는 불안이 성적 에너지가 억제되거나 그것이 적절히 해소되지 못할 때 불안이 발생된다
고 보았다. 그러나 이후 불안의 원인이 자아의 기능에 있음을 주장하였다. 즉, 자아(Ego)는 충동적
인 본능을 추구하는 원초아(Id)와 도덕적 완벽을 추구하는 초자아(Superego) 간의 갈등을 중재하는
역할을 하는데, 이와 같은 **원초아와 초자아 간의 갈등에서 불안이 유발**된다는 것이다.

③ 이와 같이 정신분석이론에서는 불안을 무의식적 갈등과 연결시킨다. 무의식적 갈등은 일종의 심리
적 퇴행현상으로 볼 수 있는데, 갈등이 무의식적 상태에서 만들어져 발생되는 것이므로 이를 '불안
(Anxiety)'이라고 한다.

④ 무의식적 갈등상태, 즉 불안상태에서 환자는 막연하게 어떤 위험이 발생할 것이라 느끼게 되는데,
이는 곧 어린 시절에 경험했던 공포, 위협, 처벌에 대한 예상에서 비롯된다.

⑤ 불안은 **자아의 정상적인 기능**으로 볼 수 있으며, 무의식적 갈등으로 인해 야기되는 위험을 미리 알
려주는 역할을 한다. 예를 들어, 자아는 사회적으로 받아들여질 수 없는 본능적인 욕구가 외부로
표출되는 것을 무의식적으로 방어한다.

⑥ 환자의 내부에 잠재된 무의식적 갈등에 대해 환자 스스로 이루어놓은 타협적 해결책을 '증상(Symptom)'이라고 한다. 즉, 증상은 환자의 과거 무의식적 갈등이 현재의 대인관계나 행동으로 나타난 것이다.

⑦ 증상은 환자가 현재에 이르기까지 해결하지 못한 자신의 내적 갈등의 외현적 표현이며, 이는 신경증이나 성격장애 등의 형태로 나타난다.

(2) 불안의 유형 기출

① **현실 불안(Reality Anxiety)**
  ㉠ '객관적 불안(Objective Anxiety)'이라고도 하며, 외부세계에서의 실제적인 위협을 지각함으로써 발생하는 감정적 체험이다. 이는 순리적으로 이해할 만한, 즉 분명히 외부에 위험이 존재할 때 느끼는 불안으로 볼 수 있다.
  ㉡ 자아가 현실을 지각하여 두려움을 느끼는 것으로, 실제적 위험에서 스스로를 보호하는 데 기여한다.
  ㉢ 예를 들어, 높은 굽의 구두를 신은 여성은 가파른 내리막길에서 넘어질지도 모른다는 불안감을 느끼게 된다.

② **신경증적 불안(Neurotic Anxiety)** 기출
  ㉠ 현실을 고려하여 작동하는 자아와 본능에 의해 작동하는 원초아 간의 갈등에서 비롯된다. 이는 무의식적 충동이 의식을 뚫고 올라오려 할 때 느끼는 불안으로 볼 수 있다.
  ㉡ 자아가 본능적 충동인 원초아를 통제하지 못할 경우 발생할 수 있는 불상사에 대해 위협을 느낌으로써 나타난다.
  ㉢ 신경증적 불안의 근본적인 원인은 원초아의 쾌락을 탐닉하는 경우 처벌을 받을 수 있다는 불안감에서 비롯된다.

③ **도덕적 불안(Moral Anxiety)**
  ㉠ 원초아와 초자아 간의 갈등에 의해 야기되는 불안으로서, 본질적 자기 양심에 대한 두려움과 연관된다.
  ㉡ 원초아의 충동을 외부로 표출하는 것이 도덕적 원칙에 위배될 수 있다는 인식하에 이를 외부로 표출하는 것에 거부감을 느끼며, 경우에 따라 수치심과 죄의식에 사로잡힌다.
  ㉢ 초자아가 잘 발달된 사람일수록 도덕적이지 못한 생각이나 행동을 허용하지 못하므로, 그 만큼 도덕적 불안에 사로잡힐 가능성이 높다.

2 방어기제

(1) 자아의 방어기제

① 인간은 근본적으로 불안을 원하지 않으며, 불안으로부터 벗어나기를 원한다. 따라서 갈등에서 비롯된 불안으로부터 자신을 보호하기 위한 장치를 마련한다.

② '방어기제(Defense Mechanism)'는 자아가 위협받는 상황에서 무의식적으로 자신을 속이거나 상황을 다르게 해석함으로써 감정적 상처로부터 자신을 보호하려는 심리 의식이나 행위를 가리킨다. 즉, 방어기제는 **무의식적인 욕구나 충동으로부터 자아를 보호하기 위한 무의식적 사고 및 행동**이다.

③ 방어기제는 심리적 고통에서 개인을 보호한다는 측면에서 매우 유용하지만, 그것이 무분별하게 혹은 충동적으로 사용될 경우 병리적이 된다.

④ 방어기제는 그 수가 매우 많고 작동되는 구체적인 내용들이 서로 다르지만, 보통 현실을 부정하거나 왜곡하는 방식으로 나타나며, 그 대부분이 무의식적으로 작동된다는 점에서 공통적이다.

⑤ 방어기제는 문제에 대한 직접적인 해결방법이 아닌 간접적·우회적인 해결방법이다. 방어기제를 사용하는 데 일정한 에너지가 소모되는 만큼, 방어기제를 사용할 경우 실질적이고 건설적인 문제해결을 위한 행동에 에너지를 사용하는 데 제한을 받게 된다.

(2) 주요 방어기제

① **억압(Repression)**

죄의식이나 괴로운 경험, 수치스러운 생각을 의식에서 무의식으로 밀어내는 것으로서 **선택적인 망각**을 의미한다.

㉾ 부모의 학대에 대한 분노를 억압하여 부모에 대한 이야기를 무의식적으로 꺼리는 경우

② **부인 또는 부정(Denial)**

의식화되는 경우 감당하기 어려운 고통이나 욕구를 무의식적으로 부정하는 것이다.

㉾ 애인이 교통사고로 사망했음에도 불구하고 그의 죽음을 인정하지 않은 채 여행을 떠난 것이라고 주장하는 경우

③ **합리화(Rationalization)** 기출

현실에 더 이상 실망을 느끼지 않기 위해 또는 정당하지 못한 자신의 행동에 그럴듯한 이유를 붙이기 위해 자신의 말이나 행동을 정당화하는 것이다.

㉾ 여우가 먹음직스러운 포도를 발견하였으나 먹을 수 없는 상황에 처했을 때 "저 포도는 신 포도라서 안 먹는다."고 말하는 경우

④ **반동형성(Reaction Formation)** 기출

자신이 가지고 있는 무의식적 소망이나 충동을 본래의 의도와 달리 반대되는 방향으로 바꾸는 것이다.

㉾ 미운 놈에게 떡 하나 더 준다.

⑤ **투사(Projection)** 기출

사회적으로 인정받을 수 없는 자신의 행동과 생각을 마치 다른 사람의 것인 양 생각하고 남을 탓하는 것이다.

예 자기가 화가 난 것을 의식하지 못한 채 상대방이 자기에게 화를 낸다고 생각하는 경우

⑥ **퇴행(Regression)**

생의 초기에 성공적으로 사용했던 생각이나 감정, 행동에 의지하여 자기 자신의 불안이나 위협을 해소하려는 것이다.

예 대소변을 잘 가리던 아이가 동생이 태어난 후 밤에 오줌을 싸는 경우

⑦ **주지화(Intellectualization)**

위협적이거나 고통스러운 정서적 문제를 피하기 위해 또는 그것을 둔화시키기 위해 사고, 추론, 분석 등의 지적 능력을 사용하는 것이다.

예 죽음에 대한 불안감을 덜기 위해 죽음의 의미와 죽음 뒤의 세계에 대해 추상적으로 사고하는 경우

⑧ **전치 또는 치환(Displacement)** 기출

자신이 어떤 대상에 대해 느낀 감정을 보다 덜 위협적인 다른 대상에게 표출하는 것이다.

예 종로에서 뺨 맞고 한강에서 눈 흘긴다.

⑨ **전환(Conversion)**

심리적인 갈등이 신체 감각기관이나 수의근육계의 증상으로 바뀌어 표출되는 것이다.

예 글쓰기에 심한 갈등을 느끼는 소설가에게서 팔의 마비가 나타나는 경우

⑩ **상징화(Symbolization)**

의식적으로 인정받을 수 없는 무의식적 욕망이나 충동을 어떠한 상징적 표현으로 전치하는 것이다.

예 아이를 가지고 싶은 강렬한 소망을 품은 여인의 꿈에 새의 알이 보이는 경우

⑪ **해리(Dissociation)**

괴로움이나 갈등상태에 놓인 인격의 일부를 다른 부분과 분리하는 것이다.

예 지킬박사와 하이드

⑫ **격리(Isolation)**

과거의 고통스러운 기억에서 동반된 부정적인 감정을 의식으로부터 격리시켜 무의식 속에 억압하는 것이다.

예 직장 상사와 심하게 다툰 직원이 자신의 '상사살해감정'을 무의식 속으로 격리시킨 채 업무에 있어서 잘못된 것이 없는지 강박적으로 서류를 반복하여 확인하는 경우

⑬ **보상(Compensation)**

어떤 분야에서 탁월하게 능력을 발휘하여 인정받음으로써 다른 분야의 실패나 약점을 보충하여 자존심을 고양시키는 것이다.

예 작은 고추가 맵다.

⑭ **대치(Substitution)**

받아들여질 수 없는 욕구나 충동 에너지를 원래의 목표에서 대용 목표로 전환시킴으로써 긴장을 해소하는 것이다.

예 꿩 대신 닭

⑮ **승화(Sublimation)**

정서적 긴장이나 원시적 에너지의 투입을 사회적으로 인정될 수 있는 행동방식으로 표출하는 것이다.

㉞ 예술가가 자신의 성적 욕망을 예술로 승화하는 경우

⑯ **동일시(Identification)**

자기가 좋아하거나 존경하는 대상과 자기 자신 또는 그 외의 대상을 같은 것으로 인식하는 것을 말한다.

㉞ 좋아하는 연예인의 옷차림을 따라하는 경우

⑰ **취소(Undoing)** 기출

자신의 공격적 욕구나 충동으로 벌인 일을 무효화함으로써 죄의식이나 불안 감정에서 벗어나고자 하는 것이다.

㉞ 전날 부부싸움 끝에 아내를 구타한 남편이 퇴근 후 장미꽃 한 다발을 아내에게 선물하는 경우

⑱ **신체화(Somatization)**

심리적인 불안이나 스트레스가 감각기관이나 수의근계통 이외의 신체증상으로 표출되어 나타나는 것이다.

㉞ 사촌이 땅을 사면 배가 아프다.

⑲ **행동화(Acting-out)**

무의식적 욕구나 충동이 즉각적으로 충족되지 않은 채 연기됨으로써 발생하는 내적 갈등을 피하기 위한 목적으로 그와 같은 욕구나 충동을 보다 직접적으로 표출하는 것이다.

㉞ 남편의 구타를 예상한 아내가 먼저 남편을 자극하여 매를 맞는 경우

⑳ **상환(Restitution)**

무의식적 죄책감으로 인한 마음의 부담을 줄이기 위해 일종의 배상행위를 하는 것이다.

㉞ 자신의 반평생을 돈벌이를 위해 살았던 사람이 자신이 모은 돈을 자선사업에 기부하는 경우

제5절 　성격이론의 적용과 한계

1 성격 평가

(1) 자유연상(Free Association) 기출

① 내담자에게 무의식적 감정과 동기에 대해 통찰하도록 하기 위해 마음속에 떠오르는 것을 의식의 검열을 거치지 않은 채 표현하도록 격려하는 것이다.

② 내담자는 자신의 감정과 경험을 개방함으로써 더 이상 자신의 감정과 경험을 억압하지 않은 채 자유로울 수 있다.

③ 내담자가 자유연상을 얼마나 자유롭게 하는가는 내담자의 내면이 얼마나 건강한가를 반영하는 것이므로 그 자체로서 정신병리의 진단적 범주가 될 수 있다.

④ 치료자는 내담자의 자유연상을 들으면서 표면적인 내용뿐만 아니라 그것에 감춰진 의미까지 포착해야 한다.

(2) 꿈 분석(Dream Analysis)

① 내담자의 꿈속에 내재된 억압된 감정과 무의식적인 욕구를 꿈의 내용을 분석함으로써 통찰하도록 하는 것이다.

② 수면 중에는 자아의 기능 상태가 낮아져서 자아의 방어노력이 최소화되므로, 수면 중 꿈을 통해 억압된 무의식적 충동이 그대로 표출되기 쉽다.

③ 치료자는 내담자에게 꿈의 내용에 대해 자유연상을 하도록 하며, 그와 관련된 감정도 이야기하도록 요구한다.

④ 꿈은 억압된 자료들에 대한 유출통로로서의 역할도 하지만, 내담자의 현재 기능을 이해할 수 있는 단서를 제공하기도 한다.

(3) 전이 분석(Transference Analysis)

① 전이(Transference)는 내담자가 어린 시절 어떤 중요한 인물에 대해 가졌던 관계를 치료자에게 표출하는 것이다.

② 과거에 충족되지 못한 욕구를 현재의 치료자를 통해 해결하고자 하는 일종의 투사현상으로서, 내담자는 치료자가 어린 시절 권위적인 자신의 아버지를 닮았다고 판단하는 경우 치료자에게 부정적인 감정을 가질 수 있는 반면, 자신이 흠모했던 선생님을 닮았다고 판단하는 경우 치료자에게 긍정적인 감정을 가질 수 있다.

③ 전이 분석은 내담자의 유아기에서 비롯된 대인관계 또는 방위패턴을 통찰할 수 있도록 함으로써, 현재의 심리적인 문제를 극복하고 성격을 개선하도록 한다.

④ 치료자는 애정, 욕망, 기대, 적개심 등 내담자가 과거 중요한 대상에게 가졌던 감정을 치료자에게 표현하도록 격려한다. 또한 내담자의 전이 감정을 이해하는 한편 객관적인 태도를 유지하여 그 분위기에 휩쓸리지 않도록 한다.

(4) 저항 분석(Resistance Analysis)

① 저항(Resistance)은 치료의 진행을 방해하고 현재 상태를 유지하려는 내담자의 의식적 또는 무의식적 사고와 감정을 말한다.

② 저항은 불안에 대한 방어로서, 특히 정신분석적 치료에서 치료자와 내담자의 협력에 의한 무의식적 역동의 통찰을 방해하는 주된 요인이다.

③ 치료자는 내담자로 하여금 무의식적 내용의 의식화에 따른 불안감에서 벗어나도록 함으로써, 내담자의 갈등을 해소하는 동시에 치료를 원활히 진행할 수 있다.

④ 저항의 분석은 저항에 대한 거론(Addressing), 저항의 명료화(Clarification), 저항의 원인에 대한 해석(Interpretation), 반복적 실행에 따른 저항의 훈습(Working-through)의 과정으로 전개된다.

(5) 해석(Interpretation)

① 치료자가 내담자의 자유연상이나 정신 작용 가운데 명확하지 않은 부분에 대해 추리하여 이를 내담자에게 설명하는 것이다.

② 내담자가 새로운 방식으로 자신의 문제들을 돌아볼 수 있도록 사건들의 의미를 설정해 주고, 자신의 문제를 새로운 각도에서 이해할 수 있도록 그의 생활 경험과 행동, 행동의 의미를 설명한다.

③ 치료자는 내담자의 자유연상, 꿈, 저항, 전이 등에 내재된 숨은 의미를 통찰하며, 내담자의 사고, 행동, 감정의 패턴을 드러내거나 이를 통해 나타나는 문제를 이해할 수 있도록 새로운 틀을 제공한다.

④ 해석은 내담자가 수용할 수 있을 것으로 판단될 때 이루어져야 하며, 무의식적 갈등에 대한 해석보다는 저항에 대한 해석이 우선시되어야 한다.

(6) 훈습(Working-through)

① 치료 과정에서 내담자의 통찰이 현실 생활에 실제로 적용되어 내담자에게 변화가 일어나는 것이다. 즉, 무의식적 갈등이 어떻게 현실 생활에서 나타나고 있으며, 그에 대한 깨달음을 어떻게 적응 행동으로 실천할 수 있는가를 검토함으로써 점진적인 변화를 유도하는 것이다.

② 해석을 통한 통찰(Insight)은 그 자체로 최종 목표가 아닌 하나의 과정에 불과하다. 즉, 통찰이 아무리 심도가 깊다고 해도 그것이 실천으로 옮겨지지 않는 경우 치료의 궁극적인 목표에 도달할 수 없다.

③ 내담자의 전이 저항에 대해 기대되는 수준의 통찰과 이해가 성취될 때까지 치료자가 반복적으로 직면하거나 설명함으로써 내담자의 통찰력이 최대한 발달하도록 하며, 자아통합이 이루어지도록 한다.

④ 훈습의 과정에서 내담자는 점차적으로 미숙한 방어와 증상들을 포기하게 되며, 자신의 충동들을 새로운 적응적 방식으로 충족시키게 된다. 이와 같이 내면세계에 대한 자각능력이 증가하고 새로운 적응적 방어를 사용하게 됨으로써 성격구조의 변화가 나타나게 된다.

> **더 알아두기**
>
> **역전이(Counter Transference)**
> - 내담자의 태도 및 외형적 행동에 대한 치료자의 개인적인 정서적 반응이자 투사이다. 즉, 치료자로 하여금 내담자를 마치 자신의 과거 경험 속 인물로 착각하도록 하여 무의식적으로 반응하도록 함으로써 현실에 대한 왜곡을 야기한다.
> - 역전이를 해결하기 위해서는 치료자가 자기분석(Self-analysis)을 통해 자신의 과거 경험이 현재 자신에게 미치는 영향에 대해 지속적으로 점검해야 한다. 또한 교육분석(Training Analysis)을 통해 자신에 대한 분석 결과 및 경험 내용을 지속적으로 축적하며, 슈퍼바이저의 지도·감독을 받을 필요가 있다.

2 공헌점 및 제한점

(1) 공헌점

① 프로이트의 정신분석이론은 심리학 최초의 체계적인 이론으로서, 모든 성격이론의 선구자적 역할을 하였으며, 이후 많은 이론들의 발달에 공헌하였다.

② 인간의 성격구조와 역동을 체계적으로 설명하는 최초의 이론으로서, 정신장애를 치료할 수 있는 정신분석치료를 제시하였다.

③ 프로이트 이전까지 대부분의 학자들은 의식을 통해 인간을 이해하려 한 반면, 프로이트는 인간의 정신세계를 무의식까지 확장함으로써 무의식의 내용이 인간행동의 근본적인 동기가 된다는 점을 밝혔다.

④ 자유연상, 꿈 분석, 전이 분석 등의 기법들을 개발하여 신경증 환자를 치료하는 데 기여하였다.

⑤ 인간의 기본적 성격구조가 대략 5세 이전의 과거 경험에 의해 결정된다고 주장함으로써 자녀양육에서 조기교육의 중요성을 부각시켰다.

⑥ 프로이트의 이론은 문학, 예술, 연극 등 다양한 분야로 적용의 폭이 광범위하며, 다양한 인간 현상을 설명해 준다.

(2) 제한점

① 프로이트의 정신분석이론은 실증적인 연구에 의해 뒷받침되어 있지 못하며, 비과학적이라는 비판을 받고 있다.

② 표집의 대표성이 없고 일반화에 한계가 있다. 즉, 성의 억압이 심했던 당시 유럽 사회의 일부 환자들을 대상으로 한 것이므로, 이를 인간에 대한 보편적인 이론으로 일반화시키기 어렵다.

③ 개인 내부에 존재하는 성격구조 간의 역동적 갈등에 초점을 둘 뿐, 대인관계적 측면이나 사회문화적 요인 등의 영향을 충분히 고려하고 있지 못하다.

④ 정신분석치료는 장기간의 치료기간을 요할 뿐만 아니라 치료효과도 잘 검증되어 있지 않다.

⑤ 인간을 성적 욕망에 지배를 받는 것으로 봄으로써 부정적이고 비관적인 인간관을 가지고 있으며, 초자아의 발달에 있어서 여아가 남아보다 부족하다고 봄으로써 성차별적인 편견을 가지고 있다.

⑥ 인지발달보다는 정서발달에 치중하고 있으며, 현재의 경험보다는 과거의 경험을 지나치게 강조하고 있다.

제6절	후기 프로이트 학파

1 아들러의 개인심리이론

(1) 등장배경 [기출]

① 아들러(Adler)는 1902년부터 1911년까지 약 9년간 프로이트(Freud)와 교류하다가 관점의 차이로 인해 정신분석학회에서 이탈하였다.

② 아들러는 인간의 근본적 동기에 대해 프로이트와 견해를 달리하였다. 즉, 프로이트가 생물학적 결정론에 기초하여 인간의 성격형성에 있어서 성적 욕구를 중시한 데 반해, 아들러는 **사회적 요인들의 중요성**을 인식하였다.

③ 아들러는 1912년 자신의 추종자들과 함께 '개인심리학회'를 결성하였으며, 「신경증적 성격에 대하여 (Über den Nervösen Charakter)」를 발표하면서 독자적인 이론을 전개하였다.

④ 아들러는 개인의 행동을 생물학적·외적·객관적 요인으로 설명하기보다는 심리적·내적·주관적 요인으로 설명하려고 시도하였다. 또한 행동의 동기를 성적 추동이나 리비도가 아닌 **우월성의 추구**로 설명하려고 하였다.

⑤ 개인심리이론은 인간 전체를 과잉 일반화하려는 프로이트의 시도와 달리, **개인의 고유성을 이해**하려는 방향으로 나아갔다.

[Alfred Adler]

(2) 이론의 특징 [기출]

① 무의식이 아닌 의식을 성격의 중심으로 본다.

② 인간을 전체적·통합적으로 본다.

③ 생애 초기(대략 4~6세)의 경험이 성인의 삶을 크게 좌우한다.

④ 인간은 창조적이고 책임감 있는 존재이다.

⑤ 인간은 성적 동기보다 사회적 동기에 의해 동기화된다.

⑥ 열등감과 보상이 개인의 발달에 동기가 된다.

⑦ 인간의 행동은 목적적이고 목표지향적이다.

⑧ 인간은 미래에 대한 기대로서 가상의 목표를 가진다.

⑨ 사회적 관심은 한 개인의 심리적 건강을 측정하는 유용한 척도이다.

⑩ 개인은 세 가지 인생과제, 즉 '일과 여가(Work & Leisure)', '우정과 사회적 관계(Friendship & Society)', 그리고 '성과 사랑(Sex & Love)'을 가진다. _{기출}

⑪ 개인의 행동과 습관에서 타인 및 세상에 대한 태도 등 삶에 전반적으로 적용되고 상호작용하는 생활양식이 나타난다.

(3) 주요 개념

① 열등감과 보상(Inferiority and Compensation)

㉠ 열등감은 개인이 잘 적응하지 못하거나 해결할 수 없는 문제에 직면하는 경우 나타나는 무능력감을 말한다.

㉡ 열등감은 동기유발의 요인으로서 인간의 성숙과 자기완성을 위해 필수적인 요소이다.

㉢ 보상은 잠재력을 발휘하도록 유도하는 자극으로서, 열등감을 극복하기 위한 연습이나 훈련에의 노력과 연결된다.

㉣ 개인은 보상을 통해 열등감을 긍정적으로 해결할 수 있으며, 이를 통해 신체적·정신적으로 부족한 부분을 충족할 수 있다.

② 우월성의 추구 또는 우월을 향한 노력(Striving for Superiority)

㉠ 삶의 궁극적인 목적은 우월하게 되는 것이다.

㉡ 우월에 대한 욕구는 모든 인간이 가지고 있는 것으로서, 열등감을 보상하려는 선천적인 욕구에서 비롯된다.

㉢ 인간은 개인으로서 자기완성을 위해 노력하는 동시에 사회의 일원으로서 문화의 완성을 위해 힘쓴다.

㉣ 개인적 우월성을 강조하는 경우 부정적인 경향을 나타내는 반면, 이를 사회적 이타성으로 발전시키는 경우 긍정적인 양상으로 전환된다.

③ 사회적 관심(Social Interest)

㉠ 사회적 관심은 개인이 이상적 공동사회 추구의 목표를 달성하고자 하는 성향을 말한다.

㉡ 개인은 다른 사람들과 유대관계를 맺으려는 소속의 욕구와 함께 자신이 중요하게 여기는 가치를 사회 속에서 실현하려는 욕구를 가진다.

㉢ 개인이 다른 사람들과 협동하면서 사회적인 기여를 하려고 노력하는 것은 건강한 삶의 본질이다.

㉣ 이와 같은 사회적 관심은 아동기의 경험에 의해 발달하기 시작하며, 특히 어머니에게서 지대한 영향을 받는다.

㉤ 개인의 목표를 사회적 목표로 전환하는 것으로서, 심리적 성숙의 판단기준이 된다.

ⓑ 사회적 관심이 발달하는 경우 열등감과 소외감이 감소하므로, 이를 개인의 심리적 건강을 측정하는 도구로 사용하기도 한다.

④ **생활양식(Style of Life)**

    ㉠ 인간은 누구나 나름대로의 독특한 신념과 행동방식을 가지고 있다. 아들러는 이와 같이 **개인이 지니는 독특한 삶의 방식을 '생활양식'으로** 제시하였다.

    ㉡ 생활양식은 개인이 자신과 타인 그리고 세상에 대해 가지는 나름대로의 신념체계를 지칭하는 것은 물론, 개인으로 하여금 일상생활을 이끌어 나가도록 하는 감정과 행동방식을 의미한다.

    ㉢ 대략 4~5세경에 결정되며, 특히 가족관계 또는 가족 내에서의 경험이 중요한 영향을 미친다.

    ㉣ 개인의 생활양식의 연속성을 이해할 수 있을 때, 그의 부적응적인 신념과 행동을 수정하고 변화를 이끌어낼 수 있게 된다.

⑤ **창조적 자기(Creative Self)**

    ㉠ 아들러의 개인심리이론을 특징짓는 개념으로서, **인간이 스스로 자신의 삶을 만들어 나간다는 것**을 의미한다.

    ㉡ 자유와 선택을 강조하는 개념으로서, 개인이 생(生)의 의미로서 목표를 설정하고 이를 달성하기 위해 노력을 기울이는 과정을 담고 있다.

    ㉢ 자기의 창조적인 힘이 인생의 목표와 목표추구 방법을 결정하며, 사회적 관심을 발달시킨다.

    ㉣ 개인은 유전과 경험을 토대로 창조적 자기를 형성하며, 자신의 고유한 생활양식을 형성한다.

⑥ **가상적 목표(Fictional Finalism)**

    ㉠ 개인이 추구하는 궁극적 목표는 현실에서 검증되지 않은 가상의 목표이다.

    ㉡ 가상적 목표는 미래에 실재하는 어떤 것이 아닌 **현재의 행동에 영향을 미치는 미래에 대한 기대**로서의 이상을 의미한다.

    ㉢ 개인이 가지고 있는 가상적 목표를 파악하여 개인 내면의 심리현상을 설명할 수 있다.

⑦ **초기기억(Early Recollections)**

    ㉠ 사람들은 자신들의 과거 사건들을 선택적으로 기억하므로 선택적 회상에 의한 인간관계 및 상황들이 그들에게 있어서 중요한 것들이다.

    ㉡ 초기기억은 생후 6개월부터 9세까지의 선별된 기억들로서, 개인의 생활양식, 잘못된 신념, 사회적 상호작용, 행동목표에 관한 의미 있는 단서를 제공한다.

    ㉢ 개인이 수많은 경험들 중에서 기억하기로 선택한 어린 시절의 초기기억은 개인적인 생활양식의 원형이거나 삶의 계획이 개인 특수적인 형태로 만들어지는 과정에 대한 유용한 암시이다.

    ㉣ 상담장면에서는 상담자가 내담자의 초기기억을 통해 내담자 개인의 생활양식에 관한 밑그림을 구성할 수 있으며, 이를 통해 내담자의 삶의 목표를 파악하는 데 도움을 얻을 수 있다.

⑧ **출생순서(Birth Order)**

첫째아이 (맏이)	태어났을 때 집중적인 관심을 받다가 동생의 출생과 함께 이른바 '폐위된 왕'의 위치에 놓인다. 특히 윗사람들에게 동조하는 생활양식을 발달시키게 되며, 권위를 행사하고 규칙과 법을 중시하는 경향이 있다.
둘째아이 (중간아이)	'경쟁'을 가장 큰 특징으로 하며, 항상 자신이 첫째보다 뛰어나다는 것을 증명하기 위해 노력한다.
막내아이	부모의 관심을 동생에게 빼앗겨본 적이 없으므로 과잉보호의 대상이 되기도 한다. 능력 있는 형제들에 둘러싸여 있는 경우 독립심이 부족하며, 열등감을 경험할 수 있다.
외동아이 (독자)	경쟁할 형제가 없으므로 응석받이로 자랄 수 있다. 자기중심적이고 의존적인 경향을 보이기도 하며, 자신의 중요성에 대한 과장된 견해를 가질 수 있다.

(4) 생활양식의 4가지 유형

① **지배형(Dominant or Ruling Type)**
㉠ 활동 수준은 높으나 사회적 관심은 낮은 유형이다.
㉡ 부모가 지배와 통제의 독재적인 방식으로 자녀를 양육할 경우 나타날 수 있다.
㉢ 독선적이고 공격적이며 활동적이지만 사회적 관심이 거의 없다.
㉣ 다른 사람들에게 상처를 주거나 그들을 착취함으로써 자기 자신의 우월성을 성취하려는 경향이 있다.

② **획득형 또는 기생형(Getting Type)**
㉠ 활동 수준은 중간(비교적 낮은 수준)이고 사회적 관심은 낮은 유형이다.
㉡ 부모가 자녀를 지나치게 보호하여 독립심을 길러주지 못할 경우 나타날 수 있다.
㉢ 기생적인 방식으로 외부세계와 관계를 맺으며, 다른 사람에게 의존하여 자신의 욕구를 충족시킨다.
㉣ 가능한 한 많은 것을 소유하는 데 관심을 가지며, 다른 사람에게서 모든 것을 기대하는 반면, 아무것도 되돌려주지 않는다.

③ **회피형(Avoiding Type)**
㉠ 참여하려는 사회적 관심도 적고 활동 수준도 낮은 유형이다.
㉡ 부모가 자녀교육을 할 때 자녀의 기를 꺾는 경우 나타날 수 있다.
㉢ 성공하고 싶은 욕구보다 실패에 대한 두려움이 더 강하기 때문에 도피하려는 행동을 자주 한다.
㉣ 마냥 시도하지도 않고 불평만 늘어놓음으로써 사회적 관심이 떨어져 고립되게 된다.

④ **사회형 또는 사회적으로 유용한 형(Socially Useful Type)**
㉠ 사회적 관심과 활동 수준이 모두 높은 유형이다.
㉡ 사회적 관심이 크므로 자신과 타인의 욕구를 동시에 충족시키며, 인생과업을 완수하기 위해 다른 사람과 협력한다.
㉢ 타인의 행복에 관심을 보이며, 공동선과 공공복리를 위해 협력적인 태도를 보인다.
㉣ 자신의 문제를 효과적으로 해결하는 정상적인 사람이자 성공적인 사람으로서, 4가지 유형 중 이 유형만이 심리적으로 건강하다.

> **더 알아두기**
>
> **생활양식의 기본오류(Mosak & Dreikurs)**
> - 과도한 일반화(과잉 일반화)
>   예 "(모든) 사람들은 적대적이다.", "인생은 (항상) 위험하다."
> - 그릇된 확신 또는 불가능한 목표
>   예 "나는 모든 사람을 기쁘게 해야 한다."
> - 인생과 삶의 요구에 대한 잘못된 인식
>   예 "인생은 결코 나에게 휴식을 주지 않는다.", "사는 것이 너무나 힘들다."
> - 자신의 가치에 대한 부인
>   예 "나는 어리석다.", "나는 사랑받을 만한 자격이 없다."
> - 잘못된 가치
>   예 "다른 사람보다 높은 지위에 오르려면 반드시 정상을 차지해야 한다."

(5) 프로이트의 정신분석적 접근과 아들러의 개인심리학적 접근의 인간관 비교

① 프로이트(Freud)와 같이 아들러(Adler)는 성인의 삶이 초기 대략 5년 동안의 경험에 의해 상당부분 결정된다고 보았다. 그러나 프로이트가 발달 초기의 사건들에 대한 탐색을 강조한 것과 달리, 아들러의 초점은 과거의 탐색에만 있는 것이 아니라 그 과거에 대한 개인의 지각과 초기 사상에 대한 해석이 현재의 행동에 어떠한 영향을 미치는가에 있다.

② 프로이트는 인간이 성적인 충동에 의해 동기화된다고 보았으나, 아들러는 인간이 주로 사회적인 충동에 의해 동기화된다고 보았다. 즉, 아들러는 리비도(Libido)를 강조한 프로이트와 달리 인간의 선택과 책임, 삶의 의미, 성공과 완벽에 대한 욕구를 강조하였다.

③ 프로이트는 인간을 비합리적이고 무의식적 본능의 지배를 받는 존재로 보았으나, 아들러는 인간을 가치, 신념, 태도, 목표, 현실지각 등에 의해 합리적으로 결정하고 계획을 세우며, 목표지향적인 행동을 하는 존재로 보았다.

④ 프로이트는 인간을 무기력한 존재로 보았으나 아들러는 인간을 창조적인 존재로 보았다. 아들러는 이와 같은 창조성의 원천을 인간이 지닌 기본적인 열등감에서 찾았으며, 인간의 열등감이 숙달, 우월, 완전을 추구하도록 동기화한다고 강조하였다. 즉, 아들러는 인간이 단지 유전과 환경에 의해 결정되지는 않으며, 오히려 환경에 영향을 미치고 환경을 창조하는 능력을 지니고 있다고 보았다.

⑤ 프로이트는 환원주의적 관점에서 인간의 성격을 원초아, 자아, 초자아로 구분하였으나 아들러는 총체주의적 관점에서 인간의 성격을 통합적이고 분리할 수 없는 전체로 보았다.

더 알아두기

프로이트와 아들러 이론의 비교

구분	프로이트(Freud)	아들러(Adler)
에너지의 원천	성적 본능(Libido)	우월에 대한 추구
성격의 개념	원초아, 자아, 초자아의 역동	생활양식
성격의 구조	원초아, 자아, 초자아로의 분리	분리할 수 없는 전체
성격결정의 요인	과거, 무의식	현재와 미래, 의식
성격형성의 주요인	성(Sex)	사회적 관심
자아의 역할	원초아와 초자아의 중재	창조적 힘
부적응의 원인	• 5세 이전의 외상경험 • 성격구조의 불균형	• 열등 콤플렉스 • 파괴적 생활양식 및 사회적 관심 결여

2 융의 분석심리이론

(1) 등장배경

① 융(Jung)은 프로이트의 「꿈의 해석(Die Traumdeutung)」을 읽으면서, 인간의 마음에 대한 자신의 연구가 프로이트의 연구와 연관되어 있음을 깨닫고 서신왕래를 시작하였다. 그리고 두 사람의 협력은 1907년부터 1913년까지 약 6년간 계속되었다.

② 융과 프로이트의 결정적인 견해 차이는 바로 리비도(Libido)에서 비롯되었다. 즉, 프로이트가 리비도를 **성적 에너지**로 주장한 반면, 융은 이를 **일반적인 생활에너지**로 간주하였다. 또한 프로이트는 성격형성에 있어서 어린 시절의 영향에 의한 결정론적 견해를 가진 데 반해, 융은 성격이 미래의 목표와 열망에 의해 형성되며, 생활 속에서 후천적으로 변할 수 있다고 보았다.

③ 융은 프로이트와 결별한 후 고독 속에서 자신의 무의식을 깊이 있게 탐구하였으며, 다양한 학문영역의 방대한 자료들을 토대로 원형, 집단무의식, 아니마와 아니무스 등 독창적인 개념들을 제시하였다.

④ 융의 가장 큰 성과 중 하나는 1921년 「심리학적 유형(Psychologische Typen)」에서 외향성과 내향성 등 8가지의 성격유형을 구분하였다는 데 있다. 그로 인해 그의 이론은 '심리유형론(Psychological Type Theory)'으로도 불린다.

[Carl Jung]

(2) 이론의 특징

① 융의 분석심리이론은 철학, 고고학, 종교학, 신화, 점성술 등 광범위한 영역을 반영하고 있다.

② 융은 전체적인 성격을 '정신(Psyche)'으로 보았으며, 성격의 발달을 '자기(Self)' 실현의 과정으로 보았다.

③ 정신을 크게 의식(Consciousness)과 무의식(Unconscious)의 두 측면으로 구분하며, 무의식을 다시 개인무의식(Personal Unconscious)과 집단무의식(Collective Unconscious)으로 구분한다.

④ 인간은 의식과 무의식의 대립을 극복하여 하나의 통일된 전체적 존재가 된다.

⑤ 개인은 독립된 존재가 아닌 역사를 통해 연결된 존재이며, 사회적 규범이나 문화적 요구에 적응하는 동시에 자기실현의 과정을 수행함으로써 사회의 발전에 기여한다.

⑥ 인간은 본질적으로 양성을 가지고 태어난다는 양성론적 입장을 취한다.

⑦ 인간은 인생의 전반기에 자기의 방향이 외부로 지향되어 분화된 자아(Ego)를 통해 현실 속에서 자기(Self)를 찾으려고 노력하며, 중년기를 전환점으로 자아(Ego)가 자기(Self)에 통합되면서 성격발달이 이루어진다.

(3) 주요 개념

① 개인무의식(Personal Unconscious)

㉠ 의식에 인접해 있는 부분으로서 쉽게 의식화될 수 있는 망각된 경험이나 감각경험으로 구성된다.

㉡ 의식되었으나 그 내용이 중요하지 않은 것 혹은 의식될 경우 고통스러우므로 망각되거나 억제된 자료의 저장소이다.

㉢ 프로이트의 전의식(Preconsciousness)과 유사한 개념이나 무의식(Unconsciousness)까지 포함된 개념으로 볼 수 있다.

② 집단무의식(Collective Unconscious) 기출

㉠ 모든 인류가 공통적으로 가지고 있는 하부구조로서, 본능과 원형을 주된 내용으로 한다.

㉡ 개인적 경험이 아닌 사람들이 역사와 문화를 통해 공유해 온 모든 정신적 자료의 저장소이다.

ⓒ 종교적·신화적인 요소가 포함되어 있으며, 조상이나 종족 전체의 경험 및 생각과 연관된 원시적 공포, 사고, 성향 등을 담고 있는 무의식이다.

ⓔ 민족이나 종족 등에 유전되는 집단의 공통된 정신이자 심상으로서, 인식되거나 의식되는 경우가 거의 없지만 인격 전체를 지배하는 것은 물론 집단적으로 유전되므로 매우 강력하고 광범위하다.

ⓜ 집단무의식은 상징으로 드러나며, 무의식 속에서 전승된다. 따라서 한 민족, 종족, 혹은 인종의 신화, 설화, 민담, 전설, 민요 속에는 그 집단무의식의 심상이 원형(Archetypes)으로 남아있다.

ⓗ 직접적으로 의식화되지는 않지만 꿈, 신화, 예술 등을 통해 상징적인 형태로 표현되며, 인간에게 어떠한 목표와 방향감각을 부여한다.

③ **콤플렉스(Complex)**

ⓐ 정서적 색채가 강한 관념과 행동적 충동을 말하는 것으로서, 다양한 종류의 감정으로 이루어진 무의식 속의 관념덩어리이다.

ⓑ 개인무의식의 고통스러운 사고, 기억, 감정 등이 어떤 주제를 중심으로 연합되어 심리적인 복합체를 이루게 된다.

ⓒ 개인의 사고와 행동을 지배하기도 하는 퍼스낼리티 속의 별개의 작은 퍼스낼리티이다.

ⓔ 무의식적인 콤플렉스를 의식화하는 것이 인격 성숙을 위한 과제이다.

④ **원형(Archetype)**

ⓐ 집단무의식을 구성하고 있는 인류역사를 통해 물려받은 정신적 소인이다.

ⓑ 원형은 형태(Form)를 가진 이미지 혹은 심상일 뿐 내용(Content)은 아니다. 상징(Symbol)이 원형의 내용이며, 원형의 외적 표현이다. 따라서 원형은 꿈이나 신화, 예술 등에 나타나는 상징을 통해서만 표현된다.

ⓒ 인간이 가지는 보편적·집단적·선험적 심상들로서 성격의 주요 구성요소에 해당한다.

ⓔ 인간의 사고와 행동에 영향을 미치지만 정작 인간은 그 원형을 인식하지 못한다.

ⓜ 대표적인 원형으로 자기(Self), 페르소나(Persona), 음영(Shadow), 아니마(Anima)와 아니무스(Animus) 등이 있다.

(4) 원형의 주요 종류

① **자기(Self)**

ⓐ 의식과 무의식을 포함한 전체 정신의 중심으로서, 태어날 때부터 존재하는 핵심 원형이다.

ⓑ 자아(Ego)가 의식의 중심으로서 의식의 영역만을 볼 수 있는 반면, 자기(Self)는 의식과 무의식의 주인으로서 전체를 통합할 수 있다.

ⓒ 성격 전체의 일관성, 통합성, 조화를 이루려는 무의식적 갈망으로서, 성격의 상반된 측면을 균형 있고 조화롭게 만드는 역할을 한다.

ⓔ 개인의 자기실현은 자신에 대한 정확한 지각과 미래의 계획 및 목표를 수반한다.

② **페르소나(Persona)**

　㉠ 자아의 가면으로서 개인이 외부세계에 내보이는 이미지를 말한다.

　㉡ 개인이 사회적인 요구나 기대치에 부응하기 위해 나타내는 일종의 '적응 원형'이다.

　㉢ 개인이 사회적인 역할에 지나치게 사로잡혀 있는 경우 성격의 다른 측면들이 발달하지 못한다.

③ **음영 또는 그림자(Shadow)**

　㉠ 인간 내부의 어둡거나 사악한 측면, 동물적 본성이나 부정적 측면을 의미한다.

　㉡ 사회적 활동을 위해 자제될 필요가 있으나, 그 자체로는 자발성, 창조성, 통찰력 등 완전한 인간성을 위해 필수적인 요소이기도 하다.

　㉢ 음영을 완전히 억압하는 경우 개인의 생명력이 희생될 수 있는 반면, 음영과 자아가 조화를 이루는 경우 생기와 활력이 넘치게 된다.

④ **아니마(Anima)와 아니무스(Animus)**

　㉠ 아니마는 무의식 속에 존재하는 남성의 여성적인 측면이며, 아니무스는 무의식 속에 존재하는 여성의 남성적인 측면이다.

　㉡ 남성성의 속성은 이성(Logos)이며, 여성성의 속성은 사랑(Eros)이다. 인간은 본래 이와 같은 양성적 특질을 가지고 있으나 생물학적 성차나 사회화로 인해 어느 한 측면을 억압하게 된다.

　㉢ 성숙된 인간이 되기 위해 남성은 내부에 잠재해 있는 여성성을, 여성은 내부에 잠재해 있는 남성성을 이해하고 개발할 필요가 있다.

　㉣ 꿈, 신화, 환상, 문학, 예술 등을 통해 드러나며, 창조력의 원천이 되기도 한다.

(5) 발달단계별 특성

① **제1단계 – 아동기**

　㉠ 출생에서 사춘기에 이르는 시기로서, 본능에 의해 지배되며, 의식적 자아는 아직 형성되어 있지 않다.

　㉡ 자아는 원시적인 상태로 발달하기 시작하나 독특한 정체의식은 없으며, 성격 또한 부모의 성격을 그대로 반영한 것에 불과하다.

② **제2단계 – 청년 및 성인초기**

　㉠ 사춘기에서 대략 40세 전후에 이르는 시기로서, 신체적인 팽창과 함께 자아가 발달하여 외부세계에의 대처능력을 발휘하게 된다.

　㉡ 이 시기에는 사회에서의 성취를 통해 자신의 위치를 확고하게 다지는 일이 중요하다.

③ **제3단계 – 중년기**

　㉠ 융이 가장 강조한 시기로서, 가정과 사회에서 중요한 위치에 있고 경제적으로도 비교적 안정되어 있지만, 절망과 비참함을 경험하기도 한다.

　㉡ 외부세계에 쏟았던 에너지를 자신의 내부로 돌리면서 자신의 잠재력에 대해 깊은 관심을 가지게 된다. 특히 남성의 경우 여성적인 측면을, 여성의 경우 남성적인 측면을 표현하게 되는데, 이는 무의식의 세계에 대한 인식에서 비롯된다.

ⓒ 중년기 성인들의 과제는 진정한 자기(Self)가 되어 **내부세계를 형성하고 자신의 정체성을 확장하**는 것으로서, 이는 전체성의 회복, 즉 **개성화(Individuation)**를 의미한다. 개성화는 외향성과 내향성, 사고와 감정의 합일을 통해 성격의 원만함을 향해 나아가는 과정이다.

④ **제4단계 - 노년기**

ⓐ 삶에 대한 명상과 회고가 많아지며, 특히 내면적 이미지가 상당한 비중을 차지하게 된다.

ⓑ 죽음을 앞두고 생의 본질을 이해하려고 한다.

(6) 심리학적 유형론

① **의의 및 특징**

ⓐ 심리학적 유형론은 인간의 한 가지 성격유형의 양극단에 있는 두 가지 성향이 하나로 통일되고 조화와 균형을 이루려는 경향을 가지고 있다는 융의 통찰에서 비롯된다.

ⓑ 융은「심리학적 유형(Psychologische Typen)」에서 인간의 성격을 '태도 유형'과 '기능 유형'으로 나누고, 심리적 기능을 '합리적 기능'과 '비합리적 기능'으로 구분하였다.

ⓒ 융은 심리적 태도와 기능을 조합하여 8가지 성격유형, 즉 외향적 사고형, 외향적 감정형, 외향적 감각형, 외향적 직관형, 내향적 사고형, 내향적 감정형, 내향적 감각형, 내향적 직관형을 제시하였다.

ⓓ 융의 심리학적 유형론은 특히 마이어스-브릭스 성격유형검사(MBTI)의 개발에 직접적인 영향을 미쳤다.

② **태도 유형**

ⓐ 자아가 가지는 에너지의 방향을 의미하는 것으로서, '외향형(Extraversion)'과 '내향형(Introversion)'으로 구분된다.

ⓑ '외향형'은 외부세계에 관심을 가지는 객관적인 태도를 보이는 반면, '내향형'은 내면세계에 관심을 가지는 주관적인 태도를 보인다.

ⓒ 개인은 두 가지 태도 유형을 모두 가지고 있으며, 둘 중 어느 태도가 지배적이냐에 따라 그의 태도가 결정된다.

ⓓ 융은 꿈이 보상적 기능을 한다고 보았다. 즉, 외향적인 사람은 꿈에서 내향적인 모습을 나타낼 수 있는 반면, 내향적인 사람은 그 반대로 나타날 수 있다는 것이다.

③ **기능 유형**

ⓐ 의식의 기능은 주관적 세계와 외부세계를 지각하고 이해하는 서로 다른 방식을 의미한다.

ⓑ 성격을 구성하는 기능에는 '사고(Thinking)', '감정(Feeling)', '감각(Sensing)', '직관(Intuition)'의 네 가지가 있다.

ⓒ '사고'는 사물을 이해하고자 하는 지적 기능에 해당하며, '감정'은 어떤 관념을 받아들일 것인지 혹은 물리칠 것인지를 결정하는 평가의 기능에 해당한다. 또한 '감각'은 감각기관의 자극에 의해 생기는 모든 의식적 경험을 포함하며, '직관'은 그 근원과 과정을 설명할 수는 없으나 직접적으로 주어지는 경험을 포함한다.

ⓓ 융은 '사고'와 '감정'을 합리적 기능으로, '감각'과 '직관'을 비합리적 기능으로 구분하였다.

ⓜ '사고'와 '감정'은 의사결정을 위한 판단 기준을 어디에 두고 있는가와 관련된다. 특히 사고형은 객관적인 기준으로 판단하는 반면, 감정형은 개인적·주관적인 기준으로 판단한다.

ⓗ '감각'과 '직관'은 정보 수집 시 어떤 것에 주의를 기울이는가와 관련된다. 특히 감각형은 오감을 통해 직접적으로 인식되는 것과 실제로 존재하는 것에 주의를 기울이는 반면, 직관형은 육감을 통해 느끼는 것과 가능성이 있는 것에 주의를 기울인다.

더 알아두기

프로이트와 융 이론의 비교

구분	프로이트(Freud)	융(Jung)
이론적 관점	인간행동과 경험의 무의식적 영향에 대한 연구	의식과 무의식의 대립적 관점이 아닌 통합적 관점
리비도(Libido)	성적 에너지에 국한	일반적인 생활에너지 및 정신에너지로 확장
성격형성	과거 사건에 의해 결정	과거는 물론 미래에 대한 열망을 통해서도 영향을 받음
정신구조	의식, 무의식, 전의식	의식, 무의식(개인무의식, 집단무의식)
강조점	인간 정신의 자각 수준에 초점을 맞추어 무의식의 중요성을 강조	인류 정신문화의 발달에 초점
발달단계	5단계(구강기, 항문기, 남근기, 잠복기, 생식기)	4단계(아동기, 청년 및 성인초기, 중년기, 노년기)

---

3 호나이의 신경증적 성격이론

(1) 등장배경

① 호나이(Horney)는 남성중심적인 정신분석이론에 반발하여 자신의 경험과 함께 성격형성에 대한 사회적·문화적 영향력에 대한 인식을 토대로 이론을 발전시키고자 하였다.

② 호나이는 프로이트의 정신분석이 남성의 발달에 지나치게 초점이 맞추어져 있다고 비판하였다. 일례로, 그녀는 여성들이 남근선망(Penis Envy)을 가진다는 프로이트의 주장에 맞서 **자궁선망**(Womb Envy)의 개념을 제안하였다. 이는 남성들이 출산의 능력을 가진 여성들을 부러워한다는 것이다.

③ 호나이는 기존 정신분석학의 오류가 기계적·생물학적 견해에 있다고 보고, 이를 제거함으로써 정신분석학이 인간과학으로서의 충분한 가능성을 실현할 수 있다고 생각하였다.

④ 아들러(Adler)와 마찬가지로 성격형성에 있어서 사회적 관계의 중요성을 인식하였으며, 온화함과 애정의 필요성을 강조하였다.

[Karen Horney]

(2) 이론의 특징

① 인간을 기본적으로 외롭고 나약한 존재로 본다.

② 인간은 안전(Safety)과 사랑(Love)의 욕구에 의해 동기화된다.

③ 기본적 불안(Basic Anxiety)을 신경증의 토대로 본다.

④ 신경증적 욕구와 함께 그와 관련된 강박적 태도가 신경증적 성격을 유발한다.

⑤ 개인의 자기체계를 현실적 자기(Real Self)와 이상적 자기(Ideal Self)로 구분한다.

⑥ 이상적 자기를 이루어야 한다는 당위적 요구를 신경증의 핵심으로 본다.

⑦ 현대사회의 구조가 개인들로 하여금 신경증적 욕구와 당위적 요구에 대한 압박을 가한다고 주장한다.

⑧ 심리치료를 통해 신경증적 악순환을 해소해야만 개인이 자신이 지닌 잠재력을 발현하게 된다고 본다.

(3) 주요 개념

① 기본적 불안(Basic Anxiety)

㉠ 호나이(Horney)는 기본적 불안을 '적대적인 세계에서 자신도 모르게 증가하는 모든 측면에 파고드는 고독과 무력감'으로 정의하였다.

㉡ 기본적 불안은 개인이 적대적인 세계와의 관계 속에서 느끼는 불안전감(Feelings of Insecurity)에서 비롯된다. 따라서 기본적 불안은 유전적인 것이 아닌 문화와 양육의 산물로 볼 수 있다.

㉢ 호나이는 프로이트(Freud)와 달리 안전과 사랑의 추구에서 비롯된 기본적 불안을 인간행동의 추진력으로 보았다. 기출

② **기본적 악(Basic Evil)**

　㉠ 호나이는 개인으로부터 불안전감을 불러일으키는 환경 내의 모든 부정적 요인을 '**기본적 악(Basic Evil)**'으로 보았다.

　㉡ 특히 아동에게 있어서는 지배, 고립, 과보호, 무관심, 부모의 불화, 돌봄과 지도의 결핍, 격려와 애정의 결핍 등이 기본적 악이라고 볼 수 있다.

③ **신경증적 욕구(Neurotic Needs)**

　㉠ 개인은 안전감을 확보하고 기본적 불안을 회피하기 위한 방어적 태도로서 **신경증적 욕구**를 가진다.

　㉡ 욕구에 '신경증적(Neurotic)'이라는 수식어를 붙인 이유는 그와 같은 욕구가 문제를 해결하는 데 있어서 비합리적으로 작용하기 때문이다.

　㉢ 신경증을 가진 사람에게 있어서 신경증적 욕구는 너무 강렬하거나 비현실적이거나 무분별하게 나타나며, 극도의 불안이 내재되어 있다.

　㉣ 호나이는 다음과 같이 10가지의 신경증적 욕구를 제시하였다. 기출

> - 애정과 인정(Affection and Approval)
> - 지배적 동반자(Dominant Partner)
> - 힘(Power)
> - 착취(Exploitation)
> - 특권(Prestige)
> - 존경(Admiration)
> - 성취 혹은 야망(Achievement or Ambition)
> - 자기충족(Self-sufficiency)
> - 완벽(Perfection)
> - 생의 편협한 제한(Narrow Limits to Life)

④ **신경증적 경향성(Neurotic Trends)**

　㉠ 신경증적 경향성은 **신경증적 욕구에 따라 강박적으로 나타나는 태도와 행동**을 의미한다.

　㉡ 호나이는 10가지 신경증적 욕구와 관련하여 3가지 신경증적 경향성을 제시하였으며, 이는 곧 신경증적 성격유형으로 볼 수 있다.

타인을 향해 움직이기 (Movement toward Other People)	⇒	순응적 성격 (Compliant Personality)
타인에 반해 움직이기 (Movement against Other People)		공격적 성격 (Aggressive Personality)
타인으로부터 멀어지기 (Movement away from Other People)		고립적 성격 (Detached Personality)

⑤ **현실적 자기(Real Self)와 이상적 자기(Ideal Self)**

㉠ 현실적 자기는 '가능한 자기(Possible Self)'를 가리키는 것으로서, 현실적으로 표출할 수 있는 자기를 의미한다. 반면, 이상적 자기는 '되어야만 하는 자기(Self what we should be)'를 가리키는 것으로서, 잠재적인 자기를 의미한다.

㉡ 이상적 자기는 잠재력을 개발하고 자기실현을 이루도록 돕는 모델로서의 역할을 한다. 이와 같은 이상적 자기를 형성하는 것은 인간의 보편적 특징으로 볼 수 있다.

㉢ 건강한 사람의 경우 이상적 자기와 현실적 자기가 대체로 일치한다. 그들의 자기상(Self-image)은 자신의 능력, 잠재력, 약점, 목표, 타인과의 관계 등에 대한 현실적 자기평가에 근거한다.

㉣ 반면, 신경증 환자의 경우 이상적 자기와 현실적 자기 간의 괴리가 심하거나 분리되어 있다. 그들의 자기상은 유연성이 없으며, 비현실적 자기평가에 근거한다.

⑥ **당위성의 횡포 또는 당위적 요구의 폭정(Tyranny of Shoulds)**

㉠ 신경증 환자에게서 나타나는 것으로, 자신이 반드시 되어야만 하거나 해야만 한다고 느끼는 것을 의미한다.

㉡ 당위성의 횡포는 특성상 비타협적이므로, 이상적 자기(Ideal Self)를 만들려는 성격의 왜곡 과정으로 나타난다.

㉢ 신경증 환자는 도달할 수 없는 이상을 향해 전력으로 매진하게 되는데, 이를 '영광의 추구(Search for Glory)'라고 한다.

(4) 신경증적 성격

① **순응형**

㉠ 타인을 향하고자 하는 욕구를 반영하는 태도와 행동을 보인다.

㉡ 타인으로부터 애정과 보호를 받기 위해 노력하면서 순종적이고 의존적인 삶을 추구한다.

㉢ 타인의 관심을 유발할 수 있는 방식을 잘 알고 있으므로, 남다르게 사려 깊고 이해심이 많으며, 타인의 욕구에 민감한 듯 보인다.

㉣ 자신의 안전이 타인의 태도나 행동에 의해 좌우된다고 생각하므로 과도하게 의존적이며, 타인의 인정과 확신을 끊임없이 확인하려고 한다.

㉤ 순응형의 사람은 내면에 억압된 적대감을 가지고 있다. 즉, 겉으로 드러나는 행동과 태도와는 상반되게 타인을 통제하고 착취하며, 조종하려는 욕구를 가지고 있다.

㉥ 순응형 성격은 다음의 신경증적 욕구와 연관된다.

애정과 인정	타인을 즐겁게 해 주고 그들로부터 사랑을 받으려는 욕구
지배적 동반자	자신을 사랑해 주고 자신의 모든 문제를 해결해 줄 동반자를 원하는 욕구

② **공격형**

㉠ 타인에 반하는 태도와 행동을 보인다.

㉡ 타인에 대한 적대감을 가지고 있으며, 타인에 대해 지배적이고 경쟁적인 삶을 추구한다.

㉢ 오로지 적자생존의 원칙만이 있으며, 우월함과 강함 등을 최고의 가치로 인정한다.

㉣ 타인으로부터 인정을 받음으로써 자신들이 우월하다는 만족을 얻는다.

ⓤ 타인을 능가하고자 하는 욕구가 강하므로, 타인과의 관계를 통해 자신이 얻을 수 있는 이익으로 타인을 평가하려는 경향이 있다.

ⓗ 공격형의 사람은 겉으로 자신감 있는 모습을 보이지만, 순응형의 사람과 마찬가지로 내면에 불안전감과 적대감을 가지고 있다.

ⓢ 공격형 성격은 다음의 신경증적 욕구와 연관된다. 기출

힘	타인을 자신의 마음대로 통제하려는 욕구
착취	타인을 이용하여 이득을 취하려는 욕구
특권	특권적 지위와 명예를 얻고자 하는 욕구
존경	타인으로부터 가치 있는 존재로 추앙받고자 하는 욕구
성취 혹은 야망	수단과 방법에 구애됨이 없이 성공에 이르려는 욕구

③ **고립형 또는 회피형**

ⓐ 타인으로부터 멀어지려는 태도와 행동을 보인다.

ⓑ 타인과 정서적으로 밀착된 관계를 회피한다.

ⓒ 자신의 사생활을 중시하면서 개인주의적이고 고립된 삶을 추구한다.

ⓓ 독립심에 대한 욕구로 인해 자신에게 강요하거나 규제하려는 시도에 대해 예민해진다.

ⓔ 공격형과 마찬가지로 우월함을 강조하지만, 그 우월함은 경쟁을 통한 것이 아닌 독특함에서 비롯된다.

ⓕ 고립형 혹은 회피형의 사람은 친밀감을 갈등의 원인으로 보므로 이를 피하려고 하며, 감정에 많은 제한을 두는 만큼 이성과 논리 등에 더 많은 강조를 둔다.

ⓖ 고립형 혹은 회피형 성격은 다음의 신경증적 욕구와 연관된다.

자기충족	자율과 독립을 원하며 타인을 무시하려는 욕구
완벽	완벽한 삶을 추구하면서 작은 실수도 하지 않으려는 욕구
생의 편협한 제한	가능한 한 타인의 주목을 끌지 않고 살아가려는 욕구

4 설리반의 대인관계이론

(1) 등장배경

① 설리반(Sullivan)은 미국 뉴욕주 노르위츠(Norwich)에서 농부의 외아들로 태어났다. 그의 아버지는 정서적으로 메말랐고 말이 없었으며, 그의 어머니는 정신적으로 불안정한 상태였다.

② 설리반이 대인관계의 중요성을 강조한 것은 외롭고 불행했던 아동기와 청소년기의 정신적 외상에서 비롯된 것으로 보인다. 특히 당시 우울증을 겪고 있던 어머니와의 관계경험으로 인해 그는 평생을 독신으로 살았던 것으로 보인다.

③ 그는 시카고(Chicago) 대학교 의과대학에 입학하였으며, 제1차 세계대전 후 워싱턴 D.C.에 있는 성 엘리자베스 병원에 근무하였다. 그곳에서 정신의학자 화이트(White)를 만나게 되는데, 이는 설리반의 정신의학에 대한 관심과 프로이트 정신분석에 대한 비판을 자극하는 계기가 되었다.

④ 그는 말리노프스키(Malinowski), 쿨리(Cooley), 미드(Mead) 등을 통해 사회심리학과 인류학에 대해 알게 되었으며, 이는 정신의학의 사회적 특성에 대한 생각에 영향을 미쳤다.

⑤ 설리반은 프로이트의 정신분석이 성격형성에 영향을 미치는 적극적인 사회적·문화적 요인들을 간과했다고 비판하고, 그 대안으로서 대인관계 정신분석(Interpersonal Psychoanalysis)을 발전시켰다.

⑥ 그는 개인이 대인관계에서 자신의 성격을 드러내는 만큼, 심리치료 시에도 환자-치료자 간의 대인관계가 성공적인 치료에 있어서 결정적이라고 주장하였다. 그리고 이와 같은 주장은 대인관계치료(IPT ; Interpersonal Therapy)의 등장으로 이어졌다.

[Harry Stack Sullivan]

(2) 이론의 특징

① 개인의 성격과 정신병리를 대인관계의 맥락에서 이해하고 설명하고자 한다.

② 성격은 심리내적인(Intrapersonal) 것이 아닌 대인관계적인(Interpersonal) 것이다.

③ 성격은 생리적 욕구와 사회적 안전감의 욕구에서 야기되는 긴장에 의해 결정된다.

④ 인간은 사회적 안전감의 욕구가 좌절될 때 불안을 경험하게 된다.

⑤ 대인관계는 불안을 유발하는 주요 요인으로서, 개인의 자기가치감과 유능감을 위협하며, 자기존중감을 손상시키기도 한다.

⑥ 아동은 불안으로부터 자신을 보호하기 위해 자기체계(Self-system)를 발달시킨다. 특히 어린 시절 유아는 어머니의 양육에 따라 다른 수준의 불안을 경험하면서 특징적인 자기상을 형성하게 된다.

⑦ 대인관계의 목표는 자기체계를 확인하고 강화하기 위해 타인으로부터 자기체계와 일치하는 반응을 유발하는 것이다.

⑧ 성격의 방어를 위해 자기체계와 일치하지 않은 정보를 배제하거나 타인으로 하여금 자기체계에 일치하는 반응을 보이도록 유도한다.

(3) 주요 개념

① **역동성(Dynamism)**

㉠ 개인의 대인관계 및 정서적 기능을 특징짓는 비교적 지속적인 에너지 변형의 패턴을 말한다.

㉡ 역동성 에너지의 원천은 개인의 욕구에 있으며, 에너지 변형은 어떤 형태의 행동으로 나타난다. 즉, 역동성은 습관처럼 반복되고 지속되는 어떤 종류의 신체적 혹은 정신적 행동을 의미하는 것으로 볼 수 있다.

㉢ 설리반은 역동성을 성격연구의 가장 작은 요소로 보았다. 이와 같은 설리반의 역동성 개념은 타인과의 상호작용에서 개인의 행동 및 태도가 밖으로 드러난다는 점에서 아들러(Adler)의 **생활양식(Style of Life)**과 유사하다.

② **자기체계(Self-system)**

㉠ 자기체계는 어린 시절 부모와의 관계경험을 통해 형성되는 것으로, 자신에 대한 인식의 집합체이자 안정된 자기표상이다.

㉡ 타인과의 접촉에서 타인에 의해 반영된 평가 혹은 자신이 타인에게 얼마나 가치 있게 여겨지는지에 대한 경험으로부터 발달한다.

㉢ 자기체계는 불안으로부터 자신을 보호하고 정서적 안전감을 얻기 위해 사용하는 안전작동기제인 만큼 자기보호체계(Self-protecting System)로 설명될 수 있다.

㉣ 결국 자기체계는 개인이 정서적인 안전감을 추구하기 위해 대인관계에서 습관적으로 사용하는 자신만의 독특한 전략인 것이다.

㉤ 자기체계와 진정한 자기 간의 간격이 커질수록 정신분열적 양상이 나타날 수 있다.

③ **자기상 형성 또는 자기의 정형화(Personification of Self)**

㉠ 발달의 주요 결정요인은 상황에 따른 불안의 수준(Gradient of Anxiety)이다.

㉡ 특히 유아는 어머니와의 관계에서 여러 수준의 불안을 경험하며, 그 과정에서 '좋은 나', '나쁜 나', '내가 아닌 나'로 구성된 자기상을 형성한다.

좋은 나 (Good Me)	• 유아가 어머니와 안정감 있고 만족스러운 관계를 경험하면서 자신에게 주어진 긍정적 피드백을 토대로 형성한 자기상이다. • 어머니가 유아의 반응에 온화하게 대하고 칭찬 등 적절한 보상을 해 주면, 유아는 좋은 나의 자기 지각을 형성하게 된다.
나쁜 나 (Bad Me)	• 유아의 행동에 대한 어머니의 불안정하고 과민한 반응이 내재화된 자기상이다. • 어머니가 양육하면서 불안과 긴장을 느끼게 될 때 유아의 특정 행동(예 울음을 그치지 않는 행동)에 과민하게 반응할 수 있으며, 이는 유아로 하여금 불안을 야기한다.
내가 아닌 나 (Not Me)	• 참을 수 없는 강렬한 불안을 경험하면서 자신의 것이 아닌 것으로 거부된 자기의 부분이다. • 불안이 클 경우 현실과의 접촉이 잘 이루어지지 않게 되며, 그로 인해 유아는 자신이 경험하는 것들을 제대로 조직화하지 못하게 된다.

(4) 타인과 교류하는 3가지 경험양식(소통방식)

① **원형적 경험 또는 미분화된 소통(Prototaxic Communication)**
  ㉠ 인생 초기의 원초적 경험으로서, 생후 몇 개월 동안 유아에게서 나타난다.
  ㉡ 단순하고 직접적으로 지각하는 감각과 감정을 수반하며, 상호 간의 어떤 관련성을 이끌어내지 않은 채 즉각적으로 일어난다.
  ㉢ 서로 분리되어 관련이 없으며, 비조직적이고 순간적이다. 또한 새로운 경험의 영향으로 묻혀버린다.

② **병렬적 경험 또는 현실괴리적 소통(Parataxic Communication)**
  ㉠ 유아는 이전에는 그에게 독립적이고 무의미한 자극에서 어떤 의미를 도출하기 시작하나, 이는 논리적으로 관련이 없는 사건들을 연결시키려는 시도이다.
  ㉡ 병렬적 사고를 통해 자신과 자신이 아닌 것을 구별하기 시작하며, 아직 초보적 단계이지만 의사소통을 위해 언어를 사용한다.
  ㉢ 비논리적이고 경직되어 있으며, 자기체계를 확증하기 위해 타인의 반응을 편향된 방향으로 몰아가는 제한적인 상호작용이 이루어진다.
  ㉣ 설리반은 대인관계의 병렬적 왜곡을 통해 형성한 자기와 타인에 대한 경직된 심상을 '정형화(Personification)'라고 불렀다. '좋은 나', '나쁜 나', '내가 아닌 나'는 이러한 정형화의 예에 해당한다.

③ **통합적 경험 또는 통합적 소통(Syntaxic Communication)**
  ㉠ 통합적 경험은 물리적·공간적 인과관계를 이해하는 능력, 결과에 대한 지식으로부터 그 원인을 유추할 수 있는 능력을 전제로 한다.
  ㉡ 통합적 사고를 통해 논리적 관계를 학습하며, 비논리적인 것에 대한 자신의 지각을 검증할 수 있다.
  ㉢ 현실을 유연하게 수용하고 통합하는 성숙한 정서적 교류방식으로 볼 수 있다.
  ㉣ 설리반은 현실을 왜곡하여 부적응적 대인관계를 야기하는 개인의 병렬적 소통을 점진적으로 통합적 소통으로 변화시킴으로써 타인과의 성숙한 대인관계를 유도할 것을 강조하였다.

(5) 성격의 방어

① **해리(Dissociation)**
  ㉠ 자기 역동성과 부합하지 않는 태도, 행동, 욕망을 의식적 자각으로부터 배제시키는 것이다.
  ㉡ 불안을 야기하는 모든 현실적 측면을 배제시킨다는 점에서 '선택적 부주의(Selective Inattention)'라고도 한다.

② **병렬적 왜곡(Parataxic Distortion)**
  ㉠ 타인에 대한 개인의 반응이 자신이 경험해온 부적합한 관계에 의해 편향되거나 왜곡되는 것이다.
  ㉡ 예를 들어, 가부장적이고 권위적인 가족분위기에서 형성된 초기 대인관계는 고용주와 피고용인 간의 현재 관계를 왜곡시킨다.

③ 승화(Sublimation)

      ⊙ 자신의 혼란스럽고 위협적인 충동을 사회적으로 수용되고 자기향상적인 충동으로 변화시키는 것이다.

      ⓒ 예를 들어, 격투기 선수는 사회적으로 수용되기 어려운 자신의 공격적 충동을 격투기 운동으로써 변화시킨다.

5 머레이의 욕구 및 동기이론

(1) 등장배경

① 머레이(Murray)는 미국 하버드(Harvard) 대학에서 역사학을 전공하였고, 콜럼비아(Columbia) 대학에서 생물학과 생화학, 그리고 의학을 전공하였다. 그가 생물학 연구와 의학 활동을 하다가 심리학으로 전향하게 된 것은 영국에 체류하는 동안 융(Jung)의 「심리학적 유형(Psychological Types)」을 접하게 된 것에서 비롯된다.

② 머레이는 하버드 대학교의 심리클리닉에 재직하면서 프로이트(Freud)의 정신분석학에 큰 관심을 가지게 되었고, 이를 계기로 1933년 미국 정신분석학회 회원이 되었다.

③ 그는 타당성 있는 과학적 방법을 통해 성격연구를 확립시켜야 할 필요성을 느꼈다. 그리고 인간의 삶에 대한 연구와 삶에 영향을 미치는 요인들에 관한 연구로서 '인간학(Personology)'을 제안하였다. 또한 성격연구의 과학화를 위해 수많은 사람들로부터 수집한 자료들을 이론적 구성개념으로 조직화하였다.

④ 그는 자신이 경험한 개인적 갈등과 관련하여 인간의 동기에 대해 깊은 관심을 보였으며, 이를 계기로 1935년 모건(Morgan)과 함께 개인의 동기를 평가하는 투사적 검사인 **주제통각검사**(TAT ; Thematic Apperception Test)를 개발하였다.

⑤ 머레이의 인간학은 프로이트가 제안한 개념들을 보다 정교화하고 새롭게 부각시켰다. 즉, 과학적으로 연구하기 어려웠던 프로이트의 개념들에 대해 조작적 정의를 부여하고 구체적 자료들을 도입함으로써 과학적인 성격의 구성개념을 찾고자 시도하였다.

⑥ 그의 성격에 관한 연구는 1938년 「**성격 탐색**(Explorations in Personality)」의 발간으로 결실을 거두었다.

[Henry A. Murray]

(2) 이론의 특징

① 인간을 움직이게 하는 내면적 동력으로서 욕구(Needs), 동기(Motivation), 압력(Press)을 구분한다.

② 프로이트가 제안한 성격의 삼원구조로서 원초아(Id), 자아(Ego), 초자아(Superego)를 받아들인다.

③ 인간의 기본적 추동(Drive)과 욕구의 원천을 원초아로 인정하면서도, 프로이트의 견해와 달리 원초
아가 부정적인 충동만을 포함하는 것은 아니라고 주장한다.

④ 초자아는 욕구 표출에 관한 사회 환경의 내재화된 표상이며, 자아는 조직화된 성격의 자의식적
(Self-conscious) 부분으로서 변별력, 추론능력, 경험전달능력, 문제해결능력 등 다양한 기능과 역
할을 가진다. 이와 같은 관점에서 프로이트의 이론보다 자아의 역할과 기능을 더욱 강조하는 양상을
보인다.

(3) 성격의 원리

① 성격은 인간의 뇌에 근거를 둔다. 개인의 대뇌 생리적 현상이 성격의 양상을 좌우한다.

② 성격은 유기체의 욕구에서 비롯된 긴장의 감소와 연관된다. 인간은 흥분, 활동, 열정에 대한 지속적
인 욕구를 지니며, 긴장 감소를 통한 만족감에 이르기 위해 긴장을 생성한다. 즉, 긴장을 감소시키기
위한 행동 과정에서 만족감을 느끼게 된다.

③ 성격은 시간에 따라 계속 발달하는 종단적 양상을 보인다. 개인의 성격은 계속해서 발달하며, 생애
과정 중 일어나는 사건들로 구성된다.

④ 성격은 변화하고 발달한다. 성격은 현재진행형의 현상으로서, 정적이고 고정된 것이 아니다.

⑤ 성격은 사람들 간의 유사성은 물론 각 개인의 독특성을 내포한다. 한 개인은 다른 모든 사람들과
유사한 동시에 그들과 전혀 똑같지 않다.

(4) 욕구

① 의의 및 특징

㉠ 욕구(Needs)는 인간의 뇌 혹은 마음속에 존재하는 추진력으로서, 현재의 불만족스러운 상황을
바꾸기 위해 지각, 사고, 의지, 행위 등을 어떤 특정한 방향으로 조직하는 힘이다.

   ⓛ 사람들로 하여금 환경에 대해 어떤 것을 추구하며, 행동의 방향을 결정하는 내면적 힘이다. 즉, 행동의 방향에 영향을 미치는 **지향성**을 지닌다.

   ⓒ 욕구는 **접근과 회피**의 두 가지 측면을 지닌다. 즉, 어떤 대상을 향해 접근할 것인지 혹은 회피할 것인지의 여부를 명확히 해 준다.

   ⓔ 욕구는 행동의 **강도**에 영향을 미친다. 즉, 욕구가 강렬할수록 특정 행동을 하려는 강도가 보다 커진다.

   ⓜ 욕구는 **우선순위**를 정하는 데 영향을 미친다. 즉, 어떤 행동을 먼저 하고 다른 것을 다음으로 미룰 것인지를 결정하도록 촉구한다.

② **욕구의 유형**

   ㉠ 일차적 욕구와 이차적 욕구

일차적 욕구	• **생리적 욕구**로서 신체 내부의 상태에서 기인한다. • 성욕 및 감각 욕구는 물론, 물과 음식, 위험 회피 등 생존을 위한 욕구를 포함한다.
이차적 욕구	• **심리적 욕구**로서 일차적 욕구에서 부차적으로 발생한다. • 주로 정서적 만족과 연관된다.

   ㉡ 반응적 욕구와 발생적 욕구

반응적 욕구	**특별한 대상이 존재할 때만 발생한다.** ㉖ 위험 회피 욕구는 위험이 존재할 때만 나타난다.
발생적 욕구	**특별한 대상의 존재 유무와 상관없이 자발적으로 발생한다.** ㉖ 배가 고픈 사람이 TV 광고에서 맛있는 음식을 본 후에 식욕을 느끼는 것은 아니다.

③ **욕구의 종류**

   ㉠ 욕구 20가지

- 비하의 욕구 : 외부적인 힘에 수동적으로 복종하려는 욕구
- 성취의 욕구 : 어떤 어려운 일을 해내려는 욕구
- 소속의 욕구 : 사람과 유대관계를 형성하려는 욕구
- 공격의 욕구 : 힘으로써 상대방을 이기려는 욕구
- 자율의 욕구 : 강압과 간섭에 대해 저항하려는 욕구
- 반작용의 욕구 : 재도전 혹은 재시도를 통해 실패를 극복하거나 보상하려는 욕구
- 방어의 욕구 : 외부의 공격이나 비난으로부터 자신을 방어하려는 욕구
- 존경의 욕구 : 자신보다 우월한 사람을 존경하거나 지지하려는 욕구
- 지배의 욕구 : 자신의 주위환경을 통제하려는 욕구
- 과시의 욕구 : 타인에게 자신에 대한 좋은 인상을 남기려는 욕구
- 위험 회피의 욕구 : 신체적 고통이나 상해, 질병, 죽음을 피하려는 욕구
- 열등 회피의 욕구 : 수치스러운 상황으로부터 피하려는 욕구
- 양육의 욕구 : 무기력한 타인을 돕고 보호하려는 욕구
- 질서의 욕구 : 어떤 일이나 사물 등을 체계적으로 정리하려는 욕구
- 유희의 욕구 : 편안함과 즐거움을 추구하면서 이를 위한 흥밋거리를 찾으려는 욕구

- 거절의 욕구 : 자신보다 열등한 사람을 배제시키고 무시하려는 욕구
- 감각의 욕구 : 감각적인 느낌을 추구하고 즐기려는 욕구
- 성욕의 욕구 : 성적 관계를 맺고 유지하려는 욕구
- 의존의 욕구 : 타인에게 도움이나 보호 혹은 동정심을 구하려는 욕구
- 이해의 욕구 : 보편적인 문제들을 제기하거나 그에 대해 답을 구하려는 욕구

(5) 동기, 압력, 주제

① **동기(Motive)**
- ㉠ 동기는 욕구와 행동 사이를 매개하는 심리적 상태이다.
- ㉡ 내재해 있는 욕구가 특정한 행동에 한 단계 더 근접하여 구체화된 심리적 상태이다.
- ㉢ 욕구가 구체적인 목표를 추구하는 동기로 진전되어 특정한 행동으로 발현되는 과정을 '**동기화**(Motivation)'라 한다.

② **압력(Press)**
- ㉠ 인간행동에 영향을 미치는 외부환경 혹은 외부적 사건이다.
- ㉡ 무언가를 얻고자 하거나 혹은 피하고자 하는 동기를 만들어 내는 외부적 조건이다.
- ㉢ 주위의 사건이나 사물은 개인이 특정한 방법으로 행동하도록 압력을 가하거나 재촉한다.
- ㉣ 압력은 다음과 같이 'α압력'과 'β압력'으로 구분된다.

α압력	• 개인에 의해 객관적으로 지각된 압력이다. • 직접적으로 현실을 반영한 것으로서, 환경의 객관적 혹은 실제적 측면을 나타낸다.
β압력	• 개인이 주관적으로 지각하고 해석함으로써 나타나는 압력이다. • 동일한 사건이라도 각 개인이 어떻게 느끼고 해석하는가는 서로 다르다.

③ **주제(Thema)**
- ㉠ 개인적 요인인 욕구(Needs)와 환경적 요인인 압력(Press)이 결합하고 융합하여 상호작용함으로써 형성된다.
- ㉡ 초기 아동기 경험을 통해 형성되며, 성격을 결정하는 데 지대한 영향력을 미친다.
- ㉢ 머레이는 개인이 자극을 해석할 때 자신의 경험을 종합적으로 동원하여 인식하는 **통각**(Apperception) 과정을 거친다고 주장하였다. 그의 주제와 통각의 개념은 투사적 검사로서 **주제통각검사(TAT)**의 이론적 근거가 되었다.

(6) 성격발달

① **콤플렉스(Complex)**
- ㉠ 머레이는 프로이트의 성격발달단계에 착안하여 아동기를 다섯 단계로 구분하고, 모든 사람들이 각 단계별 콤플렉스를 경험한다고 보았다.
- ㉡ 각 단계는 개인이 성숙하고 사회화하는 동안 불가피하게 좌절되거나 종결되는 즐거움의 상태로 특징지어진다.

ⓒ 여러 단계의 흔적(Imprints)으로부터 생긴 특질 혹은 유형(Style)의 묶음으로서 콤플렉스는 개인
의 성격에 자국을 남기는데, 이는 무의식적으로 개인의 다음 발달단계를 결정하게 된다.

ⓔ 콤플렉스는 모든 사람들이 발달 과정상 경험하는 것인 만큼 그 자체로 문제가 되는 것은 아니다.
다만, 개인이 어느 특정 단계에 고착되어 있는 상태가 극히 명백한 경우 문제시된다.

ⓜ 콤플렉스가 자아와 초자아의 형성을 방해할 경우 성격은 자발성과 유연성을 발달시킬 수 없게
된다.

② **발달단계별 콤플렉스**

㉠ 폐소 단계 – 폐소 콤플렉스(Claustral Complex)

- 자궁 내에서의 안전하고 수동적이며, 의존적인 상태에 있는 단계이다.
- **단순 폐소(Simple Claustral) 콤플렉스**는 출생 전의 상태로 되돌아가려는 욕망, 즉 자궁과 같이
폐쇄된 곳, 안전하고 격리된 곳을 찾는 양상을 보인다. 이 콤플렉스를 가진 사람은 타인에 대해
의존적·수동적이며, 과거의 친숙하고 안전한 행동을 지향한다.
- **비지지(Insupport) 콤플렉스**는 불안전과 무력감에 대한 불안을 나타낸다. 이 콤플렉스를 가진 사람
은 개방된 공간, 추락, 익사, 지진, 화재, 가족으로부터의 지지 상실 등의 상황을 두려워한다.
- **반(反)폐소(Anti-claustral) 혹은 도피(Egression) 콤플렉스**는 자궁과 같은 제한된 조건으로부
터 도피하려는 양상을 보인다. 이 콤플렉스를 가진 사람은 질식과 감금에 대한 두려움을 나타
내며, 개방된 공간, 신선한 공기, 여행, 운동, 변화에 대한 애착을 갖는다.

㉡ 구강 단계 – 구강 콤플렉스(Oral Complex)

- 어머니의 젖이나 우유병을 빨면서 영양분을 흡수하는 감각적 즐거움을 느끼는 단계이다.
- **구강의존(Oral Succorance) 콤플렉스**는 빠는 것, 먹는 것 등의 구강활동을 비롯하여 수동적 경향
성, 지지받고 보호받기를 원하는 욕구, 칭찬, 애정, 동정, 돌봄에 대한 욕구 등으로 나타난다.
- **구강공격(Oral Aggression) 콤플렉스**는 침뱉기, 깨물기, 물어뜯기, 소리치기 등으로 나타나
며, 특히 권위적 인물에 대한 양가감정(Ambivalence)을 포함한다.
- **구강거부(Oral Rejection) 콤플렉스**는 토하기, 음식 가려먹기, 입맞춤에 의한 구강 감염에의
두려움, 의존적 관계에 대한 거부감 등으로 나타난다.

㉢ 항문 단계 – 항문 콤플렉스(Anal Complex)

- 배변에 따른 상쾌한 감각의 즐거움을 느끼는 단계이다.
- **항문거부(Anal Rejection) 콤플렉스**는 배변에 대한 지나친 관심, 배변적 유머에 대한 흥미, 진
흙이나 석고 반죽 등 변과 유사한 물질에 대한 관심으로 나타난다. 특히 공격성이 콤플렉스의
일부를 이룰 때 그 행동은 적의와 파괴로 나타난다.
- **항문보유(Anal Retention) 콤플렉스**는 물건의 저장과 축적, 지나친 절약, 약탈에 대한 두려움,
완고함, 질서와 청결에 대한 강한 욕구로 나타난다.

㉣ 요도 단계 – 요도 콤플렉스(Urethral Complex)

- 배뇨에 따른 상쾌한 감각의 즐거움을 느끼는 단계이다.
- 지나친 야망, 왜곡된 자부심, 과도한 자기과시, 칭찬의 갈망, 이기주의 등으로 나타나며, 성적
갈망이나 야뇨증과도 연관된다.

- '이카루스(Icarus) 콤플렉스'라고도 하는데, 이카루스는 아버지의 경고에도 불구하고 태양에 너무 가까이 날아가서 인공날개를 받치고 있던 밀랍이 녹아 추락한 그리스 신화의 인물 이름이다.
- 이 콤플렉스를 가진 사람은 지나치게 높은 목표를 추구하지만 그 꿈을 이루지는 못한다.

ⓛ 성기 또는 거세 단계 – 거세 콤플렉스(Castration Complex)

- 성기로부터 일어나는 흥분을 느끼는 단계이다.
- 머레이는 거세에 대한 두려움이 성인남성의 주요 불안이라는 프로이트의 주장과 달리, 그 의미를 좀 더 제한적으로, 즉 말 그대로 성기가 잘릴지도 모른다는 공상에 의해 야기되는 단순한 불안으로 설명하였다.
- 거세에 대한 두려움은 아동기 때의 자위행위와 그에 대한 부모의 처벌에서 발생한다.

더 알아두기

주제통각검사(Thematic Apperception Test)

- 주제통각검사(TAT)는 로샤 검사(Rorschach Test)와 더불어 전 세계적으로 널리 사용되고 있는 대표적인 투사적 검사이다.
- 1935년 하버드 대학의 머레이와 모건(Murray & Morgan)이 「공상연구방법론(A Method for Investigating Fantasies)」을 통해 처음 소개하였다.
- 머레이는 기존의 아카데믹한 심리학이 인간 본성에 대한 실제적인 내용을 알려주지 못한다고 주장하며, 상상을 통해 인간 내면의 내용들을 탐구하는 새로운 검사방식을 고안하였다.
- '통각(Apperception)'은 '투사(Projection)'와 유사하나 보다 포괄적인 의미를 가진 것으로, '지각에 대한 의미 있는 해석'을 말한다. 즉, 통각은 지각에 의미가 부가되는 것으로서, 외부세계에 대한 객관적인 지각 과정에 주관적인 요소가 개입된 통합적인 인식 과정으로 볼 수 있다.
- 정신분석이론을 토대로 수검자 자신의 과거 경험 및 꿈에서 비롯되는 투사와 상징을 기초로 하며, 자아와 환경관계 및 대인관계의 역동적 측면 등을 평가한다.
- 수검자가 동일시 할 수 있는 인물과 상황을 그림으로 제시하여 수검자의 반응양상을 분석 및 해석한다.
- 수검자는 그림들을 보면서 현재의 상황과 그림 속 인물들의 생각 및 느낌과 행동, 그리고 과거와 미래의 상황들을 상상력을 발휘하여 이야기한다.
- 수검자의 그림에 대한 반응을 통해 현재 수검자의 성격 및 정서, 갈등, 콤플렉스 등을 이해하는 동시에 수검자 개인의 내적 동기와 상황에 대한 지각 방식 등에 대한 정보를 얻을 수 있다.
- 머레이는 TAT를 심리치료 과정의 첫 단계에 유용하게 사용할 수 있다고 제안하였다.
- 3회의 개정을 거쳐 1943년에 출판된 31개 도판의 TAT 도구는 현재까지 그대로 사용되고 있다.

6 에릭슨의 심리사회이론

(1) 등장배경

① 에릭슨(Erikson)은 1902년 당시 독일과 덴마크 간의 영토분쟁이 있던 슐레스비히-홀슈타인(Schleswig-Holstein)에서 태어났다.

② 에릭슨의 부모는 덴마크인으로 그가 세 살 때 이혼을 하였으며, 그의 어머니는 유대인 의사 홈부르거(Homburger)와 재혼하였다. 에릭슨은 자신의 아버지가 계부임을 알지 못한 채 유대인 사회에서 성장하였다. 그러나 유대인으로서의 신체적 특징이 드러나지 않았으므로 또래 아이들에게서 놀림을 받았으며, 이는 그의 자아정체성에 대한 깊은 고심으로 이어지게 되었다.

③ 그는 덴마크 혈통임에도 불구하고 스스로를 독일인이라고 생각하였다. 특히 청소년기에 제1차 세계대전을 겪게 되는데, 그의 정체감 혼란은 독일에 대한 충성심과 덴마크인으로서의 정체성 간의 충돌에서 비롯되었다. 그로부터 그는 개인이 인생 초기에 심각한 정체감의 위기를 겪는다는 사실을 깨닫게 되었다.

④ 그가 정신분석에 관심을 가지게 된 것은 프로이트의 딸 안나(Anna Freud)를 만나게 된 것에서 비롯되며, 이를 계기로 정신분석에 관한 훈련을 받게 되어 당시 유명한 비엔나 정신분석연구소의 회원이 되었다.

⑤ 그는 1933년 나치의 위협을 피해 미국 보스턴(Boston)에 정착하게 되었으며, 당시 미국에서 자본주의의 병폐를 극복하기 위한 혁신운동의 일환으로 전개된 아동의 교육과 노동에 대해 관심을 가지게 되었다.

⑥ 그는 아동의 심리사회적 발달에 많은 관심을 기울였으며, 그의 연구는 1950년 「아동기와 사회(Childhood and Society)」로 결실을 맺었다.

[Erik Erikson]

(2) 이론의 특징 [기출]

① 인간의 전 생애에 걸친 발달과 변화를 강조한다.

② 인간을 합리적인 존재이자 창조적인 존재로 보면서, **창조성과 자아정체감의 확립**을 강조한다.

③ 인간을 병리적인 측면이 아닌 정상적인 측면, 건강한 측면에서 접근한다.

④ 인간의 행동이 **자아(Ego)**에 의해 동기화된다고 주장하면서, 자아의 자율적 기능을 강조한다.

⑤ 인간의 행동이 개인의 심리적 요인과 사회문화적 영향의 상호작용에 의해 형성된다고 본다.

⑥ 사회적 힘이 성격발달에 미치는 영향을 강조한다.

⑦ 개인의 발달이 사회를 풍요롭게 한다고 본다.

⑧ 성격발달에 있어서 유전적 요인의 영향력을 인정한다.

(3) 주요 개념

① 자아(Ego)

㉠ 자아는 인간이 신체적·심리적·사회적 발달 과정에서 외부환경에 적응하는 과정을 통해 형성된다.

㉡ 자아는 **성격의 자율적 구조**로서 원초아(Id)로부터 분화된 것이 아닌 그 자체로 형성된 것이다.

㉢ 자아는 **독립적인 기능**을 수행하며, 환경에 대해 **적극적이고 창조적으로 대응**한다.

㉣ 에릭슨은 인간의 성격이 본능이나 부모의 영향을 받는 것으로 생각하는 대신 부모나 형제자매는 물론 모든 사회구성원의 영향을 받는 역동적인 힘으로 보았다.

② 자아정체감(Ego Identity)

㉠ 자아정체감은 **총체적인 자기지각**을 의미한다.

㉡ 시간적 동일성과 자기연속성을 인식함으로써 시간의 흐름에 따른 변화 속에서도 자기 존재의 동일성과 독특성을 지속·고양하는 자아의 자질을 말한다.

㉢ 에릭슨은 자아정체감을 제1의 측면인 '**내적 측면**'과 제2의 측면인 '**외적 측면**'으로 보았다. 여기서 내적 측면은 **시간적 동일성과 자기연속성의 인식**이며, 외적 측면은 **문화의 이상과 본질적 패턴에 대한 인식 및 동일시**를 말한다.

㉣ 자아정체감을 가진 사람은 개별성과 통합성을 동시에 경험하며, 다른 사람과 동일한 흥미나 가치를 가지고 있더라도 자신을 다른 사람과 분리된 독특한 개인으로 인식한다.

㉤ 청소년기의 주요 발달과제와 밀접하게 연관된 것으로서, 자아정체감을 형성하는 경우 자신의 신념과 가치관에 따라 행동하며, 직업이나 정치적인 견해를 선택하는 데 있어서 스스로 의사결정을 할 수 있다.

③ 점성원리(Epigenetic Principle)

㉠ '점성적'이란 용어는 영어의 'Epi(의존하는)'과 'Genetic(유전의)'가 합성된 말로서, 발달이 유전에 의존한다는 의미를 담고 있다.

㉡ 점성원리는 발달이 기존의 기초 위에서 이루어지며, 그로 인해 특정 단계의 발달이 이전단계의 성취에 영향을 받는다는 사실을 강조하는 것이다.

　　　ⓒ 성장하는 모든 것은 기초안(Ground Plan)을 가지며, 각 단계는 특별히 우세해지는 결정적인 시기가 있다.

　　　ⓔ 인간발달은 심리사회적인 발달과업을 내포하고 있으며, **특정 단계의 발달은 이전 단계의 발달에 의해 영향을 받는다.**

　　　ⓜ 건강한 성격은 각 요소가 다른 요소와 체계적으로 연결됨으로써 적절하게 연속적으로 발달하게 된다.

　④ **위기(Crisis)**

　　　㉠ 인간의 각 발달단계마다 사회는 개인에게 어떠한 심리적 요구를 하는데 이것을 '위기'라고 한다.

　　　㉡ 위기는 그 자체로 재앙의 조짐이 아닌 일종의 전환점이며, 개인이 발달 과정에서 겪는 어려운 상황에서 극복해야 할 생존을 위한 원천이다.

　　　㉢ 개인의 성장과 경험의 폭은 각각의 발달단계에서의 자아의 힘과 연관된다.

　　　㉣ 각 심리단계에서 개인은 위기로부터 야기되는 스트레스와 갈등에 적응하려고 노력한다.

　　　㉤ 현 단계의 위기에 적응하는 경우 다음 단계의 위기에 직면하게 되며, 만약 이러한 위기를 성공적으로 해결하지 못하는 경우 자아정체감의 혼란이 야기된다.

(4) 심리사회적 발달단계

　① **유아기(기본적 신뢰감 대 불신감 – 희망 대 공포)**

　　　㉠ 유아기는 출생부터 18개월까지 지속되며, 프로이트의 구강기에 해당한다.

　　　㉡ 부모의 보살핌의 질이 결정적이며, 특히 일관성이 중요하다.

　　　㉢ 부모의 자신감 결여에 의해 유아가 자신의 부모에 대해 모호한 느낌을 가지게 되는 경우 유아는 불신감을 느끼며, 이는 유아가 이후에 다른 사람과의 신뢰관계를 형성하는데 문제를 일으킨다.

　　　㉣ 이 시기의 발달은 생의 의욕과 긍정적 세계관을 기르는 데 기초가 된다.

　　　㉤ 기본적 신뢰감 대 불신감의 갈등이 성공적으로 해결되어 얻어진 심리사회적 능력이 곧 외부세계에 대한 신뢰에서 비롯되는 **희망**이며, 실패의 결과는 불신에서 비롯되는 **공포**이다.

　② **초기 아동기(자율성 대 수치심·회의 – 의지력 대 의심)**

　　　㉠ 초기 아동기는 18개월부터 3세까지 지속되며, 프로이트의 항문기에 해당한다.

　　　㉡ 배변훈련의 과정에서 부모가 아동에게 강압적인 태도를 고수하는 경우 아동은 단순한 무력감을 넘어 수치심을 느끼게 된다. 만약 그러한 과정이 어느 정도 아동의 자기의사를 존중하는 방향으로 전개된다면, 이후 아동은 자기통제 감각을 통해 사회적 통제에 잘 적응하게 된다.

　　　㉢ 이 시기의 발달은 독립심과 존중감을 기르는 데 기초가 된다.

　　　㉣ 자율성 대 수치심·회의의 갈등이 성공적으로 해결되어 얻어진 심리사회적 능력이 곧 **의지력**이며, 실패는 자신의 의지력에 대한 불신 및 다른 사람의 자기지배에 대한 의심이다.

　③ **학령전기 또는 유희기(주도성 대 죄의식 – 목적의식 대 목적의식상실)**

　　　㉠ 학령전기는 3세부터 5세까지 지속되며, 프로이트의 남근기에 해당한다.

　　　㉡ 아동은 언어능력 및 운동기술의 발달로 외부세계와 교류하고 사회적 놀이에 참여하면서 목적의식·목표설정과 더불어 목표에 도달하고자 노력하는 주도성이 생긴다.

ⓒ 이 시기에는 사회화를 위한 기초적인 양심이 형성되는데, 그것이 때로 극단적인 양상으로 나타나 과도한 처벌에 의한 자신감 상실 또는 죄의식을 불러오기도 한다.

ⓔ 주도성 대 죄의식의 갈등이 성공적으로 해결되어 얻어진 심리사회적 능력이 곧 **목적의식**이며, 실패는 지나친 처벌이나 의존성에 의해 야기되는 **목적의식 상실**이다.

④ **학령기(근면성 대 열등감 - 능력감 대 무능력감)**

ⓐ 학령기는 5세부터 12세까지 지속되며, 프로이트의 잠복기에 해당한다.

ⓑ 아동은 가정에서 학교로 사회적 관계를 확장함으로써 부모의 도움 없이 다른 사람과 경쟁하는 입장에 선다.

ⓒ 아동은 사회화로의 결정적인 도전에 임하여 주위 또래집단이나 교사 등의 주위환경을 지지기반으로 하여 사회의 생산적 성원이 되기 위해 한걸음 나아간다.

ⓓ 성취기회와 성취과업의 인정과 격려가 있다면 성취감이 길러지며, 반대의 경우 좌절감과 열등감을 가지게 된다.

ⓔ 근면성 대 열등감의 갈등이 성공적으로 해결되어 얻어진 심리사회적 능력이 곧 **능력감**이며, 실패는 자신감 상실에 따른 **무능력감**이다.

⑤ **청소년기(자아정체감 대 정체감 혼란 - 성실성 대 불확실성)**

ⓐ 청소년기는 12세부터 20세까지 지속되며, 프로이트의 생식기 이후에 해당한다.

ⓑ 청소년은 다양한 역할 속에서 방황과 혼란을 경험하며, 이는 '심리사회적 유예기간(Psychosocial Moratorium)'이라는 특수한 상황에 의해 용인된다.

ⓒ 심리사회적 유예기간 동안 청소년은 자신의 역할과 능력을 시험할 수 있으며, 사회적·직업적 탐색을 통해 정체감을 형성한다.

ⓓ 자아정체감 혼미는 직업 선택이나 성역할 등에 혼란을 가져오고 인생관과 가치관의 확립에 심한 갈등을 일으킨다.

ⓔ 자아정체감 대 정체감 혼란의 갈등이 성공적으로 해결되어 얻어진 심리사회적 능력이 스스로의 약속을 지킬 수 있는 **성실성**이며, 실패는 정체감 혼란에서 비롯되는 **불확실성**이다.

⑥ **성인 초기 또는 청년기(친밀감 대 고립감 - 사랑 대 난잡함)**

ⓐ 성인 초기는 20세부터 24세까지 지속된다.

ⓑ 청소년기에 자아정체감이 확립되면 자신의 정체성을 타인의 정체성과 연결·조화시키려고 노력함으로써 사회적 친밀감을 형성할 수 있게 된다.

ⓒ 성인 초기에는 자아정체감에 의한 성적·사회적 관계형성이 이루어지며, 이를 통해 개인의 폭넓은 인간관계가 형성된다.

ⓓ 친밀감 대 고립감의 갈등이 성공적으로 해결되어 얻어진 심리사회적 능력이 곧 **사랑**이며, 실패는 사랑에 있어서 책임과 존중을 무시하는 **난잡함**이다.

⑦ **성인기 또는 중년기(생산성 대 침체 - 배려 대 이기주의)**

ⓐ 성인기는 24세부터 65세까지 지속된다.

ⓑ 가정과 사회에서 중요한 역할을 수행하는 시기로서, 다음 세대를 양육하는 과업에서 부하직원이나 동료들과의 긴밀한 관계유지의 필요성을 경험하는 때이기도 하다.

ⓒ 자기중심적인 사고에서 벗어나 다른 사람을 보호하거나 스스로 양보하는 미덕을 보인다.

② 생산성 대 침체의 갈등이 성공적으로 해결되어 얻어진 심리사회적 능력이 곧 다른 사람에 대한 배려이며, 실패는 자기중심적 사고에 의한 이기주의이다.

⑧ 노년기(자아통합 대 절망 – 지혜 대 인생의 무의미함)

㉠ 노년기는 65세 이후부터 사망에 이르는 기간으로서, 인생을 종합하고 평가하는 시기이다.

㉡ 신체적·사회적 상실에서 자신이 더 이상 사회가 필요로 하는 사람이 아님을 인식함으로써, 죽음을 앞둔 채 지나온 생을 반성하게 된다.

㉢ 이때 지나온 삶에 대한 긍정적·낙관적인 인식을 통해 자신의 삶을 수용하는 경우 죽음에 맞선 용기를 얻기도 하며, 반대로 자신의 실패나 실망과 같은 부정적인 인식을 통해 자신의 삶을 수용하지 못하는 경우 절망에 이르게 된다.

㉣ 자아통합 대 절망의 갈등이 성공적으로 해결되어 얻어진 심리사회적 능력이 곧 한 시대를 살면서 얻은 지식으로서의 지혜이며, 실패는 삶에 대한 회환, 즉 인생의 무의미함이다.

더 알아두기

프로이트의 정신분석이론과 에릭슨의 심리사회이론의 비교 기출

프로이트(Freud)	에릭슨(Erikson)
• 무의식과 성적 충동이 인간행동의 기초가 된다. • 인간의 행동은 개인의 심리적 요인에 의해 결정된다. • 인간이 무의식에 의해 지배된다는 수동적 인간관을 가진다. • 자아는 원초아에서 분화되며, 원초아의 욕구충족을 조정한다. • 아동의 초기경험(만 5세 이전)이 성격을 결정하므로 부모의 영향이 특히 강조된다. • 발달에 있어서 환경의 중요성을 강조하지 않는다. • 성격발달은 구강기에서 생식기에 이르기까지 5단계에 걸쳐 이루어진다.	• 의식과 사회적 충동이 인간행동의 기초가 된다. • 인간의 행동은 개인의 심리적 요인과 사회문화적 영향의 상호작용에 의해 형성된다. • 인간의 창조성과 잠재력을 강조하는 능동적 인간관을 가진다. • 자아는 그 자체로 형성되어 독립적으로 기능한다. • 성격은 자아통제력과 사회적 지지에 의해 형성되며, 전 생애에 걸쳐 발달한다. • 사회적 환경이 개인의 발달에 지속적으로 영향을 미친다. • 성격발달은 유아기에서 노년기에 이르기까지 8단계에 걸쳐 이루어진다.

---

7 대상관계이론

(1) 등장배경

① 프로이트(Freud) 사후 정신분석이론은 여러 학자들에 의해 계승되고 발전되었으며, 새로운 이론의 형태로 다양하게 변형되기도 하였다.

② 기존 프로이트의 이론에 대한 비판과 함께 독자적인 이론체계로 발전해간 정신역동이론으로서 아들러(Adler)의 개인심리이론, 융(Jung)의 분석심리이론, 호나이(Horney)의 신경증적 성격이론 등과 달리, 대상관계이론은 기존 정신분석이론의 기본적인 주장을 수용하면서 발전하였다.

③ 대상관계이론은 초기 아동기에 성격구조가 발달하는 과정을 중시하는 이론으로서, 클라인(Klein), 위니코트(Winnicott), 말러(Mahler), 코허트(Kohut), 컨버그(Kernberg), 페어베언(Fairbairn), 건트립(Guntrip) 등 다양한 학자들에 의해 발전되었다.

(2) 이론의 특징

① 대상관계이론은 단일한 이론이라기보다는 일련의 이론들로서, 그 공통점을 찾는 것은 쉽지 않다. 다만, 모든 대상관계이론은 공통적으로 **타인과의 관계**를 중시한다.

② 고전적 정신분석이론이 성적 추동을 일차적인 것으로 보는 반면, 대상관계이론은 개인이 다른 사람과 맺는 관계를 일차적인 것으로 본다. 즉, **전통적 이론이 추동 만족에 초점을 두는 반면, 대상관계이론은 관계 추구를 강조**한다.

③ 오이디푸스 콤플렉스가 나타나는 남근기 이전의 유아가 어머니와의 관계에서 겪게 되는 내면적 경험과 갈등에 초점을 둔다.

④ 유아-어머니의 이원적 관계 속에서 추동이 발생하며, 이러한 관계는 서로 떼어놓을 수 없다.

⑤ 어린 시절의 갈등경험은 자기표상과 대상표상의 형성에 영향을 주는 것은 물론, 성인기의 대인관계에 강력한 영향력을 미친다. 즉, 타인과 관계를 맺는 방식으로서 관계 패턴은 생애 전체를 통해 되풀이되는 경향이 있다.

⑥ 대상관계이론은 고전적 정신분석에 의해 잘 치료되지 않았던 자기애성 성격장애(Narcissistic Personality Disorder)와 경계선 성격장애(Borderline Personality Disorder)의 치료에 크게 기여하였다.

(3) 주요 개념

① **대상(Object)**
  ㉠ 본래 프로이트가 처음 사용한 용어로서, 추동(Drive)에 의해 목표가 되는 그 무엇을 의미한다.
  ㉡ 대상은 특정 사물(Thing)일수도 혹은 추동이 향하는 표적(Target)일수도 있다. 다만, 대상관계이론에서는 어떤 비인간적인 사물을 의미하기보다는 갈망이나 행동이 지향하고 있는 사람을 지칭한다. 즉, 어머니를 비롯하여 개인이 관계를 맺게 되는 타자를 총칭한다.
  ㉢ 개인은 사람들을 사람 자체로 대하는 것이 아닌 인식하고 느낀 존재로 대한다. 따라서 중요 인물들은 모두 각각의 대상으로서 정신적으로 표상된다.

② **외부대상(External Object)과 내부대상(Internal Object)**
  ㉠ 외부대상은 성장 초기 혹은 현재에 주체의 주변에서 현실적으로 존재하는 중요한 타자들을 의미한다.
  ㉡ 내부대상은 개인이 성장 초기에 중요한 사람과의 경험으로부터 형성된 심리적인 구조의 한 부분으로서, 초기관계의 흔적이 그의 성격의 일부분으로 남아있는 것을 의미한다.
  ㉢ 내부대상과 외부대상은 상호적인 관계에 있다. 즉, 내부대상은 현재의 외부대상에 대한 선택이나 외부대상과의 관계에 대해 의미를 부여하는 한편, 현재의 외부대상에 의해 수정되기도 한다.

③ 중간대상(Transitional Object)

　㉠ 내부대상 혹은 주관적 대상이 아니면서, 그렇다고 단순히 외부에 실재하는 대상도 아닌, 즉 외부
　　대상과 내부대상의 중간 영역에 위치하는 대상이다.

　㉡ 유아는 실재 대상으로서 어머니가 없이도 곰 인형, 평소 덮던 담요, 인공젖꼭지 등이 옆에 있을
　　때에 심리적인 안정을 느끼게 된다. 이때 곰 인형이나 담요는 실제로 곰 인형이나 담요로 인식되
　　면서도 그것에 부여된 애착관계로 인해 유아로 하여금 강한 정서를 유발한다.

④ 표상(Representation)

　㉠ 이 세계는 외부세계와 내부세계로 구분된다. 외부세계는 사회 환경, 일상적인 세계에 존재하는 관
　　찰 가능한 대상들의 영역을 의미하는 반면, 내부세계는 외부세계에 대한 개인의 정신적 이미지를
　　의미한다.

　㉡ 표상은 외부세계에 대해 주체로서 개인이 가지고 있는 정신적 이미지로서, 개인이 이 세계를 이
　　해하거나 자신을 표현할 때 사용하는 틀이다.

　㉢ 표상은 대상관계가 내면화된 것으로서, 일차적으로 개인이 유아기 때 자신의 일차적 욕구를 만
　　족시키기 위해 의존하던 사람과 맺었던 관계의 잔재 혹은 흔적이 남음으로써 발달한다.

　㉣ 따라서 표상은 한 개인의 행동의 의미와 동기를 이해할 수 있는 실마리를 제공한다.

⑤ 자기표상(Self Representation)과 대상표상(Object Representation)

　㉠ 표상은 타인 대상에 대해서만 형성되는 것이 아닌 자기 자신에 대해서도 형성된다.

　㉡ 자기표상은 발달하는 자기 자신에 대한 정신적 표현으로서, 이는 유아가 환경 속에서, 대상이나
　　주요 타자와의 관계 속에서 경험한다.

　㉢ 유아는 초기에 자기와 대상을 구별할 능력이 없으나 점차 자기와 타인 대상을 구별하기 시작하면
　　서 자기표상과 대상표상을 구별하기 시작한다.

　㉣ 개인의 내면적 이미지는 그것이 자기에 관한 것이든 대상에 관한 것이든 그의 일생에서 중요한
　　사람과의 관계에 대한 잔상을 남기며, 이는 내면화되어 이후 대상과 세상에 대한 태도, 반응,
　　지각 등에 대한 심리적인 틀을 형성하게 된다.

⑥ 내면화(Internalization)

　㉠ 개인이 일상생활에서 주요 타자와 반복적으로 경험하는 상호작용이나 환경의 특성을 내면적인
　　규범이나 특성으로 변환시키는 것이다.

　㉡ 내면화는 유아의 자연적인 심리적 현상으로서, 환경을 자신에게 우호적인 것으로 만드는 과정
　　이다.

　㉢ 유아는 환경이나 대상의 특성을 내면으로 받아들여 이를 자신의 특성으로 변형시키게 된다.

ⓔ 내면화는 내면에서의 자기와 대상의 분화 정도에 따라 다음의 3가지 과정으로 전개된다.

함입 (Incorporation)	자기-대상의 명확한 경계가 형성되기 전 대상의 특성이나 대상과의 경험이 자기 내면으로 받아들여져 미분화된 자기-대상 표상으로 사라지는 기제이다.
내사 (Introjection)	자기와 대상이 어느 정도 분화된 상태로, 대상의 행동이나 태도, 기분이나 분위기 등이 대상 이미지로 보존되는 기제이다. 이때 내사된 대상은 자기의 내면세계에서 정서적인 힘을 행사할 수 있을 만큼 충분히 생생하게 내면화된다.
동일시 (Identification)	내사된 대상의 특성들을 선별적으로 받아들임으로써 자기표상으로 동화시키는 기제이다. 함입이나 내사보다 세련된 내면화 기제로서, 초기 발달 과정에서 끝나는 것이 아닌 삶이 지속되는 동안 계속된다.

(4) 클라인(Klein)의 투사적 동일시 이론

[Melanie Klein]

① 클라인은 유아가 태어날 때부터 대상관계를 형성하고 불안을 경험하며, 방어기제를 사용할 수 있다고 본다. 또한 자아기능과 무의식적 환상 역시 태어날 때부터 가능하다고 본다.

② 환상은 추동(Drive)의 심리적인 표상이며, 모든 추동 충동은 이에 상응하는 환상을 가진다.

③ 원시적인 방어기제로서 투사적 동일시(Projective Identification)를 제시하며, 그것이 유아로 하여금 어머니와의 관계에서 발생하는 분노를 환상 속에서 극복하도록 해 준다고 본다.

④ 유아는 투사적 동일시를 통해 스스로 감당하기 어려운 파괴적이고 부정적인 감정이나 체험들을 다루게 된다.

⑤ 유아는 분노를 극복하는 과정으로서, '편집-정신분열증적 위치(Paranoid-schizoid Position)'와 '우울증적 위치(Depressive Position)'의 두 단계를 거친다.

편집-정신분열증적 위치	• 유아는 자신의 공격성을 대상에 투사함으로써 그것의 파괴적인 힘으로부터 자신을 지키고자 한다. 즉, 함입적 동일시 과정에서 자신을 처벌자와 동일시하게 된다. • 유아는 대상으로부터 '좋은 것'과 '나쁜 것'을 구분한다. 예를 들어, 유방은 어머니와의 경험을 상징하는 것으로, 이는 좋은 부분과 나쁜 부분으로 나뉘어 서로의 관계에서 활성화된다.
우울증적 위치	• 유아는 어머니에 대해 사랑과 증오를 동시에 느끼며, 어머니를 총체적인 대상으로 인식하게 된다. • 대상에 대한 걱정을 하게 되고 대상이 사라지면 상실에 대한 애도감을 느끼며, 일시적으로 대상을 파괴했다는 죄책감을 느끼기도 한다. • 발달의 정상적인 단계에 있어서 유아는 이러한 우울증과 죄의식을 염려와 애도를 통해 참아낼 수 있다.

(5) 말러(Mahler)의 분리-개별화 이론 [기출]

[Margaret Mahler]

① 말러는 유아가 독립적이고 자율적인 존재가 되고자 하는 욕구와 함께 다시 어머니와의 공생적 융합(Symbiotic Fusion) 상태로 되돌아가고자 하는 욕구 사이에서 분투한다고 보았다.

② 유아는 '분리(Separation)'와 '개별화(Individuation)'의 상호보완적 발달 경로를 거친다. 분리는 분화, 거리두기, 경계형성, 어머니로부터의 분리 등을 통해 유아가 어머니와의 공생적 융합으로부터 벗어나는 것인 반면, 개별화는 지각, 기억, 인식, 현실검증 능력 등을 통해 유아가 자신의 개인적 특성들을 갖추어 가는 것이다.

③ 분리는 자신과 세상이 분리되어 있다는 감각을 성취하는 것으로서, 이러한 분리감은 점차로 대상표상과 구분되는 '자기(Self)'라는 명확한 심리내적 표상으로 발달해 나간다.

④ 최적의 상황은 어머니로부터의 분화와 관련된 자각이 아이의 독립적인 자율적 기능의 발달과 나란히 진행되는 것이다.

⑤ 말러는 유아의 자기발달 과정을 '정상적 자폐 단계(Normal Autistic Phase)', '정상적 공생 단계(Normal Symbiotic Phase)', '분리-개별화 단계(Separation-individuation Phase)', '대상항상성 단계(Object Constancy Phase)'로 구분하였다.

정상적 자폐 단계 (0~2개월)	• 영아는 자기몰입적 상태에서 대부분의 시간을 수면으로 보낸다. • 외부대상을 의식하지 못하며, 단지 생리적 반사에 의해 행동한다.
정상적 공생 단계 (2~6개월)	• 유아는 자신의 욕구를 만족시켜 주는 어머니를 어렴풋이 인식하기 시작한다. • 자신과 어머니를 별개의 존재로 인식하지 못한 채 어머니를 자신의 일부로 지각함으로써 하나의 공생체인 것처럼 느끼고 행동한다.
분리-개별화 단계 (6~24개월)	• 유아는 자신이 어머니와 분리된 존재임을 서서히 인식하면서 심리적으로 독립된 존재로 성장하기 시작한다. • '분리'는 유아가 스스로를 독립된 존재로 인식하는 것을, '개별화'는 유아가 자기정체성 형성과 심리적 독립을 위해 다양한 인지적 능력을 발달시키는 과정을 의미한다. • '분화(Differentiation)', '연습(Practicing)', '재접근(Rapprochement)'의 과정을 거치며, 특히 분리불안(Separation Anxiety)을 특징으로 한다.
대상항상성 단계 (24개월 이상)	• 유아는 어머니와 다가갔다 멀어지기를 반복하면서 서서히 대상항상성(Object Constancy)과 개체성(Individuality)을 구축하게 된다. • 어머니를 독자적인 정체성을 지닌 존재로 이해하는 한편, 어머니에 대한 심리적 표상을 내면화함으로써 심리적 안정감을 유지하게 된다. • 어머니에 대한 긍정적 표상을 내면화하지 못할 경우 성인기에 불안정감과 낮은 자존감을 나타낼 수 있다.

(6) 페어베언(Fairbairn)의 순수 대상관계이론

[Ronald Fairbairn]

① 페어베언은 인간의 성숙 과정을 절대적 의존으로부터 성숙한 의존으로 발달해가는 과정으로 보았다.

② 유아는 본능에 의해 동기부여가 되는 것이 아닌, 돌봐주는 사람과의 관계에 대한 욕구에 의해 활동한다.

③ 유아의 현재 경험은 자신의 어찌할 수 없는 의존성으로 인해 불충분하고 거의 절망적인 것에 가까운 것이다. 무엇보다도 아무리 공감적이고 친절한 어머니라고 해도 유아의 모든 욕구를 언제나 충족시킬 수는 없다.

④ 유기체의 고통이 견딜 수 없는 지경에 이르게 됨에 따라 유아는 이러한 정신적인 고통을 자신을 돌봐주는 사람의 경험을 통해 함입하고, 그 부분을 억압함으로써 정신적 고통을 경감시킨다.

⑤ 유아는 외부대상을 적절하고 만족의 느낌을 가져오는 '이상적인 대상(Ideal Object)', 욕구를 좌절시키고 분노하게 만드는 '거절하는 대상(Rejecting Object)', 욕구를 자극하고 갈망하게 만드는 '자극적인 대상(Exciting Object)'의 세 가지 방식으로 경험한다.

⑥ 이상적이고 거절하고 자극하는 관계 속에서 내재화된 대상은 개개의 영향력에 의해 특징지어지며, 그로 인해 다음의 심리내적 상황이 전개된다.

중심자아 (Central Ego)	자신의 이상적인 대상에 의해 의식적이 되고 적응하며 만족하게 된다.
거절하는 자아 (Rejecting Ego)	자신을 거절하는 대상에 의해 무의식적이 되고 완고하며 좌절하게 된다.
자극하는 자아 (Exciting Ego)	무의식적이고 완고하며 유혹을 갈망하지만 만족하지 못하는 대상에 의해 영향을 받는다.

8 애착이론

(1) 등장배경

① 제2차 세계대전 이후 양육환경이 열악한 고아원에서 자란 아이들을 대상으로 한 임상연구 결과들이 발표되면서, 아동발달에 있어서 초기 양육환경의 중요성이 알려지기 시작하였다.

② 애착에 대한 초기 연구들은 스피츠(Spitz), 할로우(Harlow), 보울비(Bowlby) 등에 의해 이루어졌는데, 그들은 주로 애착이 형성되지 못했을 경우 발생되는 문제들에 대해 관심을 가졌다.

③ 사실 프로이트(Freud)의 심리성적이론이나 에릭슨(Erikson)의 심리사회이론도 애착의 발달과 깊은 관련이 있으나, 학문적 차원에서 애착의 중요성을 처음 제기한 학자로 보울비(Bowlby)가 거론되고 있다.

④ 보울비는 새끼 오리를 대상으로 한 로렌츠(Lorenz)의 각인(Imprinting)에 관한 연구와 새끼 원숭이를 대상으로 한 할로우(Harlow)의 연구에 근거하여 애착의 중요성을 주장하였다.

(2) 이론의 특징 [기출]

① 애착이론은 애착(Attachment)을 특정한 두 사람 간에 형성되는 정서적인 유대관계로 정의한다.

② 애착은 영아와 어머니 간의 관계에서 형성되는 심리적 경험으로서 개인의 성격형성에 지대한 영향을 미친다.

③ 애착행동은 내적 작동 모델을 통해 일반적으로 한 개인의 인생에서 맺어지는 모든 대인관계에 영향을 미친다.

④ 애착형성은 모든 영아를 비롯하여 침팬지와 같은 고등동물에게서 공통적으로 나타나는 특성이다.

⑤ 아이가 어머니와 가까이 있을 때 안전감을 느끼는 반면, 멀리 떨어져 있을 때 불안감을 느낀다는 점에 착안하여, 애착이 아이와 양육자 간의 거리조절을 통해 독립적인 존재로 성장할 수 있는 토대를 형성한다고 본다.

⑥ 진화심리학적 관점에서 무력하게 태어난 영아는 어머니에 대한 애착행동을 통해 생존 가능성을 높였을 것으로 판단된다. 즉, 애착형성은 종(種)의 보존과 생존에 있어서 중요한 의미를 갖는 본능적 반응이다.

⑦ 동물행동학적 관점에서 영아는 미소, 울음, 매달리기 등 자신의 생존에 필요한 양육자의 보살핌을 이끌어 낼 수 있는 선천적 행동패턴을 가지고 있다. 따라서 애착형성 과정에 있어서 영아는 단순히 양육자의 보살핌을 받는 수동적인 존재가 아닌 그의 보살핌을 이끌어 내는 능동적인 존재이다.

(3) 애착관계의 특징(Bowlby)

① 근접성 유지
영아는 애착 대상과 가까이 있기를 원한다.

② 안전한 피난처
영아는 애착 대상에게 위안이나 확신을 얻기 위해 의지한다.

③ 이별 고통
영아는 애착 대상과 예기치 못한 분리 혹은 장기간의 이별을 경험할 때 고통을 느낀다.

④ 안전기지
영아에게서 애착 대상은 세상을 적극적으로 탐색하고 활동하는 기반이 된다.

(4) 로렌츠(Lorenz)의 각인이론

① 로렌츠는 다윈(Darwin)의 진화론을 토대로 모든 종(種)의 개체발달이 진화 과정에 내재된 생물학적 역사와 함께 환경적 조건에 의해 영향을 받는다고 보았다.

② 그는 어미 청둥오리의 알들을 둘로 구분하여 한쪽은 어미 청둥오리에게 부화하도록 하고 다른 한쪽은 로렌츠 자신이 부화하였다. 그러자 로렌츠에 의해 부화된 청둥오리 새끼들이 마치 로렌츠를 자신의 어미인 양 따라다니는 행동을 보였다. 로렌츠는 이와 같은 실험을 통해 '각인(Imprinting)'의 개념을 제시하였다.

③ 각인은 동물이 출생 직후 특정한 시기에 자신에게 노출된 대상에게 애착을 가지게 되는 것으로서, 특히 새끼들의 추종행동을 예로 들 수 있다.

④ 각인은 생후 초기의 결정적 시기에만 일어나며, 이러한 각인이 일생 동안 지속되는 양상을 보인다. 이와 같이 결정적 시기에 경험된 내용은 각인되어 사라지지 않으며, 이러한 각인은 그 대상의 범위가 종에 따라 다르게 나타난다.

⑤ 생후 초기의 결정적 시기에 각인이 이루어지지 않는 경우 이후 그와 같은 행동을 습득할 수 없다.

⑥ 각인이론은 인간발달에 있어서 결정적 시기를 주장한다. 그리하여 아동은 제한된 시간 내에 특정한 적응행동을 습득하도록 생물학적으로 준비되어 있으며, 이를 위해 적절하고 자극적인 환경이 지원되어야 한다는 점을 강조한다.

(5) 할로우(Harlow)의 모조 어미 원숭이 실험

① 미국의 정신의학자 스피츠(Spitz)는 제2차 세계대전 중 부모를 잃고 고아원에서 생활하는 고아들을 대상으로 한 연구를 통해, 아동이 고아원에서 충분한 음식과 안전한 분위기를 제공받음에도 불구하고 신체적·발달적 지체를 보이며, 특히 5명 중 2명 정도가 입양이 되기도 전에 사망했다는 결과를 보고하였다.

② 스피츠의 연구 직후 할로우(Harlow)는 그것에 관한 정확한 원인을 파악하기 위해 붉은털원숭이들을 대상으로 실험을 하였다. 갓 태어난 원숭이를 어미에게서 떼어놓고 충분한 먹이와 안전한 분위기를 제공한 결과, 원숭이는 자신의 몸을 깨무는 등 상막석 행동을 보이는 것은 물론 다른 원숭이들을 회피하여 사회적으로 고립되는 모습을 보였다.

③ 또한 할로우는 철사로 만들어졌지만 어미젖과 같은 우유병이 있는 모조 어미 원숭이와 부드러운 천으로 만들어졌지만 우유병이 없는 모조 어미 원숭이를 우리 속에 넣었을 때 새끼 원숭이가 어떠한 반응을 보이는지를 관찰하였다. 그 결과 새끼 원숭이는 먹이가 제공되는 철사 모조 원숭이를 가까이 하기보다는 대부분의 시간을 먹이가 제공되지 않는 헝겊 모조 원숭이와 보내는 것이었다.

④ 할로우는 실험을 통해 단지 음식(먹이) 섭취에 의한 생명유지보다 촉감으로 경험하는 **접촉위안(Contact Comfort)**이 더욱 중요하다는 사실을 발견하였다. 보울비(Bowlby)는 이후 유사한 주장들을 토대로 자신의 애착이론(Attachment Theory)을 제시하였다.

(6) 보울비(Bowlby)의 애착이론

① 보울비는 제2차 세계대전 후 어머니의 보살핌을 받지 못한 채 고아원에서 어린 시절을 보낸 아동들이 이후 다른 사람들과 친밀한 관계를 형성하지 못한다는 점을 강조하며, 어린 시절 어머니와의 애착관계 형성이 정서적인 문제를 비롯하여 아동발달에 영향을 미친다고 주장하였다.

② 영아가 생애 초기에 형성하는 애착은 자신의 보호와 생존을 위해 미리 생물학적으로 계획되고 준비된 결과이다. 이러한 애착은 어떠한 위험으로부터 영아를 보호하기 위한 기능은 물론 이후 성인으로 발달할 수 있도록 유도하는 기능을 한다.

③ 영아는 양육자인 어머니에게 신호를 보내고, 어머니는 그러한 신호에 생물학적으로 반응함으로써 이들 간에 애착이 형성된다. 만약 어머니가 영아의 신호에 민감하게 반응하는 경우 이들 간의 유대관계는 공고해지는 반면, 영아가 오랜 기간 어머니에게서 격리되어 신호에 대한 어떠한 반응을 얻지 못하는 경우 영아는 어머니에 대한 흥미를 잃은 채 초월상태에 이르게 된다.

④ 보울비는 생애 초기를 사회적 관계의 질이 그 후의 발달에서 결정적인 역할을 하는 민감한 시기로 보았다. 여기서 민감한 시기는 특정 능력이나 행동이 출현하는 데 대한 최적의 시기를 의미한다.

(7) 에인즈워스(Ainsworth)의 애착의 유형

에인즈워스는 보울비의 애착이론에 근거하여 유아에 대한 **낯선 상황실험**을 하였으며, 그 결과를 토대로 유아의 반응을 안정 애착과 불안정 애착으로 척도화하였다.

① **안정 애착(Secure Attachment)**

　㉠ 어머니에 대해 안정 애착이 형성된 유아는 낯선 상황에서 낯선 사람과 남아있는 경우 당황해하고 불안감을 느끼다가, 어머니가 돌아오자 곧 안정을 찾는다.

　㉡ 어머니는 유아의 정서적 신호에 민감하게 반응하며, 유아 스스로 놀 수 있도록 충분히 허용한다.

　㉢ 어머니가 유아의 요구에 적절히 반응하여 이를 충족시켜 주는 경우 유아는 어머니에게 신뢰를 가지며, 이는 곧 성장기 아동의 친구관계 형성, 자신감, 리더십과 연결된다.

② **불안정 애착(Insecure Attachment)**

회피 애착 (Avoidant Attachment)	• 유아는 낯선 상황에서도 어머니를 찾는 행동을 보이지 않으며, 어머니가 돌아와도 다가가려고 하지 않는다. • 어머니는 유아의 정서적 신호나 요구에 무감각하며, 유아에 대해 거부하는 듯한 행동을 보인다. • **유아는 어머니에게 신뢰를 가지고 있지 않으며, 어머니를 낯선 사람과 유사하게 생각한다.**
저항 애착 (Resistant Attachment)	• 유아는 낯선 상황에 대해 민감한 반응을 보이며, 낯선 사람과의 접촉을 피한다. • 유아는 어머니가 돌아오면 과도하게 접근을 하면서 분노와 저항적인 행동을 보인다. • **유아는 어머니의 반응을 이끌어내기 위해 과잉 애착행동을 보인다.**
혼란 애착 (Disorganized Attachment)	• 유아는 어머니가 안정된 존재인지 혼란스러워 한다. • **불안정 애착 중 가장 심각한 유형**으로서, 유아는 회피 애착과 저항 애착을 동시적으로 또는 연달아 나타내 보인다. • 유아의 부모가 스트레스나 우울증 등의 상황에 처한 경우 많이 나타나며, **유아는 대인관계에 있어서 적대적이고 사회성이 부족한 양상**을 보인다.

01 다음 프로이트(Freud)가 설명한 성격의 삼원구조 중 현실의 원리에 따르는 것은?

① 원초아(Id)
② 자아(Ego)
③ 초자아(Superego)
④ 전의식(Preconsciousness)

02 다음 중 정신분석이론이 제시하는 불안의 유형으로서 성적 욕구나 공격성의 욕구가 갑작스럽게 느껴질 때의 불안감은 어디에 해당하는가?

① 현실 불안
② 도덕적 불안
③ 신경증적 불안
④ 분리 불안

03 다음 중 프로이트(Freud)의 이론에 대한 설명으로 옳은 것은?

① 거세불안과 남근선망은 주로 생식기에 나타난다.
② 치료의 주요 목표는 개성화(Individuation)를 완성하는 것이다.
③ 리비도는 인생전반에 걸쳐 작동하는 일상의 생활에너지를 말한다.
④ 자아(Ego)는 방어기제를 작동하여 갈등과 불안에 대처한다.

01 자아에 대한 설명이다.

성격의 삼원구조
• 원초아(Id) : '쾌락의 원리'에 따른다. 즉, 현실적 여건을 고려하지 않고 즉각적으로 욕구를 충족시키고자 한다.
• 자아(Ego) : '현실의 원리'에 따른다. 즉, 현실적 여건을 고려하여 판단하고 욕구충족을 지연시키며, 행동을 통제한다.
• 초자아(Superego) : '도덕의 원리'에 따른다. 즉, 행동의 옳고 그름을 판단하는 도덕적 규범이나 가치관에 따라 기능한다.

02 신경증적 불안(Neurotic Anxiety)은 자아(Ego)가 본능적 충동인 원초아(Id)를 통제하지 못할 경우 발생할 수 있는 불상사에 대해 위협을 느낌으로써 나타난다.

03 ① 거세불안과 남근선망은 주로 남근기(3~6세)에 나타난다.
② 융(Jung)은 인간발달의 시기 중 중년기를 가장 강조하였다. 특히 중년기 성인들의 과제를 개성화(Individuation), 즉 전체성의 회복이라 보았다.
③ 리비도(Libido)는 성본능·성충동의 본능적인 성적 에너지로서, 일상생활에서 쉽게 충족될 수 없고 사회적으로 억압되는 성적인 추동(Drive)을 말한다.

정답 (01 ② 02 ③ 03 ④)

04 반동형성(Reaction Formation)은 자신이 가지고 있는 무의식적 소망이나 충동을 본래의 의도와 달리 반대되는 방향으로 바꾸는 것이다.
① 투사(Projection)는 사회적으로 인정받을 수 없는 자신의 행동과 생각을 마치 다른 사람의 것인 양 생각하고 남을 탓하는 것이다.
② 합리화(Rationalization)는 현실에 더 이상 실망을 느끼지 않기 위해 또는 정당하지 못한 자신의 행동에 그럴듯한 이유를 붙이기 위해 자신의 말이나 행동에 대해 정당화하는 것이다.
④ 승화(Sublimation)는 정서적 긴장이나 원시적 에너지의 투입을 사회적으로 인정될 수 있는 행동방식으로 표출하는 것이다.

04 다음 중 〈보기〉의 내용과 연관된 방어기제로 옳은 것은?

> ┌ 보기 ┐
>
> 3년 전 남편과 이혼한 A씨는 두 살 연하의 남자를 만나 재혼을 하기로 결심했다. 그러나 A씨에게는 이제 막 사춘기에 접어든 아들이 있었고, 그로 인해 심적인 갈등을 경험하게 된다. A씨는 새 애인을 너무도 사랑한 나머지, 어느 날 문득 자신의 재혼에 방해가 되는 아들을 죽이고 싶은 욕망을 느끼게 된다. 그러나 A씨는 자신의 아들을 끔찍이 사랑하는 모습을 보였으므로, 주위사람 그 누구도 A씨가 누군가와 재혼을 하리라고는 전혀 생각지 못하였다.

① 투사(Projection)
② 합리화(Rationalization)
③ 반동형성(Reaction Formation)
④ 승화(Sublimation)

05 자유연상(Free Association)은 치료자가 내담자에게 무의식적 감정과 동기에 대해 통찰하도록 하기 위해 마음속에 떠오르는 것을 의식의 검열을 거치지 않은 채 표현하도록 격려하는 것이다.

05 다음 중 정신분석이론의 성격평가 기법에 대한 설명으로 옳지 않은 것은?

① 훈습 – 저항이나 전이에 대한 이해를 반복해서 심화, 확장하도록 한다.
② 자유연상 – 마음속에 떠오르는 것을 의식의 검열을 거쳐 표현하도록 한다.
③ 해석 – 내담자로 하여금 자신의 문제를 새로운 각도에서 이해할 수 있도록 설명한다.
④ 꿈의 분석 – 꿈을 통해 나타나는 무의식적 소망과 욕구를 해석하여 통찰력을 갖도록 한다.

정답 04 ③ 05 ②

06 다음 중 정신분석적 치료에서 전이 분석이 중요한 이유로 가장 옳은 것은?

① 내담자에 대한 치료자의 감정이 나온다.
② 치료자의 감정을 드러내지 않도록 해준다.
③ 내담자의 무의식의 내용을 정확히 파악할 수 있도록 해 준다.
④ 내담자에게 현재 관계에 대한 과거의 영향을 깨닫도록 해 준다.

07 다음 중 아들러(Adler)의 개인심리이론에 대한 설명으로 옳지 <u>않은</u> 것은?

① 인간을 하나의 통합된 유기체로 인식한다.
② 출생순서는 생활양식 형성에 영향을 미친다.
③ 열등감은 개인의 성장과 발달을 저해하는 주요 원인이다.
④ 사회적 관심은 개인의 목표를 사회적 목표로 전환하는 것이다.

08 다음 중 아들러(Adler)의 창조적 자기(Creative Self)에 대한 설명으로 가장 옳은 것은?

① 성격형성에서 자아(Ego)의 중요성을 강조하는 개념이다.
② 성격형성에서 개인의 자유와 선택을 강조하는 개념이다.
③ 인간행동에서 초기경험의 중요성을 강조하는 개념이다.
④ 인간행동에서 유전보다 환경의 영향력을 강조하는 개념이다.

06 정신분석적 치료에서 내담자는 유아기 때 중요한 대상인 부모에 대해 가졌던 관계를 상담자에게 표출하게 된다. 이때 치료자는 내담자가 유아기 때부터 가지고 있던 심리적 갈등을 파악하고, 내담자에게 현재 품고 있는 감정이 과거 중요한 인물들에 대한 감정이나 태도에서 비롯된 것임을 명확히 지적한다. 이러한 전이분석(Transference Analysis)은 내담자의 유아기에서 비롯된 대인관계 또는 방위패턴을 통찰할 수 있도록 함으로써, 현재의 심리적인 문제를 극복하고 성격을 개선하도록 한다.

07 열등감(Inferiority)은 동기유발의 요인으로서 인간의 성숙과 자기완성을 위해 필수적인 요소이다.

08 아들러(Adler)의 창조적 자기(Creative Self)란 아들러의 개인심리이론을 특징짓는 개념으로서, 인간이 스스로 자신의 삶을 만들어 나간다는 것을 의미한다. 자유와 선택을 강조하는 개념으로서, 개인이 생(生)의 의미로서 목표를 설정하고 이를 달성하기 위해 노력을 기울이는 과정을 담고 있다.

정답 06 ④ 07 ③ 08 ②

09 ① 지배형은 활동 수준은 높으나 사회적 관심은 낮은 유형이다.
② 지배형의 특징에 해당한다.
③ 획득형(기생형)의 특징에 해당한다.

10 융(Jung)은 개인이 의식하고 있는 것 너머의 미지의 정신세계인 무의식을 강조하면서, 이를 '개인무의식(Personal Unconscious)'과 '집단무의식(Collective Unconscious)'으로 구분하였다. 특히 융은 집단무의식을 조상으로부터 물려받은 본래적인 잠재적 이미지로서, 개인의 지각, 정서, 행동에 영향을 미치는 타고난 정신적 소인으로 간주하였다.

11 ① 개인의 성격형성에 대해 프로이트(Freud)는 과거 사건에 의해 결정된다고 주장한 반면, 융(Jung)은 과거는 물론 미래에 대한 열망에 의해서도 영향을 받는다고 보았다.
② 융은 외부세계와 내면세계를 지각하고 이해하기 위해 '사고(Thinking)', '감정(Feeling)', '감각(Sensing)', '직관(Intuition)'의 4가지 의식의 기능을 사용한다고 보았다.
③ 자기(Self)는 의식과 무의식을 포함한 전체 정신의 중심으로서, 태어날 때부터 존재하는 핵심 원형이다. 자아(Ego)가 의식의 중심으로서 의식의 영역만을 볼 수 있는 반면, 자기(Self)는 의식과 무의식의 주인으로서 전체를 통합할 수 있다.

정답 (09 ④ 10 ② 11 ④)

---

09 다음 중 아들러(Adler)가 제시한 생활양식의 유형에 대한 설명으로 옳은 것은?

① 지배형 – 활동 수준은 낮지만 사회적 관심은 높은 수준을 보인다.
② 획득형 – 자기 자신의 우월성을 성취하려는 경향이 있다.
③ 회피형 – 기생적인 방식으로 외부세계와 관계를 맺는다.
④ 사회형 – 자신과 타인의 욕구를 동시에 충족시키기 위해 노력한다.

10 다음 중 인간의 성격이 집단무의식(Collective Unconscious)과 그것의 활동에 의해 영향을 받는다고 보는 이론은?

① 프로이트(Freud)의 정신분석이론
② 융(Jung)의 분석심리이론
③ 에릭슨(Erikson)의 심리사회이론
④ 호나이(Horney)의 신경증적 성격이론

11 다음 중 융(Jung)의 이론에 대한 설명으로 옳은 것은?

① 개인의 성격형성이 과거와 무관함을 주장하였다.
② 성격을 구성하는 기능으로 사고, 감정, 욕구, 동기를 주장하였다.
③ 자기(Self)는 개인무의식 내에 존재하는 핵심적인 원형이다.
④ 생애주기에서 유년기나 청년기보다 중년기를 강조하였다.

12 다음 중 〈보기〉의 사례 내용과 연관된 것은?

┌─ 보기 ─

A씨는 올해 고등학교 졸업과 함께 서울에 위치한 ○○여자 대학교에 신입생으로 입학하였다. A씨는 평소 독실한 기독교 집안에서 엄격한 부모의 훈육 하에 오로지 공부에만 몰두하였으며, 특히 이성교제 금지의 제한적 규율에 의해 대학교 선택 또한 부모의 의사에 따를 수밖에 없었다. 그런데 A씨는 대학교 입학 후 최근 이상한 꿈을 꾸게 되었다. 그것은 A씨 자신이 창녀가 되어 여러 남자들과 관계를 맺는 꿈이었다. 꿈을 꾸고 난 후 A씨는 심한 죄책감에 사로잡혔으며, 그와 같은 문제로 인해 상담치료를 받게 되었다.

└─

① 음영(Shadow)
② 페르소나(Persona)
③ 아니무스(Animus)
④ 콤플렉스(Complex)

13 다음 중 호나이(Horney) 이론의 특징에 대한 설명으로 옳지 <u>않은</u> 것은?

① 인간을 기본적으로 외롭고 나약한 존재로 본다.
② 신경증적 욕구와 함께 그와 관련된 강박적 태도가 신경증적 성격을 유발한다.
③ 개인의 자기체계를 현실적 자기(Real Self), 이상적 자기(Ideal Self), 당위적 자기(Ought Self)로 구분한다.
④ 심리치료를 통해 신경증적 악순환을 해소해야만 개인이 자신이 지닌 잠재력을 발현하게 된다고 본다.

12 음영 또는 그림자(Shadow)는 인간 내부의 어둡거나 사악한 측면, 동물적 본성이나 부정적 측면을 의미한다. A씨는 어렸을 때부터 엄격한 가정환경에서 이성교제를 금지당해 왔으며, 그로 인해 자신의 성적인 욕망을 억압시켜왔다. 그러나 그와 같은 본능적 욕망은 완전히 사라지는 것이 아닌 무의식 속에 남게 되는 것이다.
② 페르소나(Persona)는 자아의 가면으로서 개인이 외부세계에 내보이는 이미지 혹은 가면을 말한다.
③ 아니무스(Animus)는 무의식 속에 존재하는 여성의 남성적인 측면을 말한다.
④ 콤플렉스(Complex)는 다양한 종류의 감정으로 이루어진 무의식 속의 관념덩어리를 말한다.

13 호나이(Horney)의 신경증적 성격이론은 개인의 자기체계를 현실적 자기(Real Self)와 이상적 자기(Ideal Self)로 구분한다.

정답 12 ① 13 ③

14 ①은 순응형 성격에 해당한다.
②·③·④는 공격형 성격에 해당
한다.
[문제 하단의 표 참고]

14 다음 호나이(Horney)가 제시한 신경증적 욕구 중 그 성격이
나머지 셋과 <u>다른</u> 것은?

① 지배적 동반자의 욕구
② 성취 혹은 야망의 욕구
③ 특권에 대한 욕구
④ 착취의 욕구

»»Q

[신경증적 성격과 신경증적 욕구]

신경증적 성격	신경증적 욕구
순응형	애정과 인정의 욕구, 지배적 동반자의 욕구
공격형	힘에 대한 욕구, 착취의 욕구, 특권에 대한 욕구, 존경에 대한 욕구, 성취 혹은 야망의 욕구
고립형 (회피형)	자기충족의 욕구, 완벽의 욕구, 생의 편협한 제한 욕구

15 ① 성격은 심리내적인 것이 아닌 대
인관계적인 것이다.
②·③ 불안의 주요 원인은 대인관계
에 있다. 대인관계는 개인의 자기
가치감과 유능감을 위협하며, 자
기존중감을 손상시키기도 한다.

15 다음 중 설리반(Sullivan)의 이론에 대한 설명으로 가장 옳은
것은?

① 성격은 개인 고유의 심리내적인 것이다.
② 불안의 주요 요인은 생리적 욕구의 좌절에서 비롯된다.
③ 개인은 행동적 학습을 통해 불안에서 벗어날 수 있다.
④ 자기체계(Self-system)는 타인과의 접촉 경험으로부터 발
달한다.

정답 14 ① 15 ④

16 다음 중 설리반(Sullivan)이 대인관계이론을 통해 제시한 타인과 교류하는 3가지 경험양식에 포함되지 않는 것은?

① 원형적 경험
② 소외적 경험
③ 병렬적 경험
④ 통합적 경험

»»Q
[설리반(Sullivan)의 타인과 교류하는 3가지 경험 양식]

- 원형적 경험 또는 미분화된 소통(Prototaxic Communication)
- 병렬적 경험 또는 현실괴리적 소통(Parataxic Communication)
- 통합적 경험 또는 통합적 소통(Syntaxic Communication)

17 다음 중 설리반(Sullivan)이 제안한 불안에 대한 방어기제로서 '선택적 부주의(Selective Inattention)'로도 불리는 것은?

① 병렬적 왜곡(Parataxic Distortion)
② 승화(Sublimation)
③ 합리화(Rationalization)
④ 해리(Dissociation)

»»Q
[설리반(Sullivan)의 불안에 대한 주요 방어기제]

해리 (Dissociation)	자기 역동성과 부합하지 않는 태도, 행동, 욕망을 의식적 자각으로부터 배제시키는 것으로서, '선택적 부주의(Selective Inattention)'라고도 한다.
병렬적 왜곡 (Parataxic Distortion)	타인에 대한 개인의 반응이 자신이 경험해온 부적합한 관계에 의해 편향되거나 왜곡되는 것이다.
승화 (Sublimation)	자신의 혼란스럽고 위협적인 충동을 사회적으로 수용되고 자기향상적인 충동으로 변화시키는 것이다.

16 소외적 경험은 포함되지 않는다.
[문제 하단의 박스 참고]

17 [문제 하단의 표 참고]

정답 16 ② 17 ④

18 일차적 욕구에 대한 설명으로 틀린
　 내용이다.
　 [문제 하단의 표 참고]

18 다음 중 머레이(Murray)의 이론에서 욕구의 특징에 대한 설명
으로 옳지 **않은** 것은?

① 욕구는 접근과 회피의 두 가지 측면을 지닌다.
② 욕구는 행동의 강도에 영향을 미친다.
③ 이차적 욕구는 생리적 욕구로서 성욕 및 감각 욕구 등을 포
　 함한다.
④ 반응적 욕구는 특별한 대상이 존재할 때만 발생한다.

[일차적 욕구와 이차적 욕구(Murray)]

일차적 욕구	• 생리적 욕구로서 신체 내부의 상태에서 기인한다. • 성욕 및 감각 욕구는 물론, 물과 음식, 위험 회피 등 생존을 위한 욕구를 포함한다.
이차적 욕구	• 심리적 욕구로서 일차적 욕구에서 부차적으로 발생한다. • 주로 정서적 만족과 연관된다.

19 자신보다 열등한 사람을 배제시키고
　 무시하려는 욕구는 '거절의 욕구'에
　 해당한다. 참고로 '비하의 욕구'는 외
　 부적인 힘에 수동적으로 복종하려는
　 욕구를 말한다.

19 다음 중 머레이(Murray)가 욕구이론을 통해 제시한 욕구의 내
용으로 옳지 **않은** 것은?

① 지배의 욕구 – 자신의 주위환경을 통제하려는 욕구
② 비하의 욕구 – 자신보다 열등한 사람을 배제시키고 무시하
　 려는 욕구
③ 자율의 욕구 – 강압과 간섭에 대해 저항하려는 욕구
④ 반작용의 욕구 – 재도전 혹은 재시도를 통해 실패를 극복하
　 거나 보상하려는 욕구

정답 18 ③ 19 ②

20 머레이(Murray)는 프로이트(Freud)의 성격발달단계에 착안하여 발달단계별 콤플렉스를 제시하였다. 다음 중 〈보기〉의 내용과 연관된 발달단계 및 콤플렉스를 연결한 것으로 옳은 것은?

> ─ 보기 ─
> • '이카루스(Icarus) 콤플렉스'라고도 불리며, 지나친 야망이나 왜곡된 자부심과 연관된다.
> • 이 콤플렉스를 가진 사람은 지나치게 높은 목표를 추구하지만 그 꿈을 이루지는 못한다.

① 요도 단계 – 요도 콤플렉스
② 항문 단계 – 항문 콤플렉스
③ 폐소 단계 – 폐소 콤플렉스
④ 성기 또는 거세 단계 – 거세 콤플렉스

21 다음 중 머레이(Murray)가 욕구이론을 기초로 만든 검사에 해당하는 것은?

① 집-나무-사람 그림검사(HTP)
② 문장완성검사(SCT)
③ 로샤 검사(Rorschach Test)
④ 주제통각검사(TAT)

22 다음 중 에릭슨(Erikson)의 심리사회이론에 대한 설명으로 가장 옳지 <u>않은</u> 것은?

① 성격발달에 있어서 초기경험의 중요성을 강조한다.
② 사회적 힘이 성격발달에 미치는 영향을 강조한다.
③ 성격발달에 있어서 유전적 요인의 영향력을 인정한다.
④ 성격은 각 단계에서 경험하는 위기의 극복양상에 따라 결정된다.

---

20 요도 단계의 요도 콤플렉스(Urethral Complex)는 지나친 야망, 왜곡된 자부심, 과도한 자기과시, 칭찬의 갈망, 이기주의 등으로 나타나며, 성적 갈망이나 야뇨증과도 연관된다.

21 머레이는 인간을 움직이게 하는 내면적 동력으로서 욕구(Needs), 동기(Motive), 압력(Press)의 관계를 분석하여 수검자의 심리적 역동을 진단하는 주제통각검사(TAT ; Thematic Apperception Test)를 고안하였다.

22 성격발달에 있어서 초기경험을 강조한 대표적인 학자로는 정신분석이론의 프로이트(Freud)와 개인심리이론의 아들러(Adler)를 예로 들 수 있다. 반면, 심리사회이론의 에릭슨(Erikson)은 인간의 전 생애에 걸친 발달과 변화를 강조하였다.

정답 20 ① 21 ④ 22 ①

23 [문제 하단의 표 참고]

23 다음 중 에릭슨(Erikson)의 심리사회적 발달단계에서 학령기 (대략 5~12세)를 특징짓는 위기 혹은 해결해야 하는 과제로 옳은 것은?

① 친밀감 대 고립감
② 자율성 대 수치심
③ 근면성 대 열등감
④ 주도성 대 죄의식

>>>🔍

[에릭슨(Erikson)의 심리사회적 발달단계에서의 위기 혹은 과제]

유아기 (0~18개월)	기본적 신뢰감 대 불신감
초기 아동기 (18개월~3세)	자율성 대 수치심·회의(②)
학령전기 또는 유희기 (3~5세)	주도성 대 죄의식(④)
학령기 (5~12세)	근면성 대 열등감(③)
청소년기 (12~20세)	자아정체감 대 정체감 혼란
성인 초기 또는 청년기 (20~24세)	친밀감 대 고립감(①)
성인기 또는 중년기 (24~65세)	생산성 대 침체
노년기 (65세 이후)	자아통합 대 절망

정답 23 ③

24 다음 중 에릭슨(Erikson)의 심리사회적 위기와 프로이트(Freud)의 심리성적 발달단계를 연결한 것으로 옳은 것은?

① 자율성 대 수치심 – 생식기
② 신뢰감 대 불신감 – 구강기
③ 근면성 대 열등감 – 남근기
④ 자아정체감 대 정체감 혼란 – 잠복기

>>>◯

[프로이트(Freud)와 에릭슨(Erikson)의 인간발달단계]

프로이트(Freud)	에릭슨(Erikson)
구강기 또는 구순기(0~1세) : 최초의 양가감정	뉴아기(0~18개월) : 기본직 신뢰감 대 불신감 – 희망
항문기(1~3세) : 배변 훈련, 사회화	초기 아동기(18개월~3세) : 자율성 대 수치심·회의 – 의지력
남근기(3~6세) : 오이디푸스 콤플렉스, 초자아	학령전기 또는 유희기(3~5세) : 주도성 대 죄의식 – 목적의식
잠복기 또는 잠재기(6~12세) : 지적 탐색	학령기(5~12세) : 근면성 대 열등감 – 능력감
생식기(12세 이후) : 2차 성징	청소년기(12~20세) : 자아정체감 대 정체감 혼란 – 성실성
–	성인 초기 또는 청년기(20~24세) : 친밀감 대 고립감 – 사랑
–	성인기 또는 중년기(24~65세) : 생산성 대 침체 – 배려
–	노년기(65세 이후) : 자아통합 대 절망 – 지혜

25 다음 중 대상관계이론과 가장 거리가 <u>먼</u> 학자는?

① 호나이(Horney)
② 클라인(Klein)
③ 페어베언(Fairbairn)
④ 말러(Mahler)

24 구강기와 신뢰감 대 불신감이 옳은 연결이다.
[문제 하단의 표 참고]

25 호나이(Horney)는 기존 정신분석이론의 기본적인 주장을 수용한 대상관계이론과 달리 신경증적 성격이론과 같은 독자적인 이론체계를 제안하였다.

정답 24 ② 25 ①

26 고전적 정신분석이론이 성적 추동을 일차적인 것으로 보는 반면, 대상관계이론은 개인이 다른 사람과 맺는 관계를 일차적인 것으로 본다. 즉, 전통적 이론이 추동 만족에 초점을 두는 반면, 대상관계이론은 관계 추구를 강조한다.

26 다음 중 대상관계이론에 대한 설명으로 옳지 <u>않은</u> 것은?

① 단일한 이론이라기보다는 일련의 이론들로 이루어져 있다.

② 타인과의 관계를 중시하는 이론으로, 성적 추동을 일차적인 것으로 본다.

③ 남근기 이전의 유아가 어머니와의 관계에서 겪게 되는 내면적 경험과 갈등에 초점을 둔다.

④ 자기애성 성격장애와 경계선 성격장애의 치료에 크게 기여하였다.

27 ① 내면화는 유아의 자연적인 심리적 현상이다.
② 초기 발달 과정에서 끝나는 것이 아닌 삶이 지속되는 동안 계속되는 과정이다.
③ 유아가 환경이나 대상의 특성을 내면으로 받아들여 이를 자신의 특성으로 변형시키는 과정이다.

27 다음 중 대상관계이론의 주요 개념으로서 내면화(Internalization)에 대한 설명으로 옳은 것은?

① 일차적으로 부모로부터 학습되는 기제이다.

② 초기 발달 과정의 특징으로서 성인기에는 나타나지 않는다.

③ 유아가 환경이나 대상의 특성을 있는 그대로 수용하는 과정이다.

④ 자기와 대상의 분화 정도에 따라 함입, 내사, 동일시의 과정으로 전개된다.

28 유아의 자기발달 과정(Mahler)
정상적 자폐 단계(0~2개월) →
정상적 공생 단계(2~6개월) →
분리-개별화 단계(6~24개월) →
대상항상성 단계(24개월 이상)

28 다음 중 말러(Mahler)가 분리-개별화 이론을 통해 제시한 유아의 자기발달 과정을 순서대로 올바르게 나열한 것은?

① 대상항상성 단계 → 정상적 자폐 단계 → 정상적 공생 단계 → 분리-개별화 단계

② 대상항상성 단계 → 정상적 공생 단계 → 정상적 자폐 단계 → 분리-개별화 단계

③ 정상적 자폐 단계 → 정상적 공생 단계 → 분리-개별화 단계 → 대상항상성 단계

④ 정상적 자폐 단계 → 분리-개별화 단계 → 정상적 공생 단계 → 대상항상성 단계

정답 26 ② 27 ④ 28 ③

29 다음 중 보울비(Bowlby)가 제시한 애착관계의 특징으로 옳은 것을 모두 고른 것은?

> ㄱ. 영아는 애착 대상과 가까이 있기를 원한다.
> ㄴ. 영아는 애착 대상에게 위안이나 확신을 얻기 위해 의지한다.
> ㄷ. 영아에게서 애착 대상은 세상을 적극적으로 탐색하고 활동하는 기반이 된다.
> ㄹ. 영아는 애착 대상과 예기치 못한 분리 혹은 장기간의 이별을 경험할 때 고통을 느낀다.

① ㄱ, ㄴ, ㄷ
② ㄱ, ㄷ
③ ㄴ, ㄹ
④ ㄱ, ㄴ, ㄷ, ㄹ

30 다음 중 〈보기〉의 내용과 연관된 애착의 유형으로 가장 적절한 것은?

보기
> A양은 올해 만 4세로 부모가 맞벌이를 하고 있다. 그로 인해 하루 대부분의 시간을 어린이집에서 보내고 있으며, 저녁 시간 퇴근 후 찾아오는 어머니와 함께 집으로 돌아오곤 한다. A양은 아침 시간 어머니의 손에 이끌려 어린이집을 향할 때에도, 저녁 시간 어머니가 어린이집을 찾아올 때에도, 떼를 쓰며 어머니에게 안기다가 이내 어머니의 물음에 대답도 하지 않는 등 불안과 거부의 반응을 동시에 보이고 있다.

① 안정 애착
② 혼란 애착
③ 회피 애착
④ 저항 애착

29 모두 옳은 내용이다.
ㄱ. 근접성 유지
ㄴ. 안전한 피난처
ㄷ. 안전기지
ㄹ. 이별 고통

30 혼란 애착은 불안정 애착 가운데 가장 심각한 유형으로서, 회피 애착과 저항 애착에서 나타나는 불안과 거부의 반응을 동시에 나타내 보인다.

정답 29 ④ 30 ②

SD에듀와 함께, 합격을 향해 떠나는 여행

제 3 장

성향적 관점

얼마나 많은 사람들이 책 한 권을 읽음으로써 인생에 새로운 전기를 맞이했던가.

– 헨리 데이비드 소로 –

제 3 장 | 성향적 관점

제1절 올포트의 특질이론

1 개요

(1) 이론의 이해

① 올포트(Allport)가 특질이론으로 심리학계에서 주목을 받기 시작한 것은 20세기 중반 무렵이었다.

② 당시 심리학 분야의 주된 관심은 정신분석과 행동주의였다. 그러나 정신분석은 인간의 보이지 않는 무의식을 깊이 파헤치려는 데 주력한 반면, 실상 대다수의 신경증이 없는 건강한 사람들은 무의식적 측면보다는 현실적인 문제에 더욱 관심을 기울였다. 또한 행동주의는 인간의 외현적인 행동과 환경으로써 모든 인간을 동일한 방식으로 설명하려고 하였다.

③ 올포트는 그 두 가지 이론을 동시에 비판하였다. 즉, 무의식보다는 의식되는 현재의 동기를 중시하였으며, 인간을 환경에 의해 결정되는 존재가 아닌 성장과 변화 그리고 창조가 가능한 존재로 보았다.

④ 올포트가 활동하던 시대는 자연과학적 생물학에 기반을 둔 객관적인 관찰 및 실험실에서의 실험을 중심으로 하는 변화가 이루어졌던 시기였다. 이에 올포트도 당시 시대적 조류의 영향을 받아서 인간의 성격을 분석하기 위한 다양한 과학적인 방법들을 시도하였다.

⑤ 성격심리학이 심리학의 중요한 연구 분야로 주목받게 된 것은 올포트가 1937년에 「성격 : 심리학적 해석(Personality : A Psychological Interpretation)」을 발간한 데서 비롯된다. 올포트는 성격 분석의 단위로서 내적인 **특질(Trait)**의 개념을 제시하였고, 연구자들은 성격특질을 측정하려는 다양한 심리검사들을 개발하기 시작하였다.

⑥ 올포트는 개인의 특질을 정의함으로써 성격의 독특성을 강조하였다. 특히 **개인차의 중요성**을 지적하며, 개인의 생활과 경험에 대한 심층적인 연구의 필요성을 제기하였다. 따라서 그의 성격연구방법은 법칙정립적 접근보다는 개체기술적 접근의 양상을 보인다.

⑦ 올포트의 업적은 특질의 중요성을 강조하는 성격이론을 형성시켰다는 점, 그리고 성격심리학을 과학적 심리학의 영역에 포함시켰다는 점이다.

(2) 인간에 대한 관점

① 낙관론적 인간관

　㉠ 올포트는 인간이 긍정적이고 성장 지향적이며, 창조적인 본성을 가지고 있다고 보았다.

　㉡ 인간은 자신의 특질들을 통합하여 스스로의 성격을 이루는 주체적인 존재로서, 자신의 삶의 목표를 추구하는 미래지향적인 존재이다.

　㉢ 인간은 현재로부터 새로운 동기를 만들어 내는 창조적인 존재이다.

② 양자론적 인간관

　㉠ 올포트는 인간의 행동이 유전적 요인과 환경적 요인의 영향을 동시에 받는다는 양자론적 입장을 취한다.

　㉡ 유전 혹은 환경 중 어느 하나만이 인간의 성격에 영향을 미치는 것은 아니며, 유전과 환경이 상호작용함으로써 한 개인의 독특한 특질이 형성된다.

　㉢ 인간은 선천적으로 고유한 기질과 기본적인 동기를 가지고 태어나지만, 부모와의 상호작용, 즉 후천적인 학습을 통해 고유자아를 발달시킨다.

[Gordon W. Allport]

③ 자유론적 인간관

　㉠ 올포트는 인간을 스스로 자신의 인생을 계획하고 그에 대해 책임지는 존재로 보았다.

　㉡ 인간의 성격은 역동성을 가지며, 그에 따라 성장과 변화가 가능하다. 이는 올포트의 **기능적 자율성(Functional Autonomy)** 개념에서 나타난다.

　㉢ 다만, 인간의 행동이 절대적인 자유를 가지는 것은 아니다. 이는 한 개인에게서 특질이 형성될 때 그의 지각이나 행동이 특질에 의해 좌우되며, 이때 환경적인 요인들도 개인의 행동에 영향을 미치기 때문이다.

　㉣ 이와 같이 올포트는 인간의 성격이 기질과 환경에 의해 결정되는 측면이 있음을 인정하면서도, 상대적으로 자유론적 견해를 보다 지지하고 있다.

④ 전체론적 인간관

　㉠ 올포트는 개인의 특질을 여러 가지 요소로 구분하는 요소론적 접근을 펼치지만, 그 각각의 특질들을 전체적인 측면에서 고려해야만 인간을 제대로 이해할 수 있다고 보았다.

　㉡ 개인의 고유자아는 통합된 전체적인 실체로서, 자신의 모든 특질, 태도와 감정, 경향성 등을 통합하는 힘을 가지고 있다.

　㉢ 올포트는 또한 인간의 성격을 정신과 신체가 함께 영향을 미치는 조직체로 보았다.

(3) 올포트의 특질이론에 영향을 미친 연구

① 스턴(Stern)의 지능에 관한 연구

스턴은 1912년 오늘날의 '지능지수(Intelligence Quotient)'라는 용어를 창안한 학자로서, 그는 비네(Binet)의 지능검사를 보완하여 개인의 정신연령이 그가 속한 연령대에서 상대적으로 어느 위치에 있는지를 나타내는 비율지능지수 계산 방식을 제안하였다. 이와 같이 인간의 지적 능력을 과학적인 방법으로 수치화하려는 그의 시도는 올포트의 특질 연구에 영향을 미쳤다.

② 제임스(James)의 실용주의 철학

제임스는 철학, 종교학, 심리학 등에서 다양한 연구 업적을 남긴 실용주의 철학자로서, 인간행동에 대한 인본주의적 관점과 함께 자아에 대한 관심을 표방하였다. 이는 올포트의 핵심개념으로서 고유자아와 함께 특질의 연구방법에 영향을 미쳤다.

③ 맥도걸(McDougall)의 동기이론

맥도걸은 인간이 18가지의 본능을 가지고 태어나며, 그 본능들은 인간의 행동을 결정하는 동기로 작용한다고 보았다. 이는 올포트가 동기적 요인의 중요성을 강조하고, 인간의 특질이 개인의 타고난 기질의 영향을 받는다는 견해에 영향을 미쳤다.

④ 학습이론

올포트는 성격의 발달이 학습을 통해 이루어진다고 보았다. 즉, 다양한 상황에서 일관성 있게 나타나는 행동은 학습의 과정을 거쳐 개인의 특질이 된다는 것이다. 이와 같은 특질은 개인의 행동체계인 동시에 성격의 구성요소가 된다.

⑤ 현상학

현상학은 인간의 행동이 사상을 어떻게 지각하고 이해하느냐에 달려있다고 주장한다. 인간을 주어진 환경에서의 주관적인 현실을 경험하는 존재로 가정하는 이와 같은 입장은 과거의 경험이 아닌 현재의 경험을 중시하는 올포트의 현재성 원리로 나타난다.

⑥ 게슈탈트 심리학(형태주의 심리학)

게슈탈트 심리학은 인간을 과거나 환경에 의해 결정되는 존재가 아닌 현재의 사고, 감정, 행동의 전체성과 통합을 추구하는 존재로 본다. 이는 인간이 성격을 조직화된 전체로서 통합된 조직으로 보며, 특질이 개인의 사고, 감정, 행동의 전체적인 맥락에서 형성된다는 올포트의 견해와 연결되어 있다.

2 성격의 이해

(1) 성격의 개념

올포트는 성격을 다음과 같이 정의하였다.

> "성격은 ① 개인의 특유한 행동과 사고를 ② 결정하는 ③ 심리신체적 체계인 개인 내 ④ 역동적 조직이다."
> ("Personality is the dynamic organization within the individual of those psychophysical systems that determine his characteristic behavior and thought.")

이를 네 가지 관점에서 살펴보면 다음과 같다.

① **개인의 특유한 행동과 사고(Characteristic Behavior and Thought)**

이는 성격이 다른 사람과 구별되는 각 개인의 행동과 생각을 의미한다는 것이다. 즉, 개인의 성격은 그 사람에게 특유한 것이다.

② **결정하는(Determine)**

이는 성격이 실제로 존재하는 것이며, 무엇인가를 하고 있다는 것이다. 즉, 성격의 모든 측면은 구체적인 행동과 사고를 활성화하거나 방향 짓는다.

③ **심리신체적 체계(Psychophysical Systems)**

이는 성격이 정신(심리)과 신체의 결합에 의한 상호작용으로 이루어진다는 것이다. 따라서 인간의 성격을 이해할 때 정신과 신체를 함께 고려해야 할 필요성이 생긴다.

④ **역동적 조직(Dynamic Organization)**

이는 성격이 어느 특정 시기에 완성되는 것이 아닌 계속적으로 변화하고 성장한다는 것이다. 이때 성격은 하나의 체계로서 성장에 따라 변화된 조직을 형성한다.

(2) 성격의 원리(Bischof)

① **동기의 원리**

올포트는 성격연구에 있어서 **동기(Motivation)**의 중요성을 강조하였다. 특히 동기에 관한 이론은 동기의 현재성, 동기의 다양성 및 포괄성, 인지 과정의 역동성, 동기의 구체적 독특성 등을 고려하여야 한다고 주장하였다.

② **학습의 원리**

올포트는 성격의 발달이 기본적으로 학습의 문제와 연관된다고 보았다. 즉, 성격을 통합하는 주체로서 **자아의 발달이 학습을 통해 이루어진다**는 것이다.

③ **현재성의 원리**

올포트는 과거가 아닌 현재에 초점을 두고, 인간의 현재 행동과 밀접하게 연관된 동기가 현재에서 일어나고 있음을 강조하였다.

④ **독특성의 원리**

올포트는 성격이 특성상 결코 보편적인 것이 아니며, **특정 개인에게 국한되는 독특한 것으로 보았다.** 따라서 개인이 가진 고유한 특성이 그의 성격을 형성하는 기본단위가 된다.

⑤ **자아의 원리**

올포트가 제시한 자아(Ego)는 원초아(Id)와 초자아(Superego)를 중재하는 프로이트의 자아(Ego)와 다르다. 올포트는 자아(Ego)를 인간의 모든 습관, 특질, 태도, 감정, 경향성 등을 통합하는 역동적인 힘으로 설명하였다.

⑥ **비연속성의 원리**

올포트는 성인기의 동기들을 유아기의 생물학적 동기들과 연관시켰던 프로이트의 견해에 반대하였다. 즉, 올포트는 유아기를 지배했던 생물학적 동기들이 성인기에 작용하는 동기들과 연속선상에 있지 않다고 본 것이다.

⑦ **특질의 원리**

올포트는 특질이 개인을 비교하고자 할 때 사실상 유일하게 사용할 수 있는 접근방식이라고 주장하였다.

(3) 고유자아(Proprium)

① 고유자아는 한 개인이 자신(Selfhood)을 지칭하는 용어로서, **주관적 경험을 통해 인식되는 '나(Me)'** 를 의미한다.

② 개인이 지닌 **성격의 총체적인 측면들의 합으로서,** 이는 개인의 성격을 통합하는 기능에서 비롯된다.

③ 고유자아를 통해 각 개인의 다양한 특질들은 통합된다. 즉, 고유자아가 개인의 태도, 목표, 가치 등을 특징짓는 일관성의 토대가 됨으로써 하나의 성격을 이루게 되는 것이다.

④ 고유자아는 생득적인 것이 아닌 출생 후 부모와의 상호작용을 통해 생겨나며, 특히 초기에는 학습의 보편적 원리들로 개발되기 시작한다.

(4) 성격의 발달

① **제1단계 – 신체적 자아(Bodily Self)**
   ㉠ 대략 출생에서 15개월에 해당하는 시기로, 신체적인 느낌으로써 자신의 존재를 인식하기 시작한다.
   ㉡ 고유자아의 형성이 시작되면서 자신의 신체와 환경에 있는 대상을 구별하게 된다. 예를 들어, 유아는 자신이 움켜쥐고 있는 물체와 자신의 손가락을 구별하기 시작한다.

② **제2단계 – 자아정체감(Self-identity)**
   ㉠ 대략 15개월에서 24개월에 해당하는 시기로, 자신의 정체감의 연속성을 느끼는 시기이다.
   ㉡ 유아는 주위의 변화에도 불구하고 자신이 같은 사람으로 유지됨을 깨닫게 되며, 특히 언어(자신의 이름)로써 자신이 다른 사람과 구별되는 존재임을 알게 된다.

③ **제3단계 – 자아존중감(Self-esteem)**
   ㉠ 대략 24개월에서 4세에 해당하는 시기로, 이때 아동은 자신에게 주어지는 과제를 성취하게 될 때 스스로 자랑스러워하며 자존감을 느낀다.

    ⓛ 올포트는 이 시기를 **아동발달에서 중요한 시기**로 보았는데, 아동은 주위의 대상을 탐구하고 조작하며, 이를 새롭게 만들도록 동기화된다.

    ⓒ 이 시기에는 아동으로 하여금 성취감을 획득할 수 있도록 하는 지지적인 분위기가 중요한데, 만약 아동의 그와 같은 욕구가 좌절될 경우 자아존중감의 형성이 위협받게 되며, 수치심과 분노감에 휩싸이게 된다.

④ **제4단계 – 자아확장(Self-extension)**

    ㉠ 대략 4~5세에 해당하는 시기로, 주변에 있는 대상과 사람들이 자신의 세계에 속한 일부임을 깨닫게 된다.

    ⓛ 자신을 둘러싼 환경이 자신의 신체는 아니지만 자신의 것이라는 의식이 생기면서 자아확장의 상태가 되는 것이다. 예를 들어, 아동이 '나의 집', '나의 부모' 등과 같이 말하기 시작한다.

    ⓒ 이 시기에 아동은 자기 것을 지키려는 소유 욕구가 발달하게 된다.

⑤ **제5단계 – 자아상(Self-image)**

    ㉠ 대략 5~6세에 해당하는 시기로, 아동은 자신에 대한 실제적이고 이상화된 이미지를 발달시킨다.

    ⓛ '자아상'은 다른 사람이 자신을 어떻게 보는 지를 의미하는 것으로서, 특히 이 시기의 아동은 자신의 행동이 부모의 기대를 충족시키는지의 여부를 인식하게 된다.

    ⓒ 이 시기에는 부모와의 적절한 상호작용을 통해 이상적인 자아상을 형성하는 것이 중요하다.

⑥ **제6단계 – 합리적 적응체로서의 자아(Self as a Rational Coper)**

    ㉠ 대략 6~12세에 해당하는 시기로, 아동이 초등학교에 다니면서 학교생활에의 적응이 요구된다.

    ⓛ 아동은 일상적인 문제를 해결하는 데 있어서 이성과 논리를 적용하기 시작한다.

    ⓒ 특히 학교생활이나 급우관계에서 발생하는 문제들을 자신의 합리적・논리적 능력으로써 어떻게 대처해야 하는지에 대해 생각하게 된다.

⑦ **제7단계 – 고유자아의 추구(Propriate Striving)**

    ㉠ 대략 12세 이상 청소년기에 해당하는 시기로, 청소년은 인생의 장기목표 및 계획을 형성하기 시작한다.

    ⓛ 비록 실현이 불가능한 목표라 할지라도, 그 목표들은 청소년에게 삶의 목적을 부여할 수 있다.

3 특질의 이해

(1) 특질의 개념

① 특질(Trait)은 성격의 기본적인 구성요소로서 **자극에 대해 특정한 방식으로 반응하는 경향성**을 의미한다.

② 직접 관찰할 수는 없으나 일련의 행동을 통해 평가될 수 있는 **내면적 경향성**이다.

③ 신경정신적 구조로서 다양한 자극에 대해 동일한(혹은 유사한) 반응을 일관성 있게 나타내도록 한다.

④ 특질은 특정한 상황에 국한되는 비교적 제한된 성향으로서의 습관과는 다르다. 예를 들어, 외출 후 집에 들어와서 가장 먼저 손을 씻는 반복된 행위는 습관으로 볼 수 있으나, 만약 그와 같은 행위가 다른 모든 상황에서 항상 청결을 유지하려는 태도로 나타난다면 이는 특질로 볼 수 있는 것이다.

⑤ 만약 A씨가 평소 자동차 경주와 암벽등반을 즐기고, 스포츠를 관람할 때 열광적으로 응원하며, 공포 영화나 야한 영화를 좋아하고 빈번히 폭음을 한다고 가정할 때, A씨는 다양한 자극 상황에서 강렬한 감각을 추구하는 일관된 반응을 보이고 있으므로 '감각 추구'의 특질을 가진 것으로 평가할 수 있다.

⑥ 이와 같이 올포트는 모든 사람이 자극에 대해 유사한 방식으로 행동하는 행동경향성을 가지고 있으므로, 그와 같은 행동경향성의 본질을 밝히는 것이 성격심리학의 과제라고 주장하였다.

(2) 특질의 특성

① **특질은 실제적이다.**
특질은 단지 인간의 행동을 설명하기 위한 이론적 구성개념이 아닌 개인 내부에 실제로 존재하는 것이다.

② **특질은 행동을 결정하거나 행동의 원인이 된다.**
특질은 어떤 자극에 대한 기계적인 반응으로써 나타나는 것은 아니다. 특질은 적절한 자극을 찾도록 개인을 동기화하며, 환경과의 상호작용을 통해 행동을 생성하기도 한다.

③ **특질은 경험적으로 증명될 수 있다.**
특질은 우리 눈에 보이지 않지만 개인의 행동이나 말을 반복적으로 관찰함으로써 그 존재에 대한 증거를 추론할 수 있다.

④ **특질은 서로 관련되고 중복될 수 있다.**
한 개인에게서 나타나는 여러 가지 특질들은 서로 밀접한 관계가 있다. 예를 들어, 공격성과 적대감은 분리된 특질이지만 서로 관련이 있다.

⑤ **특질은 상황에 따라 변화한다.**
특질의 유형 중 개인특질(Individual Trait)의 경우 상황에 따라 변할 수 있다. 예를 들어, 회사에서 무지런한 사람이 가정에서 게으를 수 있는 것이다.

(3) 특질의 유형 [기출]

① **공통특질과 개인특질**

공통특질 (Common Trait)	• 동일한 문화에 속한 구성원들이 공통적으로 지니는 것으로서, 단지 그 정도에서 차이를 나타내는 일반적인 성향을 의미한다. • 공동체 내의 규범이나 가치가 변화함에 따라 변할 수 있다. • 정상분포를 나타내며, 표준된 측정도구를 이용하여 개인 간의 차이를 비교할 수 있다.
개인특질 (Individual Trait)	• 개인의 성격적 특성을 반영하는 것으로서, 개인으로 하여금 독특한 행동을 하도록 만드는 내면적 성향을 의미한다. • 개인의 성격은 개인특질을 통해 이해될 수 있으며, 개인력, 일기나 편지 등 다양한 개인정보를 활용하여 파악할 수 있다. • 개인특질은 사람마다 다르므로, 다른 사람과의 객관적인 비교가 어렵다.

② **개인적 성향**

올포트는 나중에 용어의 혼동을 피하기 위해 공통특질을 단순히 '**특질(Trait)**'로 지칭하는 한편, 개인특질을 '개인적 성향(Personal Disposition)'으로 다시 명명하였다. 그리고 개인적 성향을 위계적으로 세분화하여 '주성향 또는 기본성향(Cardinal Disposition)', '중심성향(Central Disposition)', '이차적 성향(Secondary Disposition)'의 3가지 범주로 분류하였다. 이와 같은 세 가지 범주의 개인적 성향에는 각각 다음과 같은 3가지 유형의 특질이 있다.

주특질 (Cardinal Traits)	• 개인의 생활 전반에 광범위하게 퍼져 있는 가장 일반적으로 일관성이 있는 기본 특질로서, 올포트는 이를 '지배적 열정' 혹은 '감정의 지배자'로 불렀다. • 개인에게 매우 지배적이며, 대부분의 행동에 영향력을 미친다. • 주특질에 사로잡혀 행동하는 사람은 많지 않으나, 그와 같은 사람의 경우 매우 독특한 성격을 나타내 보인다. 예 히틀러(Hitler)의 권력추구, 돈 주앙(Don Juan)의 성적 탐닉, 테레사 수녀(Mother Teresa)의 인간애 등
중심특질 (Central Traits)	• 주특질에 비해 제한된 범위의 상황에 영향을 미치지만 상당한 일관성을 지닌다. • 주특질에 비해 덜 지배적인 것으로, 보통 5~10가지 정도의 두드러진 특질로 나타난다. • 누군가를 생각할 때 그 사람에 대해 떠오르는 특질, 즉 누군가의 추천서를 쓸 때 언급되는 몇 가지 특질로 볼 수 있다. 예 한 사람에게서 나타나는 사교성, 책임감, 솔직성, 용감성 등
이차적 특질 (Secondary Traits)	• 중심특질에 비해 영향력이 제한적이며, 일관성도 더욱 낮다. • 특정한 대상이나 특정한 상황에서의 행동경향성을 말하는 것으로, 대상이나 상황에 따라 달라지는 행동특성이다. • 이차적 특질은 좀처럼 드러나지 않고 그 정도가 약하므로 절친한 친구만이 알아챌 수 있다. 예 어떤 여성은 집 밖에서는 매우 단정하고 깔끔한 모습을 보이는 반면, 집 안에서는 지저분하게 생활한다.

［더 알아두기］

유형(Types)과 특질(Traits)의 차이점 기출

유형(Types)	• 유형은 **불연속적 범주**를 가정한다. • 예를 들어, 외향적인 사람과 내향적인 사람은 서로 다른 범주로 분류된다.
특질(Traits)	• 특질은 **연속적인 차원**을 가정한다. • 예를 들어, 외향적인 사람과 내향적인 사람은 연속선상에 있으며, 이 둘은 단지 정도의 차이만 있을 뿐 범주가 달라지는 것은 아니다.

4 그 밖의 주요 개념

(1) 기능적 자율성(Functional Autonomy)

① 의의 및 특징 기출
   ⊙ 개인의 현재 상황의 영향을 강조하는 개념으로서, 개인의 행동을 이해하는 데 있어서 과거보다
      는 현재에 초점을 둔다.
   ⓒ 정신적으로 건강한 성인의 동기는 본래 그 동기가 일어났던 과거 경험과 기능적으로 별다른 관련이
      없다. 즉, 현재의 동기는 처음 가졌던 동기와는 무관하게 자율적인 기능을 가지고 있다.
   ⓒ 어떤 행동이 처음 어떤 이유에 의해 일어났다고 하더라도 이후 행동 그 자체가 목적이 될 수 있으
      며, 행동을 일으켰던 최초의 이유가 사라져도 그 행동은 계속될 수 있다.
   ② 성인의 동기는 아동기의 경험과 독립적으로 이루어진다. 어린 시절 우리를 농기과꼈던 힘은 자율적이
      되며, 원래의 환경과 독립적이 된다. 즉, 나무의 성장과 발달은 씨앗에서 비롯될 수 있으나, 나무가
      충분히 성장한 후에는 씨앗으로부터 더 이상 어떠한 영양분을 필요로 하지 않는다.
   ⑩ 예를 들어, 아이가 처음에는 부모의 칭찬을 듣기 위해 동생을 돌보더라도, 이후 성인이 되어서는
      동생에 대한 형으로서의 책임감으로 동생을 돌보게 된다. 또한 어린 시절 유명한 축구선수가 되
      기를 소망했던 사람이 사정상 축구를 할 수 없게 되자, 이후 대학에서 물리치료를 공부하여 축구
      팀 트레이너가 되기도 한다.
   ⑪ 이와 같이 처음의 동기가 유지되더라도 처음 가진 동기와 사실상 전혀 다른 동기가 현재의 행동
      을 통해 나타나게 된다. 따라서 개인이 무엇을 원하고 무엇을 추구하는가를 파악함으로써 그의
      현재 행동을 이해할 수 있다.

② 지속적 기능 자율성과 고유자아 기능 자율성
   올포트(Allport)는 기능적 자율성을 두 가지 수준, 즉 '지속적 기능 자율성(Perseverative Functional
   Autonomy)'과 '고유자아 기능 자율성(Propriate Functional Autonomy)'으로 구분하였다.

지속적 기능 자율성	• 조직체의 유지를 돕는 기능을 의미하는 것으로, 단순한 신경학적 원리에 의해 통제되는 신경계통 속에서의 반사적 기제 혹은 피드백 기제를 말한다. • 기초적 수준의 친숙하고 익숙한 방법으로서, 보통 일상적인 과업을 수행하는 습관적 행동으로 나타난다. • 예를 들어, 매일 같은 시간에 식사를 하는 것과 같은 행동은 외적 보상 없이도 계속적으로 지속된다.
고유자아 기능 자율성	• 각 개인의 획득된 흥미, 가치, 태도, 의도 등을 말하는 것으로서, 성인의 성격을 통합하는 본질이 되는 개념이다. • 고유자아는 어떤 동기를 유지하고 포기할 것인가를 결정한다. 개인의 고유자아 기능은 이를 통해 자신의 정체감을 유지하는 조직화 과정으로 볼 수 있다. • 각 개인의 고유자아는 독특하며, 이는 그 개인의 동기를 결정한다. 또한 적합한 자아상을 추구하고 삶의 양식을 풍요롭게 하는 데 공헌한다. • 단순히 인간을 움직이게 하는 것이 아닌 가치와 목적의 추구, 가치와 목적의 측면에서의 세계에 대한 지각, 개인의 자기 삶에 대한 책임감과도 연관된다.

③ 고유자아 기능 자율성의 원리
  ㉠ 에너지 수준의 조직화 원리 : 개인이 소유하고 있는 에너지 수준이 생존의 욕구나 즉각적인
    적응을 위한 요구들을 충족시키는 데 필요한 에너지보다 많으므로 고유자아 기능 자율성이 가
    능하다는 것이다.
  ㉡ 숙달과 능력의 원리 : 인간이 동기를 만족시키기 위해 선택하는 높은 수준을 의미하는 것으로서, 개
    인의 능력을 증가시키거나 향상시키는 것은 무엇이든 기능적으로 자율적이 된다는 것이다.
  ㉢ 고유자아 패턴화의 원리(자아 통합의 원리) : 성격의 일관성 및 통합의 추구를 의미하는 것으로
    서, 인간의 자아가 자신의 자화상 향상에 도움이 되는 것은 유지하고 그에 반하는 것은 버리면
    서, 자기에 대한 지각 및 인지 과정을 조직화(혹은 패턴화)한다는 것이다.

(2) 건강한 성격

올포트는 정상적이고 정서적으로 건강한 성인의 성격이 갖추어야 할 조건으로 다음의 6가지를 제시하
였다.

① 자아감(자아의식)의 확장
  성숙한 성격을 가진 사람은 자신만을 생각하는 자아중심의식으로부터 벗어나 타인을 의식하고 타인
  의 관심과 활동에 대해 배려하는 넓은 의식을 소유한다. 즉, 자아의 범주 속에 타인의 존재를 받아들
  일 만큼 자아의 영역을 확장한다.

② 타인과의 따뜻한 관계
  성숙한 성격을 가진 사람은 타인과 친밀한 관계를 맺을 수 있는 능력을 가진다. 그는 타인과의 관계
  에서 자신의 생각이나 주장을 강요하지 않으며, 타인의 자유와 자아정체성을 구속하지도 않는다.

③ 정서적 안정과 자기 수용
  성숙한 성격을 가진 사람은 자기 자신의 현실과 정서 상태를 있는 그대로 받아들인다. 그는 자신의
  부정적인 감정을 불평이나 충동적인 행동으로 표출하지 않으며, 자기 수용의 자세로 항상 차분하고
  사려 깊게 행동한다.

④ 현실적 지각(현실적 상황 인식)
  성숙한 성격을 가진 사람은 현실의 세계에 뿌리를 내리며, 환상의 세계를 멀리 한다. 그는 현실적인
  판단에 근거하여 문제에의 적절한 해결방법을 찾으며, 자신의 상황 인식 및 판단에 대해 스스로 책
  임지는 자세를 보인다.

⑤ 유머감각과 자기객관화
  성숙한 성격을 가진 사람은 자기 자신을 과대평가하거나 과소평가하지 않으며, 자기 자신을 객관적
  으로 이해한다. 또한 통상적인 코미디와 구분되는 유머감각을 가진다.

⑥ 통합된 삶의 철학
  성숙한 성격을 가진 사람은 분명한 삶의 목적과 지향점을 가지고 있다. 따라서 그의 행동은 그와 같은
  삶의 목적이나 가치관과 일관되게 연결되어 있으며, 그에 벗어나는 행동을 일삼지 않는다.

5 공헌점 및 제한점

(1) 공헌점

① 성격 본질의 규명을 위한 노력

올포트의 이론은 인간의 성격에 관한 여타 이론과 비교해 볼 때 인간의 성격을 비교적 잘 설명한 것으로 인정받고 있다. 비록 자신의 이론을 치료장면에 접목시키려고 하지는 않았으나, 각 개인의 고유한 특성이 서로 다르다는 점을 밝힘으로써 인간에 대한 이해도를 한층 높였다.

② 성격심리학의 발전에 기여

올포트의 이론은 성격심리학을 과학의 영역으로 끌어올렸다. 그는 심리학이 과학과 같이 의미 있는 단위를 가질 필요가 있으며, 성격연구에서 성격을 이루는 구성요소를 밝혀내야 한다고 주장하였다. 그는 자신의 주장대로 성격의 기본 구성요소로서 특질을 제안하였으며, 특질의 개념을 체계화하기 위해 노력하였다.

③ 인간에 대한 긍정적 관점

올포트는 인간을 인본주의적 입장에서 긍정적으로 보았다. 각 개인이 가지고 있는 개성과 독특성을 인정하는 한편, 인간이 자신의 잠재력을 통해 끊임없는 변화와 성장을 추구한다고 보았다. 그는 인간을 과거에 구속된 존재가 아닌 현재에 뿌리를 두고 미래지향적인 삶을 살아가는 존재로 본 것이다.

④ 인간이 합리적인 존재임을 입증하려는 노력

올포트는 인간을 무의식에 의해 움직이는 존재가 아닌 자아의 기능적 자율성에 의해 움직이는 합리적인 존재로 보았다. 또한 인간을 병리적인 관점에서 이해하기보다는 건강한 사람을 대상으로 인간 성격의 전반적인 특징을 이해하고자 하였다.

⑤ 순수심리학과 임상심리학의 가교 역할

순수심리학은 심리측정 및 법칙정립적 연구를 강조하는 데 반해, 임상심리학은 사례연구를 보다 강조하는 입장이다. 올포트는 이 두 가지를 연결시키는 데 기여하였으며, 특히 그의 고유자아와 기능적 자율성과 같은 개념들은 치료장면에서 임상가들에게 유용하게 적용되었다.

(2) 제한점

① 개념 정의의 불명확성

올포트는 고유자아나 기능적 자율성의 정의와 내용을 명확하게 제시하지 못했다. 또한 동기가 어떻게 기능적 자율성을 획득하는지에 대해 설명하지 못했다. 이는 그의 이론에 대한 경험적인 연구가 부족하기 때문이다.

② 연구결과 일반화의 한계

올포트는 특질의 개념을 통해 개인의 독특성을 지나치게 강조한 경향이 있으며, 그로 인해 연구결과를 일반화하는 데 한계를 드러내고 있다. 그의 연구가 개별사례적인 접근을 통해 이루어지는 경우가 많았으므로, 사례마다 달리 나타나는 결과를 다양한 사람에게 보편적으로 적용할 수는 없었다.

③ **내면적 특질의 외현화 과정에 대한 설명 부족**

올포트의 이론은 기본적으로 개인이 가진 특질이 외현적 행동으로 나타난다는 입장이다. 그러나 그와 같은 개인의 내면적 특질이 외현적 행동으로 나타나는 과정에 대해 명확히 설명하지 못했다.

④ **사회적·문화적 영향력의 간과**

올포트는 성격에 영향을 미치는 사회적·문화적 영향력을 간과하였다는 지적을 받고 있다. 이는 그가 개인의 내면적 특성에 너무도 집중한 나머지 인간의 성격형성에 영향을 미치는 요소로서 사회적·문화적 배경을 소홀히 한 때문이다.

제2절 │ 카텔의 특질이론

1 개요

(1) 이론의 이해

① 카텔(Cattell)은 영국 런던(London) 대학에서 물리학과 화학을 공부하였으나 인간 정신에 대한 관심이 증폭되면서 심리학으로 전향하였다. 그는 런던 대학 대학원에서 요인분석 기법으로써 지능의 2요인설을 제안한 스피어만(Spearman)의 영향을 받았으며, 이를 계기로 요인분석을 성격구조를 분석하는 데 적용하기로 결심하게 되었다.

② 그는 1937년 미국의 심리학자로서 도구적 학습이론으로 유명한 손다이크(Thorndike)의 권유에 의해 미국 콜럼비아(Columbia) 대학의 실험실에서 일하게 되었으며, 이후 1945년 일리노이(Illinois) 대학의 심리학과 교수로 재직하면서 본격적으로 요인분석을 통한 성격구조 분석에 몰두하였다.

③ 그의 연구는 요인분석의 통계적 기법을 사용하여 인간의 성격적 특질을 찾아내고, 이를 측정할 수 있는 성격검사를 제작하며, 특질을 형성하는 데 유전과 환경이 미치는 영향을 밝히는 데 집중되었다.

④ 당시 대표적인 특질이론가로서 올포트(Allport)의 연구는 개인이 가진 독특성에 초점을 두고 개별사례 접근법을 활용하는 질적 연구로 이루어졌다. 따라서 그와 같은 질적 연구 결과를 다양한 사람에게 적용하는 데는 한계가 있었다.

[Raymond B. Cattell]

⑤ 이와 달리 카텔은 모든 인간에게서 나타나는 보편적인 특질을 밝히는 데 역점을 두었다. 그는 수많은 사람들을 대상으로 수집한 자료들에 대해 통계적 방식의 양적 연구를 적용함으로써 성격특질의 일반적 양상을 밝히고자 한 것이다.

⑥ 카텔은 특질을 성격의 정신적 구성요소이자, 인간행동의 규칙성 혹은 일관성을 설명하는 근본적인 구성개념으로 간주하였다. 따라서 어떤 사람의 특질을 알게 될 때, 그가 특정 상황에서 어떻게 행동하게 될 지를 예측할 수 있다고 보았다.

⑦ 카텔은 부적응적인 행동을 바람직한 행동으로 변화시키는 행동주의 심리학의 행동수정에 대해서는 그다지 관심을 두지 않았다. 그는 정상인을 대상으로 성격연구를 하였는데, 이는 성격에 대해 구체적으로 이해해야만 어떤 성격이 변화되어야 하는지를 알 수 있다는 생각에서 비롯되었다.

더 알아두기

스피어만(Spearman)의 지능에 관한 2요인설

스피어만은 1904년 자신의 논문 「"General Intelligence," Objectively Determined and Measured」에서 지능의 요인분석적 연구결과를 소개하였으며, 이를 통해 모든 검사에 공통되는 요인으로서 일반요인(G 요인 ; General Factor)과 함께 각각의 검사에 특유한 요인으로서 특수요인(S 요인 ; Special Factor)이 있음을 시사하였다. 그는 지적 능력 측면에서 개인 간에 성립된 차이를 모두 제거시키고 나면, 모든 인지적 성취에서 일정한 비중을 갖는 공통적인 요인이 남게 된다는 것을 요인분석으로써 밝히고자 한 것이다.

일반요인 (G 요인)	• 모든 개인이 공통적으로 가지고 있는 능력으로서, 여러 가지 지적 활동에 공통적으로 작용하는 요인이다. • 일반적인 인지과제를 해결하는 데 있어서 필수적으로 요구되는 능력과 연관된다. 예) 일반적인 정신작용, 추론능력, 기억력, 암기력 등
특수요인 (S 요인)	• 특정 분야에 대한 능력으로서, 어떤 특정한 상황이나 과제에서만 발휘되는 요인이다. • 일반요인만으로 해결하기 어려운 특수한 과제를 수행하기 위해 작용하는 것으로, 언어나 숫자와 같이 어떤 특정 종류의 인지과제를 처리할 때 선별적으로 동원되는 능력과 연관된다. 예) 언어능력, 수리능력, 기계적 능력, 공간적 능력 등

(2) 인간에 대한 관점

① 중립적 인간관

ㄱ 카텔은 인간의 보편적 특질을 찾아내고 이를 토대로 인간의 행동을 예측하는 데 관심을 기울였으므로, 인간의 본성에 대해 어떤 특정한 관점을 제시하지는 않았다.

ㄴ 예를 들어, 카텔이 제시한 원천특질(Source Trait)의 경우 정서적 안정과 정서적 불안정과 같이 긍정적 측면과 부정적 측면을 동시에 포함하고 있다.

② 양자론적 인간관

ㄱ 카텔은 올포트와 마찬가지로 인간의 행동이 유전적 요인과 환경적 요인의 영향을 동시에 받는다는 양자론적 입장을 취한다.

ㄴ 예를 들어, 카텔이 제시한 원천특질(Source Trait)은 생득적으로 타고나는 기질적 특질인 반면, 표면특질(Surface Trait)은 후천적인 경험에 의해 형성되는 특질이다.

③ 자유론적 인간관

　㉠ 비록 카텔이 인간의 성격을 일관성이 있는 특질들의 집합으로 간주한다고 해도, 성격을 고정된 것이 아닌 성장과 변화가 가능한 것으로 보고 있다.

　㉡ 예를 들어, 카텔이 제시한 **역동적 격자(Dynamic Lattice)**는 개인의 에르그(Erg), 감정(Sentiment), 태도(Attitude)와 같은 역동적 특질이 일정한 방향으로 움직이는 것이 아닌 여러 방향으로 움직이고 있음을 보여준다.

④ **전체론적 인간관**

　㉠ 카텔도 올포트와 마찬가지로 개인의 특질을 여러 가지 요소로 구분하는 요소론적 접근을 펼치지만, 전체론적 관점에서 인간을 이해하고자 노력하였다.

　㉡ 예를 들어, 인간의 복잡한 성격을 이해하기 위해 여러 가지 변인들을 종합적으로 고려하는 방식이나, 역동적 특질의 요소들이 서로 연결되어 있으므로 이를 전체적인 틀에서 고려해야 한다는 생각은 전체성을 강조하는 것으로 볼 수 있다.

(3) 카텔의 특질이론에 영향을 미친 연구

① 스피어만(Spearman)의 요인분석

카텔은 대학원 재학 당시 스피어만에게서 요인분석 기법을 배우게 되었다. 스피어만이 지능에 관한 연구에 요인분석을 적용한 것에 착안하여, 카텔은 성격에 관한 연구에 요인분석을 적용하기로 결심하게 되었다.

② 맥도갈(McDougall)의 동기이론

맥도갈은 인간이 18가지의 본능을 가지고 태어나며, 그 본능들은 인간의 행동을 결정하는 동기로 작용한다고 보았다. 이는 카텔이 선천적인 본능 혹은 추동으로서 에르그(Erg)를 강조하고, 에르그에 의해 인간행동이 동기화된다는 견해에 영향을 미쳤다.

③ 학습이론

카텔은 고전적 조건형성(Classical Conditioning)과 조작적 조건형성(Operant Conditioning)과 같은 인간행동에 관한 학습이론에 영향을 받았다. 인간이 특수한 환경 자극에 대해 정서적으로 반응한다거나, 특정 행동을 통해 에르그(Erg)를 충족시키는 방법을 학습하게 된다는 견해가 이를 반영한다.

④ 레빈(Lewin)의 장(場) 이론

레빈은 인간의 행동이 유전적 소질과 심리적 환경 간의 상호작용에 의해 이루어진다고 주장하면서, 인간의 행동을 개체 및 심리적 환경 간의 함수관계로 나타내었다. 이와 유사하게 카텔도 개인의 특질과 상황의 상호작용에 의해 행동이 유발된다고 주장하면서 이를 함수관계로 설명하였다.

더 알아두기

레빈(Lewin)의 장(場) 이론

- 장 이론에서 '장(Field)'은 정신현상이나 사회현상이 생기는 전체구조나 상황의 상호의존관계를 일컫는다.
- 환경과 사람이 이루는 장 속에서의 여러 가지 힘에 의해 인간의 생각이나 행동이 결정된다. 즉, 인간의 모든 행동은 인간이 개체로서 가지고 있는 유전적 소질과 함께 그를 둘러싼 다양한 심리적 환경 간의 상호작용에 의해 이루어진다.
- 레빈은 인간의 행동이 생활공간(Life Space)의 구조에 따라 결정된다고 보았다. 이때 생활공간은 어떤 순간에 개인의 행동을 결정하는 사실들의 전체를 말하는 것으로서, 개인과 관계를 맺고 있는 환경(특히 심리적 환경)을 의미한다.
- 레빈은 생활공간의 구조에 의한 개체의 위치와 거리 관계를 위상히저 · 역학적 관계로 설명하고자 하였다.
- 학습은 단순한 행동의 변화가 아닌 인지구조의 변화로서, 생활공간이 한층 고도로 분화되어가는 것을 의미한다. 즉, 새로운 것의 학습은 처음 미분화 상태의 생활공간이 점진적인 분화 과정을 거쳐 구조화 내지 재구조화되는 것을 말한다.
- 레빈은 인간의 행동을 다음과 같은 공식으로 나타내었다. 이는 인간의 행동(B ; Behavior)이 개체(P ; Person) 및 심리적 환경(E ; Environment)과 함수관계(f ; Function)에 있음을 나타내는 것이며, 나아가 '심리학적 생활공간(Psychological Life Space)' 또는 '생활공간(Life Space)'과 연결되는 것임을 말하는 것이다.

$$B = f(P, E) = f(\text{L.S.P.})$$

2 성격의 이해

(1) 성격의 개념

① 카텔(Cattell)은 성격을 "개인이 어떤 환경에 처했을 때 그가 무엇을 할 것인지를 말해 주는 것"으로 정의하였다.

② 인간의 성격을 구성하는 내적인 특질들은 서로 유기적으로 기능하며, 이는 하나의 체계를 이루어 외부 환경과 관계를 맺는다.

③ 개인의 행동은 그의 성격과 그가 처한 상황에 의해 결정되는 함수관계로 나타낼 수 있다.

④ 카텔은 레빈(Lewin)과 유사하게 성격에 대한 자신의 견해를 다음과 같은 공식으로 나타내었다. 이는 개인의 행동 혹은 반응(R ; Response or Reaction)이 개인의 성격(P ; Personality)과 특정 상황 혹은 자극(S ; Situation or Stimulus)과 함수관계(f ; Function)에 있음을 나타내는 것이다.

$$R = f(P, S)$$

⑤ 개인의 성격과 환경의 상호작용이 개인의 행동을 유발하므로, 개인의 성격을 이해함으로써 그의 행동을 예측할 수 있다.

⑥ 이와 같이 카텔은 상황이 성격특질과 결합하여 행동에 영향을 미치는 방식을 설명하고자 하였다.

(2) 성격발달의 단계

① **유아기(Infancy, 0~6세)**

성격 형성에 있어서 매우 중요한 시기로, 유아는 이유와 배변훈련, 자아와 초자아, 사회적 태도 형성 등을 통해 성격발달이 이루어진다.

② **아동기(Childhood, 6~14세)**

심리적인 문제가 거의 없는 시기로, 아동은 부모로부터 독립하려는 경향을 보이기 시작하고 또래와 자신을 동일시함으로써 성격발달이 이루어진다.

③ **청소년기(Adolescence, 14~23세)**

아동기에 비해 현저한 문제와 갈등, 스트레스를 경험하는 시기로서, 청소년은 독립성, 자기표현, 성적 갈등의 경험을 통해 성격발달이 이루어진다. 특히 정서적 장애와 일탈행동이 이 시기에 나타나기도 한다.

④ **성인기(Maturity, 23~50세)**

직업의 선택, 결혼과 출산, 부모로서의 역할을 수행하면서 생산적인 시기를 이룬다. 성격은 이전 단계들에 비해 안정적이며, 흥미와 태도의 변화도 거의 나타나지 않는다.

⑤ **성인 후기(Late Maturity, 50~65세)**

신체적·심리적·사회적 변화에 대한 반응으로써 성격의 변화가 나타난다. 즉, 신체적 매력의 감소, 자녀의 결혼, 은퇴 준비 등에 따라 자신의 가치를 재검토하고 새로운 자기를 찾는 과정을 거치게 된다.

⑥ **노년기(Old Age, 65세 이후)**

여러 종류의 상실을 경험하고 그에 적응하게 된다. 배우자나 친구의 죽음, 은퇴에 따른 직업 상실, 사회문화적 활동에서의 지위 상실, 고독감과 죽음의 엄습에 대한 불안감을 경험하면서 인생을 정리하게 된다.

3 특질의 이해

(1) 특질의 개념

① 특질(Trait)은 성격의 기본적인 구성요소로서 자극에 대해 특정한 방식으로 반응하는 경향성을 의미한다.

② 카텔도 특질을 한 개인으로 하여금 여러 상황과 시간에서 일관성 있게 행동하려는 성향을 부여하는 정신구조로 보았다. 따라서 개인의 성격은 특질의 패턴으로써 설명될 수 있는 것이다.

③ 특질에 대한 카텔의 관점과 올포트의 관점은 약간의 차이가 있다. 올포트가 특질을 인간 내부에 실재하는 것으로 본 반면, 카텔은 특질을 행동에 대한 객관적인 관찰에서 추론되는 가설적 혹은 상상적 구성개념으로 본다. 다시 말해, **카텔은 특질을 행동으로부터 추론된 정신구조이자, 행동의 규칙성 혹은 일관성을 설명하는 구성개념으로 간주한다.**

④ 카텔은 특질연구에 있어서 가장 큰 문제로 특질들이 너무도 많다는 점을 지적하였다. 예컨대, 올포트의 경우에도 성격 특성과 관련하여 17,953개의 용어를 구별하였으며, 4,500여개의 특질을 나타내는 형용사들을 추출하였다.

⑤ 카텔은 특질 차원을 찾아내는 방법으로 요인분석의 통계학적 분석방법을 사용하였다. 그에 따라 4,500여개의 특질 관련 개념들에서 최소한의 공통요인을 추출하여 16개의 요인을 발견하게 된 것이다.

(2) 공통특질과 독특한 특질

특질은 보편성을 기준으로 '**공통특질(Common Trait)**'과 '**독특한 특질(Unique Trait)**'로 구분된다.

공통특질 (Common Trait)	• 모든 사람에게서 나타날 수 있는 **보편적인 특질**을 의미한다. • 모든 사람이 공통적으로 가지고 있으나 정도의 차이는 있다. 　예 지능, 사교성, 외향성, 군거(群居)성 등
독특한 특질 (Unique Trait)	• 특정 개인(혹은 소수의 사람)에게서 나타나며, 다른 사람에게서는 정확하게 동일한 형태로 발견될 수 없는 **독특한 특질**을 의미한다. • **개인차가 반영된 것**으로서, 다른 사람과의 구별을 가능하게 한다. • 독특한 특질로 인해 사람들은 서로 다르며, 각기 다른 관심과 태도를 보이게 된다.

(3) 원천특질과 표면특질

특질은 안정성과 영속성을 기준으로 '**원천특질 또는 근원특질(Source Trait)**'과 '**표면특질(Surface Trait)**'로 구분된다.

원천특질 (Source Trait) 기출	• **개인의 성격을 구성하는 핵심이 되는 특질**로서, 각각의 원천특질은 단일 요인으로 행동을 야기한다. • **비교적 안정적이고 영속적인 특질**로서, 그 수가 표면특질에 비해 적다. 특히 여러 개의 표면특질로부터 하나의 원천특질이 도출될 수 있다. • 표면특질의 여러 가지 요인들을 공통성에 의해 묶는 것이므로, 개인의 성격을 기술하는 것은 물론 행동을 예측하는 데도 유용하다. • 카텔은 요인분석을 통해 인간 성격의 기본적 요인으로서 **16가지의 원천특질**을 확인하였다.
표면특질 (Surface Trait)	• **대다수의 사람들이 겉으로 보이는 행동을 통해 알 수 있는 특질**로서, 겉으로 드러나는 구체적인 행동 중 일관성·규칙성이 있는 특질을 말한다. • 여러 성격적 특징 사이에는 상관관계가 성립되어 있으나 이는 동일한 원인에 기인하는 것으로 단정할 수 없다. • **여러 가지 요인들로 구성되므로 안정적이거나 영속적이지 못하며, 단일 원천에 의해 결정되지 않으므로 성격요인을 구성하지 못한다.** • 원천특질만큼 개인의 성격에 큰 영향을 미치지 못하며, 개인의 성격을 이해하는 데 있어서 그만큼 덜 중요하다.

(4) 체질특질과 환경조형특질

원천특질(Source Trait)은 그 출처에 따라 '체질특질(Constitutional Trait)'과 '환경조형특질(Environmental-mold Trait)'로 구분된다.

체질특질 (Constitutional Trait)	• 생물학적 조건에 근거를 둔 것이나 반드시 타고난 것은 아니다. • 예를 들어, 술에 취했을 때 나타나는 부주의나 수다스러움 등 술버릇과 같은 행동을 의미한다.
환경조형특질 (Environmental-mold Trait)	• 사회적 환경 및 물리적 환경의 영향에서 파생된 것이다. • 성격에 어떠한 패턴을 이루도록 하는 학습된 특성 및 행동이다.

(5) 능력특질과 기질특질

능력특질 (Ability Trait)	• 목표 도달의 효율성과 연관된 특질을 말한다. • 개인이 세운 목표를 얼마나 효율적으로 수행할 것인가를 결정하는 특질이다. • 대표적인 능력특질로 지능이 있다. 지능은 주어진 상황의 복잡성을 처리하고, 목표를 어떻게 추구할 것인지를 돕는다.
기질특질 (Temperament Trait) 기출	• 에너지 혹은 정서적 반응성과 연관된 특질을 말한다. • 개인의 행동에 대한 일반적인 스타일과 정서적 상태를 나타내는 특질이다. • 기질특질은 개인이 환경 자극에 얼마나 적극적이고 정서적으로 반응하는지를 알 수 있도록 해 준다(예 민첩함, 느긋함, 대담함, 초조함 등).

(6) 역동적 특질

역동적 특질(Dynamic Trait)은 개인의 행동을 유발하는 근원적인 추진력으로서, 카텔은 이러한 역동적 특질을 크게 다음의 세 가지로 구분하였다.

① 에르그(Erg)

㉠ 'Erg'는 그리스어의 'Ergon'에서 유래한 말로, 본래 '일' 혹은 '에너지'를 의미한다.

㉡ 카텔은 에르그를 원천특질이자 체질특질로서, 본능 혹은 추동과 같이 인간의 선천적이면서 원초적인 기초가 되는 특질로 간주하였다.

㉢ 에르그는 한 개인의 모든 행동을 일으키는 에너지의 원천 혹은 추진력으로 볼 수 있다.

㉣ 개인으로 하여금 구체적인 목표를 향해 행동하도록 유도하는 기본적인 동기로서, 성격의 영속적인 구성을 이루지만 그 강도는 변할 수 있다.

ⓜ 카텔은 요인분석을 통해 다음의 11가지 에르그를 제시하였다.

> - 호기심(Curiosity)
> - 군거성(Gregariousness)
> - 자기주장 혹은 자기표현(Self-assertion)
> - 배고픔(Hunger)
> - 혐오(Disgust)
> - 자기복종(Self-submission)
> - 성(Sex)
> - 보호(Protection)
> - 안전(Security)
> - 분노(Anger)
> - 호소(Appeal)

ⓗ 예를 들어, 성(Sex) 에르그는 개인으로 하여금 성적 자극에 특별한 주의를 기울이도록 하고, 이는 성적 욕구의 정서적 반응을 유발하며, 그에 따라 성적 욕구의 대상을 찾도록 함으로써 그 대상과의 성적 행동을 통해 성적 욕구를 충족시키도록 한다.

② **감정(Sentiment)**

ㄱ 감정은 에르그와 마찬가지로 원천특질이나 에르그와 달리 환경조형특질에 해당한다. 그 이유는 감정이 외적인 사회적 혹은 물리적 영향에서 비롯되기 때문이다.

ㄴ 삶의 중요한 측면에 맞춰진 학습된 태도의 패턴으로서, 이와 같이 학습을 통해 생겨난 감정은 그것이 삶에서 더 이상 중요하지 않을 경우 사라지거나 바뀔 수 있다.

ㄷ 예를 들어, 우정의 감정은 친구들과의 경험에 의해 생겨나지만, 그 감정은 개인마다 다르게 나타나며, 항상 그 상태를 유지하는 것은 아니다.

③ **태도(Attitude)**

ㄱ 태도는 어떤 사건이나 대상에 대해 개인이 가지는 흥미나 관심, 정서 혹은 행동을 의미한다.

ㄴ 역동적 양상의 표면특질로서 에르그와 감정, 그리고 그 상호관계에서 추론되는 숨은 동기의 관찰된 표현이다.

ㄷ 특별한 상황에서의 개인의 태도는 특정 대상과 관련된 행동 과정으로서, 그의 높은 관심을 반영한다.

ㄹ 예를 들어, 축구나 야구와 같은 운동경기를 좋아하는 사람은 스포츠신문을 즐겨 읽고, 스포츠 관련 TV 중계를 시청하며, 운동선수의 특징은 물론 그의 개인사에 대해서도 관심을 가진다.

더 알아두기

역동적 격자(Dynamic Lattice)

- 역동적 격자는 역동적 특질인 에르그(Erg), 감정(Sentiment), 태도(Attitude)를 도식으로 표현한 것이다.
- 카텔은 이 세 가지 역동적 특질이 상호 연관되며, '보조(Subsidization)'를 통해 밀접하게 연결되어 있다고 보았다.
- '보조'는 성격 내에서 어떤 요소가 다른 요소에 보조적임을 의미한다. 즉, 태도는 감정에, 감정은 에르그에 보조적이다. 또한 같은 태도 수준에서 하나의 태도가 다른 태도에 보조적이 되고, 이와 마찬가지로 감정은 다른 감정에, 에르그는 다른 에르그에 보조적이 된다.
- 개인의 동기는 에르그에서 감정으로, 감정에서 태도로 갈수록 구체화되며, 실제적인 행동에 보다 가까워진다.

• 역동적 격자는 에르그가 감정을 통해 태도로 나타나는 것을 보여준다. 예를 들어, 어떤 사람은 성 (Sex) 에르그로 인해 결혼하여 아내와 가정을 이루고, 결혼생활 중 아내의 헤어스타일에 관심을 가지는 태도를 보이게 된다.

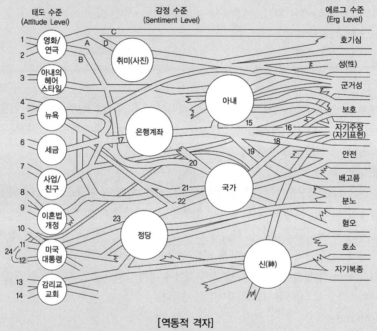

[역동적 격자]

출처 : Cattell, R. B., 「Personality : a systematic theoretical and factual study」, McGraw-Hill, 1950

4 성격 평가기법

(1) 자료조사방법 기출

카텔은 성격을 객관적으로 측정하기 위해 자료를 수집하고 통계분석을 실시하였다. 그가 성격평가를 위한 자료수집과 관련하여 활용한 주요 방법으로 생활기록법, 질문지법, 검사법 등이 있다.

① 생활기록법(L-data 기법)

　㉠ 학교, 직장 등 일상적인 상황에서 대상자가 보이는 구체적인 행동에 대해 관찰자가 평가하는 기법이다.

　㉡ 예를 들어, 관찰자는 대상자의 결석(혹은 결근) 빈도, 학업성적(업무성과), 과제 이행 상황, 사교성 등을 기록할 수 있다.

　㉢ 이 기법은 통제된 실험실이 아닌 자연스러운 상황에서 일어나는 행동을 관찰할 수 있는 장점을 가진다.

② **질문지법(Q-data 기법)**

  ㉠ 질문지(설문지)를 사용한 자기평정기법으로서, 대상자는 자기 자신에 대해 평가하도록 요청된다.

  ㉡ 대상자로부터 자료를 얻기 위해 그의 태도나 흥미, 개인적인 의견 등을 측정하는 표준화된 자기 보고식 검사를 포함한 다양한 형태의 질문지가 사용된다.

  ㉢ 대상자의 어떤 행동이 조사대상에 포함되는가에 따라 면담이 사용될 수 있다.

③ **검사법(T-data 기법)**

  ㉠ 검사법은 대상자로 하여금 자신의 어떤 행동적 측면이 평가되고 있는지에 대해 알지 못한 채 반응하도록 요청된다.

  ㉡ 카텔은 로샤 검사(Rorschach Test), 주제통각검사(Thematic Apperception Test), 단어연상검사(Word Association Test) 등의 **투사적 검사를 활용**하는 것을 염두에 두었다.

  ㉢ 이 기법은 자신에 대한 어떤 것을 감추기 위해 반응을 왜곡하지 않는 상점을 가진나.

(2) 16성격 요인검사(16PF) [기출]

① **의의 및 특징**

  ㉠ 16성격 요인검사(Sixteen Personality Factor Questionnaire)는 1949년 카텔(Cattell)이 자신의 성격이론을 입증하기 위해 고안한 검사도구이다.

  ㉡ 카텔은 사전, 정신과 문헌자료 및 심리학 문헌자료 등에서 성격 특성을 묘사하는 17,953개의 용어들을 모아, 이를 성격 특성(Personal Traits), 일시적 상태(Temporary States), 사회적 평가(Social Evaluation), 은유적 혹은 모호한 용어(Metaphorical or Doubtful Terms)의 4개 군집으로 분류하였다. 그리고 성격 특성과 연관된 4,500여개의 개념들에서 160여개의 상반된 단어들을 선정하고 여기에 흥미와 능력에 관한 11개의 개념을 추가하여 171개를 선정하였다. 이후 질문지법(Q-data 기법)을 동원하여 결과를 상관분석한 후 최종적으로 16개의 요인을 발견하였다.

  ㉢ 16PF는 거의 모든 성격범주를 포괄하고 있으므로 일반인의 성격을 이해하는 데 적합할 뿐만 아니라 환자의 근본적인 특징을 이해하고 문제를 진단하는 데도 유효하다.

  ㉣ 카텔은 개인의 행동을 이해하고 예측하기 위해 개인이 처한 상황을 함께 고려해야 한다고 강조하였다.

  ㉤ 개인의 행동은 상황적 특성과 잠재적 특성으로 구분되는 것으로서, 상황적 특성은 상태, 역할, 기분 등과 관련하여 일시적으로 작용하는 것인 반면, 잠재적 특성은 상황과 독립적으로 항상 작용한다.

  ㉥ 16PF는 1949년 처음 발표된 이후 카텔과 동료 연구자들의 지속적인 연구 결과에 따라 수차례 개정되었으며, 그 과정에서 요인들의 명칭 일부가 변경되고 초기의 이해하기 어려웠던 용어들이 많이 사라졌다.

② 16PF의 요인

	요인(Factor)	기술내용(Descriptors)	
A	온정성(Warmth)	내성적인(Reserved)	외향적인(Outgoing)
B	추리력(Reasoning)	지능이 낮은 (Less Intelligent)	지능이 높은(More Intelligent)
C	정서적 안정성 (Emotional Stability)	감정에 이끌리는 (Affected by Feelings)	정서적으로 안정된 (More Emotionally Stable)
E	지배성(Dominance)	겸손한(Humble)	자기주장적인(Assertive)
F	쾌활성(Liveliness)	냉담한(Sober)	쾌활한(Happy-go-lucky)
G	규칙 준수성 (Rule Consciousness)	편의적인(Expedient)	양심적인(Conscientious)
H	대담성(Social Boldness)	수줍은(Shy)	모험적인(Venturesome)
I	예민성(Sensitivity)	완고한(Tough-minded)	부드러운(Tender-minded)
L	불신감(Vigilance)	잘 믿는(Trusting)	의심하는(Suspicious)
M	추상성(Abstractedness)	실제적인(Practical)	공상적인(Imaginative)
N	개인주의(Privateness)	우직한(Forthright)	약삭빠른(Shrewd)
O	걱정(Apprehension)	평온한(Placid)	걱정하는(Apprehensive)
Q1	변화 개방성 (Openness to Change)	보수적인(Conservative)	실험적인(Experimentative)
Q2	독립성(Self-reliance)	집단 의존적인 (Group-dependent)	자기 충족적인(Self-sufficient)
Q3	완벽주의(Perfectionism)	제멋대로인(Casual)	통제적인(Controlled)
Q4	긴장감(Tension)	이완된(Relaxed)	긴장한(Tense)

※ **참고** : 위의 16PF 요인 및 기술내용과 관련된 명칭들은 교재에 따라 약간씩 다르게 제시되고 있습니다. 이는 16PF가 수차례 작고 큰 개정 과정을 거친데다가, 16PF 원판을 충실히 따른 표준화된 한국판이 없었기 때문입니다. 참고로 위의 영문 명칭은 'Eysenck, M. W., 「Psychology」, Taylor & Francis Group, 2000'을 참조하였습니다.

5 공헌점 및 제한점

(1) 공헌점

① 성향적 관점의 발전에 기여

카텔의 특질이론은 성향적 관점이 성격심리학의 주요 관점으로 인정받도록 하는 데 기여하였다. 그의 이론은 인간의 성격을 가장 잘 설명한 것으로 평가받고 있으며, 여러 학자들이 성격을 정의하는 데 있어서 그의 이론이 상당부분 반영되어 있는 것을 확인할 수 있다.

② 성격의 과학적 방법으로의 체계화

카텔은 인간의 성격을 객관적이고 과학적인 방법으로 설명하고자 하였다. 다양한 사례를 대상으로 자료들을 수집하고 그에 대해 요인분석의 통계적 방법을 적용함으로써 인간 성격의 주요 특질들을 정리하고자 하였다.

③ 특질의 결정인자 및 발달에 대한 관심

카텔은 유전과 환경이 인간의 성격적 특질에 영향을 미치고 있음을 실증적인 연구를 통해 확인함으로써 행동유전학의 발전에 기여하였다. 또한 성격특질이 유아기에서부터 성인기에 이르기까지 안정적인 양상을 보이는 한편, 그것이 여러 동기와 상황 요인의 변화에 따라 함께 변한다는 점을 밝힘으로써 성격의 안정성과 역동성을 동시에 입증하였다.

④ 성격에 관한 경험적 연구와 분석기법의 발전에 기여

카텔은 성격에 관한 경험적 연구의 이론적인 구조를 제공한 것은 물론 요인분석을 폭넓게 사용함으로써 다변량 기법이 개발되는 데 기여하였다. 또한 그가 개발한 16PF는 현재까지 성격평가에 광범위하게 사용되고 있다.

(2) 제한점

① 인간 성격에 대한 기계적 분석

카텔이 사용한 요인분석 방법은 인간의 성격을 기계적으로 분석하는 경향이 있다. 그는 인간의 성격을 이해하기 위해 16가지의 원천특질을 제안하고 있으나, 실제로 인간의 성격이 수학 공식과 같이 단 몇 가지의 특질들만으로 설명될 수는 없다.

② 자료의 성급한 일반화

카텔은 자료를 수집하기 위해 자기보고식 질문지를 주로 사용하였는데, 이는 수검자들이 솔직하게 반응하였는지 혹은 사회적 바람직성에 따라 반응한 것은 아닌지 등의 문제를 야기한다. 또한 사용된 검사도구의 타당성이 충분히 입증되지 못했다는 점, 그리고 객관적인 자료상의 정보를 넘어서서 이론적 추측이 개입되어 있다는 점이 문제시되고 있다.

③ 인간 성격의 개성 및 독특성의 간괴

카텔은 인간 성격의 보편적인 특질을 찾는 데 몰두하였으므로, 상대적으로 인간 성격의 개성과 독특성에 대한 관심 부족을 드러내 보이고 있다. 그의 연구는 대규모의 집단을 통해 이루어진 경우가 많았으며, 주로 인간행동을 예측하기 위해 평균적인 성격특질을 밝히는 데 집중되었다.

④ 성격 작동 기제에 대한 설명의 어려움

카텔은 성격특질을 찾는 데 집중한 나머지, 성격이 작동하는 기제를 찾는 데 소홀하였다. 따라서 그의 이론은 성격이 어떻게 작동하는지, 성격이 행동에 어떠한 영향을 주는지, 성격특질이 행동으로 옮겨가는 과정은 어떠한지 등에 대해 설명하지 못한다.

제3절 아이젱크의 성격 3요인 이론

1 개요 [기출]

(1) 이론의 이해

① 아이젱크(Eysenck)는 1916년 독일 베를린(Berlin)에서 태어났으며, 1934년 나치의 박해를 피해 영국으로 이주하였다. 그는 런던(London) 대학 등에서 교수로 재직하면서 성격, 성격검사, 이상행동에 관한 방대한 저술을 남겼다.

② 그는 여러 가지 방법적 측면에서 미국의 특질이론가들의 연구를 보완하였다. 그는 성격에 대한 단순한 기술적 접근이 아닌 과학적으로 검증될 수 있는 성격 모델을 정립하고자 노력하였다.

③ 요컨대, 카텔(Cattell)의 성격에 관한 모델은 다수의 특질들을 포함하는 것은 물론 위계적인 구조가 결여되어 있었다. 아이젱크는 이를 좀 더 적은 수의 특질로 구성하고 위계구조를 가진 모델로 제시하였다.

④ 융(Jung)은 성격유형으로 외향성과 내향성을 최초로 제안하였다. 그러나 아이젱크는 히포크라테스(Hippocrates)의 체액론에 기초하여 체계적으로 특질군으로 형성된 외향성과 내향성을 발견하였다.

⑤ 아이젱크의 이론은 일면 유형론의 양상을 보이며, 특히 성격 형성에 있어서 유전적 요인을 강조하였으므로 '생물학적 유형론'으로 불리기도 한다. 그러나 그의 연구의 초점이 차원적인 특징을 가진 특질에 있으므로 '특질이론'으로 분류하기도 한다. 사실 그는 다양한 특질들이 모여 유형을 이루지만 그 유형은 완전히 구분되는 것이 아니며, 차원적인 구조로 이루어진다고 주장하였다.

⑥ 그는 인간 성격의 주된 유형이 두 가지 차원, 즉 외향성과 내향성, 안정성과 불안정성의 차원으로 이루어진다고 주장하였다가, 이후 충동통제와 정신증을 추가하여 세 가지 차원으로 구분하였다.

⑦ 아이젱크는 보다 정교하고 세련된 통계적 방법을 사용하여 성격차원들을 탐구하였으며, 실험절차를 통해 확인될 수 있는 수많은 검증 가능한 가설들을 설정하였다. 특히 각성과 흥분 등 인간의 생리적 특성을 요인분석을 통해 이른바 초요인(Superfactor)과 연결시키고자 시도하였다.

⑧ 그는 대뇌피질(대뇌겉질)이나 신경계와 같은 생리적 체계에 근거하여 뇌의 생리적 과정이나 내분비물질의 분비 수준에서의 차이가 성격형성에 영향을 미친다고 보았다. 예를 들어, 성격의 내향성과 외향성의 차이가 뇌의 상행망상활성체계(ARAS ; Ascending Reticular Activating System)에서의 차이에 기인한다는 것이다. 상행망상활성체계(ARAS)는 대뇌피질을 활성화시키거나 진정시키는 역할을 하는 것으로, 이와 관련하여 아이젱크는 내향적 성격을 가진 사람들이 상대적으로 상행망상활성체계(ARAS)의 활동 수준이 높다고 지적하며, 이는 내향적 사람들이 평소 각성의 기초 수준이 높으므로 외부 자극에 보다 쉽게 과잉 각성하기 때문이라고 주장하였다.

⑨ 아이젱크의 성격 차원에 대한 탐색은 이상행동 분야로까지 확대되어, 신경증의 특성에 관한 연구로 이어지기도 하였다.

(2) 초기 연구와 아이젠크 연구의 차이점

① 인간의 성격을 성향적 관점에서 기술한 최초의 시도들은 히포크라테스(Hippocrates)와 갈렌(Galen)에게서 비롯된다. 히포크라테스는 인간의 성격을 인체를 구성하는 네 가지 체액, 즉 혈액(Blood), 흑담즙(Black Bile), 황담즙(Yellow Bile), 점액(Phlegm)으로 설명하였고, 갈렌은 이를 발전시켜 네 가지 기질, 즉 다혈질(Sanguine), 우울질(Melancholic), 담즙질(Choleric), 점액질(Phlegmatic)로 성격을 분류하였다.

[Hans J. Eysenck]

② 이와 같이 히포크라테스와 갈렌은 인간의 성격을 유형(Types)으로 설명하였다는 점에서 유형론으로 분류된다. 그러나 아이젠크를 비롯하여 현대의 다수 성격이론가들은 인간의 성격을 유형(Types)이 아닌 특질(Traits)로 설명하는 경향이 있다.

③ 유형론은 개인의 특성을 불연속적으로 분리된 범주로 분류하는 반면, 특질론은 이를 연속적인 차원으로 분류한다.

④ 요컨대, 아이젠크는 인간 성격의 주된 유형을 두 가지 차원으로 분류한 바 있으며, 이는 초기 성격연구의 범주적 분류와 일면 상통하는 부분이 있다. 그러나 아이젠크는 명확히 분리된 범주가 아닌 차원을 통한 정도의 차이를 열거함으로써 유형론자가 아닌 특질론자로 분류된다.

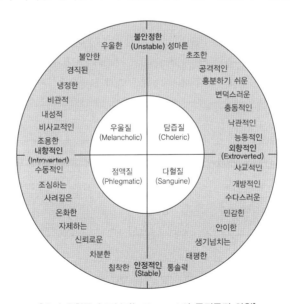

[초기 유형론과 구분되는 Eysenck의 특질론적 차원]

출처 : Eysenck, H. J. et al., 「The Causes and Cures of Neurosis」, Routledge & Kagan Paul, 1965

2 성격의 이해

(1) 성격의 개념

① 아이젱크는 성격을 환경에 대한 개인의 독특한 적응에 영향을 미치는 성질(Character), 기질 (Temperament), 지성(Intellect), 신체(Physique) 등의 요소들이 비교적 안정되고 영속적으로 조직화 된 것으로 정의하였다.

② 성질은 개인의 의지, 기질은 개인의 정서, 지성은 개인의 지능, 신체는 개인의 신체 내외부의 특성과 연관된다.

③ 아이젱크는 인간의 성격이 거의 유전에 의해 결정된다고 주장하였다. 그는 요인분석에 의해 추출된 요인 들을 인과론적 이론과 결부시키는 과정에서 특히 인간행동의 생물학적 요인의 영향력을 중시하였다. 즉, 외향성과 내향성, 신경증적 경향성에 대한 개인차가 성격적 특질 그 자체로 유전되는 것이 아닌 **중추신 경계 혹은 자율신경계에 있는 특징**이 유전되는 것으로 생각하였다. 그에 따라 그 특징과 환경 간의 상호작용에 의해 인간행동을 결정하는 데 영향을 미치는 특질이 형성된다고 보았다.

(2) 성격의 위계 모델

① 아이젱크는 카텔과 달리 적은 수의 기본적인 성격특질에 초점을 두고, 네 수준의 위계구조를 가진 성격 모델로 제시하였다.

② 성격구조의 최상위에 위치하는 것은 유형(Type)으로, 이는 이른바 '초특질(Supertrait)'에 해당한다. 유형(Type)은 다시 여러 가지 특질(Trait)들로 구성되어 성격 전반에 가장 강력한 영향을 미친다.

③ 특질(Trait)들은 여러 개의 습관적 반응(Habitual Response)들로 구성되며, 구체적 반응(Specific Response)들이 가장 세부적인 수준에서 개인의 습관적 반응을 구성한다.

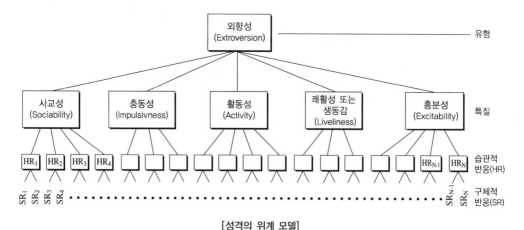

[성격의 위계 모델]

출처 : Eysenck, H. J., 「The Biological Basis of Personality」, Springfield, IL : Charles C Thomas, 1967

(3) 성격의 3요인 기출

아이젱크는 우선 다양한 집단으로부터 수집한 자료들에 대해 요인분석을 실시하여 두 가지 유형(Type), 즉 '외향성/내향성', '안정성/불안정성'을 확인하였고, 이후 다른 통계기법을 사용하여 '충동통제/정신증'의 세 번째 유형을 제시하였다. 그는 이와 같은 세 부류의 성격요인을 측정하기 위한 지필검사 도구로 아이젱크 성격검사(EPQ ; Eysenck Personality Questionnaire)를 개발하였다. EPQ는 다음과 같이 성격의 세 가지 기본 유형을 측정한다.

① **외향성(E ; Extraversion)**
  ㉠ 사회적·물리적 환경의 외적인 자극에 관심이 많은 성향을 가지고 있으며, 반대의 극단에는 내면적인 문제에 관심이 많은 내향성이 존재한다.
  ㉡ 아이젱크는 대뇌피질(대뇌겉질)의 **각성 수준에서의 차이**가 외향성과 내향성 간의 차이의 원인으로 보았다. 즉, 내향성을 가진 사람은 각성 수준이 높아 과도한 긴장 상태에 이르기 쉬운 반면, 외향성을 가진 사람은 각성 수준이 낮아 자신을 각성시킬 자극을 찾는다는 것이다.
  ㉢ 외향성을 가진 사람은 사교적이고 파티를 좋아하며, 친구가 많고 흥미진진한 것을 추구한다. 또한 순간의 기분에 따라 행동하는 경향이 있으며, 위험을 추구하기도 한다.
  ㉣ 반면, 내향성을 가진 사람은 조용하고 사색적이며, 혼자서 책을 읽는 것을 좋아한다. 또한 즉흥적으로 일을 처리하기보다는 미리 계획을 세워 실행에 옮기는 경향이 있으며, 순간적인 충동이나 위험추구 행동을 탐탁지 않게 생각한다.
  ㉤ 예 "사람들과 어울리는 것을 좋아합니까?", "외출하는 것을 좋아합니까?" 등

② **신경증적 경향성(N ; Neuroticism)** 기출
  ㉠ 정서적으로 불안정한 성향을 가지고 있으며 **정서적인 안정성/불안정성의 차원**을 반영한다.
  ㉡ 신경증적 경향을 가진 사람은 정서적으로 과민하고 불안이나 우울, 분노 등의 부정적인 정서를 자주 경험한다. 또한 성미가 까다롭고 변덕스러우며, 침착성이 부족하다.
  ㉢ 반면, 정서적으로 안정된 사람은 침착하고 마음이 안정되어 있으며, 신뢰감을 주고 자신의 정서를 조절하는 능력이 상대적으로 우수하다.
  ㉣ 예 "기분의 변화가 자주 나타나는 것을 느낍니까?", "짜증이 자주 납니까?" 등

③ **정신병적 경향성(P ; Psychoticism)**
  ㉠ 현실감 결여, 무기력 등을 특징으로 하는 **정신병적 취약성**과 함께 타인의 권리를 존중하지 않는 **반사회적 성향**을 반영한다.
  ㉡ 정신병적 경향을 가진 사람은 공격적이고 자기중심적이며, 차갑고 비정하다. 또한 사회적 관습을 무시하는 태도를 보이거나 반사회적인 행동을 보이기도 한다.
  ㉢ 아이젱크는 이와 같은 성격특질을 조현병(정신분열증)과 같은 정신병의 취약성 요인으로 간주하였다.
  ㉣ 예 "다른 사람과 함께 일하는 것이 즐겁습니까?", "당신에게 예의와 청결을 지키는 것이 중요합니까?" 등

<table>
<tr><td colspan="2">더 알아두기</td></tr>
<tr><td colspan="2">신경증과 정신병의 차이</td></tr>
<tr>
<td>신경증
(Neurosis)</td>
<td>• 현실검증력에 별다른 문제는 없으나 다양한 심리적 증상을 나타내는 정신장애를 말한다.
• 경험과 자기개념 간의 불일치로 인해 방어기제를 자주 사용하며, 자기부조화 상태에서 심각한 수준의 불안을 경험함으로써 일상생활에서의 부적응을 초래한다.
예 불안장애, 우울장애, 신체증상장애 등</td>
</tr>
<tr>
<td>정신병
(Psychosis)</td>
<td>• 현실검증력의 손상으로 환각과 망상 등의 증상을 나타내는 정신장애를 말한다.
• 방어기제가 작용할 수 없을 만큼 불일치가 커지면서 무방비 상태에서 자기개념이 붕괴되기에 이른다.
예 조현병(정신분열증), 망상장애, 분열정동장애 등</td>
</tr>
</table>

(4) PEN 모델

① 아이젱크는 인간 성격의 세 가지 차원으로써 인간행동의 중요한 부분들을 설명할 수 있다고 보았다. 그리고 그의 시도는 '정신병적 경향성(P ; Psychoticism)', '외향성-내향성(E ; Extraversion-Introversion)', '신경증적 경향성-안정성(N ; Neuroticism-Stability)'의 이른바 'PEN 모델'로 발전되었다.

② 요컨대, 아이젱크는 인간을 생물사회적 동물이라고 주장하였으며, 이를 입증하기 위해 성격특질과 유형의 생물학적 기반을 탐색하는 연구를 시작하였다. 그리고 PEN 성격차원이 유전적 요인에 의해 결정된다는 사실을 입증할만한 근거들을 발표하였다.

③ PEN 모델은 대상 보편성이 입증됨으로써 어느 정도 타당한 이론적 성과로 인정받고 있다. 아이젱크가 EPQ를 서유럽국가와 동유럽국가, 아시아의 여러 국가들의 피험자들을 대상으로 적용하였을 때, 각 실험집단의 요인 동질성 지수가 매우 높게 나타났다. 이는 PEN 성격차원이 인종이나 종족, 문화적 차이와 상관없이 일반적인 양상으로 형성, 발달하는 것임을 의미한다.

④ 또한 PEN 모델은 시간적 일관성이 입증되었다. 만약 주요 성격차원이 강력한 유전적 기초에서 형성되어 발달되고 중추신경계와 자율신경계에 의해 매개되는 것이라면, 정상적 성장 과정 및 환경에서 타고난 성격특질이 크게 변하지 않을 것으로 예측할 수 있다. 아이젱크의 이와 같은 예측은 특히 외향성-내향성 차원과 신경증적 경향성-안정성 차원에서 충분히 입증되었으며, 다만 정신병적 경향성 차원의 생물학적 기초에 대해서는 아직 이견이 남아있다.

⑤ PEN 성격차원은 범죄, 성행동, 정신병은 물론 학업성취나 직업선택 등 다양한 사회적 행동과 관련이 깊다. 그리고 이와 같은 PEN 성격차원을 체계화한 PEN 모델은 심리측정법, 실험심리학적 방법, 유전학 및 정신생리학적 방법 등을 포함한 다양한 경험적 방법을 통해 타당성이 입증되어 하나의 성격 패러다임으로서 위상을 인정받게 되었다.

제4절 · 성격의 5요인 이론

1 개요

(1) 이론의 이해

① 많은 성격심리학자들은 요인분석을 통해 인간의 성격구조를 이해하기 위한 중요한 성격특질들을 찾아냈다. 이 방법은 보통 수천 명의 사람들을 검사한 수많은 측정치들을 사용하며, 그 자료에 요인분석을 실시하는 과정으로 전개되었다.

② 이와 같이 대다수의 성격연구들이 비슷한 통계기법을 사용하고 있으므로, 그 결과로써 밝혀지는 특질들 또한 동일할 것으로 기대될 수 있다. 그러나 요인분석과 같이 비교적 잘 정의된 방법론에서조차 연구자들이 이를 적용하는 방식을 달리 함으로써 서로 다른 결과를 나타내 보이고 있다. 예를 들어, 카텔(Cattell)은 16개의 특질을 제시한 반면, 아이젱크(Eysenck)는 요인분석의 추가적인 적용으로 소수의 독립적인 초요인(Superfactor)을 찾아냄으로써 여러 특질들을 3개의 요인으로 정리하였다.

③ 통계기법의 적용 방식이나 사용하는 명칭의 차이에도 불구하고, 성격에 관한 다수의 요인분석 연구들에서 상당히 일관성 있게 나타나는 요인들이 있다. 예를 들어, 카텔과 아이젱크는 둘 다 '외향성/내향성'과 함께 정서성과 관련된 요인들을 기술하고 있다. 이는 1960년대부터 다양한 표본과 측정도구를 사용한 여러 연구들에서 나타난 현상으로, 비록 명칭은 다양하게 제시되고 있으나 5가지의 성격요인이 인간의 성격을 가장 잘 기술한다는 의견으로 모아졌다.

(2) 성격 5요인(Big Five)의 등장배경

① 일찍이 피스크(Fiske)는 카텔의 16PF를 대체할 수 있는 5요인 모델을 제시한 바 있으나, 이는 1960년대 초반까지 학계에 잘 알려지지 않았다.

② 1961년 투페스와 크리스탈(Tupes & Christal)이 외향성(Extroversion), 우호성 또는 수용성(Agreeableness), 성실성(Conscientiousness), 정서적 안정성/정신증(Emotional Stability/Psychotism), 문화(Culture)의 차원을 포함한 5요인 모델을 제시하였으며, 이후로 노만(Norman), 보가타(Borgatta), 스미스(Smith) 등이 비슷한 시기에 각자의 방식으로 5요인 모델을 제시하였다.

③ 성격 요인에 관한 연구는 1968년 미첼(Mischel)이 「성격과 평가(Personality and Assessment)」에서 성격으로 행동을 예측할 수 없다는 이른바 '개인-상황 논쟁'을 벌임으로써 위축되었다.

④ 1981년 골드버그(Goldberg)는 성격의 5요인을 재발견하고 이를 'Big Five'라는 명칭으로 부름으로써 다시 연구자들의 관심을 끌기 시작하였다. 여기서 'Big'은 각각의 요인이 수많은 특질들을 포함하고 있음을 의미하며, 이는 아이젱크의 초요인(Superfactor) 만큼 광범위한 양상을 보인다. [기출]

⑤ 코스타와 맥크레이(Costa & McCrae)는 1985년 성격 5요인을 신뢰롭고 타당하게 측정할 수 있는 구조화된 성격검사, 즉 NEO 인성검사(NEO-PI ; NEO Personality Inventory)를 개발함으로써 그와 관련된 수많은 실증적 연구들을 촉발시켰으며, 성격 5요인 이론의 발전에 크게 기여하였다.

2 성격의 5요인 기출

(1) 신경증(Neuroticism)

① 신경증은 불안, 우울, 분노 등 부정적인 정서를 잘 느끼는 성향을 의미한다.

② 적응 대 정서적 불안정성, 심리적 고통, 비현실적 생각, 과도한 욕망 혹은 충동, 부적응적 대처 반응 수준 등을 평가한다.

③ 신경증 성향이 높은 사람은 정서적으로 불안정하고 걱정과 초조감을 많이 느끼며, 예민하고 사소한 일에도 상처를 잘 받는다. 특히 부정적인 정서를 조절하는 데 어려움을 겪으므로 주관적 고통과 불행감을 더욱 많이 느끼며, 인간관계에서의 갈등이나 불화 등 부정적인 사건이나 문제들을 자초하기도 한다.

④ 신경증 성향이 낮은 사람은 침착하고 안정적이며, 이완되어 있다. 또한 강인하고 자기만족적이며, 스트레스에 대한 정서적 반응의 강도가 낮다.

(2) 외향성(Extroversion) 기출

① 외향성은 다른 사람과의 교류를 통해 인간관계적 자극을 추구하는 성향을 의미한다.

② 대인관계의 상호작용 강도, 활동성 및 자극 추구 수준, 즐거움에 이르는 능력 등을 평가한다.

③ 외향성 수준이 높은 사람은 사교적이고 활동적이며, 매사에 적극적이고 즐거움을 추구한다. 사회적 교류의 기회가 많은 곳을 찾아 사람들과 적극적으로 어울리는 것을 즐기므로, 일에서의 성공 가능성이 상대적으로 높은 편이다.

④ 외향성 수준이 낮은 사람은 말 수가 적고 생기가 없다. 또한 사람들 앞에 나서기를 싫어하며, 일처리에 있어서 과업지향적인 경향을 보인다.

(3) 경험에 대한 개방성(Openness to Experience)

① 개방성은 호기심이 많고 새로운 것을 좋아하며, 다양한 경험과 가치에 대해 열린 자세를 가진 개방적인 성향을 의미한다.

② 혁신성의 추구, 경험 자체에 대한 존중, 낯선 것에 대한 탐색과 수용 정도 등을 평가한다.

③ 개방성 수준이 높은 사람은 호기심이 많고 모험적이며, 상상력이 풍부하고 지적인 탐구심이 강하다. 특히 기존의 사회적 가치에 대해 도전적이고 정치적으로 진보적인 성향을 나타내는 등 전통적 권위에 대해 거부적인 태도를 보이는 한편, 견해의 차이에 대해서는 관용적인 태도를 보인다.

④ 개방성 수준이 낮은 사람은 인습적이고 현실적이며, 권위와 전통에 대해 수용적인 태도를 보인다. 흥미를 갖는 영역이 제한적이며, 탐구적·분석적이지도 않다.

(4) 우호성(Agreeableness)

① 우호성은 '수용성' 혹은 '친화성'으로도 불리는 것으로, 다른 사람에 대한 우호적·수용적·협동적인 성향을 의미한다.

② 동정심에서 적대감에 이르는 연속선상에서 개인의 사고, 감정, 행동이 어느 위치에 있는지의 대인관계 지향성 수준을 평가한다.

③ 우호성 수준이 높은 사람은 친절하고 호의적이며, 관대하고 신뢰롭다. 다른 사람들과 협동을 잘 하고 어려움에 처한 사람들을 잘 돕지만, 그것이 지나친 경우 순진함으로 인해 타인에게 잘 속고 이용당하기도 쉽다.

④ 우호성 수준이 낮은 사람은 냉소적이고 무례하며, 비협조적이고 의심이 많다. 특히 자기주장을 강하게 내세우고 타인을 조종하려고 하며, 이해관계가 대립되는 상황에서 자신의 이익만을 추구하려는 경향이 있다.

(5) 성실성(Conscientiousness) 기출

① 성실성은 자기조절을 잘 하고 책임감이 강한 성취지향적 성향을 의미한다.

② 목표 지향적 행동의 조직화와 지속적인 유지, 목표 지향적 행동에 동기를 부여하는 정도 등을 평가한다.

③ 성실성 수준이 높은 사람은 자신의 원칙과 목표에 따라 삶을 계획적으로 영위하며, 과제를 수행하는 데 있어서 체계적이고 조직적으로 접근한다. 평소 단정하고 꼼꼼하며, 시간약속을 잘 지킨다. 다만, 그것이 지나친 경우 일에 집착하고 사소한 규칙에 얽매임으로써 인간관계를 희생하기도 한다.

④ 성실성 수준이 낮은 사람은 게으르고 느슨하며, 부주의하고 의지가 약하다. 또한 뚜렷한 목표나 계획 없이 살아가고, 책임감이 부족하며, 쾌락을 탐닉하기도 한다.

3 5요인 이론 성격체계

(1) 의의 및 특징

① 5요인 이론(FFT ; Five-Factor Theory)은 성격의 기본 구조를 밝히기 위한 특질이론으로서, **코스타와 맥크레이(Costa & McCrae)**는 이를 5요인 모델로 구체화하였다. 그들은 5요인 모델이 명목상 유사한 구조들 간의 차이를 구분하는 한편, 상이한 구조들 간의 유사성을 인식하는 데 강력한 개념적 도구를 제공할 것으로 기대하였다.

② 코스타와 맥크레이는 더 나아가 성격특질과 다른 관련 요인들 간의 관계를 설명하기 위해 이른바 **'5요인 이론 성격체계(FFT Personality System)'**의 이론적 모델을 제시하였다.

③ 5요인 이론 성격체계는 5요인의 성격특질이 개인과 환경의 관계 속에서 어떤 과정을 거쳐 개인의 삶에 영향을 미치는지를 설명한다.

④ 개인의 성격체계를 구성하는 핵심요소로서 '기본 성향', '특징적 적응', '자기개념'을, 개인의 성격과 서로 영향을 주고받는 성격체계의 주변요소로서 '생물학적 기반', '객관적 생애사', '외부적 영향'을 제시한다.

⑤ 성격체계의 핵심요소와 주변요소를 구성하는 각 요소들은 **역동적 과정(Dynamic Process)**을 통해 서로 영향을 주고받는다. 그리고 그 과정은 개인의 인지적·정서적·동기적 메커니즘에 의해 조절되며, 개인의 성격특질에 따라 독특한 방식으로 나타나기도 한다.

⑥ 이와 같이 5요인 이론 성격체계는 개인의 성격특질이 생물학적 기초를 토대로 사회문화적 환경과 상호작용하면서 개인의 삶에 영향을 미치는 과정을 통합적으로 이해할 수 있도록 한다.

(2) 성격체계의 핵심요소

① 기본 성향(Basic Tendencies)

㉠ 개인의 사고, 감정, 행동의 패턴에 영향을 미치는 일련의 성격특질을 의미한다.

㉡ 유전 등 생물학적 요인에 기반을 둔 것으로서, 내재적 성숙(Intrinsic Maturation)에 의해 형성되어 전 생애에 걸쳐 지속되지만, 외부적 사건이나 의도된 개입에 의해 변화될 수 있다.

㉢ 성격특질은 위계적으로 구조화되어 있으며, 광범위한 성향들 가운데서 성격의 5요인, 즉 '신경증', '외향성', '개방성', '우호성', '성실성'이 특질 위계의 가장 높은 수준을 구성한다.

② 특징적 적응(Characteristic Adaptation)

㉠ 개인의 기본 성향이 특정한 사회문화적 환경에서 구체화되어 나타난 적응 상태를 의미한다.

㉡ 개인은 일관된 사고, 감정, 행동의 패턴을 발달시키면서 환경에 적응하며, 이는 시간이 흐름에 따라 생물학적 성숙, 사회적 역할이나 기대의 변화, 외부환경의 변화나 의도된 개입에 의해 변하게 된다.

㉢ 개인의 특징적 적응은 사회문화적 가치나 개인의 목표 기준에 비추어 볼 때 바람직하지 않은 부적응 양상을 보일 수 있다.

③ 자기개념(Self-concept)

㉠ 개인이 의식할 수 있는 자기(Self)에 관한 인지적·정서적 인식체계를 말하는 것으로서, 적응 과정에서 형성된 일종의 자기도식에 해당한다.

㉡ 개인의 성격특질과 일관성 있는 내용을 지니는 것으로서, 보통 개인이 접하는 다양한 정보들로부터 선택적으로 받아들여져 형성된다.

㉢ 개인은 일상의 적응 과정에서 자기개념을 통해 통합감을 가질 수 있게 된다.

(3) 성격체계의 주변요소

① **생물학적 기반(Biological Bases)**
　　㉠ 개인의 유전적 요인과 생물신체적 요인 등을 의미한다.
　　㉡ 기본적 성향으로서의 성격특질을 결정하는 주요 요인에 해당한다.

② **객관적 생애사(Objective Biography)**
　　㉠ 개인의 특징적 적응이 전 생애를 통해 나타난 역사적 사건을 의미한다.
　　㉡ 개인의 특수한 경험은 당시 상황에 의해 나타난 특징적 적응의 다양한 측면이 복합적으로 작용한 것이다.
　　㉢ 개인이 계획을 세우고 실행에 옮기는 모든 과정은 오랜 시간에 걸쳐 성격특질과 일관된 방식으로 조직화되어 생애사를 구성하게 된다.

③ **외부적 영향(External Influences)**
　　㉠ 개인의 삶에 영향을 미치는 사회문화적 규범이나 사건들을 의미한다.
　　㉡ 사회문화적 환경은 개인의 성격특질과 상호작용하여 특징적 적응에 영향을 미치며, 특징적 적응과의 상호작용을 통해 개인의 행동을 조절한다.

4 NEO 인성검사 개정판(NEO-PI-R)

(1) 의의 및 특징

① 코스타와 맥크레이(Costa & McCrae)는 1960년대부터 1990년대에 이르기까지 개발된 다양한 성격 심리이론에 기초하여 결합적 요인분석을 통해 공통적인 요인들을 추출하였다.

② 그들은 성격특질의 요인을 행동으로부터 추론될 수 있는 일반화된 행동경향성으로 보았으며, 각 개인이 공통적으로 5가지의 성격특질 요인들을 가지고 있다는 결론에 이르렀다.

③ 그들은 자신들의 연구 성과를 토대로 1985년 성격 5요인을 측정하기 위한 검사도구, 즉 NEO 인성검사(NEO-PI ; NEO Personality Inventory)를 개발하였다. 그러나 이 검사도구는 'NEO'라는 명칭에서 볼 수 있듯이 '신경증(Neuroticism)', '외향성(Extraversion)', '경험에 대한 개방성(Openness to Experience)'의 3요인 중심으로 구성되었다.

④ 이후 1992년 성격 5요인을 각각 6개의 하위척도로 측정하는 NEO 인성검사 개정판(NEO-PI-R ; The Revised NEO Personality Inventory)을 발행하였다. NEO-PI-R은 '신경증', '외향성', '경험에 대한 개방성'의 3요인 외에 '우호성(Agreeableness)'과 '성실성(Conscientiousness)'을 추가적으로 구성한 것이다.

(2) 검사의 구성

① NEO-PI-R의 5가지 요인에 해당하는 상위척도들은 다시 각각 6개의 하위척도들로 세분되고, 하위 척도들은 다시 8개의 문항으로 구성됨으로써 총 240개의 항목으로 이루어진다.

② 각각의 문항들은 '전혀 그렇지 않다'에서 '매우 그렇다'에 이르기까지 5점 척도로 평정하도록 되어 있다.

요인(Factor)	기술내용(Descriptors)	
신경증 (N요인)	• N1 - 불안(Anxiety) • N3 - 우울(Depression) • N5 - 충동성(Impulsiveness)	• N2 - 적대감(Angry Hostility) • N4 - 자의식(Self-consciousness) • N6 - 심약성(Vulnerability)
외향성 (E요인)	• E1 - 온정성(Warmth) • E3 - 자기주장(Assertiveness) • E5 - 자극 추구(Excitement Seeking)	• E2 - 군거성(Gregariousness) • E4 - 활동성(Activity) • E6 - 긍정 정서(Positive Emotions)
경험에 대한 개방성 (O요인)	• O1 - 상상(Fantasy) • O3 - 감정 개방(Feelings) • O5 - 사고 개방(Ideas)	• O2 - 심미(Aesthetics) • O4 - 행동 개방(Actions) • O6 - 가치 개방(Values)
우호성 (A요인)	• A1 - 신뢰(Trust) • A3 - 이타심(Altruism) • A5 - 겸손(Modesty)	• A2 - 정직(Straightforwardness) • A4 - 순응성(Compliance) • A6 - 동정(Tender-mindedness)
성실성 (C요인)	• C1 - 유능성(Competence) • C3 - 충실성(Dutifulness) • C5 - 자기통제(Self-discipline)	• C2 - 질서(Order) • C4 - 성취추구(Achievement) • C6 - 신중성(Deliberation)

※ **참고** : 위의 NEO-PI-R의 요인 및 기술 내용과 관련된 명칭들은 교재에 따라 약간씩 다르게 제시되고 있습니다. 참고로 위의 영문 명칭은 'Piedmont, R. L., 「The Revised NEO Personality Inventory : Clinical and Research Applications」, Springer'를 참조하였습니다.

01 다음 중 올포트(Allport)의 이론에 대한 설명으로 옳지 <u>않은</u> 것은?

① 개인의 특질을 정의함으로써 성격의 독특성을 강조하였다.
② 개인의 현재 동기와 현실적인 문제에 관심을 기울였다.
③ 인간을 성장과 변화, 창조가 가능한 존재로 보았다.
④ 정신분석과 행동주의의 전통을 계승하였다.

01 올포트(Allport)는 정신분석과 행동주의가 팽배하던 당시 상황에서 그 두 가지 이론을 동시에 비판하였다. 즉, 정신분석이 인간의 보이지 않는 무의식을 깊이 파헤치려는 데 집중한 나머지 현실적인 문제를 소홀히 다루고 있다는 점과, 행동주의가 인간의 외현적인 행동과 환경으로써 모든 인간을 동일한 방식으로 설명하려고 한다는 점을 비판하였다.

02 다음 중 올포트(Allport)의 특질이론에 영향을 미친 연구에 해당하는 것을 올바르게 모두 고른 것은?

> ㄱ. 스턴(Stern)의 지능에 관한 연구
> ㄴ. 제임스(James)의 실용주의 철학
> ㄷ. 맥도갈(McDougall)의 동기이론
> ㄹ. 번(Berne)의 교류분석 심리학

① ㄱ, ㄴ, ㄷ
② ㄱ, ㄷ
③ ㄴ, ㄹ
④ ㄱ, ㄴ, ㄷ, ㄹ

02 ㄱ, ㄴ, ㄷ이 옳은 내용이다.

올포트(Allport)의 특질이론에 영향을 미친 연구
• 스턴(Stern)의 지능에 관한 연구(ㄱ)
• 제임스(James)의 실용주의 철학(ㄴ)
• 맥도갈(McDougall)의 동기이론(ㄷ)
• 학습이론
• 현상학
• 게슈탈트 심리학(형태주의 심리학) 등

정답 (01④ 02①)

03 ① 올포트는 성격의 발달이 기본적으로 학습의 문제와 연관된다고 보았다(학습의 원리).
② 올포트는 성격이 특성상 결코 보편적인 것이 아니며, 특정 개인에게 국한되는 독특한 것으로 보았다(독특성의 원리).
③ 올포트는 유아기를 지배했던 생물학적 동기들이 성인기에 작용하는 동기들과 연속선상에 있지 않다고 보았다(비연속성의 원리).

03 다음 중 올포트(Allport) 성격이론의 이론적 원리에 대한 설명으로 가장 옳은 것은?

① 성격은 학습이 아닌 생물학적 유전에 의해 결정된다.
② 성격은 특성상 모든 사람에게서 공통된 양상을 보이는 보편성을 가진다.
③ 유아기를 지배했던 생물학적 동기들은 성인기에 작용하는 동기들과 연속선상에 있다.
④ 자아(Ego)는 인간의 모든 습관, 특질, 태도, 감정, 경향성 등을 통합하는 역동적인 힘이다.

04 올포트(Allport)의 성격의 발달단계
ㄴ. 신체적 자아(Bodily Self) →
ㅂ. 자아정체감(Self-identity) →
ㄷ. 자아존중감(Self-esteem) →
ㅁ. 자아확장(Self-extension) →
ㄱ. 자아상(Self-image) →
ㄹ. 합리적 적응체로서의 자아(Self as a Rational Coper) →
ㅅ. 고유자아의 추구(Propriate Striving)

04 다음 중 올포트(Allport)가 제시한 성격의 발달단계를 순서대로 올바르게 나열한 것은?

> ㄱ. 자아상(Self-image)
> ㄴ. 신체적 자아(Bodily Self)
> ㄷ. 자아존중감(Self-esteem)
> ㄹ. 합리적 적응체로서의 자아(Self as a Rational Coper)
> ㅁ. 자아확장(Self-extension)
> ㅂ. 자아정체감(Self-identity)
> ㅅ. 고유자아의 추구(Propriate Striving)

① ㄱ - ㄴ - ㄷ - ㄹ - ㅁ - ㅂ - ㅅ
② ㄱ - ㅂ - ㄴ - ㄷ - ㅁ - ㄹ - ㅅ
③ ㄴ - ㅂ - ㄷ - ㅁ - ㄱ - ㄹ - ㅅ
④ ㄴ - ㄱ - ㅁ - ㄷ - ㄹ - ㅂ - ㅅ

정답 03 ④ 04 ③

05 다음 중 특질이론의 주요 개념으로서 특질(Trait)에 대한 설명으로 옳지 <u>않은</u> 것은?

① 자극에 대해 특정한 방식으로 반응하는 경향성을 말한다.

② 특정한 상황에 국한되는 비교적 제한된 성향이다.

③ 직접 관찰할 수는 없으나 일련의 행동을 통해 평가될 수 있다.

④ 올포트(Allport)는 모든 사람이 자극에 대해 유사한 방식으로 행동하는 행동경향성을 가지고 있다고 보았다.

05 특질은 특정한 상황에 국한되는 비교적 제한된 성향으로서의 습관과는 다르다. 예를 들어, 외출 후 집에 들어와서 가장 먼저 손을 씻는 반복된 행위는 습관으로 볼 수 있으나, 만약 그와 같은 행위가 다른 모든 상황에서 항상 청결을 유지하려는 태도로 나타난다면 이는 특질로 볼 수 있는 것이다.

06 다음 중 특질이론의 주요 개념으로서 특질(Trait)의 특성에 대한 설명으로 옳은 것은?

① 특질은 인간의 행동을 설명하기 위한 이론적 구성개념이다.

② 특질은 성격의 불연속적 범주를 가정한다.

③ 특질은 경험적으로 증명될 수 없다.

④ 특질은 행동을 결정하거나 행동의 원인이 된다.

06 ① 특질은 인간의 행동을 설명하기 위한 이론적 구성개념이 아닌 개인 내부에 실제로 존재하는 것이다.

② 성격의 불연속적 범주를 가정하는 것은 유형(Types)이다.

③ 특질은 경험적으로 증명될 수 있다.

07 다음 중 올포트(Allport)가 제시한 개인적 성향의 범주로서 중심특질(Central Traits)에 대한 설명으로 옳은 것은?

① 올포트가 '지배적 열정' 혹은 '감정의 지배자'라 부른 기본특질이다.

② 누군가를 생각할 때 그 사람에 대해 떠오르는 특질로 볼 수 있다.

③ 특정한 대상이나 특정한 상황에서의 행동경향성을 말한다.

④ 좀처럼 드러나지 않고 그 정도가 약하므로 절친한 친구만이 알아챌 수 있다.

07 ① 주특질(Cardinal Traits)

③ · ④ 이차적 특질(Secondary Traits)

정답 05 ② 06 ④ 07 ②

08 기능적 자율성(Functional Autonomy)은 개인의 현재 상황의 영향을 강조하는 개념으로서, 개인의 행동을 이해하는 데 있어서 과거보다는 현재에 초점을 둔다. 즉, 정신적으로 건강한 성인의 동기는 본래 그 동기가 일어났던 과거 경험과 기능적으로 별다른 관련이 없다고 주장한다.

09 개인이 가진 독특성에 초점을 두고 개별사례 접근법을 통한 질적 연구를 수행한 학자로 대표적인 특질이론가는 올포트(Allport)이다. 반면, 카텔(Cattell)은 수많은 사람들을 대상으로 수집한 자료들에 대해 통계적 방식의 양적 연구를 적용함으로써 성격특질의 일반적 양상을 밝히고자 하였다.

10 카텔(Cattell)은 개인의 행동 혹은 반응(R ; Response or Reaction)이 개인의 성격(P ; Personality)과 특정 상황 혹은 자극(S ; Situation or Stimulus)과 함수관계(f ; Function)에 있음을 주장하였다.

08 다음 중 올포트(Allport)가 제시한 기능적 자율성(Functional Autonomy)에 대한 설명으로 옳지 <u>않은</u> 것은?

① 개인의 행동을 이해하는 데 있어서 과거와 현재의 연관성에 초점을 둔다.
② 성인의 동기가 아동기의 경험과 독립적으로 이루어진다고 가정한다.
③ 지속적 기능 자율성은 보통 일상적인 과업을 수행하는 습관적 행동으로 나타난다.
④ 고유자아 기능 자율성은 에너지 수준의 조직화, 숙달과 능력, 고유자아 패턴화의 세 가지 원리를 따른다.

09 다음 중 카텔(Cattell)의 특질연구에 대한 설명으로 옳지 <u>않은</u> 것은?

① 요인분석 기법을 성격연구에 활용하였다.
② 개별사례 접근법을 통한 질적 연구를 수행하였다.
③ 인간의 보편적인 특질을 밝히는 데 역점을 두었다.
④ 개인의 특질을 통해 그의 행동을 예측할 수 있는 가능성을 확인하였다.

10 카텔(Cattell)은 레빈(Lewin)의 장(場) 이론에 영향을 받아 개인의 행동 혹은 반응이 나타나는 양상을 다음과 같이 함수관계로 표현하였다. 다음 중 'P'와 'S'가 의미하는 것을 순서대로 올바르게 나열한 것은?

$$R = f(P, S)$$

	P	S
①	개인의 성격	특정 상황 혹은 자극
②	개인의 성격	생활공간
③	고유자아	특정 상황 혹은 자극
④	고유자아	생활공간

정답 08 ① 09 ② 10 ①

11 카텔(Cattell)이 제시한 특질의 분류 중 원천특질(Source Trait)에 대한 설명으로 옳은 것을 모두 고른 것은?

> ㄱ. 비교적 안정적이고 영속적인 특질이다.
> ㄴ. 주특질, 중심특질, 이차적 특질로 구분된다.
> ㄷ. 각각의 원천특질은 단일 요인으로 행동을 야기한다.
> ㄹ. 카텔(Cattell)은 총 5가지의 원천특질을 확인하였다.

① ㄱ, ㄴ, ㄷ
② ㄱ, ㄷ
③ ㄴ, ㄹ
④ ㄱ, ㄴ, ㄷ, ㄹ

12 다음 중 카텔(Cattell)이 제시한 역동적 특질(Dynamic Trait)에 포함되지 않는 것은?

① 에르그(Erg)
② 태도(Attitude)
③ 감정(Sentiment)
④ 기질(Temperament)

13 다음 중 카텔(Cattell)이 제시한 에르그(Erg)에 대한 설명으로 옳지 않은 것은?

① 프로이트(Freud)의 추동(Drive)과 유사한 개념이다.
② 한 개인의 모든 행동을 일으키는 에너지의 원천이다.
③ 원천특질이자 환경조형특질로 분류된다.
④ 성격의 영속적인 구성을 이루지만 그 강도는 변할 수 있다.

---

11 ㄱ, ㄷ이 옳은 내용이다.
   ㄴ. 주특질(Cardinal Traits), 중심특질(Central Traits), 이차적 특질(Secondary Traits)은 올포트(Allport)가 제시한 개인적 성향(Personal Disposition)의 3가지 특질 유형이다.
   ㄹ. 카텔(Cattell)은 요인분석을 통해 인간 성격의 기본적 요인으로서 16가지의 원천특질을 확인하였다.

12 카텔(Cattell)의 3가지 역동적 특질(Dynamic Trait)
   에르그(Erg), 감정(Sentiment), 태도(Attitude)

13 원천특질(Source Trait)은 그 출처에 따라 체질특질(Constitutional Trait)과 환경조형특질(Environmental-mold Trait)로 구분된다. 카텔(Cattell)은 에르그(Erg)를 원천특질이자 체질특질로 분류하였다.

정답 (11 ② 12 ④ 13 ③)

14 ① 질문지법(Q-data 기법)에 대한 내용에 해당한다.
② 검사법(T-data 기법)에 대한 내용에 해당한다.
④ 생활기록법(L-data 기법)은 통제된 실험실이 아닌 자연스러운 상황에서 일어나는 행동을 관찰한다.

15 16성격 요인검사(16PF ; Sixteen Personality Factor Questionnaire)는 카텔(Cattell)이 자신의 성격이론을 입증하기 위해 고안한 것으로서, 성격 특성과 연관된 4,500여개의 개념들에서 최소한의 공통요인으로 추출한 16개의 요인을 토대로 정상인의 성격을 측정한다.
① 캘리포니아 성격검사(CPI ; California Psychological Inventory)는 정신병리에 대한 진단적 성격이 강한 미네소타 다면적 인성검사(MMPI)와 달리 일반인의 심리적 특성을 이해하기 위해 제작된 것으로서, 4개의 척도군과 20개의 하위척도를 포함한 성격검사이다.
③ 미네소타 다면적 인성검사(MMPI ; Minnesota Multiphasic Personality Inventory)는 수검자의 검사태도를 측정하는 4개의 타당도 척도와 주요 비정상행동을 측정하는 10개의 임상척도로 이루어진 성격검사이다.
④ 마이어스-브릭스 성격유형검사(MBTI ; Myers-Briggs Type Indicator)는 융(Jung)의 심리유형론을 토대로 고안된 성격검사로서, 4가지 선호지표(외향형/내향형, 감각형/직관형, 사고형/감정형, 판단형/인식형)를 통해 16가지의 성격유형으로 구분한다.

정답 14 ③ 15 ②

14 카텔(Cattell)이 사용한 자료조사 방법으로서 L-data 기법에 대한 설명으로 가장 옳은 것은?

① 질문지를 사용한 자기평정기법이다.
② 로샤 검사나 주제통각검사 등 투사적 검사를 활용한다.
③ 일상적인 상황에서 대상자가 보이는 구체적인 행동을 관찰한다.
④ 통제된 실험실에서 관찰자의 객관적인 행동관찰이 이루어진다.

15 다음 중 카텔(Cattell)이 자신의 성격이론을 입증하기 위해 고안한 검사도구에 해당하는 것은?

① CPI
② 16PF
③ MMPI
④ MBTI

16 다음 중 아이젱크(Eysenck)의 성격연구에 대한 설명으로 가장 옳지 <u>않은</u> 것은?

① 인간의 성격을 명확히 분리된 범주로 설명하였다.

② 카텔(Cattell)에 비해 적은 수의 특질들을 제시하였다.

③ 외향성/내향성, 안정성/불안정성, 충동통제/정신증의 차원으로 성격을 구분하였다.

④ 성격 차원에 대한 탐색은 이상행동 분야로 확대되었다.

16 아이젱크(Eysenck)는 인간 성격의 특징적 양상을 명확히 분리된 범주가 아닌 차원을 통한 정도의 차이로 열거함으로써 유형론자가 아닌 특질론자로 분류된다.

17 다음 중 아이젱크(Eysenck)가 제시한 성격의 위계 모델에서 가장 하위의 세부적인 수준을 이루는 것은?

① 유형(Type)

② 특질(Trait)

③ 구체적 반응(Specific Response)

④ 습관적 반응(Habitual Response)

17 성격의 위계 모델(Eysenck)을 살펴보면 구체적 반응이 가장 하위의 세부적인 내용이라는 것을 확인할 수 있다.

18 아이젱크(Eysenck)는 성격요인을 측정하기 위한 지필검사 도구로서 EPQ(Eysenck Personality Questionnaire)를 개발하였다. 다음 중 EPQ가 측정하는 성격의 세 가지 기본 유형에 해당하지 <u>않는</u> 것은?

① 온정성(Warmth)

② 외향성(Extraversion)

③ 신경증적 경향성(Neuroticism)

④ 정신병적 경향성(Psychoticism)

18 EPQ(Eysenck Personality Questionnaire)가 측정하는 성격의 세 가지 기본 유형
• 외향성(E ; Extroversion)
• 신경증적 경향성(N ; Neuroticism)
• 정신병적 경향성(P ; Psychoticism)

정답 16 ① 17 ③ 18 ①

19 개방성 수준이 높은 사람에 해당한다. 개방성 수준이 높은 사람은 호기심이 많고 모험적이며, 상상력이 풍부하고 지적인 탐구심이 강하다. 특히 기존의 사회적 가치에 대해 도전적이고 정치적으로 진보적인 성향을 나타내는 등 전통적 권위에 대해 거부적인 태도를 보이는 한편, 견해의 차이에 대해서는 관용적인 태도를 보인다.

19 다음 중 성격 5요인에 대한 설명으로 가장 옳지 <u>않은</u> 것은?

① 성실성 수준이 높은 사람은 자신의 원칙과 목표에 따라 삶을 계획적으로 영위한다.
② 개방성 수준이 낮은 사람은 전통적 권위에 대해 거부적인 태도를 보인다.
③ 외향성 수준이 낮은 사람은 일처리에 있어서 과업지향적인 경향을 보인다.
④ 우호성 수준이 높은 사람은 타인에게 잘 속고 이용당하기도 쉽다.

20 생물학적 기반은 주변요소에 포함된다.
5요인 이론 성격체계(FFT)의 핵심요소와 주변요소
• 핵심요소 : 기본 성향(Basic Tendencies), 특징적 적응(Characteristic Adaptation), 자기개념(Self-concept)
• 주변요소 : 생물학적 기반(Biological Bases), 객관적 생애사(Objective Biography), 외부적 영향(External Influences)

정답 19② 20④

20 다음 중 코스타와 맥크레이(Costa & McCrae)의 5요인 이론 성격체계(FFT)에서 개인의 성격체계를 구성하는 핵심요소에 포함되지 <u>않는</u> 것은?

① 기본 성향(Basic Tendencies)
② 특징적 적응(Characteristic Adaptation)
③ 자기개념(Self-concept)
④ 생물학적 기반(Biological Bases)

제 4 장

인본주의적 관점

지식에 대한 투자가 가장 이윤이 많이 남는 법이다.

– 벤자민 프랭클린 –

제 4 장 │ 인본주의적 관점

제1절 매슬로우의 인본주의이론

1 개요

(1) 인본주의 심리학의 등장배경 기출

① 1930년대 유럽을 중심으로 발달한 정신분석이 제1세력의 심리학을, 1940년대 미국을 중심으로 발달한 행동주의가 제2세력의 심리학을 이루었다면, 1950~60년대 당시 심리학의 양대 산맥을 형성하고 있던 정신분석과 행동주의를 비판하면서 인본주의 심리학이 제3세력의 심리학을 이루었다.

② 정신분석은 인간을 성적인 욕구와 공격적인 욕구에 의해 무의식적으로 조종당하는 존재로 봄으로써 인간 성격과 관련하여 결정론적인 입장을 취하였다. 다른 한편으로 행동주의는 인간을 환경에 의해 조작되는 수동적 존재로 봄으로써 인간 성격과 관련하여 기계론적인 입장을 취하였다.

③ 인본주의 심리학은 이와 같이 결정론적이고 기계론적인 관점에서 인간 존엄과 자유의지를 부정하는 기존의 심리학을 비판하면서, 긍정적 인간관에 근거하여 인간의 존엄성과 주관성을 중시하였다.

④ 사실 인본주의 심리학은 한 마디로 정의될 수 있는 조직화된 이론은 아니며, 오히려 당시 대두된 현상학 등 철학 사조의 영향을 받은 일종의 운동(Movement)으로 볼 수 있다. 다만, 인간을 잠재력을 가진 긍정적 존재로 본다는 점, 현상학적 관점에서 인간의 주관성을 강조한다는 점 등을 통해 인본주의의 공통된 관점으로 묶을 수 있다.

⑤ 인본주의 심리학은 자기실현(자아실현)을 인간의 가장 기본적인 동기로 주장하면서, 인간에 대해 전체적이고 통합적인 관점을 유지한다. 기출

> **더 알아두기**
>
> **인본주의 심리학의 핵심 가정(Greening, T.)**
> - 인간은 자신을 구성하는 부분의 합을 넘어선 존재로서, 그 구성요소로 환원될 수 없다.
> - 인간은 우주생태계 속에서 실존하는 존재이자 독특한 인간사회 속에서 실존하는 존재이다.
> - 인간은 자기 스스로 자각하고 있음을 자각하는 의식적인 존재로서, 다른 사람과의 관계 속에서 자신을 자각한다.
> - 인간은 선택하는 능력을 지니고 있으며, 자신의 선택에 대해 책임의식을 가진다.
> - 인간은 의도적으로 행동하는 존재로서 자신이 설정한 목표를 지향하며, 삶의 의미와 가치, 그리고 창의적인 것을 추구한다.

(2) 매슬로우 인본주의이론의 이해

① 매슬로우(Maslow)는 인본주의 심리학의 창시자이자 정신적 지주로서, 그의 이론은 **인본주의이론,
자기실현이론(자아실현이론), 욕구위계이론** 등 다양한 명칭으로 불린다.

② 매슬로우는 미국 위스콘신(Wisconsin) 대학에서 심리학을 공부하였으며, 당시 왓슨(Watson)의 행
동주의 심리학에 관심을 보였다. 그는 행동주의 심리학이 인간행동에 대한 많은 의문점들을 해결해
줄 것으로 기대하면서 할로우(Harlow)의 새끼 원숭이 실험에도 참여하였다.

③ 그가 새로운 관점을 가지게 된 것은 제2차 세계대전 전후 당시 나치의 위협을 피해 미국으로 건너온
호나이(Horney), 아들러(Adler), 프롬(Fromm) 등과 지적인 교류를 하고, 게슈탈트 심리학으로 유
명한 베르타이머(Wertheimer), 인류학자인 베네딕트(Benedict)를 만난 것에서 비롯된다. 즉, 제2
차 세계대전의 경험과 함께 다양한 성향의 지식인들과의 교류는 매슬로우로 하여금 행동주의 관점
에서 인본주의 관점으로 전환하는 계기를 마련하였다.

④ 전쟁의 폐해에 대한 반작용으로 인간성 회복에 대한 자성의 목소리가 커지던 무렵, 그는 인간이 증
오나 편견, 전쟁과 같은 폭력적인 행위보다 인간 존엄의 숭고한 행동을 표출할 수 있음을 입증하고
자 결심하였으며, 이를 통해 인간 성격을 발전적인 방향으로 향상시키고자 하였다.

[참고]

매슬로우(Maslow)와 로저스(Rogers)는 인본주의 심리학을 대표하는 학자로서, 그들의 이론에서 가장
핵심이 되는 개념은 'Self'와 'Self-actualization'입니다. 여기서 'Self'는 교재에 따라 '자기' 또는 '자아'
로, 'Self-actualization'는 '자기실현' 또는 '자아실현'으로 번역되고 있습니다. 물론 이 경우 '자기' 또
는 '자아'를 동일한 것으로 간주할 수 있으나 몇몇 학자들의 경우 '자기(Self)'와 '자아(Ego)'를 명확히
구분하는 경우도 있습니다. 예를 들어, 분석심리이론의 대표적인 학자 융(Jung)은 '자기(Self)'를 의식
과 무의식을 포함한 전체 정신의 중심으로 본 반면, '자아(Ego)'를 의식의 영역만을 볼 수 있는 의식의
중심으로 보았습니다. 이와 같이 '자기(Self)'와 '자아(Ego)'를 엄밀히 구분할 필요가 있는 바, 여기서는
'Self'를 '자기'로 'Self-actualization'을 '자기실현'으로 번역합니다.

---

(3) 인본주의이론의 인간에 대한 관점

① 낙관론적 인간관 기출

㉠ 매슬로우는 인간의 본성을 긍정적으로 보았다. 즉, 인간의 본질은 선하며, 인간의 악하고 파괴적
이며 폭력적인 행위는 인간의 본성 자체가 악해서라기보다는 환경이 좋지 못한 데서 비롯된다는
것이다.

㉡ 인간은 **자기실현의 욕구**를 가진 존재로서, 환경 조건만 적당하다면 자신이 가지고 있는 잠재력
을 실현해 나갈 수 있는 **창조적인 존재**이다.

② 유전론적 인간관

㉠ 인본주의이론은 인간이 자신의 삶을 자유롭게 선택하고 결정할 수 있다는 입장을 취하고 있으
므로, 이와 관련하여 유전론이나 환경론을 논하는 것은 큰 의미가 없다. 다만, 유전과 환경의
두 가지 측면에서, 인본주의이론은 환경론보다는 유전론에 보다 가깝다.

ⓛ 매슬로우는 인간의 욕구를 선천적인 것으로 보았다. 즉, 인간
의 생리적 욕구도 선천적인 것으로, 자기실현의 욕구도 선천
적인 것으로 본 것이다.

③ **자유론적 인간관** 기출

　　㉠ 매슬로우는 인간을 자신의 운명을 스스로 만들어 가는 자유로
운 존재로 보았다. 이는 인간 스스로 자신이 어떤 사람이 되고
자 하는지를 결정할 수 있는 능력이 있다는 의미로 볼 수 있다.

　　ⓛ 욕구위계에서 각 단계의 욕구를 해결하는 과정은 결과적으로
성격 변화를 야기하게 된다. 이 경우 자신의 잠재력을 실현시
키는 방향으로 성격 변화가 이루어지는 것이 이상적이다.

[Abraham H. Maslow]

④ **전체론적 인간관**

　　㉠ 매슬로우는 각 개인이 하나의 통합되고 조직화된 전체이므로, 전체적인 관점에서 이해하여야 한
다고 보았다.

　　ⓛ 예를 들어, 개인이 음식을 원하는 것은 그의 신체 일부인 위가 스스로를 만족시키기 위한 것이
아닌 개인 전체를 만족시키기 위한 것이다.

(4) 인본주의이론에 영향을 미친 연구

① **후설(Husserl)의 현상학**

　　㉠ 현상학은 인간행동이 '현상학적 장(Phenomenal Field)', 즉 특정 순간에 개인이 지각하고 경험하는
모든 것에서 비롯된다고 주장하면서, 무엇보다도 개인의 주관적인 경험과 가치를 중시한다.

　　ⓛ 인본주의이론은 동일한 상황에 대해서도 각 개인이 지각하는 주관적인 현실이 다를 수 있음을 강
조하는 현상학의 기본 가정을 토대로 개인의 직접적이면서 주관적인 경험을 중시한다.

② **실존주의 철학**

　　㉠ 실존주의는 인간의 가장 직접적인 경험으로서 자기 자신의 존재에 초점을 두는 철학적 입장이다.
특히 실존주의 철학에서는 인간에 대해 존재하는 그 자체로 이미 있는 존재, 자신이 운명을 스스
로 개척해 가는 책임 있는 존재로 본다.

　　ⓛ 인본주의이론의 주요 개념으로서 형성(Becoming)은 이와 같은 실존주의 철학에 영향을 받은 것
으로, 인간이 항상 무엇인가 다른 존재가 되려는 과정, 즉 형성(Becoming) 과정에 의해 끊임없
이 발전하고 변화한다고 주장한다.

③ **형태주의 심리학**

　　㉠ 형태주의 심리학은 전체는 부분의 합 이상이라는 기본 전제하에 인간을 전체적이고 통합적인 관
점에서 보아야 한다고 주장한다. 즉, 개인의 동기나 욕구를 요소환원적으로 분석하는 것은 의미
가 없으며, 개인에 대한 전체적인 이해가 필요하다는 것이다.

　　ⓛ 인본주의이론은 인간 존재를 원자론적으로 보기보다는 전체론적인 것으로, 분류적이기보다는
기능적으로, 정적이기보다는 역동적으로, 기계적이기보다는 목적적인 것으로 본다.

④ 골드슈타인(Goldstein)의 유기체이론

　㉠ 유기체이론은 인간의 신체와 정신이 별개로 작동하는 것이 아닌 유기체의 생존이라는 궁극적인
　　목적을 위해 서로 상호작용하는 것으로 보며, 특히 인간 삶의 주된 동기를 자기실현으로 설명하
　　였다.

　㉡ 인본주의이론은 인간이 가진 자기실현의 욕구를 최상위의 욕구로 간주하며, 이를 인간이 자신의
　　선천적인 잠재력을 실현시키려는 계속적인 노력으로 설명하였다.

[참고]

욕구(Needs)와 동기(Motive)는 대부분의 경우 혼용되고 있습니다. 그러나 이 둘 사이의 가장 큰 차이
점은 동기(Motive)의 경우 유기체로 하여금 특정 행동을 취하도록 하는 목표 지향성을 전제로 하는 반
면, 욕구(Needs)는 그와 같은 목표 지향성을 전제로 하지 않는다는 점입니다.

---

2 욕구의 위계

(1) 욕구위계이론의 두 가지 기본 가정

① 첫째, 인간은 특정한 형태의 충족되지 못한 욕구들을 만족시키기 위하여 동기화되어 있는 동물이다.
'생리적 욕구', '안전(안정)에 대한 욕구', '애정과 소속에 대한 욕구', '자기존중 또는 존경의 욕구',
'자기실현의 욕구'가 그것으로, 이러한 욕구들 가운데 충분히 충족되지 못한 욕구들이 긴장을 유발
한다.

② 둘째, 대부분의 사람들이 추구하는 욕구들은 사람에 따라 서로 다르기는 하지만, 이를 분류하면 몇
가지 공통된 범주로 구분할 수 있다. 또한 보편성을 가진 이와 같은 공통적 욕구들은 충족되어야
할 순서에 따라 위계적인 형태로 계열화되어 있다.

(2) 욕구위계의 5단계 기출

① 제1단계 – 생리적 욕구(Physiological Needs)

　㉠ 의・식・주, 먹고 자는 것, 종족 보존 등 최하위 단계의 욕구이다.

　㉡ 유기체의 생존 및 유지와 관련된 욕구로서, 모든 욕구 중에서도 가장 기본적이고 강력한 욕구
　　이다.

　㉢ 이 욕구가 충족될 경우 활력, 열정, 기민함 등이 나타나는 반면, 충족되지 못할 경우 피로, 활력
　　상실, 무기력, 게으름 등이 나타날 수 있다. 특히 이 욕구가 충족되지 못할 경우 다른 욕구들이
　　완전히 차단될 수도 있다.

② 제2단계 – 안전(안정)에 대한 욕구(Safety Needs)

㉠ 신체적·정신적 위험에 의한 불안과 공포에서 벗어나고자 하는 욕구이다.

㉡ 추위·질병·위험 등으로부터 자신의 건강과 안전을 지키고자 하는 욕구는 물론, 질서 있고 안정적이며, 예측할 수 있는 삶을 지속적으로 유지하려는 욕구를 포함한다.

㉢ 이 욕구가 충족될 경우 정서적 안정과 편안함을 느낄 수 있는 반면, 충족되지 못할 경우 불안과 공포, 긴장, 신경증 등이 나타날 수 있다.

㉣ 매슬로우는 안전에 대한 욕구가 유아와 신경증을 보이는 성인에게 있어서 매우 중요하다고 보았다.

③ 제3단계 – 애정과 소속에 대한 욕구(Love and Belongingness Needs)

㉠ 가정을 이루거나 친구를 사귀는 등 어떤 조직이나 단체에 소속되어 애정을 주고받고자 하는 욕구이다.

㉡ 개인은 다른 사람과의 친밀한 관계 혹은 특별한 관계를 맺기를 원하며, 의미 있는 집단에 소속되기를 바란다.

㉢ 애정 또는 사랑(Love)과 성(Sex)은 구분되어야 한다. 왜냐하면 성(Sex)은 생리적 욕구의 범주에 포함되는 것으로서, 단지 애정(사랑)의 욕구를 표현하는 방식이기 때문이다.

㉣ 이 욕구가 충족될 경우 상호존중과 신뢰감을 느낄 수 있는 반면, 충족되지 못할 경우 공허감, 무가치감, 고독감, 적대감 등을 가질 수 있다.

㉤ 매슬로우는 현대 사회에서 애정과 소속에 대한 욕구를 충족시키는 것이 더욱 어려워지고 있음을 지적한 바 있다.

④ 제4단계 – 자기존중 또는 존경의 욕구(Esteem Needs)

㉠ 개인이 소속단체의 구성원으로서 명예나 권력을 누리려는 욕구, 타인으로부터 자신의 행동이나 인격이 승인을 얻음으로써 자신감, 명성, 힘, 주위에 대한 통제력 및 영향력을 느끼고자 하는 욕구이다.

㉡ 매슬로우는 이와 관련하여 인간이 자신으로부터의 존중(Self-esteem)과 타인으로부터의 존경(Esteem from Others)을 필요로 한다는 점을 지적한 바 있다.

㉢ 이 욕구가 충족될 경우 자신의 힘, 가치, 적절함에 대해 확신을 가지는 반면, 충족되지 못할 경우 열등감, 무력감과 함께 스스로 용기를 잃게 되어 여러 가지 문제들에 맞설 수 있는 확신을 가질 수 없게 된다.

⑤ 제5단계 – 자기실현의 욕구(Self-actualization Needs)

㉠ 자신의 재능과 잠재력을 충분히 발휘하여 자기가 이룰 수 있는 모든 것을 성취하려는 최고 수준의 욕구이다. 이는 사회적·경제적 지위와 상관없이 자신이 소망한 분야에서 최대의 만족감과 행복감을 느끼고자 하는 욕구로 볼 수 있다.

㉡ 앞선 네 가지의 욕구가 충족되었다고 하더라도 개인이 자신의 잠재력을 활용하지 못할 경우 불만과 좌절감을 느끼게 됨으로써 결국 다른 어떠한 욕구도 충족시키지 못하게 될 수 있다.

㉢ 자기실현에 이른 사람은 외적인 특성보다는 본질적이고 내면적인 특성을 따르며, 욕구 좌절에 대한 인내심이 상대적으로 높게 나타난다.

ⓔ 매슬로우는 모든 인간이 삶의 여정에 있어서 자신의 잠재력을 충족시킬만한 자기실현의 기회를 가지고 있다고 말한 바 있다.

(3) 욕구위계의 확장

① 매슬로우는 처음 욕구위계 5단계를 제시한 이후 인간의 학습 행동과 예술적 행위에 대한 설명이 부족함을 인식하였다. 그리하여 최상의 욕구에 해당하는 '자기실현의 욕구'에 앞서 '**인지적 욕구**(Cognitive Needs)'와 '**심미적 욕구**(Aesthetic Needs)'를 포함시킴으로써 욕구위계를 7단계로 확장하였다.

② 인지적 욕구(제5단계)는 무엇을 알고 이해하려는 욕구로서 보통 유아기 후반과 초기 아동기에 나타나며, 아동의 자연스러운 호기심으로 표출된다. 이러한 인지적 욕구는 타고난 것이므로 가르쳐 줄 필요는 없으나, 가정이나 사회는 가정교육 혹은 학교교육을 통해 아동의 자발적 호기심을 억제하려는 경향이 있다.

③ 심미적 욕구(제6단계)는 미(美)를 추구하는 욕구로서 심미적인 경험에 대한 욕구를 포함한다. 매슬로우는 심미적 욕구가 충족되지 못할 경우 성격발달이 저해될 수 있다고 지적하였다.

④ 제1단계의 생리적 욕구에서 제4단계의 자기존중 또는 존경의 욕구까지를 '**결핍욕구**(Deficiency Needs)'로, 제5단계 인지적 욕구에서 제7단계의 자기실현의 욕구에 이르는 욕구를 '**성장욕구**(Growth Needs)'로 구분한다.

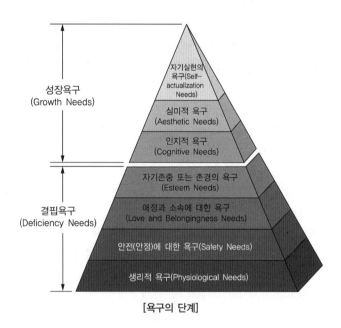

[욕구의 단계]

구분	욕구위계 5단계	욕구위계 7단계	구분
제1단계	생리적 욕구	생리적 욕구	결핍욕구
제2단계	안전(안정)에 대한 욕구	안전(안정)에 대한 욕구	
제3단계	애정과 소속에 대한 욕구	애정과 소속에 대한 욕구	
제4단계	자기존중 또는 존경의 욕구	자기존중 또는 존경의 욕구	
제5단계	자기실현의 욕구	인지적 욕구	성장욕구
제6단계	–	심미적 욕구	
제7단계		자기실현의 욕구	

> **[참고]**
> 매슬로우(Maslow)는 욕구위계를 8단계로 확장하기도 하였습니다. 마지막 제8단계인 '초월의 욕구 (Transcendence)'는 다른 사람들로 하여금 자기실현에 이를 수 있도록 돕는 욕구에 해당합니다. 그러나 제8단계는 하위단계를 거치지 않고 어떤 단계에서도 추구할 수 있는 것으로 제시되고 있으므로, 욕구위계의 기본적인 속성과는 약간 다른 양상을 보이고 있습니다.

(4) 결핍욕구와 성장욕구

① 의의 및 특징

결핍욕구 (Deficiency Needs)	• 생리적 욕구에서부터 자기존중 또는 존경의 욕구에 이르기까지 하위의 4단계의 욕구에 해당한다. • 생존적인 경향이 강한 욕구로서, 불만족이나 좌절감으로 인해 현재 상태를 변화시키고자 하는 결핍동기(Deficiency Motive)로 연결된다. • 일단 만족되는 경우 그것을 달성하려는 동기가 감소하는 경향이 있다.
성장욕구 (Growth Needs)	• '존재욕구(Being Needs)'라고도 하며, **자기실현의 욕구(욕구위계 7단계의 경우 인지적 욕구와 심미적 욕구를 포함)**에 해당한다. • 자신의 재능과 잠재력을 발휘하려는 경향이 강한 욕구로서, 현재 상태에서 즐거움과 만족을 느끼면서 긍정적으로 가치 있는 목표를 추구하고자 하는 성장동기(Growth Motive)로 연결된다. • 충족되면 충족될수록 더욱 높은 성취를 위해 증가하는 경향이 있다.

② **차이점**

- ⊙ 개인은 결핍욕구는 피하려 하는 반면, 성장욕구는 추구하려 한다.
- ⓒ 결핍욕구는 원하지 않는 긴장을 감소시키고 평형을 회복하는 것이 목표인 반면, 성장욕구는 즐거운 형태의 긴장을 계속적으로 유지하는 것을 목표로 한다.
- ⓒ 결핍욕구의 충족은 안도감과 포만감을 유발하는 반면, 성장욕구의 충족은 즐거움을 유발하고 그 즐거움을 더하려는 욕구를 발생시킨다.
- ⓔ 결핍욕구는 환경에 대한 의존성을 유발하고 좀 더 **타인 지향적**이 되도록 하는 반면, 성장욕구는 자율적인 충족을 통해 좀 더 **자기 지향적**이 되도록 한다.
- ⓜ 결핍욕구에 의해 동기화된 사람은 장애에 부딪치는 경우 타인의 도움에 의지하려 하는 반면, 성장욕구에 의해 동기화된 사람은 이를 스스로 처리하려 한다.

(5) 욕구의 특성 [기출]

① **욕구위계에서 하위의 욕구가 더 강하고 우선적이다.**

하위에 있는 욕구일수록 그 강도가 세고 우선순위가 높은 반면, 상위에 있는 욕구일수록 그 강도가 약하고 우선순위도 낮다.

② **욕구위계에서 상위의 욕구는 전 생애 발달 과정에서 후반에 점차적으로 나타난다.**

보통 생리적 욕구와 안전(안정)에 대한 욕구는 유년기에, 애정과 소속에 대한 욕구와 자기존중 또는 존경의 욕구는 청년기에, 그리고 자기실현의 욕구는 생의 중반기 이후에 나타나는 경향이 있다.

③ **욕구위계에서 상위의 욕구의 만족은 지연될 수 있다.**

상위의 욕구는 생존을 위해 절실히 필요로 하는 욕구가 아니다. 즉, 상위의 욕구가 충족되지 못한다고 해서 즉각적인 위기상황에 이르는 것은 아니다. 반면, 하위의 욕구가 충족되지 못한 경우 위급한 반응이 일어날 수 있다.

④ **욕구위계에서 하위의 욕구는 생존에 필요하고 상위의 욕구는 성장에 필요하다.**

상위의 욕구는 생존을 위해 덜 필요로 하지만, 생존과 성장에 기여한다는 점에서 의미를 가진다. 특히 상위의 욕구가 충족되는 경우 갖게 되는 성취감은 삶을 건강하게 만드는 것은 물론 생물학적 효율성을 증가시킨다.

⑤ **욕구위계에서 상위의 욕구는 더 좋은 외적 환경을 요구한다.**

보통 상위에 있는 욕구를 충족시키기 위해서는 사회적 · 경제적 · 정치적 환경이 어느 정도 뒷받침되어야 한다. 예를 들어, 표현의 자유나 기회의 자유는 생리적 욕구나 안전(안정)에 대한 욕구보다는 자기실현의 욕구를 충족시키기 위해 필요하다.

⑥ **욕구위계에서 어떤 욕구는 위계의 다음 욕구가 중요시되기 이전에 충분히 만족될 필요가 없다.**

욕구위계에서의 각 욕구의 만족 비율은 위로 올라갈수록 낮아진다. 예를 들어, 생리적 욕구에서 85%의 만족감을 갖는 사람은 안전(안정)에 대한 욕구에서 70%, 애정과 소속에 대한 욕구에서 50%, 자기존중 또는 존경의 욕구에서 40%, 그리고 자기실현의 욕구에서 10%의 만족감을 얻게 된다.

3 자기실현과 절정경험

(1) 자기실현을 이룬 사람에 대한 연구

① 매슬로우는 인격적 성숙과 창조적 업적을 이룬 세계적인 위인들의 삶을 분석하여 **자기실현적 인간** (Self-actualized Person)의 특성을 제시하였다.

② 그는 우선 부적 준거와 정적 준거를 사용하여 자기실현을 이룬 것으로 판단되는 사람들을 선별하였다. 여기서 부적 준거는 심리적 장애가 없는 사람을 기준으로 한 것이며, 정적 준거는 자신의 재능과 잠재력을 충분히 사용하고 개척하는 자기실현의 증거가 어느 정도 있는 사람을 기준으로 한 것이다.

③ 그는 비교적 적은 수의 내담자 집단에 대한 면접과 함께 역사적 인물에 대한 사례연구로부터 관련 자료들을 수집하였다.

④ 그가 수집한 자료들을 통해 위인으로 분류한 사람으로는 신학자인 마틴 부버(Martin Buber), 심리학자인 윌리엄 제임스(William James), 노예제도 폐지론자인 헤리엇 터브먼(Harriet Tubman), 정치철학자인 토머스 제퍼슨(Thomas Jefferson), 정치가인 에이브러햄 링컨(Abraham Lincoln), 시인이자 사상가인 랠프 월도 에머슨(Ralph Waldo Emerson), 의료봉사활동가인 알버트 슈바이처(Albert Schweitzer), 발명가인 벤자민 프랭클린(Benjamin Franklin) 등이 포함되었다. 그들은 물론 완벽한 사람은 아니나, 대부분 신경증적 갈등으로부터 자유로운 건강한 성격특성을 가지고 있었다.

⑤ 이와 같이 매슬로우가 자기실현적 인간의 특성을 추출하기 위해 수행한 방법은 엄밀한 의미에서 과학적 연구의 조건을 충족시키지 못한다. 그는 자료 수집을 위해 표준화된 여러 종류의 검사를 사용하지 않았으며, 자기실현자의 특성에 대한 기술도 사실상 그의 주관 혹은 직관적 통찰에 의한 것이다.

(2) 자기실현자의 성격특성

① **현실 중심적이다(Reality-centered).**
거짓이나 부정직함, 사기나 허위로부터 진실을 구별할 수 있다.

② **문제해결 능력이 탁월하다(Problem-centered).**
어려움과 역경을 오히려 문제해결의 기회로 삼는다.

③ **수단과 목적을 구분한다(Discrimination between Ends and Means).**
목적으로 수단을 정당화하지 않으며, 결과보다 과정이 더욱 중요할 수 있다는 사실을 인식한다.

④ **사생활을 즐긴다(Detachment : Need for Privacy).**
남들과 함께 하는 시간보다는 혼자 있는 시간에 종종 더 편안한 느낌을 가진다.

⑤ **환경과 문화에 영향을 받지 않는다(Autonomy : Independent of Culture and Environment).**
주위환경에 의해 쉽게 바뀌지 않으며, 특정 문화를 초월한다.

⑥ **사회적인 압력에 굴하지 않는다(Resistance to Enculturation).**
사회에 순응하는 삶을 살지 않으며, 때로 저항의 태도를 보인다.

⑦ **민주적인 가치를 옹호한다(Democratic Behavior).**
인종, 문화, 개인의 다양성에 대해 열린 자세를 취한다.

⑧ **인간적이다(Gemeinschaftsgefühl : Social Interest).**
사회적인 관심과 함께 동정심과 인간미를 가지고 있다.

⑨ **인간적인 관계를 깊이 한다(Intimate Personal Relations).**
수많은 사람들과 피상적인 관계를 맺기보다는 가족이나 소수의 친구들과 깊은 관계를 유지한다.

⑩ **공격적이지 않는 유머를 즐긴다(Sense of Humor).**
자기 자신을 조롱하는 유머를 즐겨 사용하는 반면, 남을 비웃거나 모욕하는 유머는 삼간다.

⑪ **자신과 남을 있는 그대로 받아들인다(Acceptance of Self and Others).**
남들이 자신을 바라보는 시선에 연연해하지 않으며, 자신을 있는 그대로 바라본다.

⑫ **자연스러움과 간결함을 좋아한다(Spontaneity and Simplicity).**
형식적·외면적으로 꾸미기보다는 있는 그대로, 자연스럽게 표현하는 것을 더 좋아한다.

⑬ **감성이 풍부하다(Freshness of Appreciation).**

주위의 평범한 사물이나 삶의 기본적인 것들에 대해서도 경외심과 기쁨을 느낀다.

⑭ **창의적이다(Creativeness).**

창의적이고 독창적이며, 발명가로서의 기질이 있다.

⑮ **초월적인 것을 경험하려 한다(Peak Experience, Mystic Experience).**

학문이나 종교, 스포츠 등 다양한 경험에 있어서 정점에 다다르기를 좋아한다. 경험의 순간이 최고 조에 달했을 때 무한한 자유와 기쁨을 느낀다.

(3) 자기실현이 어려운 이유(Hjelle & Ziegler)

① 자신의 잠재력을 모르고 있거나 자신의 능력을 의심하고 두려워한다.

② 자기실현이 가져다주는 보상을 이해하지 못한다.

③ 사회적인 환경이 자기실현을 방해한다.

④ 안전(안정)에 대한 욕구가 부정적인 영향을 미친다.

(4) 절정경험(Peak Experience)

① 절정경험은 자기실현을 이룬 사람의 특성으로서, 매슬로우는 이러한 사람들이 대부분의 다른 사람 들에 비해 절정경험을 더욱 많이 경험하는 경향이 있음을 발견하였다.

② 요컨대, 절정경험은 인생의 과정에서 경험하게 되는 기쁘고 흥분되는 감격적인 순간으로서, 황홀하 고 감동스럽고 경외스러운 감정을 경험하는 짧고 강렬한 느낌을 말한다.

③ 절정경험은 시간 및 공간 감각의 상실을 수반하기도 하고, 매우 귀중한 무언가가 일어났다는 느낌을 남기기도 하며, 마치 세상을 산 정상에서 바라보는 듯한 깨달음을 수반하기도 한다.

④ 매슬로우는 절정경험을 욕구위계에서 가장 고차원적인 자기실현의 동기가 충족될 때 느끼게 되는 강렬하고 일시적인 주관적 경험으로 설명하며, 그것이 모든 형태의 성장을 증진시킨다고 믿었다.

⑤ 절정경험이 개인의 성장을 최대한 증진시키기 위해서는 자기 스스로 그 경험을 매우 중요한 것으로 인식해야만 한다. 그러나 대부분의 사람들이 인생의 과정에서 여러 번 그와 같은 경험을 함에도 불 구하고 그 각별한 의미를 인식하지 못한 채 넘겨버리게 된다.

⑥ 매슬로우는 특히 겸손, 숭배, 불가사의, 놀라움, 경악의 감정들에 스스로 압도되지 않고 자기 자신 을 보호하려고 하므로, 절정경험의 존재나 그것의 중요성을 거부한다고 추측하였다.

4 공헌점 및 제한점

(1) 공헌점

① 인간 잠재성 운동의 주도

과거 심리학은 인간의 건강하고 창의적이며, 성숙한 본성을 과소평가하였다. 매슬로우는 이와 같은 인간의 본질적인 본성을 회복하는 데 기여하였다.

② 인본주의 심리학의 초석 제공

매슬로우의 이론은 개인의 독특성과 무한한 성장 가능성을 강조하는 인본주의 심리학의 발달에 초석을 제공하였다.

③ 욕구위계를 통한 인간행동의 이해

매슬로우는 개인의 행동을 유발하는 동기 요인으로서 인간 생활에 가장 기본적이고 필수적인 생리적 욕구에서부터 최상위 단계인 자기실현의 욕구에 이르기까지 다양한 욕구와 발달단계를 제시하였다.

④ 자기실현의 개념을 통한 인간 문제에의 수준 높은 접근

매슬로우가 주장한 자기실현의 개념은 인간을 한 차원 높은 경지로 끌어올리는 데 기여하였다. 또한 인간 문제에 대한 과학적 방법이 가치문제로부터 자유롭지 못하며, 인간을 대상으로 하는 연구에서 보다 발전적인 방법과 절차가 필요하다는 점을 분명히 하였다.

⑤ 임상적 환자가 아닌 건강한 사람을 대상으로 한 연구

매슬로우의 연구는 임상적 환자에 대한 사례연구나 그들에 대한 관찰에 의해 형성된 것이 아니다. 그는 신경증 환자들을 대상으로 한 정신분석과 달리 건강한 사람을 연구 대상으로 하였으며, 따라서 그의 이론은 건강한 사람에게 적용할 수 있다.

⑥ 현재의 강조, 자유론적 인간관

매슬로우의 이론은 과거를 중시하는 기존 심리학을 '여기-지금'을 강조하는 현상학적 관점으로 끌어올렸다. 또한 인간이 자기실현을 위해 끊임없이 노력하는 성장 지향적인 존재임을 부각시켰다.

(2) 제한점

① 과학적 검증의 어려움

매슬로우가 위인들을 대상으로 자기실현적 인간의 특성을 추출하는 방식은 과학적 연구의 조건을 충족시키지 못하며, 그로 인해 그의 연구 결과에 대해 객관적인 타당성을 검증한 연구사례가 극히 드물다. 이는 각 개인마다 자기실현의 의미와 정도가 다르며, 자기실현의 욕구 자체에 개인의 독특성이 반영되어 있기 때문이다.

② 욕구위계 구분에 따른 문제점

인간의 욕구는 명확히 구별되는 단계들로 나눌 수 없으며, 그 특성이 서로 중첩되어 나타난다. 또한 매슬로우가 주장한 욕구의 발달이 그의 주장대로 욕구위계에 따라 순서대로 진행되는 것도 아니다.

③ 개인적 상황이나 사회문화적 환경의 반영 미흡

욕구위계는 개인이 처한 상황이나 사회문화적 환경에 따라 다르게 나타날 수 있다. 예를 들어, 경기 불황기에는 생리적 욕구 성향이 증가하는 반면, 자기실현의 욕구 성향이 감소한다. 또한 집단주의 문화가 발달한 곳에서는 애정과 소속에 대한 욕구와 함께 자기존중 또는 존경의 욕구가 중시된다.

제2절 로저스의 인간중심이론

1 개요

(1) 로저스 인간중심이론의 이해

① 로저스(Rogers)는 인본주의 심리학의 주도적인 인물로서, 그의 이론은 1940년대 초에 '비지시적 상담(Non-directive Counseling)', 1950년대 초에 '내담자중심이론(Client-centered Theory)', 그리고 1970년대 이후부터 '인간중심이론(Person-centered Theory)'으로 발전되어 왔다.

② 로저스의 인간중심이론이 출범한 시기는 상담 및 심리치료 분야에서 프로이트(Freud)의 정신분석과 윌리암슨(Williamson)의 특성-요인 접근(Trait and Factor Approach)이 지배하고 있던 시기였다. 당시 정신과 의사들은 환자에게 정신분석을 적용하였고, 교육자나 종교인들은 내담자에게 문제의 해결책을 제시하는 지시적 상담(Directive Counseling)을 하였다. 이 두 가지 접근은 상담 및 심리치료에서 그 주도권이 상담자(치료자)에게 있음을 강조하였으며, 그 이면에는 내담자에게 무엇이 좋은 것인지 상담자(치료자)가 알고 있다는 전제가 깔려 있었다.

③ 로저스는 1942년 자신의 저서 「상담과 심리치료 ; 치료의 새로운 개념, Counseling and Psychotherapy ; Newer Concepts in Practice」에서 '환자(Patient)'의 개념 대신 '내담자(Client)'의 개념을 처음으로 사용하였다.

④ 그는 보통 정신분석에서 시작하여 새로운 이론으로 발전해 나간 다른 심리치료 이론가들과 달리 처음부터 자신의 경험과 철학을 토대로 새로운 이론을 제안하였다. 그는 내담자에게 무엇이 가장 좋은 것인지를 아는 사람은 바로 내담자 자신이라고 주장하였다.

⑤ 정신분석이 지향하는 **치료자중심**의 치료에서 내담자중심의 치료로 전환해야 한다고 주장하였으며, 특성-요인 접근이 지향하는 **지시적 접근**에서 비지시적 접근으로 새롭게 나아가야 한다고 강조하였다.

⑥ 로저스의 이론은 체계적이고 정밀한 과학적 이론이라기보다는 그의 상담경험에서 비롯된 인간론이라고 할 수 있으며, 그의 이와 같은 인간중심적 접근은 상담 및 심리치료 분야에 커다란 영향을 미쳤다.

(2) 인간중심이론의 특징

① 로저스는 인간이 스스로 자신의 삶의 의미를 능동적으로 창조하며, 주관적 자유를 실천해 나간다고 말했다. 기출

② 개인의 독특하고 주관적인 경험을 강조하는 이론으로, 모든 인간에게 있어서 객관적 현실세계란 존재하지 않으며 주관적 현실세계만이 존재한다고 주장한다.

③ 인간은 자신의 사적 경험체계 또는 내적 준거체계와 일치하는 방향으로 객관적 현실을 재구성한다.

④ 한 개인이 생각하고 느끼고 행동하는 고유한 방법을 이해하기 위해서는 그가 객관적 현실을 어떻게 지각하고 해석하는지 그 내적 준거체계를 명확히 파악해야 한다.

[Carl R. Rogers]

⑤ 인간이 지닌 기본적 자유는 그에 따른 책임을 전제로 한다.

⑥ 인간은 유목적적인 존재인 동시에 합리적이고 건설적인 방향으로 지속적으로 성장해 나가는 미래지향적 존재이다.

⑦ 자기실현 경향성(실현화 경향성)은 인간행동의 가장 기본적인 동기이며, 인간은 자기실현을 위한 끊임없는 도전과 투쟁의 과정에서 발생하는 고통을 기꺼이 감내한다.

⑧ 로저스의 인간관에는 자유, 합리성 그리고 자기실현 경향성이 서로 연결되어 있다.

(3) 인간중심이론의 인간에 대한 관점

① 낙관론적 인간관

㉠ 로저스는 인간이 단순히 기계적인 존재도 무의식적 욕망의 포로도 아니라고 주장하였다. 그는 인간 내면에 긍정적인 방향으로 나아가려는 강한 경향이 있으며, 자기 자신을 조절하고 통제하면서 스스로 삶의 의미를 능동적으로 창조해 나가는 능력이 있다고 보았다.

㉡ 인간은 성장 지향적 존재로서, 자신의 타고난 잠재력을 건설적으로 발달시키면서 더 나은 향상을 추구한다.

② 유전론적 인간관

㉠ 로저스는 인간이 선천적으로 잠재력을 가지고 태어난다고 보았으며, 그와 같은 잠재력을 자기실현 경향성(실현화 경향성)이라고 하였다. 또한 인간이 타인으로부터 긍정적 존중을 받고자 하는 욕구를 선천적으로 가지고 태어난다고 보았다.

㉡ 다만, 로저스는 자기(Self)의 발달에 있어서 환경의 영향 또한 인정하였다. 즉, 인간은 타인으로부터 긍정적 존중을 받으면서 자기(Self)의 발달이 촉진된다는 것이다.

③ 자유론적 인간관

㉠ 로저스는 인간이 자신의 주관적 자유를 실천해 나간다고 보았으며, 인간의 삶 자체를 각 개인이 자유롭게 능동적으로 선택한 결과로 간주하였다.

㉡ 인간이 지닌 기본적 자유는 그에 따른 책임을 전제로 한다. 즉, 인간은 자기실현 경향성에 따라 자신의 인생 목표와 방향을 스스로 결정하며, 그와 같은 결정에 대한 책임을 수용하게 된다.

④ **전체론적 인간관**
　㉠ 로저스는 인간을 **통합적 유기체**로 보고, 전체 경험으로써 인간행동을 이해하고 설명하고자 하였다.
　㉡ 인간은 유기체와 자기(Self), 객관적 현실과 주관적 현실, 현실적 자기와 이상적 자기의 일치와 통합에 의해 전체로써 기능하는 존재이다.

(4) 인간중심이론에 영향을 미친 연구

① **후설(Husserl)의 현상학**
　㉠ 후설은 눈에 보이는 객관적 세계가 아닌 주관적 경험의 세계로서 '**현상학적 장**(Phenomenal Field)'을 강조하였다. 따라서 개인이 직접 경험한 주관적 세계를 존중하면서 그 세계를 이해하고자 개인의 행동을 결정짓는 내적 준거체계(내적 준거 틀)를 찾고자 하였다.
　㉡ 로저스는 한 개인의 사고와 행동을 이해하기 위해서는 그의 내적 준거체계를 명확히 파악해야 한다고 주장한다. 즉, 치료자(상담자)는 내담자의 입장에서 그가 세상을 바라보는 시각으로 세상을 보아야 하며, 이를 통해 내담자와 공감할 수 있게 된다는 것이다.

② **랭크(Rank)의 의지치료**
　㉠ 랭크는 인간에 대한 낙관적인 견해를 토대로 인간의 성장 가능성과 함께 문제해결에 있어서 **내담자의 '의지(Will)'를** 강조하였다. 그는 또한 치료자와 내담자의 관계를 강조하였는데, 치료자가 내담자를 이해하고 수용하는 과정에서 신뢰로운 관계가 형성되며, 이러한 관계에 기초하여 내담자가 자기지도 능력을 가지게 됨으로써 자신의 문제를 스스로 해결할 수 있게 된다는 것이다.
　㉡ 로저스는 랭크에 영향을 받아 그 역시 **치료자와 내담자 간의 관계형성을 중시**하였다. 또한 내담자에게 자신의 문제를 해결하고자 하는 의지와 함께 이를 해결할 수 있는 능력이 있으므로, 치료자는 촉진자로서 내담자를 도와야 한다고 주장하였다.

③ **형태주의 심리학**
　㉠ '형태'는 독일어 '게슈탈트(Gestalt)'에서 비롯된 것으로, 형태주의 심리학자들에 의하면 개체는 대상을 지각할 때 그것들을 산만한 부분들의 집합이 아닌 하나의 의미 있는 전체, 즉 '게슈탈트'로 만들어 지각한다는 것이다.
　㉡ 인간의 행동을 전체적인 측면에서 이해해야 한다는 형태주의 심리학의 주장은 인간을 전체적이고 통합적인 관점에서 이해해야 한다는 인간중심이론의 인간관에 영향을 주었다.

④ **골드슈타인(Goldstein)의 유기체이론**
　㉠ 유기체(Organism)는 각 부분이 서로 상호작용을 하여 하나의 목적을 향해 움직인다. 이는 인간의 신체와 정신이 별개로 작동하는 것이 아님을 시사한다.
　㉡ 로저스의 유기체 개념은 이와 같은 유기체이론에 영향을 받은 것으로, 인간은 유기체로서 경험의 총체인 동시에 자기실현의 목적을 향해 나아가는 존재인 것이다.

2 주요 개념

(1) 유기체(Organism)

① 로저스는 현상학에 영향을 받아 인간을 조직화된 전체로서 기능하는 유기체로 본다.

② 경험은 어떤 주어진 순간에 유기체 내에서 진행되는 잠재적으로 자각에 이용될 수 있는 모든 것으로서, 그와 같은 경험의 전체가 현상학적 장(Phenomenal Field)을 이루게 된다.

③ 개인은 외적 현실로서 자극 조건이 아닌 자신의 현상학적 장에 의존하여 행동한다.

④ 로저스는 개인이 자신의 개별적 경험과 관련하여 그것이 얼마만큼 자신을 유지시키고 증진시키는가에 따라 평가한다고 주장하였으며, 이를 '유기체적 가치화 과정(Organismic Valuing Process)'이라 불렀다.

⑤ 만약 자신을 유지시키거나 증진시키는 것으로 지각된 경험은 긍정적으로 평가되어 개인으로 하여금 적극적으로 추구하도록 하는 반면, 자신을 유지시키거나 증진시키는 것을 방해하는 것으로 지각된 경험은 부정적으로 평가되어 이를 회피하게 된다.

(2) 현상학적 장(Phenomenal Field)

① '경험적 세계(Experiential World)' 또는 '주관적 경험(Subjective Experience)'으로도 불리는 개념으로서, 특정 순간에 개인이 지각하고 경험하는 모든 것을 의미한다.

② 로저스는 동일한 현상이라도 개인에 따라 다르게 지각하고 경험하기 때문에 이 세상에는 개인적 현실, 즉 현상학적 장만이 존재한다고 보았다.

③ 현상학적 장에는 개인이 의식적으로 지각한 것과 지각하지 못한 것까지 포함되지만, 개인은 객관적 현실이 아닌 자신의 현상학적 장에 입각하여 재구성된 현실에 반응한다.

④ 동일한 사건을 경험한 두 사람도 각기 다르게 행동할 수 있으며, 그로 인해 모든 개인은 서로 다른 독특한 특성을 보이게 된다.

⑤ 현상학적 장은 의식의 장과 다르다. 현상학적 장은 상징화 과정을 거치는 의식적 경험은 물론 상징화 과정을 거치지 않는 무의식적 경험으로 구성되기 때문이다. 이를 통해 개인은 상징화되지 않는 어떤 경험을 변별하고 그러한 경험에 반응할 수 있다.

(3) 자기(Self)와 자기개념(Self-concept)

① 자기(Self)는 로저스(Rogers)의 성격이론에서 핵심적인 구조적 개념이다. 로저스는 자기(Self)가 조직화되고 일관된 게슈탈트로 상황이 변함에 따라 끊임없이 형성되는 과정에 있다고 보았다.

② 자기(Self)는 자기 자신에 대해 가지고 있는 조직적이고 지속적인 인식, 즉 '자기상(Self Image)'을 말하며, '자기개념(Self-concept)'은 자기의 여러 가지 특성들이 하나로 조직화된 것, 즉 자기에 대한 여러 가지 지각된 내용들의 조직화된 틀을 말한다.

③ 자기는 '주체로서의 나(I)'와 '객체로서의 나(Me)'의 의식적 지각과 가치를 포함한다.

④ 현재 자신의 모습에 대한 인식으로서 '**현실적 자기**(Real Self)'와 함께, 앞으로 자신이 나아가야 할 모습에 대한 인식으로서 '**이상적 자기**(Ideal Self)'로 구성된다. 현실적 자기는 현재 있는 그대로 자신의 상태에 대한 지각을 의미하는 반면, 이상적 자기는 자신이 바라는 이상적인 모습 혹은 상태를 의미한다.

⑤ 로저스는 현재 경험이 자기구조와 불일치할 때 개인은 불안을 경험한다고 보았다. 즉, 자기구조와 주관적 경험이 일치할 경우 적응적이고 건강한 성격을 가지게 되는 반면, 이들 간의 불일치가 심할 경우 부적응적이고 병적인 성격을 가지게 된다. 따라서 자기는 개인의 심리적 적응에 있어서 가장 중요한 역할을 한다고 볼 수 있다.

⑥ 자기의 발달은 자신이 세상에서 경험하는 것에 대해 어떻게 지각하는가를 바탕으로 하여 변화하는 역동적인 과정이라고 볼 수 있다.

(4) 실현화 경향성(Actualizing Tendency)과 자기실현 경향성(Self-actualizing Tendency)

① '실현화'는 유기체가 단순한 실체에서 복잡한 실체로, 의존성에서 독립성으로, 고정성 혹은 경직성에서 유연성 혹은 융통성으로 변화하고자 하는 유기체의 경향성을 의미한다.

② 유기체에게서 '자기(Self)'가 형성될 때 자기실현 경향성이 나타나게 되는데, 이러한 자기실현 경향성은 자신을 성장시키고 발전시키기 위해 자신의 모든 잠재력을 발휘하는 인간의 선천적 경향성을 의미하는 것으로 볼 수 있다. **기출**

③ 모든 인간은 성장과 자기증진을 위해 끊임없이 노력하며, 그 노력의 와중에서 직면하게 되는 고통이나 성장방해요인을 극복해 나갈 수 있는 성장지향적 유기체이다.

④ 자기실현 경향성은 성장과 퇴행 중에 어느 하나를 선택하여야 하는 상황에 처하게 되면 더욱 강하게 작용한다.

⑤ 로저스는 모든 인간이 퇴행적 동기를 가지고 있기는 하지만 그보다는 성장지향적 동기, 즉 자기실현 욕구가 기본적인 행동동기라고 보았다.

⑥ 자기실현 과정은 자신을 창조하는 과정이므로, 이러한 과정을 통해 모든 인간은 삶의 의미를 찾고 주관적인 자유를 실천해 나감으로써 점진적으로 완성되어간다.

(5) 가치조건(Conditions of Worth)

① 인간은 각자의 경험을 통해 가치를 형성하는 한편, 타인에게서 부여받게 되는 가치에 의해 영향을 받는다. **기출**

② 아동의 경우 긍정적 자기존중을 얻기 위한 과정에서 부모의 양육 태도에 의해 가치조건화가 이루어진다. 예를 들어, 아동은 나쁜 아이로 비쳐지지 않기 위해 자기가 경험하는 사실을 왜곡하고 부정하게 되는데, 이는 아동으로 하여금 자기가 하는 경험에 폐쇄적이 되도록 함으로써 자기실현 경향성을 방해하게 된다.

③ 인간은 자신의 행동이 어떠한 조건에 의해 평가됨에 따라 가치조건을 알게 된다.

④ 가치조건은 개인으로 하여금 자기를 찾고자 하는 노력보다는 부모나 사회에 의해 설정된 기준에 자신을 맞추려는 태도를 유발함으로써 자기실현의 경향에 부정적인 영향을 미친다.

⑤ 가치조건에 의해 긍정적 또는 부정적인 것으로 평가된 행동이라고 해서 그것이 일방적으로 만족 또는 불만족의 결과를 가져오는 것은 아니다.

3 자기개념의 부적응 상태

(1) 위협과 불안의 경험

① 개인이 채택하는 대부분의 행위방식은 개인의 자기개념의 구조와 일치한다. 이는 인간이 자기지각과 경험 사이에 일관성을 유지하려는 데서 비롯된다.

② 개인의 자기개념과 가치조건에 일치하는 경험만이 정확히 의식되고 지각된다. 만약 자기개념과 가치조건 사이에 갈등을 일으키는 경험이 개입될 경우 개인의 자기개념은 위협을 받게 된다.

③ 위협은 개인이 자기개념과 자신의 경험 사이의 부조화를 인식할 때 생긴다. 예를 들어, 어려서부터 부모에게서 혼전 성경험을 큰 죄악으로 믿도록 교육받은 사람이 결혼 전 사랑하는 사람과 성행위를 하게 될 때, 자기상과 정면으로 위배되는 경험으로 인해 불안을 느끼게 되고 내적 혼란으로 인해 부적응 상태에 놓이게 된다.

④ 불안은 자기개념과 위협적인 경험 간의 갈등이 의식되어 체계화된 자기개념의 구조가 분해될 위험이 있음을 경고하는 위협에 대한 정서적 반응이다.

(2) 부적응의 원인

① **자기와 경험의 불일치(Incongruence between Self and Experience)**
   ㉠ 개인이 실제 경험한 내용을 받아들이지 않거나 이를 다르게 받아들이는 경우 환경과 충분히 상호작용을 할 수 없게 되어 자기개념과 유기체 경험 간의 불일치가 발생한다.
   ㉡ 로저스는 자기개념과 유기체 경험의 불일치가 일어날 때 개인은 불안을 느끼며, 신경증이 나타난다고 주장하였다.

② **현실적 자기와 이상적 자기의 불일치(Incongruence between the Real Self and the Ideal Self)**
   ㉠ 자기(Self)는 개인이 자신에 대해 의식하는 지각과 가치를 의미하는 것으로, 이때 자기는 자신의 현재 모습에 대한 지각은 물론 자기가 되고 싶거나 되어야 한다고 생각하는 것까지 포함한다. 즉, 자기는 '현실적 자기(Real Self)'와 '이상적 자기(Ideal Self)'로 이루어진다.
   ㉡ 로저스는 현실적 자기와 이상적 자기의 불일치가 일어날 때 개인은 부적응 상태에 놓인다고 주장하였다.

(3) 자기개념의 유지를 위한 방어기제 [기출]

① 왜곡(Distortion)

의식되기는 하나 실제 경험하는 내용과 다르게 지각하는 것으로서, 경험하는 내용을 자기개념과 일치하는 방향으로 변질하여 의식한다.

> 예 자기 스스로 똑똑하다고 자부하던 학생이 기말시험에서 F 학점을 받게 될 때, 이를 교수의 불공정한 채점 때문이라고 주장한다.

② 부인 또는 부정(Denial)

경험 내용이 자기개념과 불일치하여 자기개념에 위협이 되므로, 그와 같은 경험의 존재 자체를 무시하거나 이를 인식하지 않음으로써 자기개념을 유지하는 것이다.

> 예 공부 잘하는 모범생으로서의 자기개념을 가진 학생이 이미 다른 과목들에서 낙제에 가까운 점수를 받았음에도 불구하고, 마지막 한 과목 시험을 앞두고 몇 점을 받아야 장학금을 받을 수 있는지를 묻는다.

4 인간중심 치료(인간중심 상담)

(1) 의의 및 특징

① 로저스의 이론은 상담 및 심리치료 경험으로부터 발전한 만큼, 그 주요 내용은 치료적 과정과 밀접하게 연결된다.

② 그는 1942년 자신의 저서「상담과 심리치료(Counseling and Psychotherapy)」에서 기존의 전통적인 지시적 상담과 자신이 고안한 비지시적 상담의 차이점에 대해 상담 기술의 측면에 중점을 두고 설명한 바 있다. 또한 1951년「내담자중심 치료(Client-centered Therapy)」에서는 상담의 기술 자체보다는 치료자(상담자)의 태도와 철학에 더욱 관심을 가지게 되었음을 밝힌 바 있다.

③ 이와 같이 로저스가 비지시적 접근을 제안하면서 치료자의 태도를 강조하게 된 계기는 비지시적 접근이 치료자의 최소화된 활동과 지도를 요구하는 데 있어서, 그것이 종종 치료자의 수동적이고 무관심한 태도를 의미하는 것처럼 지각될 수 있었기 때문이다.

④ 로저스는 비지시적 상담에서 내담자중심 치료로 전환하면서, 치료의 중요한 변인으로 치료적 환경을 강조하였다. 그는 만약 치료자들이 내담자에게 현상학적으로 의미 있는 방식으로 내담자와 공감을 하게 된다면, 자연스럽게 치료적인 변화가 일어날 것으로 생각했다.

⑤ 따라서 심리치료에서 치료자의 역할은 내담자의 삶에 대해 구체적인 방향을 지시하기보다는 내담자의 자기실현 경향성이 촉진될 수 있도록 환경을 마련하는 데 있다.

⑥ 내담자가 유기체적 경험을 왜곡 없이 지각하여 이를 자기개념으로 통합할 수 있도록 환경조건이 마련된다면, 내담자는 자신의 내면적인 힘으로 자신이 직면한 문제를 해결하고 자신의 삶을 긍정적으로 변화시킴으로써 성장해 나갈 수 있게 된다.

(2) 인간중심 치료를 위한 치료적 관계의 조건

① 치료자(상담자)는 내담자와 심리적 접촉을 유지해야 한다.

② 내담자는 부조화 상태에 있어야 한다.

③ 치료자와 내담자의 관계는 조화롭고 통합적인 상태이어야 한다.

④ 치료자는 내담자에 대해 무조건적인 긍정적 관심과 진실한 태도를 가져야 한다.

⑤ 치료자는 공감적 이해를 통해 내담자의 내적 준거체계(내적 준거 틀)을 이해하며, 이러한 경험을 내담자에게 전달하고자 노력해야 한다.

⑥ 치료자의 공감적 이해와 무조건적인 긍정적 관심이 내담자에게 일정 수준 이상 전달되어야 한다.

(3) 인간중심 치료의 주요 요소 기출

① 일치성과 진실성

㉠ 인간중심 치료에서 내담자의 변화를 위한 가장 중요한 조건으로 치료자(상담자)와 내담자 간의 관계형성(Rapport)을 들 수 있다.

㉡ 치료자와 내담자 간 신뢰관계는 특히 치료자가 자신의 긍정적 또는 부정적 감정을 솔직하게 인정하고 표현함으로써 가능하다.

㉢ 일치성과 진실성은 치료자가 외부로 표현하는 바의 것과 내면에서 경험하는 바의 것이 일치하는 것을 의미한다.

㉣ 치료자가 자신의 감정을 충동적으로 표현하는 것이 아닌 내담자를 이해하기 위한 노력과 함께 자신의 감정을 적절하게 표현하는 것이다.

㉤ 자기노출이 치료자가 자기 자신에 대한 생각이나 느낌을 드러내는 것인 반면, 일치성과 진실성은 내담자의 생각이나 느낌에 대한 치료자의 반응을 말한다.

② 공감적 이해와 경청

㉠ 치료자는 동정이나 동일시가 아닌 객관적인 입장에서 내담자를 깊이 있게 이해해야 한다.

㉡ 공감적 이해와 경청은 치료자가 내담자의 감정에 빠져들지 않으면서 내담자의 감정이 마치 자신이 간접인양 느끼고 이해하도록 노력하는 것을 말한다.

㉢ 단순히 내담자의 생각이나 느낌을 이해하는 것이 아닌 치료자가 그러한 내담자의 생각이나 느낌을 정확히 이해하고 있음을 전달하는 것까지 포함된다.

㉣ 내담자는 자신의 불안과 두려움을 이해해 주는 치료자에게 자신의 억눌린 감정을 표현하며, 이를 통해 스스로 내면의 통합을 이룰 수 있게 된다.

㉤ 공감적 이해와 경청을 통해 내담자는 더욱 인간적이고 창조적이며, 자기표현에 능숙해짐으로써 앞으로 부딪치는 문제들에 보다 적절하게 대처할 수 있게 된다.

③ 무조건적인 긍정적 관심(수용) 또는 존중

㉠ 치료자는 내담자를 하나의 인격체로서 존중하며, 있는 그대로의 모습으로 대해야 한다.

㉡ 무조건적인 긍정적 관심은 내담자의 생각이나 느낌에 대해 어떠한 판단이나 평가를 내리지 않으면서 내담자를 존중하고 수용하는 것이다.

ⓒ 내담자는 수용적인 분위기에서 자신의 생각이나 느낌을 보다 자유롭게 표현할 수 있으며, 자신의 내면을 더 잘 탐색할 수 있다.

ⓔ 무조건적인 긍정적 관심을 통해 내담자는 자신의 내면적 갈등과 혼란스러운 감정을 보다 잘 수용하고 통합할 수 있다.

5 완전히(충분히) 기능하는 사람

(1) 의미

① '완전히 기능하는 사람 혹은 충분히 기능하는 사람(Fully Functioning Person)'은 현재 자신의 자기(Self)를 완전히 자각하는 사람을 의미한다.

② 최적의 심리적 적응 혹은 심리적 성숙, 완전한 일치, 경험에의 완전한 개방에 이른 상태이다.

③ 개인은 유기체적 경험을 자기개념으로 통합하지 못할 때 부적응을 경험하게 되는데, 이는 그와 같은 경험에 대해 충분한 수용과 존중을 받지 못했기 때문이다.

④ 개인이 경험하는 가치조건을 줄이기 위해서는 타인으로부터 무조건적인 긍정적 관심(존중)을 받아야 하며, 이를 통해 개인의 자기존중감은 증진될 수 있다.

⑤ 만약 개인이 자신의 모든 경험에 대해 무조건적인 긍정적 관심(존중)을 받게 되는 경우 자신의 경험을 충분히 수용하여 자기구조로 통합시키게 되고, 자신의 내면적 자원을 최대한 발휘함으로써 완전히 기능하는 사람으로 성장하게 된다.

(2) 특성

① **경험에 대한 개방성(Openness to Experience)**
자기실현의 욕구가 낮거나 내적 가능성을 배제한 채 자기 방어를 하는 사람은 자기의 경험을 직시하지 못한 채 자신도 타인도 신뢰하지 못하는 경우가 많다. 반면, 완전히 기능하는 사람은 삶의 과정에서 당혹스러운 상황에 직면하더라도 그에 대해 위협을 느끼지 않은 채 그 경험을 받아들일 수 있게 된다.

② **실존적인 삶(Existential Living)**
방어적인 사람은 자신이 기대하는 자기수준에 다가서기 위해 새롭게 주어지는 경험들을 왜곡시켜 받아들이는 경향이 있다. 반면, 완전히 기능하는 사람은 어느 순간에나 자신에게 주어진 삶의 영역을 충분히 영위하며 살아간다.

③ **자신의 유기체에 대한 신뢰(Trust in One's Own Organism)**
로저스는 인간의 유기체적 감각 전체가 때때로 지성보다 더욱 믿을만한 가치가 있다고 주장하였다. 따라서 완전히 기능하는 사람은 어떤 결정을 내려야 하는 상황에서 자신의 경험을 토대로 그에 유용한 정보들을 수집하게 되며, 자신의 경험을 충분히 활용하여 상황 전반을 신중히 고려해 봄으로써 자신이 가장 만족할만한 결론에 이를 수 있게 된다.

④ **자유 의식(Sense of Freedom) 또는 경험적 자유(Experiential Freedom)**

경험적 자유를 누리고 책임을 질 줄 아는 사람은 삶에 있어서 더욱 많은 선택의 기회를 가지게 되며, 자신이 원하는 것은 무엇이든 실제로 행할 수 있게 된다. 또한 자신의 삶이 일시적인 어떤 상황이나 사건에 의해 결정되기보다는 자기 자신에게 달려 있다고 믿음으로써, 폭넓은 시야를 가지고 다양한 선택을 할 수 있게 된다. 반면, 방어적인 사람은 경험적 자유를 느끼지 못하므로, 어떠한 선택을 하더라도 그 선택에 대한 행동을 수행하기는 쉽지 않다.

⑤ **창조성(Creativity)**

로저스는 모든 경험에 대해 개방적인 사람들, 자신의 유기체에 대해 신념을 가진 사람들, 자신의 행동과 결정에 대해 융통성이 있는 사람들을 창조적이고 창의적인 삶을 사는 사람으로 표현하였다. 완전히 기능하는 사람은 창조적인 사람으로서 자발적으로 행동하고 자신의 생활 주변에서 보다 풍부한 변화와 자극을 통해 성공을 추구함으로써 발전적인 삶을 영위해 나간다.

6 공헌점 및 제한점 기출

(1) 공헌점

① **인간에 대한 긍정적 관점**

로저스의 이론은 인간에 대한 비관적인 관점으로 당시 심리학계를 주도하던 정신분석이론과 행동주의이론에 맞서 인간에 대한 낙관적이고 긍정적인 관점에 근거한 새로운 성격이론을 제안함으로써 심리학의 새로운 전기를 마련하였다.

② **자기(Self)에 관한 연구의 활성화**

로저스는 '자기(Self)'에 관한 이론으로서, 성격이론의 연구 분야에서 자기에 관한 연구를 활성화하는 데 기여하였다. 또한 상담 및 심리치료 장면에서도 내담자로 하여금 자기를 고양하고 실현하며, 자신이 변화에 대해 스스로 책임을 지도록 돕는 것이 유용하다는 사실이 밝혀졌다.

③ **치료관계(상담관계)의 중요성 부각**

로저스는 심리치료가 문제해결을 위한 기법적으로 전문화된 활동이 아닌 인격체로서 인간 대 인간의 만남이어야 함을 강조하였다. 또한 치료자는 내담자로 하여금 자신의 잠재력이 발현될 수 있도록 치료적 환경을 조성하는 촉매자로서의 역할을 하여야 한다는 점을 설득력 있게 주장하였다.

④ **상담심리학의 심리치료 연구에 대한 정당성 부여**

로저스는 자신의 저서 「상담과 심리치료」를 통해 상담심리학과 심리치료를 연결하고 있다. 이는 내담자의 심리적인 문제를 다루는 것이 심리치료 고유의 영역에서만 국한된 것으로 인식되었던 당시 분위기와는 사뭇 다른 것이었다.

(2) 제한점

① 이론적 체계의 빈약 및 연구의 정밀성 결여

로저스의 이론은 인간의 성격을 설명하는 데 있어서 **이론적 체계가 정교하지 못하며, 연구의 정밀성이 결여**되어 있다. 특히 인간의 심리적 구조를 설명하는 개념이 단순하면서도 모호하므로, 인간의 복잡한 성격을 설명하는 데 부적당하다.

② 실증적 근거의 부족

로저스의 이론은 주로 현상학적 연구방법론에 근거한 만큼 실증적인 자료를 통해 그 주장을 입증하고 더 나아가 이를 더욱 정교하게 발전시키는 데 한계를 드러냈다.

③ 인간에 대한 편향된 관점

정신분석이 인간에 대해 비관적인 입장을 보였다면, 인간중심이론은 정반대로 인간에 대해 낙관적이고 긍정적인 입장을 보인다. 이는 객관성과 가치중립성을 강조하는 과학의 기본 속성에서 벗어난다. 또한 실제 상담 및 심리치료 장면에서 치료자(상담자)가 과연 가치중립성을 지킬 수 있는지에 대해 의문이 제기된다.

④ 인지적·행동적 요인에 대한 관심 부족

로저스의 이론은 공감과 수용을 통해 내담자로 하여금 내면세계의 감정을 표현하도록 유도하고 있다. 그러나 내담자의 사고나 신념 등 인지적인 요인은 물론 내담자의 무의식 등 행동적인 요인의 변화에 대해 구체적으로 진술하고 있지 못하다.

더 알아두기

히긴스(Higgins)의 자기불일치이론(Self-discrepancy Theory) 기출

- 로저스(Rogers)는 자기개념(Self-concept)을 '현실적 자기(Real Self)'와 '이상적 자기(Ideal Self)'의 두 차원으로 구분하였으며, 이 두 가지 유형의 자기구조가 불일치할 때 개인이 불안을 경험한다고 보았다. 이와 관련하여 히긴스(Higgins)는 개인의 부정 정서의 발생 과정을 설명하기 위해 자기불일치이론을 제안하였으며, 이를 통해 자기에 대한 관점을 '실제적 자기', '이상적 자기', '의무적 자기 또는 당위적 자기'로 구분하였다.
- '실제적 자기(Actual Self)'는 개인이 실제로 가지고 있다고 믿는 속성들의 자기표상을, '이상적 자기(Ideal Self)'는 개인이 이상적으로 소유하기를 원하는 속성의 자기표상을, 그리고 '의무적 자기 또는 당위적 자기(Ought Self)'는 개인이 소유해야만 한다고 믿는 속성의 자기표상을 의미한다.
- 히긴스는 실제적 자기와 이상적 자기가 불일치할 때 불만족, 실망, 슬픔 등 낙심한 상태의 우울과 연관된 정서가 유발되는 반면, 실제적 자기와 의무적 자기(당위적 자기)가 불일치할 때 두려움, 공포, 위협, 죄책감, 자기경멸감 등 초조한 상태의 불안과 관련된 정서가 유발된다고 보았다.
- 히긴스는 자기(Self)를 바라보는 입장에 따라 자신(Own)과 타인(Other)의 두 가지 조망을 구분하였으며, 이 두 차원의 조합으로 6가지의 자기불일치 상태를 제시한 바 있다.

제3절 실존주의적 접근

1 개요

(1) 실존주의적 접근의 이해 기출

① 실존(Existence)은 인간 존재의 특유한 존재양식을 의미하며, 실존철학은 인간의 본질규정에 관한 문제에 관심을 기울이기보다는 인간의 존재양식을 묻고 그것을 규명하려는 시도로 볼 수 있다.

② 현대인의 심리적 문제 중에는 죽음, 자유, 고립(소외), 무의미 등 인간의 실존적 조건과 관련된 것들이 많이 있다. 이는 인간을 제한된 존재로서 세상에 던져진 존재로 보고, 그로 인해 존재론적 불안에 직면한다고 주장하는 실존주의적 접근과 연관된다.

③ 실존주의적 접근은 키에르케고르(Kierkegaard), 하이데거(Heidegger), 사르트르(Sartre) 등 인간의 존재에 관심을 두고, 인간의 존재를 무(無)에서 시작된 자유로운 존재로 보는 실존주의 철학에 근거한다.

④ 인간 존재에게 주어진 궁극적인 속성으로서 실존에 대해 탐구하고 죽음, 자유, 고립(소외), 무의미 등 존재의 궁극적인 문제들을 다룸으로써 삶을 적극적으로 선택하고 스스로 의미를 발견하도록 유도하는 실천적 접근방법이다.

⑤ 실존주의적 접근은 명료한 이론체계나 구체적인 치료기법을 중시하지 않으며, 체계적인 단일이론이 아닌 일종의 치료적 철학으로서 다양한 형태로 존재한다. 따라서 다른 성격이론과 달리 성격발달이나 성격평가 등에 관한 개념들을 제안하지 않으며, 다만 존재론적 입장에서 인간이 세계와 관계하는 방식에 초점을 둔다.

(2) 실존주의적 접근의 공통된 특징 기출

① **실존이란 곧 인간의 실존을 말한다.**
실존은 인간 존재의 특유한 존재양식이다. 이는 실존주의적 접근이 다분히 인본주의적이며, 그 주된 관심이 인간 문제에 집중되어 있음을 의미한다.

② **실존은 곧 개인의 실존이다.**
실존은 각 개인에게 고유한 존재양식이다. 따라서 실존주의적 접근은 주관적이며, 다른 어떤 것으로부터 도출될 수 있는 것이 아니다.

③ **실존주의적 접근에서는 어떤 사물을 기준으로 인간 문제를 측정할 수 없다.**
사물은 나름의 실체로서 이미 확정된 성질의 존재이다. 반면, 인간은 지금의 자기 자신을 이루기 위해 계속해서 새로운 노력을 기울여야만 하는 존재이다.

④ **실존주의적 접근은 방법론적 측면에서 현상학적이다.**
실존주의적 접근도 현상학과 마찬가지로 존재자에 대한 직접적인 이해에 초점을 둔다. 그러나 현상학자인 후설(Husserl)이 모든 개별적 경험의 보편적 기반으로서 일체의 논리학적 수행에 선행하여 미리 직접 주어져 있는 세계로서 '생활세계(Lebenswelt)'를 제시한 점은 인간의 숨겨진 본질보다 드러나 있는 존재양식을 규명하려는 실존주의적 접근과는 사뭇 다르다.

⑤ **실존주의적 접근은 역동적이다.**

실존은 불변의 존재가 아닌 시간 내적 존재이다. 특히 실존주의적 접근에서는 시간 문제가 중요한 위치를 차지한다.

⑥ **실존주의적 접근은 개인에 초점을 두나 각 개인을 격리된 관점에서 보는 것은 아니다.**

실존주의적 접근은 구체적인 상황 속에서의 인간을 연구대상으로 한다. 이와 같은 구체적인 상황 속에서 인간은 항상 세계나 타자와 연관되어 있으므로, 인간 존재는 곧 세계 내적 존재이자 타자와 함께 있는 존재인 것이다.

⑦ **실존주의적 접근은 구체적인 체험 문제를 중시한다.**

실존주의 철학자들 중에는 자신의 일회적인 실존적 체험을 철학적 동기로 삼는 경우가 있다. 예를 들어, 야스퍼스(Jaspers)는 유태인과 결혼한 것을 이유로 나치 정권의 박해를 받으면서 한계상황 (Grenzsituation)의 개념을 착안하였으며, 사르트르(Sartre)는 거리에 널브러져 있는 사물들의 우연성을 인식함으로써 불현듯 찾아오는 구토감을 존재의 우연성으로 설명하였다.

(3) 실존주의적 접근의 인간본성에 관한 철학적 기본 가정

① **인간은 자각하는 능력을 가지고 있다.**

인간은 자기 자신, 자신이 하고 있는 일, 그리고 자신에게 '여기-지금' 일어나고 있는 일들에 대해 자각하는 능력을 가지고 있다. 이와 같은 능력이 인간을 다른 모든 동물들과 구분 지으며, 인간으로 하여금 선택과 결단을 가능하게 한다.

② **인간은 정적인 존재가 아닌 항상 변화하는 상태에 있는 존재이다.**

인간은 하나의 존재가 아닌 존재로 되어가고 있는 혹은 무엇을 향해 계속적인 변화의 상태에 있는 존재이다.

③ **인간은 자유로운 존재인 동시에 자기 자신을 스스로 만들어 가는 존재이다.**

외적 영향은 인간 실존에게 제한조건이 될 수 있으나 결정요인은 될 수 없다. 인간 실존은 주어지는 것이지만 그 본질은 그가 어떻게 자신의 삶을 의미 있게 그리고 책임감 있게 만들어 가느냐에 달려 있다.

④ **인간은 즉각적인 상황과 과거 및 자기 자신을 초월할 수 있는 능력을 가지고 있다.**

인간은 초월의 능력을 통해 과거와 미래를 '여기-지금'의 실존 속으로 가져올 수 있다. 또한 자기 자신과 상황을 객관적으로 볼 수 있으며, 여러 가지 대안을 고려하여 결단을 내릴 수 있다.

⑤ **인간은 장래의 어느 시점에서 무존재가 될 운명을 지니고 있으며, 자기 스스로 그와 같은 사실을 자각하고 있는 존재이다.**

인간은 누구나 자신이 죽게 된다는 사실을 자각하고 있으며, 궁극에는 그와 같은 사실에 직면하게 된다. 그러나 인간은 실존의 의미와 가치를 깨닫기 위해 끊임없이 비존재, 죽음, 고독의 불가피성을 자각해야 하며, 그것에 직면하는 용기를 지녀야 한다.

(4) 실존주의적 접근의 대표적인 학자

① 키에르케고르(Kierkegaard)

ㄱ 키에르케고르는 덴마크의 철학자로서, 실존주의 철학의 시조로 간주된다. 그는 이성적인 것과 현실적인 것을 동일시했던 헤겔(Hegel)의 진리관에 반기를 들면서, 아무리 보편타당성을 지니더라도 그것이 문제 해결에 도움이 되지 않는다면 진리가 될 수 없다는 입장을 보였다.

ㄴ 그는 순수한 객관성은 달성 불가능하고 바람직하지도 않다고 주장하면서, 인간은 자신만의 주관적인 진리에 관심을 기울여야 한다고 강조하였다.

ㄷ 헤겔의 양적 변증법에 대조적으로 질적 변증법, 즉 선택을 중시하는 진리관을 제시하였으며, 특히 삶의 선택과 관련하여 개인이 느끼는 불안에 깊은 관심을 보였다.

ㄹ 인간의 삶이 본질적으로 불확실하므로 매 순간 선택과 관련하여 실존적 불안을 느끼게 되며, 이와 같은 불안과 불확실성이 곧 인간의 피할 수 없는 운명이다. 따라서 선택과 결단을 통해 자신의 삶을 창조하는 것이 곧 삶의 과제인 것이다.

② 하이데거(Heidegger)

ㄱ 하이데거는 독일의 철학자로서, 현상학적 실존주의와 함께 실존주의 치료의 발전에 기여한 인물이다.

ㄴ 인간은 현존재(Dasein)로서 자신과 아무런 관련이 없는 세계로 내던져져서 그 세계 속에서 살아갈 수밖에 없는 실존적 상황에 놓인다. 그리고 세계-내-존재(In-der-Welt-sein)로 관계 속에서 존재하며, 언어를 통해 서로의 존재를 이해하게 된다.

ㄷ 현존재는 세계 내에서 다른 많은 존재들과 관계를 맺는 가운데 본래적 존재양식을 상실한다. 이렇게 본래적 자기를 상실하고 '일상인(Das Man)'이 된 인간은 몰개성적인 인간으로 전락하게 된다.

ㄹ 자기를 상실한 일상인으로서 현존재는 죽음과 무(無)에 대한 불안을 느끼게 되며, 그가 불안으로부터 벗어나기 위해서는 본래적인 자기를 근원적으로 이해하고 그와 같은 상태로 되돌아갈 것을 결심해야 한다.

③ 메이(May)

ㄱ 메이는 미국의 실존적 심리치료자로서, 유럽의 실존주의 심리학을 미국에 전파하고 이를 심리치료에 적용한 핵심적인 인물이다.

ㄴ 그는 인간(Human Being)이란 용어에서 존재를 의미하는 'Being'이 현재진행형으로 되어 있는 것에 주목하면서, 인간은 어떤 것으로 되어가는 과정을 포함하며, 이를 위한 잠재력을 가진 존재임을 강조하였다.

ㄷ 그는 현대사회에서 인간이 직면하는 불안, 고독과 같은 실존적인 문제에 관심을 가져야 하며, 심리치료자들이 내담자로 하여금 삶의 의미를 발견하도록 돕는 것을 목표로 해야 한다고 주장하였다.

ㄹ 심리치료자는 내담자로 하여금 고독과 두려움 속에서 죽음을 기다리는 수동적인 삶을 살기보다는 주체적으로 자신의 존재 의미를 발견하고 이를 추구하도록 도와야 한다.

④ 얄롬(Yalom)

　㉠ 얄롬은 미국의 정신과 의사로서 1980년 「실존적 심리치료(Existential Psychotherapy)」를 출간하여 실존적 심리치료이론을 체계적으로 구축한 인물이다.

　㉡ 그는 실존적 심리치료의 궁극적 관심사로서 죽음, 자유, 고립(소외), 무의미를 제시하였으며, 인간이 그것에 대한 자각으로 인해 불안과 갈등을 경험한다고 보았다.

　㉢ 인간은 네 가지 실존적 조건에 대해 다양한 적응적 혹은 부적응적 반응을 나타내 보일 수 있으며, 이는 다양한 정신병리와 밀접하게 연관된다. 따라서 심리치료는 이와 같은 주제에 초점을 맞추어 진행되어야 한다.

2 주요 개념

(1) 실존주의적 접근의 주요 관심사(실존적 조건)

① 죽음

　㉠ 인간이 가장 분명하게 두려워하는 궁극적 관심의 본질로서, 불안과 신경증적 불안의 핵심적인 근원이 된다.

　㉡ 죽음에 대한 불안은 삶의 종결 시기에 나타나는 것이 아닌 삶의 초기에 나타나고 일생을 통해서 불안을 야기한다. 따라서 죽음에 대한 불안은 개인의 인격구조를 형성하는 데 중요한 역할을 하며, 심리적 방어기제를 형성하는 결과를 나타낸다.

　㉢ 죽음의 불가피성과 삶의 유한성은 오히려 삶을 더욱 가치 있게 만들며, 죽음의 불안은 현재의 삶에 충실하도록 자극하는 역할을 한다.

② 자유

　㉠ 실존적 의미에서 자유는 인간이 스스로 선택하고, 자신의 삶에 대해 책임을 질 수 있는 존재임을 강조한다.

　㉡ 얄롬(Yalom)은 실존적 의미에서의 자유를 외부적인 구조의 부재와 책임에의 자각에 결부시킴으로써 책임과 의지의 측면을 강조하였다.

　㉢ 자유로운 선택에 의한 책임의 수용은 자신의 세계 혹은 자신의 행동에 있어서 주인이 되는 것을 의미하므로, 삶에서의 의존과 무책임은 곧 자기 실존을 회피하는 것으로 볼 수 있다.

③ 고립 또는 소외

　㉠ 얄롬은 인간이 실존적으로 고독한 존재임을 강조하면서, 소외의 3가지 형태, 즉 '대인관계적 소외', '개인내적 소외', '실존적 소외'를 구분하였다.

　㉡ '대인관계적 소외(Interpersonal Isolation)'는 자신과 연관된 타인으로부터 느끼는 일종의 외로움으로서의 소외이며, '개인내적 소외(Intrapersonal Isolation)'는 자신의 내면적 요소와 자아가 통합되지 못한 채 유리된 상태에 있는 소외이다. 또한 '실존적 소외(Existential Isolation)'는 인간과 세계 간의 근본적인 분리를 의미한다.

ⓒ 소외 현상은 인간이 죽음이나 자유를 직면할 때 명확히 드러나며, 특히 인간이 자신의 실존적 소외에 대해 인정하고 직면할 때 타인과의 성숙한 관계를 맺을 수 있게 된다.

④ **무의미**

ⓐ 삶의 의미 또는 무의미는 인간의 궁극적인 관심사 중 하나로서, 인간은 자신의 삶과 인생에서 끊임없이 어떤 의미를 추구하는 존재이다.

ⓑ 삶은 예정된 각본이 없기에 개인 각자는 자신의 의미를 스스로 구축해야 한다.

ⓒ 삶의 창조적 의미가 궁극적으로 어떤 환경에서도 삶을 지탱해낼 수 있을 만큼 가치가 있는 것인지가 실존적 역동의 갈등을 만들어내는 것으로 볼 수 있다.

(2) 실존적 세계의 네 가지 양식 혹은 차원 [기출]

① **주변세계(Umwelt) – 물리적 차원의 자연세계**

ⓐ 보통 환경 혹은 생물학적 세계를 의미하는 것으로서, 모든 유기체는 주변세계를 갖는다.

ⓑ 인간의 환경을 구성하는 토지, 동식물, 기후 혹은 날씨를 비롯하여 다양한 소유물과 도구들, 자기 자신 및 타인의 육체, 그리고 그와 관련된 현상(예 건강, 질병 등)들을 포함한다.

ⓒ 인간은 육체를 지닌 존재로서 환경의 물리적인 세계와 관계를 맺으며, 그에 대한 인식과 태도를 형성하게 된다.

ⓓ 개인의 주변세계에 대한 태도는 '**접근/회피**', '**통제적 지배/순응적 수용**' 등 양극적 양상으로 나타날 수 있다.

ⓔ 개인은 주변세계와의 관계에서 안전을 추구한다. 만약 그와 같은 안전이 단지 일시적인 것임을 깨닫게 될 때, 그리고 그것이 인간 실존의 한계임을 인식하고 수용하게 될 때, 삶의 긴장이 완화될 수 있다.

② **공존세계(Mitwelt) – 사회적 차원의 인간세계**

ⓐ '세계와 더불어'란 의미로서, 인간관계 영역에 대한 관심을 반영한다.

ⓑ 개인은 다른 사람들과의 관계를 통해 중요한 타인, 인간 집단 혹은 인간 문화에 대한 태도를 형성하게 된다.

ⓒ 개인의 공존세계에 대한 태도는 타인에 대한 '사랑/증오', '수용/거부', '소속/소외', '협동/경쟁' 등 양극적 양상으로 나타날 수 있다.

ⓓ 개인은 공존세계에서 타인으로부터의 인정과 애정, 인기와 명예를 추구한다. 만약 그와 같은 것이 일시적인 만족만을 줄뿐 인간이 결국 고독한 존재임을 깨닫게 될 때, 실존적 고독에 대한 직면과 수용을 통해 진정한 인간관계가 이루어질 수 있다.

③ **고유세계(Eigenwelt) – 심리적 차원의 자기세계**

ⓐ 자기 자신의 세계, 자신에게 가지는 관계를 의미하는 것으로서, 자기 자신에 대해 자각할 수 있는 인간에게서만 발견된다.

ⓑ 인간은 외부 대상은 물론 내부 대상으로서 자기 자신과 관계를 맺고 사적인 세계를 구성한다.

ⓒ 개인의 고유세계에 대한 태도는 '강/약', '적극성/소극성', '자기수용/자기혐오' 등 양극적 양상으로 나타날 수 있다.

  ⓔ 개인은 자기정체감, 자기가치감을 추구한다. 만약 그것이 좌절되거나 과도한 자기중심성으로 변질될 경우 개인적 상실과 함께 심한 불안이나 혼란을 경험하게 된다.

 ④ **영적 세계(Uberwelt) – 영적 차원의 초월세계**

  ㉠ 개인의 영적 혹은 종교적 가치와의 관계를 의미하는 것으로서, 초월세계와 연관된다.

  ㉡ 초월세계는 신이나 종교에 헌신하는 삶, 이상적인 이념이나 가치를 위해 헌신하는 삶으로서, 이는 개인의 삶에 강력한 영향력을 행사할 수 있다.

  ㉢ 인간은 자신의 생명을 바칠 수 있는 이념과 의미를 추구하면서 나름의 가치를 창조한다. 즉, 인간은 무(無)에서 비롯되는 존재의 공허감을 극복하고 유한성을 초월할 수 있는 어떤 것을 추구한다.

  ㉣ 영적 세계는 이상적 세계이며, 개인이 세계가 되기를 원하는 방식으로 볼 수 있다.

3   정신병리의 상태

(1) 불안

 ① **불안의 의의**

  ㉠ 실존주의적 접근에서는 불안을 **인간생활의 필수조건**으로 본다. 그 이유는 불안이 인간으로 하여금 생존하고 자기 존재를 유지하고 표현하기 위한 욕구에서 비롯된다고 보기 때문이다.

  ㉡ 실존주의 치료자들은 불안을 정상적 불안과 신경증적 불안으로 구분한다. 정상적 불안은 당면한 사상에 대한 적절한 반응으로서, 병리적 상태가 아닌 긍정적 신호로 볼 수 있다. 반면, 신경증적 불안은 상황과 조화를 이루지 못하는 부적절한 반응으로서, 보통 의식 밖에서 사람을 무력화시키는 경향이 있다.

  ㉢ 따라서 실존주의 치료에서는 생존의 필수조건으로서 정상적 불안을 생활의 일부로 인정하도록 하는 한편, 신경증적 불안을 최소화하여 심리적 건강을 유지하도록 하는 것을 목표로 한다.

 ② **정상적 불안의 특징**

  ㉠ 첫째, 정상적 불안은 직면하고 있는 상황에 부합된다. 즉, 정상적 불안은 당면한 사상에 대한 적절한 반응이다.

  ㉡ 둘째, 정상적 불안은 억압을 요구하지 않는다. 우리 모두가 결국 죽게 된다는 사실에 타협할 수 있는 것처럼, 우리는 그것과 화해할 수 있다.

  ㉢ 셋째, 정상적 불안은 창조적으로 사용될 수 있다. 예를 들어, 어떤 자극이 불안을 일으키는 딜레마에 직면하고 이를 확인하도록 돕기도 한다.

 ③ **신경증적 불안의 특징**

  ㉠ 첫째, 신경증적 불안은 상황에 적합하지 못하다. 예를 들어, 어떤 부모는 아이가 차에 치일까봐 불안하여 아이를 절대 집 밖에 나가지 못하도록 할 수 있다.

  ㉡ 둘째, 신경증적 불안은 억압된다. 이는 대부분의 사람들이 핵전쟁의 두려움을 억압하는 것과 유사하다.

ⓒ 셋째, 신경증적 불안은 건설적이지 못하고 파괴적이다. 또한 창조성을 자극하기보다는 개인을 마비시키는 경향이 있다.

(2) 실존적 조건의 정신병리

① 죽음

ㄱ 죽음은 실존적 불안의 핵심적 요소이다. 특히 죽음의 공포는 너무도 압도적인 것이기에, 모든 인간은 그것을 부정하여 무의식 속에 억압한다.

ㄴ 실존주의 치료자들은 죽음의 공포에 대해 개인이 사용하는 대표적인 방어기제로 '특수성'과 '궁극적 구조자'를 제시한다.

ㄷ 특수성(Specialness)은 죽음의 법칙이 다른 사람에게 적용되는 것일 뿐 자신에게는 적용되지 않는다고 믿는 것이다. 자신을 특별한 존재로 간수하는 무의식적 믿음은 개인으로 하여금 자신감과 용기를 불러일으켜서 강력한 힘에의 의지나 통제 노력을 유발한다.

ㄹ 궁극적 구조자(Ultimate Rescuer)는 자신을 영원히 보호하고 보살피며 사랑하는 존재에 대해 믿는 것이다. 자기 자신이 구조자에 의해 죽음으로부터 구원받을 것이라는 믿음은 실존적 조건을 부정하는 것으로서, 사실상 자신의 실존 가능성을 왜곡하는 것이다.

ㅁ 메이(May)는 죽음을 부정하는 경우 막연한 불안과 자기격리의 대가를 치르게 된다고 보았다. 그는 인간이 자기 자신을 완전히 이해하기 위해 죽음에 직면해야만 한다고 강조하였다.

② 자유

ㄱ 자유는 존재의 불확실성 속에서 항상 선택의 불안을 유발하며, 그와 같은 선택에 대한 책임감을 불러일으킨다.

ㄴ 실존주의 치료자들은 자유와 책임에서 비롯되는 불안에 대해 개인이 사용하는 대표적인 방어기제로 '소망 차단'과 '결심 회피'를 제시한다.

ㄷ 소망 차단(Wish-block)은 자신이 원하는 소망들을 분명하게 자각하지 못하는 것 혹은 적절하지 못한 것으로 불신하여 이를 억누르는 것이다.

ㄹ 결심 회피(Avoidance of Renunciation)는 선택의 결정을 망설이면서 미루는 것 혹은 그 결정을 다른 사람에게 전가하는 것이다.

ㅁ 자유와 책임에 대한 부적절한 방어는 우유부단하고 무기력한 삶을 초래하며, 개인의 창조적인 삶을 방해한다.

ㅂ 프랭클(Frankl)은 인간 삶이 궁극적으로 자신의 문제에 대한 올바른 해답을 발견하고, 각 개인으로 하여금 계속적으로 부여되는 과업을 성취하는 데 대해 책임을 지는 것이라고 강조하였다.

③ 고립 또는 소외

ㄱ 실존적 소외의 경험은 매우 불쾌하므로 무의식적 방어기제에 의해 재빨리 회피된다.

ㄴ 실존주의 치료자들은 실존적 고립 또는 소외를 회피하고 이를 부정하기 위해 개인이 사용하는 대표적인 방어기제로 '융합'과 '타인의 관계 속에 존재하기'를 제시한다.

ㄷ 융합(Fusion)은 자신과 상대방의 분리를 부정하고 하나가 되기를 원하는 것으로서, 과도한 의존 관계를 통해 자신을 다른 사람의 일부로 간주하는 것이다.

  ② 타인의 관계 속에 존재하기(Existing in the Eyes of Others)는 자기 자신이 다른 누군가의 생각 속에서만 존재한다고 믿는 것으로서, 타인의 관심을 끌기 위해 부단히 노력하는 것이다.

  ⑩ 얄롬(Yalom)은 실존적 고립 또는 소외에서 비롯되는 고독감에 단호히 맞서지 못한 채 그 공포에 압도되는 경우, 타인과의 관계가 불안정하고 왜곡될 가능성이 높다고 주장하였다.

④ **무의미**

 ⑦ 무의미는 개인으로 하여금 삶의 목적과 의미에 대한 물음을 통해 허무감과 공허감을 불러일으킨다.

 ⑥ 실존주의 치료자들은 무의미에서 비롯되는 증상을 두 가지 단계, 즉 '실존적 공허'와 '실존적 신경증'으로 제시하였다.

 ⑥ 실존적 공허(Existential Vacuum)는 자신의 삶에 대한 의미를 발견하지 못한 채 막연한 허무감과 공허감을 느끼는 상태이다.

 ② 실존적 신경증(Existential Neurosis)은 존재의 무의미함에 대한 정서적 반응과 함께 명백한 부적응 증상(예 우울증, 강박증, 물질중독, 무모한 행동 등)을 나타내는 상태이다.

 ⑩ 얄롬(Yalom)은 개인이 자기 존재의 무의미를 회피하거나 보상하기 위해 재물, 권력, 명예, 사회적 지위 등에 광적으로 집착하여 자신의 에너지를 소진시키고 실존적 무의미성을 망각하려는 강박적 활동(Compulsive Activity)을 가장 흔하게 나타나는 임상적 증상으로 보았다.

4 실존주의 치료

(1) 치료의 목표

① **실존적 조건에 대한 인식 증가**

 ⑦ 실존주의 치료의 핵심적인 목표로서, 내담자로 하여금 삶을 주체적으로 선택하고 책임지는 인간이 되도록 돕는 것이다.

 ⑥ 실존주의 치료자는 내담자로 하여금 자신이 세상에 존재하는 방식을 스스로 발견하도록 함으로써 이전에 인식하지 못한 새로운 관점에서 자신의 문제를 해결할 수 있도록 돕는다.

② **선택에 대한 자유와 책임의식 증가**

 ⑦ 실존주의 치료에서는 내담자의 삶을 변화시킬 수 있는 힘이 곧 내담자 스스로에게 있으므로, 삶을 주체적으로 영위하는 데 대한 책임 또한 내담자에게 있다고 본다.

 ⑥ 실존주의 치료자는 내담자로 하여금 선택의 과정에서 경험하게 되는 실존적 불안을 회피하지 않고 이를 직면할 수 있도록 지지하고 격려한다.

③ **창조적인 삶의 실천을 위한 조력**

 ⑦ 실존주의 치료에서는 인간을 어떤 운명이나 숙명에 의해 결정된 존재가 아닌 자신의 삶을 스스로 만들어 가는 창조적 존재로 본다.

 ⑥ 실존주의 치료자는 내담자로 하여금 스스로 삶의 의미와 가치를 발견하도록 도우며, 창조적인 삶을 실천하도록 지지한다.

(2) 치료의 원리

① 비도구성의 원리

'실존적 관계'란 능률이나 생산성을 강조하는 기술적 관계가 아니므로, 치료장면에서 치료자와 내담자의 관계는 도구적·지시적이 되어서는 안 된다.

② 자기중심성의 원리

실존주의 치료의 초점은 내담자의 자기에 있으며, 이러한 자기중심성은 내면세계에 있는 심리적 실체를 중심으로 이루어진다.

③ 만남의 원리

실존주의 치료는 '여기-지금'에서의 치료자와 내담자의 만남을 중시하며, 이러한 만남의 과정을 통해 과거의 인간관계에서 알 수 없었던 것을 현재의 치료관계를 통해 깨닫도록 한다.

④ 치료할 수 없는 위기의 원리

실존주의 치료는 적응이나 치료 자체보다는 인간 존재의 순정성 회복을 궁극적인 목적으로 한다.

(3) 내담자의 자기인식능력 증진을 위한 치료원리

① 죽음의 실존적 상황에의 직면에 대한 격려

치료자는 내담자로 하여금 죽음의 실존적 상황에 직면하도록 격려한다. 죽음에의 자각은 사소한 문제에서 벗어나 핵심적인 것에 근거한 새로운 삶의 관점을 제공해 준다. 또한 죽음의 주제를 반복적으로 다룸으로써 둔감화 과정을 통해 내담자로 하여금 죽음에 익숙해지고 죽음에 대한 불안을 감내할 수 있도록 해 준다.

② 삶에 있어서 자유와 책임에 대한 자각 촉진

치료자는 내담자에게 스스로의 삶에 대한 자유와 책임을 자각하도록 촉진한다. 내담자가 지닌 문제를 구체적으로 다룸으로써 내담자가 어떤 방식으로 책임회피 행동을 하는지 깨닫도록 돕는다.

③ 자신의 인간관계 양식에 대한 점검

치료자는 내담자로 하여금 실존적 고독에 직면시킴으로써 스스로 인간관계 양식을 점검하도록 돕는다. 이 과정에서 내담자는 인간 대 인간의 진실한 만남조차도 실존적 고독을 완전히 세서르지 못한다는 사실을 인식함으로써 고독 속에 머무르는 새로운 방법을 탐색하게 된다.

④ 삶의 의미에 대한 발견 및 창조에의 조력

치료자는 내담자로 하여금 삶의 의미를 발견하고 창조하도록 돕는다. 이 과정에서 내담자는 자신의 존재에 스스로 의미와 가치를 부여함으로써 삶을 충만하게 만들 수 있음을 깨닫게 된다. 또한 내담자는 자신의 실존에 대한 직면과 깨달음을 통해 삶의 진실성에 좀 더 다가가게 된다.

5 의미치료(의미요법)

(1) 의의 및 특징 기출

① '의미치료 또는 의미요법(Logotherapy)'은 프랭클(Frankl)이 '의미에의 의지(Will to Meaning)'를 강조하면서 기존의 심리학적 이론에 실존철학을 도입한 치료법이다.

② 프랭클은 나치 포로수용소에서 삶과 죽음의 극한 상황에서 나타나는 인간행동을 관찰할 기회를 가졌다. 그리고 삶의 역경에도 불구하고 스스로 선택할 자유를 지키려는 죄수들을 보면서, 인간이 고통 속에서도 의미를 추구하려는 실존적으로 도전적인 존재임을 깨닫게 되었다.

③ 그는 인간이 결국 죽을 수밖에 없는 존재임을 인식할 때 불안과 공포가 생기며, 이를 극복하기 위해 삶의 의미를 찾게 된다고 보았다. 또한 인간이 본질적으로 자기 자신을 뛰어넘어 타인과 세계에서 의미를 찾을 수 있는 존재이며, 다른 사람과의 참만남을 통해 자기의 경계를 초월할 때 가장 인간적인 존재가 된다고 보았다. 이와 같은 관점은 삶의 의미에 관한 이론으로 확대되어 의미치료로 발전하게 된다.

④ 인간은 의미를 추구하기 위해 초월적인 가치를 탐구하며, 이러한 초월적인 가치는 인간의 잠재능력을 구현하는 동시에 인간이 스스로의 삶을 책임지면서 살도록 해 준다.

⑤ 의미치료는 기본적으로 내담자가 자신의 삶 속에서 의미를 찾도록 조력하는 것을 목적으로 한다. 특히 내담자로 하여금 본원적인 가능성과 잠재적인 능력을 깨닫도록 하며, 자기실현, 자기충족, 자기발전에 이를 수 있도록 돕는다.

⑥ 인생의 의미, 죽음과 고통의 의미, 일과 사랑의 의미 등 철학적이고 영혼적인 양상의 문제를 가진 내담자들을 대상으로 한다.

⑦ 의미치료는 특히 허무주의나 공허감, 죽음에의 공포, 가치관의 갈등 상황에 놓인 정신장애에 초점을 둔다.

(2) 주요 개념

① **의지의 자유(Freedom of Will)**

㉠ 인간의지의 자유를 의미하는 것으로서, 인간조건으로부터의 자유가 아닌 인간이 직면할 수 있는 어떤 조건에 대해 취할 수 있는 자유를 말한다.

㉡ 인간은 어떤 환경에서도 자신의 의지대로 자기가 어떻게 될 것인지를 결정할 수 있다. 즉, 인간은 극단적인 한계상황 속에서도 인간으로서의 존엄을 유지하면서 살아남는 방식을 선택할 의지의 자유가 있다.

㉢ 프랭클은 인간이 상황은 물론 자기 자신으로부터 분리할 수 있는 자기분리(Self-detachment)의 능력을 가지고 있다고 보았다.

㉣ 자기분리 능력에 의해 인간은 자신의 생물학적(신체적) 혹은 심리적 조건에 대한 태도를 취하게 된다. 이와 같이 조건에 대해 취하는 태도에 대한 능력은 우리를 인간이게 하는 것이며, 프랭클은 이를 생물학적 차원(Biological Dimension)이나 심리적 차원(Psychological Dimension)과 구별하여 정신적 차원(Noological Dimension)으로 고려하였다.

② **의미에의 의지(Will to Meaning)**

[Viktor Emil Frankl]

ㄱ 의미는 존재와 일치되는 개념이 아닌 존재를 이끌어 가는 것
이다. 예를 들어, 우리는 다른 사람을 만날 때에도 자신의 의
미를 충족시키기 위해 노력한다.

ㄴ 의미에의 의지는 본능적 추동을 달성하려는 것도, 내적 균형
을 이루기 위해 긴장을 감소시키려는 것도 아니다. 인간에게
는 긴장이 없는 상태가 아닌 자신에게 가치가 있는 어떤 의미
를 추구하도록 하는 긴장이 필요하다.

ㄷ 프랭클은 인간의 의미탐구를 삶의 일차적인 힘으로 간주하였
으며, 이러한 의미는 자신의 의미에 대한 의지를 충족시킴으
로써 성취된다고 보았다.

ㄹ 개인의 자기실현은 개인이 추구하는 의미가 어느 정도 충족되었는지에 따라 결정된다.

③ **삶의 의미(Meaning of Life)**

ㄱ 삶의 의미에 관한 질문은 인간에게 본질적인 것으로서, 삶의 의미탐구는 의미치료의 본질이기도
한다.

ㄴ 인간은 주어진 생활상황에 내재한 잠재적 의미를 충족시키는 데 대해 책임이 있는 존재이다.

ㄷ 삶의 의미와 마찬가지로 죽음의 의미도 중요하다. 죽음은 삶의 의미를 박탈하지 않으며, 오히려
삶에 의미를 부여한다.

ㄹ 인간의 삶은 유한하므로, 인간에게 주어진 일회적인 삶은 귀중한 의미를 지닌다.

(3) 의미의 원천

① **일(Work)**

인생에 대한 책임감은 삶 속에서 직접적으로 부딪치는 사건에 대한 반응으로 나타난다.

② **사랑(Love)**

사랑은 자기초월의 한 형태로서, 본질적으로 다른 사람의 성격이 내면을 이해하는 것이다.

③ **고통(Suffering)**

고통은 인간으로 하여금 무감각해지거나 권태로움에 빠지는 것을 방지하는 한편, 인간을 성장과 성
숙으로 이끄는 요인이다.

④ **과거(The Past)**

의미탐구 자체는 일차적으로 사람들의 미래에 초점이 맞추어진 것이지만, 과거는 여전히 의미의 원
천일 수 있다.

⑤ **최상의 의미(Supra-meaning)**

삶과 고통의 궁극적인 의미를 나타내는 것으로서, 이는 특히 종교에 의해 가장 잘 이해될 수 있다.

(4) 의미치료에서 인간에게 삶의 의미를 부여하는 3가지 가치체계

① **창조적 가치(Creative Values)**

인간은 창조적 가치를 실현함으로써 자신에 대한 삶의 의미를 부여하게 된다. 이와 같은 의미의 실현은 개인이 자신의 사명과 구체적인 과업을 자각할 때 생기는 것이다.

② **경험적 가치(Experiential Values)**

인간은 경험적 가치를 실현함으로써 삶에 의미를 부여할 수 있다. 경험적 가치는 비록 자신이 직접 창조해 내지는 않더라도 타인이 창조해 놓은 것을 경험함으로써 가치를 느끼는 것이다.

③ **태도적 가치(Attitudinal Values)**

인간은 태도적 가치를 실현함으로써 삶의 의미를 경험할 수 있다. 개인이 극한 상황에서 창조도 경험도 하기 어려운 경우라도 태도적 가치를 통해 삶에 의미를 부여할 수 있다. 극도의 절망적인 상황에서도 스스로 운명을 어떻게 맞이하느냐 하는 태도는 개인의 자유의지에 의해 선택할 수 있기 때문이다.

(5) 의미치료의 주요 기법

① **역설적 의도(Paradoxical Intention)** 기출

㉠ 강박증이나 공포증을 가지고 있는 사람들의 예기불안(Anticipatory Anxiety)을 다루기 위해 자기가 두려워하는 그 일을 일부러 하도록 격려하는 것이다.

㉡ 강박증이나 공포증의 경우 지나친 주의나 지나친 의도가 오히려 불안에 대한 불안, 걱정에 대한 걱정을 유발함으로써 그 정도를 더욱 가중시킨다.

㉢ 내담자가 일반적으로 가지는 불안이나 공포에 대한 도피 심리를 포착하여, 내담자로 하여금 문제 행동에 직면하도록 한다.

㉣ 직면의 부작용으로 내담자가 더욱 불안이나 공포에 휩싸이는 것을 막기 위해 유머와 익살을 섞어 과장되게 생각하고 표현하도록 한다.

㉤ 역설적 의도는 내담자로 하여금 불안이나 공포를 가중시키는 원인을 인식하도록 하여, 그것의 부정적인 악순환을 방지하기 위한 것이다.

② **탈숙고(Dereflection)**

㉠ 지나친 주의나 지나친 의도와 마찬가지로 지나친 숙고에서 비롯되는 예기불안의 악순환에서 벗어나도록 유도하는 것이다.

㉡ 문제에 대해 지나치게 생각하는 경우 그것이 오히려 자발성과 활동성을 방해함으로써 문제 해결을 위한 행동을 어렵게 만든다.

㉢ 탈숙고는 내담자의 지나친 숙고를 상쇄시킴으로써 자발성과 활동성을 회복시켜 준다.

[참고]

위의 기법들은 의미치료에서만 사용되는 고유기법은 아닙니다. 예를 들어, 역설적 의도의 경우에도 개인 심리이론의 아들러(Adler) 또한 자신의 치료기법으로 널리 사용한 바 있습니다. 다만, 프랭클(Frankl)이 역설적 의도를 보다 체계화하였으므로, 일반적으로 의미치료의 대표적인 기법으로 간주하는 것입니다.

6 공헌점 및 제한점

(1) 공헌점

① 새로운 치료적 관점 제시

실존주의적 접근은 물질주의 가치관이 팽배하고 인간을 수단으로 대상화하는 현대사회에서 인간의 실존을 자각하며, 진정한 삶을 살도록 자극하는 새로운 치료적 관점을 제시하였다.

② 인간 존재와 삶에 대한 긍정적 관점

실존주의적 접근은 인간 존재와 삶을 바라보는 관점을 긍정적으로 변화시키는 데 기여하였으며, 인간의 실존적 조건을 긍정적으로 승화시킬 수 있는 철학적 관점을 제시하였다.

③ 실존적 문제에 대한 치료적 접근

실존주의적 접근은 그 동안 심리치료 분야에서 심도 있게 다루지 못한 존재, 죽음 등 실존적 문제를 이해하고 치료할 수 있도록 하는 이론적 체계 및 치료방법을 제안하였다.

④ 개인의 주체성 강조

실존주의적 접근은 인간의 개별성 및 독자성에 초점을 두고, 인간을 고유성을 지닌 개체로 인정하였다. 또한 개인의 가치와 한계를 철학적인 관점에서 조망하는 보편적인 이해의 틀을 제공한 것은 물론, 개인의 개성과 가치를 존중함으로써 인간성 회복의 계기를 마련하였다.

(2) 제한점

① 치료이론 및 치료방법에 대한 구체적·체계적 제시 부족

실존주의적 접근이 실존적 문제의 이론적 체계 및 치료방법을 제시하였다고 해도, 이를 위해 사용한 개념이나 용어들이 그 자체로 모호하고 포괄적이라는 점은 개념적 혼란을 야기하는 것은 물론 실존주의 치료의 과정 및 결과에 대한 연구를 어렵게 만든다.

② 과학적 탐구의 부족

행동주의적 관점이나 인지적 관점의 치료자들이 자신들의 이론을 타당화하기 위해 많은 실증적 연구를 실시한 반면, 실존주의적 접근의 치료자들은 그와 같은 노력을 기울이지 않고 있다. 이는 치료 효과를 검증하거나 치료 과정을 개선하는 데 도움이 되지 못한다.

③ 적용범위의 제한

실존주의적 접근은 실존주의 철학을 근거로 하므로, 실존주의 치료에 있어서 철학적 통찰력이 결여된 내담자나 심한 정신증적 증상을 보이는 환자에게 적용하기 어렵다.

제4절	자기결정이론

1 개요

(1) 자기결정이론의 기본 가정 및 의의

① 가정

ㄱ 인간이 능동적, 자율적이며 성장지향적이다고 본다.

ㄴ 인간 행동이 장기적으로 외재적 동기(칭찬이나 금전적 보상 등)보다는 내재적 동기에 의해 발생 및 유지되며, 내재적 동기는 외부환경에 따라 촉진, 또는 저해될 수 있다고 본다.

② 의의

ㄱ 자기결정(Self-Determination)이란 어떻게 반응할 것인가를 스스로 결정하는 과정을 말하며, 사람들의 타고난 성장경향과 심리적 욕구에 대한 동기부여와 성격에 대해 설명해 주는 이론으로 심리적 욕구만족과 내재적 동기를 강조한다.

ㄴ 자기결정이론에 따르면, 스스로 선택하고 결정하는 것은 내재적 동기를 증가시키며 업무의 성취에 더욱 긍정적인 영향을 끼친다.

(2) 자기결정이론의 발전 과정

① 1975년 리차드 라이언(Richard Ryan, 1953년~)과 에드워드 데시(Edward Deci, 1942년~)가 개인들이 어떤 활동을 내재적인 이유와 외재적인 이유에 의해 참여하게 되었을 때 발생하는 결과는 전혀 다른 결과가 나타남을 바탕으로 수립한 이론이다.

② 1980년대 중반에는 자기결정성 이론이 공식적으로 소개되고 경험 이론으로 받아들여졌다.

③ 2000년대 이후에는 자기결정성 이론을 사회 심리학의 다른 영역에 적용하는 경우도 상당히 많아졌다.

(3) 자기결정이론의 구성 이론 및 유형 수준

① 자기결정이론은 크게 인지적 평가이론(CET ; Cognitive Evaluation Theory)과 유기적 통합이론(OIT ; Organismic Integration Theory) 등으로 구성되어 있다.

ㄱ 인지적 평가이론

- 내재적으로 동기화된 행동에 외재적 보상을 주는 경우 내재적 동기가 감소된다는 이론이다.
- 내재적인 동기에 주요 관심을 두고 내재적 동기를 촉진하거나 저해하는 환경에, 연구의 초점을 맞추고 있다.
- 학습자가 알맞은 사회 환경적 조건에 처해 있을 때 내재적인 동기가 촉발되고, 유능성(Competence), 자율성(Autonomy), 관계성(Relatedness)의 기본적인 욕구가 만족될 때 내재적인 동기가 증진된다고 보았다.

> **더 알아두기**
>
> **내재적 동기를 증진시키는 기본적 욕구** 기출
>
> | 유능성 욕구 | 과제를 효율적으로 통제하며 성공적으로 수행하는 능력에 대한 욕구이다. |
> |---|---|
> | 자율성 욕구 | 외부 통제나 간섭 없이 스스로의 행동을 자율적으로 선택하고 결정하려는 욕구이다. |
> | 관계성 욕구 | 다른 사람과 밀접한 정서적 유대와 애착을 형성하고, 결과로 사랑과 존중을 얻으려는 욕구이다. |

ⓛ 유기적 통합이론

> - 외적인 이유 때문에 어떤 행동을 해야 하는 상황에서 개인의 태도는 전혀 동기가 없는 무능기에서부터 수동적 복종, 적극적 개입까지 다양하게 나타난다고 보는 이론으로, 사람들이 자신들이 속한 집단과 문화의 가치를 내면화하는 과정을 설명한다.
> - 외재적 동기의 내면화에 초점이 맞추어져 있다.

② **라이언과 데시(Ryan & Deci)의 자기결정성 정도에 따른 자기조절 유형 수준**

라이언과 데시는 인간에게는 자기결정성이 존재하는데, 이것이 동기에 영향을 미친다고 보았으며, 인간의 행동을 자율성의 정도에 따라 완전히 타율적인(외재적으로 동기화된) 행동에서 완전히 자기결정된(내재적으로 동기화된) 행동에 이르는 연속선상에서 개념화하였다.

행동	비자기결정적					자기결정적
동기	무동기	외재적 동기				내재적 동기
조절양식	무조절	외적 조절 (external regulation)	부과된 조절–내사 (introjected regulation)	확인된 조절–동일시 (identified regulation)	통합된 조절 (integrated regulation)	내재적 조절
인지된 인과 소재	없음	외적	다소 외적	다소 내적	내적	내적
관련 조절 과정	무의도, 무가치, 무능력, 통제의 결여	외적인 보상 및 처벌에 순응하기 위한 타율적 행동	자타의 인정 추구, 처벌 등을 피하기 위한 동기화된 행동	내적 흥미보다는 유용성과 자신에게 중요한 것을 선택	주로 청소년기 이후에나 획득할 가능성, 흥미보다는 바람직한 측면을 받아들인 자기와의 통합이 발현된 행동	흥미, 즐거움, 내재적 만족감

> **더 알아두기**
>
> **자기결정 인식에 영향을 주는 요인**
>
> | 선택 | 자기행동을 정당한 한계 내에서 선택할 수 있을 때 자기결정력 증가 |
> |---|---|
> | 위협과 마감시간 | 자신이 압박을 받고 있다는 느낌을 받을 때 자기결정력 감소 |
> | 통제적인 표현 | 나의 행동을 다른 사람이 통제하는 언급을 들을 때 자기결정력 감소 |
> | 외적보상 | 외적보상이 행동 통제나 조종의 수단으로 인식될 때 자기결정력 감소 |
> | 감독과 평가 | 자신이 평가받고 있다고 느낄 때 자기결정력 감소 |

(4) 자기결정이론을 바탕으로 구분한 학습동기와의 단계(R. Vallerand & R. Bissonnette)

무기력 단계	학습동기가 전혀 내면화되지 않은 상태이다.
외적강압 단계	누군가가 직접적으로 보상을 주거나 통제를 가하면서 구체적인 행동을 지시할 때 행동을 수행하는 것(처벌을 피하고 보상받기 위해 공부하는 것)이다.
내적강압 단계	스스로가 자신의 행동을 통제하지만 행동의 직접적인 통제자가 자신으로 외적 가치나 보상체계로 그대로 내면화한 단계이다(학습자는 죄책감이나 긴장·불안을 피하기 위해 공부한다).
유익추구 단계	어떤 목표를 이루기 위해 유익한 행동을 스스로 선택하여 수행하는 단계이다.
의미부여 단계	행동을 수행하면서 갈등을 경험하지 않는 단계로, 공부하면서 내적 갈등이나 긴장을 경험하지는 않는다.
지식탐구추구 단계	알고 이해하고 의미를 추구하려는 욕구에 의해 공부하는 단계이다.
지적성취추구 단계	과제를 완벽하게 수행하는 것이 중요하며, 즐거움과 만족을 얻기 위해 공부하는 단계이다.
지적자극추구 단계	흥분되는 학습내용을 통하여 강렬한 지적 즐거움을 얻기 위해 공부하는 단계이다.

2 내재적 동기와 외재적 동기

(1) 내재적 동기(Intrinsic Motivation)

① 행위 자체가 강화인 동기화를 의미하며 학습활동 자체가 보상으로 작용하는 동기로, 적절한 수준의 도전적 과제는 내재적 동기를 높인다.

② 개인의 내적 요인, 즉 욕구, 호기심, 흥미, 가치, 신념, 포부 등에 의해 유발되는 동기를 말한다.

③ 외적 보상이 수행능력 향상에 대한 정보를 제공할 경우 내재적 동기를 증가시킬 수 있다. 단, 수행 수준과 관계없이 과제 참여 자체를 보상하는 것은 내재적 동기를 감소시킨다.

> **더 알아두기**
>
> **과잉 정당화(Overjustification)**
>
> 내적 동기로 하던 행동에 외적 강화물이 주어져서 내적 동기화되었던 행동이 감소하는 현상이다.

(2) 외재적 동기(Extrinsic Motivation)

① 강화를 얻거나 처벌을 피할 목적의 동기화를 의미하며 동기의 근원이 외부에 있고, 보상, 사회적 압력, 벌 등과 같은 외부의 통제로부터 유발되는 동기를 말한다.

② 행동통제를 목적으로 하는 외적 보상은 외재적 동기를 강화한다.

3 공헌점 및 제한점

(1) 공헌점

① 내재적 동기와 외재적 동기의 개념을 구분하여 학문적 목적뿐 아니라 사회, 경제 분야와 같은 실무에서도 사람들의 심리를 파악하기 위한 방법으로 적용되고 있다.

② 자기결정이론은 여러 발달 이론들과 다양한 이론들의 견해 차이를 통합적으로 설명하는 상위이론(meta-theory)의 입장을 취하며 이를 바탕으로 효과적인 양육, 교육, 직업수행, 건강관리 및 스포츠, 환경 보호주의, 심리치료 등에 연구결과를 응용하는 방향으로 발전되어 가고 있다.

(2) 제한점

① 자기결정이론의 인간관에 관한 관점이 지나치게 낙관적이며 인간의 또 다른 측면인 어두운 면을 반영하지 못한다는 비판이 있다. 외부적 동기가 자신을 바꿔줄 거라고 믿는 사람은 외부의 인과관계에 의지하며, 통제를 받음으로써 의미 있는 개인적 변화를 이루려고 하는 경향도 있으므로 이는 자기결정이론의 가장 핵심인 자율성에 위배된다(에드워드 L. 데시·리처드 플래스트, 『마음의 작동법』, 에코의 서재, 2011)고도 볼 수 있기에 자기결정이론의 인간관에 대한 관점이 다소 편협적이라는 것이다.

② 인간의 행동을 내재적 동기와 외재적 동기 등의 이분법적으로만 분석하기에는 너무 단순하다는 것이다. 금진직인 보상의 경우 외재석 농기뿐만 아니라 내재적 동기부여까지 증대시키는 효과가 있으며 현실적으로는, 인간의 행동은 이러한 상호 유기적인 작용의 결과가 더욱 비일비재하기 때문이다.

01 ㄹ. 반두라(Bandura)는 행동주의적 관점의 성격이론가에 해당한다.

01 다음 중 인본주의적 관점의 성격이론가에 해당하는 학자를 올바르게 모두 고른 것은?

> ㄱ. 매슬로우(Maslow)
> ㄴ. 프랭클(Frankl)
> ㄷ. 로저스(Rogers)
> ㄹ. 반두라(Bandura)

① ㄱ, ㄴ, ㄷ
② ㄱ, ㄷ
③ ㄴ, ㄹ
④ ㄱ, ㄴ, ㄷ, ㄹ

02 매슬로우(Maslow)는 연령에 따른 욕구발달 단계를 제시하지 않았다. 다만, 연령에 따라 높은 연령의 성인이 낮은 연령의 유아에 비해 상대적으로 높은 단계의 욕구를 가지는 경향이 있다고 보았다.

02 다음 중 매슬로우(Maslow)의 이론에 대한 설명으로 옳지 <u>않은</u> 것은?

① 인간의 본성은 본질적으로 선하다고 전제한다.
② 현상학과 형태주의 심리학의 영향을 받았다.
③ 연령에 따른 욕구발달단계를 구체적으로 제시하였다.
④ 위계서열이 낮은 욕구일수록 강도와 우선순위가 높다.

정답 01 ① 02 ③

03 다음 중 매슬로우(Maslow)의 이론에 대한 설명으로 옳지 **않은** 것은?

① 창조성이 인간의 잠재적 본성이다.
② 하위단계의 욕구가 충족되어야 그 다음 단계의 욕구가 발생한다.
③ 욕구위계에서 상위의 욕구의 만족은 지연될 수 있다.
④ 결핍욕구는 선천적인 데 반해 성장욕구는 후천적이다.

03 매슬로우(Maslow)는 제1형태의 욕구로서 결핍욕구(Deficiency Needs)를, 제2형태의 욕구로서 성장욕구(Growth Needs)를 제시하였다. 결핍욕구는 생존적인 경향이 강한 욕구인 반면, 성장욕구는 자신의 재능과 잠재력을 발휘하려는 경향이 강한 욕구이다. 매슬로우는 결핍욕구를 기초로 하여 성장욕구를 정점으로 하는 욕구의 체계를 가정하였으며, 인간을 생존적 경향과 실현적 경향의 욕구들을 선천적으로 가지는 존재로 보았다.

04 매슬로우(Maslow)는 인간의 욕구를 결핍욕구(Deficiency Needs)와 성장욕구(Growth Needs)로 구분하였다. 다음 중 성장욕구의 특징에 대한 설명으로 옳은 것은?

① 원하지 않는 긴장을 감소시키고 평형을 회복하는 것을 목표로 한다.
② 성장욕구의 충족은 즐거움을 유발하고 그 즐거움을 더하려는 욕구를 발생시킨다.
③ 성장욕구는 환경에 대한 의존성을 유발하고 좀 더 타인 지향적이 되도록 한다.
④ 개인은 성장욕구보다는 결핍욕구를 추구하려 한다.

04 ① 결핍욕구는 원하지 않는 긴장을 감소시키고 평형을 회복하는 것이 목표인 반면, 성장욕구는 즐거운 형태의 긴장을 계속적으로 유지하는 것을 목표로 한다.
③ 결핍욕구는 환경에 대한 의존성을 유발하고 좀 더 타인 지향적이 되도록 하는 반면, 성장욕구는 자율적인 충족을 통해 좀 더 자기지향적이 되도록 한다.
④ 개인은 결핍욕구는 피하려 하는 반면, 성장욕구는 추구하려 한다.

05 다음 중 매슬로우(Maslow)의 욕구위계이론에서 제일 밑바탕에 있는 가장 기본적인 욕구에 해당하는 것은?

① 생리적 욕구
② 심미적 욕구
③ 자기존중 또는 존경의 욕구
④ 자기실현의 욕구

05 욕구위계 7단계
• 제1단계 : 생리적 욕구
• 제2단계 : 안전(안정)에 대한 욕구
• 제3단계 : 애정과 소속에 대한 욕구
• 제4단계 : 자기존중 또는 존경의 욕구
• 제5단계 : 인지적 욕구
• 제6단계 : 심미적 욕구
• 제7단계 : 자기실현의 욕구

정답 03 ④ 04 ② 05 ①

06 자기실현의 욕구는 성장욕구(Growth Needs)에 해당한다.
①·②·③ 결핍욕구(Deficiency Needs)에 해당한다.

06 다음 매슬로우(Maslow)의 욕구위계이론에 의한 5가지 욕구 중 그 기본적인 특징이 나머지 셋과 <u>다른</u> 것은?

① 생리적 욕구
② 자기존중 또는 존경의 욕구
③ 애정과 소속에 대한 욕구
④ 자기실현의 욕구

07 ㄱ, ㄷ이 옳은 내용이다.
ㄴ. 자기실현자는 수단과 목적을 구분한다. 목적으로 수단을 정당화하지 않으며, 결과보다 과정이 더욱 중요할 수 있다는 사실을 인식한다.
ㄹ. 자기실현자는 사생활을 즐긴다. 남들과 함께 하는 시간보다는 혼자 있는 시간에 종종 더 편안한 느낌을 가진다.

07 다음 중 매슬로우(Maslow)가 제시한 자기 실현자의 특성에 해당하는 것을 올바르게 모두 고른 것은?

> ㄱ. 현실 중심적이다.
> ㄴ. 수단과 목적을 구분하지 않는다.
> ㄷ. 환경과 문화에 영향을 받지 않는다.
> ㄹ. 사생활을 즐기기보다 타인을 돌본다.

① ㄱ, ㄴ, ㄷ
② ㄱ, ㄷ
③ ㄴ, ㄹ
④ ㄱ, ㄴ, ㄷ, ㄹ

정답 06 ④ 07 ②

08 다음 중 〈보기〉의 내용과 연관된 성격이론에 해당하는 것은?

> **보기**
>
> 자신을 형편없는 학생으로 지각하는 자기개념을 가진 학생이 매우 좋은 성적을 받을 경우, 이 학생은 긍정적인 경험을 부정적인 자기개념과 일치시키기 위해 "운이 좋았어"라는 식으로 왜곡할 수 있다. 이 학생은 자기개념과 경험이 일치하지 않을 때 불안과 내적 혼란을 경험할 가능성이 높기 때문에, 자기개념을 유지하기 위해 경험을 부정하는 방어적 반응을 보인다. 이 학생이 경험을 부정하거나 왜곡하지 않도록 하기 위해서는 타인이 이 학생을 무조건적이고 긍정적으로 존중해 주고 공감해 주어야 한다.

① 특질이론
② 정신역동이론
③ 실존주의이론
④ 인간중심이론

09 다음 중 로저스(Rogers)의 인본주의적 관점에 대한 설명으로 옳은 것은?

① 인간 욕구의 위계를 강조한다.
② 인간의 주관적 경험을 강조한다.
③ 인간을 비합리적 존재로 규정한다.
④ 인간을 무의식적 결정론의 존재로 규정한다.

08 인간중심이론을 주창한 로저스(Rogers)는 개인의 심리적 부적응의 주된 원인으로 자기와 경험의 불일치(Incongruence between Self and Experience)를 제시하였다. 그는 개인이 실제 경험한 내용을 받아들이지 않거나 이를 다르게 받아들이는 경우 환경과 충분히 상호작용을 할 수 없게 되어 자기개념과 유기체 경험 간의 불일치가 발생하며, 그로 인해 신경증이 나타난다고 보았다. 그리고 이를 해결하기 위해서는 치료자의 일치성과 진실성, 공감적 이해와 경청, 무조건적인 긍정적 관심(수용) 또는 존중이 중요하다고 주장하였다.

09 인본주의적 관점의 대표적인 학자인 로저스(Rogers)는 모든 인간에게 있어서 객관적 현실세계란 존재하지 않으며, 주관적 현실세계만이 존재한다고 주장하였다. 즉, 인간은 자신의 사적 경험체계 또는 내적 순거체계와 일치하는 방향으로 객관적 현실을 재구성한다는 것이다. 그는 이와 같은 경험적 세계 혹은 주관적 경험과 관련하여 '현상학적 장(Phenomenal Field)'을 제시하였다.
① 인간 욕구의 위계를 강조한 대표적인 학자는 매슬로우(Maslow)이다.
③ 로저스는 인간을 유목적인 존재인 동시에 합리적이고 건설적인 방향으로 지속적으로 성장해 나가는 미래지향적 존재로 보았다.
④ 인간을 무의식적 결정론의 존재로 규정한 대표적인 학자는 프로이트(Freud)이다.

정답 08 ④ 09 ②

10 로저스(Rogers)의 인간중심적 성격 이론에서 핵심적인 개념은 자기(Self)로서, 개인이 자기 자신에 대해 가지고 있는 조직적이고 지속적인 인식, 즉 '자기상(Self Image)'을 의미한다.

10 다음 중 로저스(Rogers)의 성격이론에서 개인의 심리적 적응에 가장 중요한 역할을 한다고 가정하는 것은?

① 자기(Self)
② 자아강도(Ego Strength)
③ 자아이상(Ego Ideal)
④ 인식(Awareness)

11 객관적 관찰은 해당되지 않는다.

인간중심 치료의 주요 요소
• 일치성과 진실성
• 공감적 이해와 경청
• 무조건적인 긍정적 관심(수용) 또는 존중

11 다음 중 인간중심 치료의 주요 요소로서 치료자에게 요구되는 3가지 태도에 해당하지 <u>않는</u> 것은?

① 일치성
② 객관적 관찰
③ 공감적 이해
④ 무조건적 존중

12 로저스(Rogers)는 '공감'을 '내담자의 현상학적 세계에 들어가는 능력'으로 정의하였다. 현상학적 세계에 들어간다는 것은 내담자의 세계를 치료자 자신의 세계인 것처럼 경험하는 것을 말한다. 여기서 중요한 것은 치료자가 내담자의 세계를 같이 경험하되 객관적인 위치에서 벗어나지 않는 것이다.
① '수용'은 치료자가 내담자의 말에 주의를 기울이면서 긍정적이고 이해적인 태도를 지속적으로 전달하는 것이다.
② '전이'는 내담자가 어린 시절 어떤 중요한 인물에 대해 가졌던 관계를 치료자에게 표출하는 일종의 투사현상이다.
④ '동정'은 공감과 유사하나 치료자가 내담자의 위치에서 그의 정서를 같이 경험한다는 점에서 차이가 있다.

12 다음 중 내담자의 세계를 치료자 자신의 세계인 것처럼 경험하지만 객관적인 위치에서 벗어나지 <u>않는</u> 기법은?

① 수용
② 전이
③ 공감
④ 동정

정답 10 ① 11 ② 12 ③

13 다음 중 로저스(Rogers)가 제시한 완전히 기능하는 사람 (Fully Functioning Person)의 특징으로 옳지 <u>않은</u> 것은?

① 경험에 대해 개방적이다.

② 매 순간의 삶에 충실하다.

③ 타인의 유기체에 대해 신뢰한다.

④ 창조적이고 창의적인 삶을 살아간다.

14 다음 중 로저스(Rogers) 인간중심이론의 공헌점에 대한 설명 으로 옳지 <u>않은</u> 것은?

① 인간에 대한 긍정적인 관점을 제시하고 있다.

② 자아(Ego)에 관한 연구를 활성화시켰다.

③ 치료자와 내담자 간 치료관계의 중요성을 부각시켰다.

④ 상담심리학의 심리치료 연구에 대한 정당성을 부여하였다.

15 다음 중 실존주의적 접근의 공통된 특징으로 가장 옳은 것은?

① 개인의 구체적인 체험 문제를 중시한다.

② 방법론적 측면에서 객관적이며 과학적이다.

③ 개인을 타자와 분리시켜 격리된 관점에서 이해한다.

④ 어떤 사물을 기준으로 인간 문제를 측정할 수 있다고 본다.

---

13 타인이 아닌 자신의 유기체를 신뢰 한다.

완전히(충분히) 기능하는 사람(Fully Functioning Person)의 특징
- 경험에 대한 개방성(An Openness to Experience)
- 실존적인 삶(Existential Living)
- 자신의 유기체에 대한 신뢰(A Trust in One's Own Organism)
- 자유 의식(A Sense of Freedom) 또 는 경험적 자유(Experiential Freedom)
- 창조성(Creativity)

14 자아(Ego)에 관한 연구가 아닌 자기 (Self)에 관한 연구를 활성화시켰다.

15 ② 실존주의적 접근은 방법론적 측 면에서 현상학적이다.
③ 실존주의적 접근은 개인에 초점 을 두나 각 개인을 격리된 관점에 서 보는 것은 아니다.
④ 실존주의적 접근에서는 어떤 사 물을 기준으로 인간 문제를 측정 할 수 없다고 본다.

정답 13 ③ 14 ② 15 ①

16 게슈탈트 심리학(형태주의 심리학)의 내용에 해당한다. '게슈탈트(Gestalt)'란 전체, 형상, 형태, 모습 등의 뜻을 지닌 독일어로서, 게슈탈트 심리학자들에 의하면 개체는 대상을 지각할 때 그것들을 산만한 부분들의 집합이 아닌 하나의 의미 있는 전체, 즉 '게슈탈트'로 만들어서 지각한다는 것이다. 게슈탈트 심리학은 인간에게 완성을 추구하는 경향이 있으며, 그로 인해 자신의 현재 욕구에 따라 게슈탈트를 완성해 나아간다고 본다. 즉, 인간은 '여기-지금'의 현실에서 자신의 필요에 의해 게슈탈트를 형성한다는 것이다.

16 **다음 중 실존주의적 접근의 인간본성에 관한 철학적 기본 가정으로 가장 옳지 않은 것은?**

① 인간은 자각하는 능력을 가지고 있다.
② 인간은 초월에의 능력을 가지고 있다.
③ 인간은 죽음이나 비존재에 대해 인식한다.
④ 인간은 완성을 추구하려는 경향이 있다.

17 자기표상적 소외는 해당되지 않는다.

소외의 3가지 형태(Yalom)
• 대인관계적 소외
  (Interpersonal Isolation)
• 개인내적 소외
  (Intrapersonal Isolation)
• 실존적 소외(Existential Isolation)

17 **다음 중 얄롬(Yalom)이 실존주의적 관점에서 제시한 소외의 형태에 해당하지 않는 것은?**

① 대인관계적 소외(Interpersonal Isolation)
② 개인내적 소외(Intrapersonal Isolation)
③ 자기표상적 소외(Self-representational Isolation)
④ 실존적 소외(Existential Isolation)

18 ㄱ, ㄴ, ㄷ, ㄹ 모두 해당된다.

실존적 세계의 네 가지 양식 혹은 차원
• 주변세계(Umwelt) : 물리적 차원의 자연세계
• 공존세계(Mitwelt) : 사회적 차원의 인간세계
• 고유세계(Eigenwelt) : 심리적 차원의 자기세계
• 영적세계(Uberwelt) : 영적 차원의 초월세계

18 **다음 중 실존주의적 관점에서 제시하는 실존적 세계의 차원에 포함되는 것을 올바르게 모두 고른 것은?**

> ㄱ. 고유세계(Eigenwelt)
> ㄴ. 주변세계(Umwelt)
> ㄷ. 공존세계(Mitwelt)
> ㄹ. 영적 세계(Uberwelt)

① ㄱ, ㄴ, ㄷ
② ㄱ, ㄷ
③ ㄴ, ㄹ
④ ㄱ, ㄴ, ㄷ, ㄹ

정답 16 ④ 17 ③ 18 ④

19 다음 중 실존주의적 접근의 심리치료에 해당하는 것은?

① 인지치료
② 의미치료
③ 자기교습훈련
④ 합리적 · 정서적 행동치료

19 **의미치료(Logotherapy)**
  • 프랭클(Frankl)이 '의미에의 의지(Will to Meaning)'를 강조하면서 기존의 심리학적 이론에 실존철학을 도입한 치료법이다.
  • 기본적으로 내담자가 자신의 삶 속에서 의미를 찾도록 조력하는 것을 목적으로 한다. 특히 내담자로 하여금 본원적인 가능성과 잠재적인 능력을 깨닫도록 하며, 자기실현, 자기충족, 자기발전에 이를 수 있도록 돕는다.

20 프랭클(Frankl)은 삶의 의미에 관한 이론에서 인간이 죽음에의 공포를 극복하기 위해 삶의 의미를 찾는다고 보았다. 다음 중 프랭클이 제시한 삶의 의미를 부여하는 가치체계에 포함되지 <u>않는</u> 것은?

① 초월적 가치(Transcendental Values)
② 태도적 가치(Attitudinal Values)
③ 경험적 가치(Experiential Values)
④ 창조적 가치(Creative Values)

20 초월적 가치는 포함되지 않는다.

  인간에게 삶의 의미를 부여하는 3가지 가치체계(Frankl)
  • 창조적 가치(Creative Values)
  • 경험적 가치(Experiential Values)
  • 태도적 가치(Attitudinal Values)

정답 19 ② 20 ①

21 자기결정성 이론의 기본 가정은 인간의 타율성이 아니라 자율성이다.

21 자기결정성 이론의 기본 가정에 관한 설명으로 옳지 않은 것은?

① 사람들은 행동의 주체가 자신이라고 느끼기를 원한다.

② 스스로 목표를 세우고 행동하는 조절자라고 믿는다.

③ 자기에게 중요하고 가치 있는 것이 무엇인지 결정할 수 있는 자유를 원한다.

④ 인간은 타율적으로, 스스로 다른 사람에게 의존할 것을 선택한다.

22 내적으로 동기화된 행동에 외재적 보상을 주는 경우 내재적 동기가 감소된다.
①·②·③ 내재적인 동기는 학습자가 알맞은 사회 환경적 조건에 처해 있을 때 촉발되며, 관계성·유능성·자율성의 기본 욕구가 만족될 때 증진된다.

22 '자기결정성 이론'에서 내재적 동기를 촉발하거나 증진시키는 요인으로 적합하지 않은 것은?

① 관계성 욕구

② 유능성 욕구

③ 자율성 욕구

④ 외재적 보상

23 에드워드 데시(E. Deci)와 리차드 라이언(R. Ryan)은 자신의 행동에 대해 조절이나 통제를 할 수 있다고 느끼는 정도를 의미하는 자기결정성 이론을 주장하였다. 그리고 동기조절의 유형을 무동기, 외적 조절, 부과된 조절(투사), 확인된 조절(동일시), 통합된 조절, 내적 동기로 나누었다.

23 다음 내용에서 괄호 안에 들어갈 용어로 알맞은 것은?

> 라이언과 데시(Ryan & Deci)는 인간에게는 자기결정성이 존재하는데, 이것이 (   )에 영향을 미친다고 보았다. 즉 자신이 스스로 가치를 부여한 목표라면, 그 목표를 성취하기 위한 행동을 더 적극적으로 수행하게 된다는 것이다.

① 흥미

② 동기

③ 조절

④ 효능감

정답 21 ④ 22 ④ 23 ②

24 라이언(Ryan)과 데시(Deci)의 자기결정성 이론에서 다음의 내용에 해당하는 동기 유형은?

- 특정 행동이나 과제를 의식적으로 선택한다.
- 교사나 부모와 같은 타인에게 중요한 것이 아니라 자신에게 중요한 것을 선택한다.
- 내적 흥미보다는 유용성이 중요하다.

① 외적 조절(Extrinsic Motivation)
② 통합된 조절(Integrated Regulation)
③ 확인된 조절(Identified Regulation)
④ 내적 동기(Intrinsic Motivation)

25 라이언과 데시(Ryan & Deci)가 설명한 자기결정성 정도에 따른 다음의 자기조절 유형 수준을 낮은 것에서 높은 순으로 바르게 나열한 것은?

ㄱ. 내사된 조절(Introjected Regulation)
ㄴ. 통합된 조절(Integrated Regulation)
ㄷ. 내재적 조절(Intrinsic Regulation)
ㄹ. 확인된 조절(Identified Regulation)
ㅁ. 외적 조절(External Regulation)

① ㄷ - ㄴ - ㄹ - ㄱ - ㅁ
② ㄷ - ㄹ - ㄱ - ㄴ - ㅁ
③ ㅁ - ㄱ - ㄹ - ㄴ - ㄷ
④ ㅁ - ㄷ - ㄹ - ㄴ - ㄱ

24 확인된 조절(동일시)
- 내적 흥미보다는 개인적 중요성이나 자신이 설정한 목표를 추구하기 위해 동기화된 행동이다.
- 이전에는 외적으로 조절되었던 가치나 목표를 자신의 것으로 수용하고 선택해서 행동을 하게 된다.
- 학습자는 그 과목에 대해 이해하기를 원해서라든지, 대학 진학에 중요하다고 생각하기 때문이라든지, 새로운 것을 배우기를 원해서와 같이 개인적 중요성이나 자신이 설정한 목표를 추구하기 위해 과제를 수행한다.

25 라이언과 데시(Ryan & Deci)의 자기결정성 정도에 따른 자기조절 유형 수준 단계
무조절 → 외적 조절 → 내사(부과)된 조절 → 확인된 조절(동일시) → 통합된 조절 → 내재적 조절

정답 24 ③ 25 ③

SD에듀와 함께, 합격을 향해 떠나는 여행

제 5 장

인지적 관점

행운이란 100%의 노력 뒤에 남는 것이다.

– 랭스턴 콜먼 –

제 5 장 │ 인지적 관점

1 개요

(1) 등장배경

① 정신분석과 행동주의가 심리학계의 양대 산맥을 이루던 1950년대에 인간행동을 이해하는 데 있어서 인간의 사고 과정에 대한 이해가 선행되어야 한다고 주장하는 인지주의(Cognitivism)의 흐름이 발달하기 시작하였다.

② 특히 1950년대는 이른바 '인지혁명(Cognitive Revolution)'이 일어난 시기로, 인간의 지각, 사고, 기억, 판단, 문제해결 과정을 과학적으로 연구하는 인지심리학이 발전하였으며, 개인의 성격 및 정신병리를 인지주의적 관점으로 설명하려는 다양한 시도들이 펼쳐졌다.

③ 요컨대, 인지적 접근은 개인이 환경과 상호작용을 하면서 마음속으로 정보를 처리하고 문제를 해결하는 인지적 요인을 밝히는 것을 중요한 과제로 삼는다. 이는 인지적 접근이 인간의 성격을 각 개인이 자신과 세상을 심리적으로 구성하는 방식으로 고려한 데서 비롯된다.

④ 개인이 일상생활에서 부딪치는 생활사건에 대해 의미를 부여하는 방식이 서로 다르고, 개인이 자신과 세상을 심리적으로 구성하는 방식이 서로 다르므로, 개인의 성격 및 행동을 이해하기 위해서는 그가 자신과 세상에 대해 지니고 있는 신념이나 구성개념을 파악하고, 구체적인 상황에서 특정한 행동을 나타내는 사고 과정을 살피는 것이 무엇보다도 중요하다.

⑤ 최근 상담 및 심리치료 영역에서 인지를 강조하는 치료적 입장이 각광을 받으면서, 인지적 관점이 여러 이론 연구자들은 물론 현장의 치료자들에 의해서도 확대·발전되고 있다.

(2) 이론 형성의 주요 과정

① 1956년 미국 MIT 공대에서 개최된 '정보이론 심포지엄(Symposium on Information Theory)'이 기폭제가 되어 인지과학(Cognitive Science)이 탄생되었으며, 이를 기초로 인간의 인지 구조 및 과정에 대한 연구가 활발히 이루어졌다.

② 1955년 켈리(Kelly)는 자신의 대표적 저서인 「개인적 구성개념의 심리학(The Psychology of Personal Constructs)」을 출간하였으며, 1963년 이를 좀 더 정교하게 체계화하여 「성격의 이론 : 개인적 구성개념의 심리학(A Theory of Personality : The Psychology of Personal Constructs)」을 재출간하였다.

③ 1955년 엘리스(Ellis)는 '합리적 치료 또는 인지적 치료(RT ; Rational Therapy)'를 고안하였으며, 이는 1993년 인지적 관점의 대표적 이론이자 치료적 방법으로서 '합리적 · 정서적 행동치료 또는 인지 · 정서 · 행동치료(REBT ; Rational-Emotive Behavior Therapy)'의 발전으로 이어졌다. 기출

④ 1961년 벡(Beck)은 벡 우울척도(BDI ; Beck Depression Inventory)를 개발하였으며, 1963년 엘리스와의 의견교환을 통해 인지치료(CT ; Cognitive Therapy)에 관한 이론을 정립하였다. 그리고 1976년 자신의 대표적 저서인 「**인지치료와 정서장애**(Cognitive Therapy and Emotional Disorders)」를 출간하였다.

⑤ 1971년 마이켄바움(Meichenbaum)은 개인의 인지재구성적 자기훈련방법으로서 자기교습훈련 (Self-instructional Training)을 개발하였으며, 1977년 자신의 대표적 저서인 「인지 · 행동 수정 (Cognitive-behavioral Modification)」을 출간하였다.

2 이론적 방법론

(1) 이론의 주요 접근방법

① 인간의 성격을 설명하는 데 있어서 인지주의적 접근을 시도한 학자들 가운데 반두라(Bandura)와 로터(Rotter)를 포함시킬 수 있으나, 이들은 사회학습에 의한 행동을 연구의 초점으로 삼았으므로 인지주의 이론가로 분류하기보다는 사회학습 이론가로 분류하여 행동주의의 포괄적인 범주에 포함시키는 경향이 있다.

② 대표적인 인지적 접근의 이론가이자 치료자로서 **엘리스**(Ellis)**와 벡**(Beck)은 인간의 인지, 정서, 행동 가운데서도 특히 인지의 역할을 강조하면서, 인지가 인간의 성격 및 정신병리에 어떻게 작용하는지를 체계적으로 설명하고 있다. 다만, 엘리스가 개인이 가진 비합리적 사고나 신념에 문제의 초점을 두었다면, 벡(Beck)은 개인이 가지고 있는 정보처리 과정상의 인지적 왜곡에 초점을 두었다. 기출

③ 켈리(Kelly)는 그들보다 앞서 인간의 성격을 인지적 측면에 초점을 맞추어 설명하고자 했던 최초의 심리학자로 평가받고 있다. 그는 인간의 독특한 인지체계에 대한 연구를 통해 인지적 구성개념에 관한 이론을 구체화하였다.

(2) 인지적 접근을 이용한 치료

① 엘리스(Ellis)와 벡(Beck)의 연구는 서로 독자적으로 이루어졌고 그로 인해 서로 다른 유형의 치료방법이 만들어졌으나, 이들 모두 인지적 접근을 이용한 치료방법을 개발했다는 점에서 공통적이다. 이와 같은 유형의 치료는 역기능적 사고, 정서, 행동을 찾아 이를 바꿈으로써 문제를 극복하고자 한다.

② 인지적 접근을 이용한 치료에서 내담자는 자신의 왜곡된 사고를 찾고, 믿음을 수정하며, 사람들과 다른 방식으로 관계함으로써 결국 자신의 행동을 변화시킬 수 있는 기술을 배우게 된다.

③ 인지적 접근을 이용한 치료는 내담자의 정서나 행동이 치료에서 중요하고 주목할 만한 가치가 있다는 것을 인정하지만, 그와 같은 정서와 행동을 결정하고 정신장애와 심리적 건강을 결정짓는 주된 요인을 사고, 즉 인지적 측면에서 찾는다.

④ 인지적 치료자들은 내담자의 일시적인 자동적 사고와 함께 깊이 뿌리박힌 근본적인 가정 및 도식에 치료의 초점을 맞춘다. 그러나 이는 정신분석적 접근의 치료자들과는 다른 방식으로 이루어진다. 정신분석 치료자들은 치료의 핵심문제를 내담자의 무의식의 영역에 놓음으로써 내담자가 문제 해결에 쉽게 접근할 수 없다고 생각한다. 그러나 인지적 치료자들은 문제의 핵심 구조가 작동하는 과정에서 얻어진 산물을 내담자가 대체로 자각할 수 있으며, 치료자가 그에 대해 다양한 개입방법을 동원함으로써 내담자로 하여금 자신의 문제를 검증하고 이를 수정하도록 할 수 있다고 본다.

⑤ 결국 인지적 접근을 이용한 치료는 내담자의 역기능적 인지를 보다 정확하고 유용하며 건강한 사고로 바꿀 수 있도록 함으로써, 내담자로 하여금 현재 문제를 성공적으로 다루고 더욱 보람된 삶을 살도록 돕는다.

제2절   엘리스의 비합리적 신념

1 개요

(1) REBT의 의의 및 특징 `기출`

① 엘리스(Ellis)는 인지적 관점에서 발전된 심리적 장애의 치료법으로 합리적·정서적 행동치료(REBT ; Rational-Emotive Behavior Therapy)를 개발한 인지적 관점의 대표적인 학자로서, 특히 그의 상담 및 치료방법은 곧 인지·정서·행동적 상담(치료)을 의미하는 것으로 볼 수 있다.

② 엘리스는 인간을 단순히 외부 자극에 반응하는 기계적인 존재로 파악하는 극단적인 행동주의 치료자들과 달리, 외부 자극에 대한 개인의 반응을 매개하는 신념체계(Belief System), 즉 개인의 외부 자극에 대한 해석방식의 중요성을 강조하였다.

③ 보통 개인은 자신이 경험하는 크고 작은 사건이 직접적으로 자신의 정서나 행동에 영향을 미치는 것으로 생각한다. 그러나 엘리스는 사건 자체보다는 개인이 그 사건을 어떻게 인지하고 있는가의 신념체계가 그의 정서나 행동에 영향을 미친다고 주장하였다.

[Albert Ellis]

④ 요컨대, 인간은 자기 보존, 자기 성장, 행복, 사랑 등 합리적이고 긍정적인 사고를 가지고 있는 반면, 자기 파괴, 자기 비난, 완벽주의, 회의 등 비합리적이고 부정적인 사고도 가지고 있다. 특히 개

인은 쓸데없이 자신을 혼란시키는 생물학적 경향성으로 인해 스스로 혼란스러운 신념들을 만들기도 한다.

⑤ 엘리스는 인간이 외부 사건 자체에 의해 장애를 느끼는 것이 아닌 내부적인 요인에 의해 장애를 경험한다고 보았다. 특히 환자들의 정신병리가 아동기에 의미 있는 사람으로부터 학습된 비합리적 신념이나 환자 자신이 만들어낸 미신 또는 자기 패배적 사고에 의해 일어난다고 주장하였다.

⑥ 그러나 엘리스는 인간이 자신의 인지, 정서, 행동을 변화시킬 수 있는 능력을 가지고 있음을 강조하였다. 따라서 REBT에서는 내담자의 비합리적 신념체계를 합리적인 것으로 바꾸고 내담자의 정서와 행동을 적응적으로 변화시킴으로써 삶의 전반을 변화시키는 것을 궁극적인 목표로 삼는다. 기출

(2) REBT의 발전 과정

① 엘리스(Ellis)는 1955년 인본주의적 치료와 철학적 치료, 행동주의적 치료를 혼합하여 '합리적 치료(RT ; Rational Therapy)'를 처음 고안하였으며, 이후 정서의 측면을 강조하기 위해 1962년 '합리적·정서적 치료(RET ; Rational-Emotive Therapy)'로 명칭을 변경하였다. 그리고 1993년 자신의 치료법에 행동적 측면이 상당 부분 포함되어 있음을 받아들여 이를 '합리적·정서적 행동치료(REBT ; Rational-Emotive Behavior Therapy)'라 공식적으로 명명하였다. 그러나 그는 자신이 개발한 치료법의 명칭에 '인지적(Cognitive)'이라는 표현 대신 '합리적(Rational)'이라는 표현을 사용한 것에 대해 그것이 자신의 실수였음을 최근에야 비로소 고백한 바 있다. 그 이유는 '합리적'이라는 표현이 이성에 의한 합리성의 한계를 지적한 포스트모던의 새로운 조류에 부합하지 않았기 때문이다.

② 사실 엘리스가 제시한 '합리적(Rational)'의 표현에는 경험적·논리적으로 타당한 인지, 효율적인 동시에 자기개선적인 인지라는 의미가 포함되어 있다. 그럼에도 불구하고 엘리스가 그 명칭을 변경하지 못한 이유는 1970년대 중반 이후부터 벡(Beck)과 마이켄바움(Meichenbaum)이 각각 인지치료(CT ; Cognitive Therapy), 인지·행동치료(CBT ; Cognitive-Behavioral Therapy)의 개념을 보편화시켰으므로, 그와 같은 상황에서 뒤늦게 명칭을 변경하는 것이 적절하지 못하다고 판단했기 때문이다.

[참고]
위에 제시된 각 과정의 구체적인 연도 및 용어의 우리말 번역은 교재에 따라 약간씩 다르게 제시되고 있습니다. 특히 엘리스(Ellis)의 'RT', 'RET', 'REBT'에서 공통적으로 제시되고 있는 'Rational'은 교재에 따라 '합리적' 혹은 '인지적'으로 번역되고 있습니다. 그에 따라 'REBT'를 '합리적·정서적 행동치료'나 '합리적·정서적·행동적 상담' 혹은 '인지·정서·행동치료'나 '인지·정서·행동적 상담' 등 다양한 방식으로 표현하고 있습니다. 그러나 엘리스가 자신의 치료적 접근법이 최근의 주요 상담 및 심리치료 경향인 인지치료(Cognitive Therapy)의 원조라 주장함으로써, 상담 및 치료방법과 관련하여 인지·정서·행동적 관점이 엘리스의 REBT, 벡(Beck)의 인지치료(CT), 그리고 마이켄바움(Meichenbaum)의 인지·행동치료(CBT)를 모두 포괄하는 것으로 보일 수 있는 바, 여기서는 그와 같은 치료적 방법들을 구분하기 위해 엘리스의 치료법 명칭을 가급적 원문 그대로 적용하여 그의 'REBT'를 '합리적·정서적 행동치료'로 표현합니다.

(3) REBT의 기본 원리

① **인지는 인간의 정서를 결정하는 가장 중요한 요소이다.**

과거나 현재의 외적인 사건이 직접적으로 정서와 관련되는 것은 아니다. 오히려 인간의 내적인 사건, 특히 지각에 대한 평가로서 인지가 인간의 정서적 반응에 대해 더욱 직접적이고 강한 영향을 주는 원천이다.

② **역기능적 사고는 정서장애의 중요한 결정 요인이다.**

역기능적 정서상태나 정신병리의 많은 부분들은 역기능적 사고 과정의 결과이다. 이와 같은 역기능적 사고는 과장, 과도한 일반화나 단순화, 잘못된 추론, 절대적 사고 등으로 나타난다.

③ **정서적인 문제를 해결하기 위해서는 사고를 분석하는 데서 시작하는 것이 효과적이다.**

개인이 지닌 고통은 불합리한 사고의 산물로 볼 수 있다. 따라서 그 고통을 극복하는 길은 사고를 변화시키는 데 있다.

④ **유전과 환경을 포함한 다양한 요인들이 불합리한 사고나 정신병리를 일으키는 원인이 된다.**

인간은 선천적으로 불합리하게 생각하는 경향이 있으며, 환경의 영향을 받아 비합리적으로 사고하기도 한다.

⑤ **행동에 대한 과거의 영향보다는 현재에 초점을 둔다.**

인간의 행동은 과거에 기인하는 것이 아니다. 현재 주어진 상황을 어떻게 해석하고 지각하는가에 따라 달라진다.

⑥ **인간이 지닌 신념은 쉽지는 않지만 변화한다고 믿는다.**

인간의 신념은 사회문화적인 영향을 받아 스스로 자기언어(Self-talk)를 통해 반복적으로 주입됨으로써 생성된다. 이와 같은 과정을 거쳐 형성된 신념을 변화시키는 것은 쉽지 않지만, 적극적이고 지속적인 노력에 의해 변화가 가능하다.

(4) 성격의 측면

① **생물학적 측면**

인간에게는 사용되지 않은 잠재력과 성장자원이 있으며, 자신의 개인적 운명과 사회적 운명을 변화시킬 수 있는 능력이 있다. 반면, 그와 동시에 비합리적으로 생각하거나 스스로에게 해를 끼치려는 선천적 경향성을 가지고 있다.

② **사회적 측면**

인간은 사회적 관계를 떠나서는 살아갈 수 없다. 즉, 인간은 타인에게 인정받기를 원하고, 타인의 기대에 맞춰 살며, 타인의 수행을 능가하려고 노력한다. 특히 타인으로부터의 인정과 승인의 욕구가 절대적일수록 불안과 우울을 경험하기 쉽다.

③ **심리학적 측면**

일반적인 슬픔, 유감, 좌절감 등과는 구별되는 정서적 혼란이 비합리적 신념으로부터 유발된다. 비합리적 신념은 당위적 사고나 파국화의 형태를 띠기도 하며, 그로 인해 불안과 우울의 악순환을 경험하게 된다.

(5) ABC 모델

① 엘리스는 인간이 합리성과 비합리성의 양면을 지닌 존재로 인식하였다. 즉, 인간은 합리적인 사고를 할 수도, 비합리적인 사고를 할 수도 있다는 것이다.

② 합리적 신념체계를 가진 사람은 사건에 대해 합리적인 해석을 함으로써 바람직한 정서적·행동적 결과를 경험한다. 반면, 비합리적 신념체계를 가진 사람은 사건에 대해 비합리적인 해석을 함으로써 부적절한 정서적·행동적 결과를 경험한다.

③ 엘리스는 합리적 신념체계에 따라 행동하는 사람을 건강한 사람으로 본 반면, 비합리적 신념체계에 따라 행동하는 사람을 건강하지 못한 사람으로 보았다.

④ 엘리스는 개인의 정서적·행동적 결과에 영향을 미치는 원인으로 사건 자체보다는 신념체계를 중요시하였으며, 이를 ABC 모델로 설명하였다.

⑤ '선행사건'은 어떠한 정서나 행동을 촉발하는 외부 자극으로서 '촉발사건'을 의미하며, '신념체계'는 그 사건의 의미를 해석하고 평가하는 데 사용되는 신념을 말한다. 그리고 '정서적·행동적 결과'는 선행사건에 대한 반응으로서 개인이 나타내는 정서적 또는 행동적 결과를 의미한다.

⑥ ABC 모델의 핵심은 인지적 요인으로서 개인의 신념체계(B)가 선행사건(A)과 결과적 반응(C)을 매개한다는 것이다.

2 비합리적 신념

(1) 비합리적 신념의 특징(Ellis & Dryden)

비합리적 신념은 자신, 타인, 세상에 대한 비현실적인 기대와 요구를 의미하는 것으로서, 다음과 같은 특징을 가진다.

① **당위적 사고(절대적 강요와 당위)**

㉠ 영어의 'Must'와 'Should'로 대변되는 것으로서, 우리말로는 "반드시 ~해야 한다."로 표현된다.

㉡ 인간문제의 근본요인에 해당하는 매우 경직된 사고로서, 어떠한 강한 요구가 포함되어 있다.
　예 "나는 반드시 성공해야만 한다."

② **파국화(Awfulizing) 또는 재앙화(Catastrophizing)**

㉠ '지나친 과장'을 의미하는 것으로서, 당위적 요구가 충족되지 못했을 때 그와 같은 현실의 결과를 과장되게 해석하는 것이다.

㉡ 우리말로는 "~하는 것은 끔찍한 일이다."로 표현된다.
　예 "기말시험을 망치는 것은 정말 끔찍한 일이다."

③ **좌절에 대한 인내심 부족**

　㉠ 당위적 요구가 좌절된 상황을 참을 수 없다고 생각하는 것이다.

　㉡ 이는 세상에 대한 부정적・비관적인 시각을 유발한다.

　　예 "나는 다른 사람들에게서 죄인으로 오해를 받으면서 살 수 없다."

④ **자기 및 타인에 대한 비하(질책)**

　㉠ 당위적 요구를 충족시키지 못한 사람은 누구나 무가치하며, 비난과 질책을 받아야 한다고 생각하는 것이다.

　㉡ 자기 자신이나 타인 혹은 상황에 대해 경멸하거나 비하함으로써 파멸적인 사고를 한다.

　　예 "열심히 공부하고도 성적이 떨어졌으니, 나와 같은 바보가 세상에 또 있을까?"

(2) 비합리적 신념의 뿌리를 이루는 3가지 당위성

① **자신에 대한 당위성**

　나는 반드시 훌륭하게 일을 수행해내야 하며, 중요한 타인들로부터 인정을 받아야만 한다. 만약 그렇지 못하다면 끔찍하고 참을 수 없는 일이며, 나는 썩어빠진 하찮은 인간이다.

② **타인에 대한 당위성**

　타인은 반드시 나를 공정하게 대우해야 한다. 만약 그렇지 못하다면 끔찍하고 참을 수 없는 일이며, 나 또한 그러한 상황을 참아낼 수 없다.

③ **세상에 대한 당위성(조건에 대한 당위성)**

　세상의 조건들은 내가 원하는 방향으로 돌아가야만 한다. 만약 그렇지 못하다면 끔찍하고 참을 수 없는 일이며, 나 또한 그와 같은 끔찍한 세상에서 살아갈 수 없다.

(3) 합리적・정서적 행동치료에서 비합리적 신념의 유형

구분	특징
완전주의	자신은 완전하며 또한 완전해야 한다고 믿는다. 예 선생님의 사소한 시석에 상저를 받거나 조언을 받아들이기 거부하는 경우
당위성	모든 현상이나 사건이 반드시 어떠한 일정한 방식이나 방향으로 전개되리라고 믿는다. 예 부모가 자신의 가치관에 따라 자녀를 훈육하려는 경우
과잉 일반화	한두 개의 고립된 사건에 근거해서 일반적인 결론을 내리고 그것을 서로 관계없는 상황에 적용하려고 한다. 예 한 남성이 아내와 이혼했다는 이유로 그가 다른 여성들과의 관계에서도 실패할 것이라 생각하는 경우
부정적 예언	자신이 시도하는 일은 결과적으로 성공할 수 없다고 믿는다. 예 수험생이 자신이 하는 일은 실패할 것이 분명하다고 단정을 내림으로써 시험을 미리 포기하거나 체념하는 경우
무력감	자신의 능력을 스스로 과소평가하거나 무기력 상태에 놓임으로써 자신은 결코 그렇게 할 수 없다고 믿는다. 예 비행청소년에게서 곤란을 겪고 있는 친구에게 자신은 도움을 줄 수 없다며 회피하는 경우

(4) 비합리적 신념의 종류(Ellis)

① 인간은 주위의 모든 중요한 사람들에게서 항상 사랑과 인정을 받아야만 한다.

② 인간은 모든 면에서 반드시 유능하고 성취적이어야 한다.

③ 어떤 사람은 악하고 나쁘며 야비하다. 따라서 그와 같은 행위에 대해서는 반드시 준엄한 저주와 처벌이 내려져야 한다.

④ 일이 내가 바라는 대로 되지 않는 것은 끔찍스러운 파멸이다.

⑤ 인간의 불행은 외부 환경 때문이며, 인간의 힘으로는 그것을 통제할 수 없다.

⑥ 위험하거나 두려운 일이 일어날 가능성은 상존하므로, 그것이 실제로 일어날 가능성에 대해 항상 유념해야 한다.

⑦ 인생에 있어서 어떤 난관이나 책임을 직면하는 것보다 회피하는 것이 더욱 쉬운 일이다.

⑧ 인간은 타인에게 의지해야 하며, 자신이 의지할만한 더욱 강력한 누군가가 있어야 한다.

⑨ 인간의 현재 행동과 운명은 과거의 경험이나 사건에 의해 결정되며, 인간은 과거의 영향에서 결코 벗어날 수 없다.

⑩ 인간은 다른 사람의 문제나 곤란에 대해 항상 신경을 써야 한다.

⑪ 인간의 문제에는 항상 정확하고 완전한 해결책이 있으므로, 이를 찾지 못하는 것은 매우 유감스러운 일이다.

3 치료적 방법론

(1) 치료 목표

① 치료자는 내담자가 가지고 있는 **자기파괴적이고 자기패배적인 신념을 최소화**하며, 현실적이고 관대한 철학을 가지도록 돕는다.

② 삶에 있어서 바람직하지 못한 결과가 나오더라도 그 원인을 스스로의 무기력이나 무능력 또는 다른 사람의 탓으로 돌리지 않으며, **자신의 삶에 대한 책임을 받아들임으로써 문제에 직면하도록 돕는다.**

③ 자기에 대한 관심, 사회에 대한 관심, 자기 지시, 관용, 유연성, 불확실성의 수용, 이행, 과학적 사고, 자기 수용, 모험 실행, 반유토피아주의 등의 구체적인 목표에 도달하도록 한다.

　㉠ 자기에 대한 관심(Self-interest) : 정서적으로 건강한 사람은 자기 자신에게 완전히 빠져버리지 않으면서도 자신에게 관심을 가질 수 있다.

　㉡ 사회에 대한 관심(Social-interest) : 건강한 사람은 소외된 실존을 택하지 않으며, 사회집단에서 다른 사람과 조화롭게 사는 데 관심을 가진다.

　㉢ 자기 지시(Self-direction) : 건강한 사람은 다른 사람과의 행동이나 지지를 좋아할지 모르지만 그러한 지지를 요구하는 것은 아니다. 그들은 자신의 삶에 책임을 느낄 수 있으며, 혼자서 자신의 문제를 독립적으로 해결할 수 있다.

     ⓔ **관용(Tolerance)** : 성숙한 개인은 다른 사람이 실수하거나 잘못한 것을 수용하며, 그러한 행동을 경멸하지 않는다.

     ⓜ **유연성(Flexibility)** : 건강한 사람은 사고가 유연하고 변화에 개방적이며, 다른 사람들에 대해 고 집스럽지 않은 관점을 가지고 있다.

     ⓗ **불확실성의 수용(Acceptance of Uncertainty)** : 성숙한 개인은 자신이 불확실한 세상에 살고 있 음을 인식한다. 비록 질서정연함을 좋아하지만, 이런 질서나 확실성에 대한 감각을 투덜대며 요 구하는 것은 아니다.

     ⓢ **이행(Commitment)** : 건강한 개인은 자기 외부의 어떤 일에 적극적인 관심을 가진다.

     ⓞ **과학적 사고(Scientific Thinking)** : 성숙한 개인은 깊이 느끼고 확실하게 행동한다. 그러나 또한 자신과 결과에 대해 반성함으로써 그러한 감정과 행동들을 조절해 나간다.

     ⓩ **자기 수용(Self-acceptance)** : 건강한 개인은 그가 살아있다는 것만으로도 자신을 수용하며, 자 신의 가치를 외적 성취나 다른 사람과의 비교로 평가하지 않는다.

     ⓣ **모험 실행(Risk Taking)** : 정서적으로 건강한 개인은 어리석게 빠져들지는 않지만 모험적인 경향 을 지닌다.

     ⓚ **반유토피아주의(Non-utopianism)** : 성숙하고 정서적으로 건강한 사람은 자신이 유토피아적인 실존을 할 수 없다는 사실을 받아들인다. 그는 자신이 얻고자 하는 모든 것들을 다 얻을 수는 없으며, 원하지 않는 모든 것들을 다 회피할 수 없다는 것을 인식한다.

(2) 치료 계획

① 합리적 신념과 비합리적 신념의 구분

치료자는 내담자에게 합리적·정서적 행동치료(REBT)에 관한 책자나 치료자의 설명 등을 통해 REBT의 관점, 논리 등을 내담자에게 교육시킨다. 이를 통해 내담자는 합리적 신념과 비합리적 신념 을 구분하는 방법을 배우게 된다.

② 내담자의 자기보고 및 치료자의 관찰을 통한 비합리적 신념의 발견 및 인식 유도

면담 과정에서 내담자의 자기보고 및 치료자의 관찰을 통해 내담자의 심리적인 문제를 야기한 비합 리적 신념을 발견하고 내담자로 하여금 이를 인식 및 인정하도록 한다. 또한 내담자가 반복적으로 자기패배적인 대화나 사고를 통해 자신의 비합리적 신념을 유지하고 있다는 사실을 인식시킨다.

③ 내담자의 비합리적 신념에 대한 논박

치료자는 내담자의 비합리적 신념에 대해 내담자가 포기할 때까지 논박한다. 또한 합리적 신념에 대해 예를 보여주거나 시범을 보인다.

④ 내담자의 비합리적 신념을 합리적 신념으로 바꾸기 위한 연습 유도 및 과제 부여

치료자는 내담자로 하여금 자신의 비합리적 신념을 합리적 신념으로 바꾸도록 연습시킨다(뎨 합리 적 신념을 큰 소리로 되뇌게 하기, 자기패배적인 자기대화를 합리적인 자기대화로 바꾸어 말하도록 하기 등). 또한 치료자는 내담자에게 일상생활에서의 비합리적 신념을 찾아내어 이를 스스로 논박하 도록 인지적 과제를 부여한다. 이후 면담 과정을 통해 내담자가 과제를 제대로 수행했는지 그 여부 를 점검한다.

⑤ 합리적 행동의 시연

치료자는 상담 과정을 통해 개발한 합리적 행동을 내담자에게 시연하도록 한다. 시연은 예상되는 상황에 대해 미리 상담시간에 그 기술을 실습해 보는 것이다.

⑥ 새로 학습한 결과의 실제 적용 및 반복적 학습의 지지

치료자는 내담자에게 새롭게 학습한 결과를 실제 상황에서 적용해 보도록 격려한다. 또한 그에 대한 반복적인 학습이 이루어지도록 지지한다.

(3) ABCDEF 모델

① A(Activating Event ; 선행사건 또는 촉발사건)
  ㉠ 내담자의 감정을 동요시키거나 내담자의 행동에 영향을 미치는 사건을 의미한다.
  ㉡ 치료자는 내담자에게 부정적인 감정을 유발한 촉발사건이 무엇인지를 포착하여 이를 구체적으로 확인한다.

② B(Belief System ; 신념체계 또는 비합리적 신념체계)
  ㉠ 선행사건에 대한 내담자의 신념체계 혹은 사고체계를 의미한다. 내담자의 신념체계는 합리적인 것일 수도 비합리적인 것일 수도 있으며, 여기서는 특히 비합리적 신념체계가 문제시된다.
  ㉡ 치료자는 내담자의 비합리적 신념체계를 명료하게 확인하고 이를 평가한다.

③ C(Consequence ; 결과)
  ㉠ 선행사건을 경험한 후 자신의 비합리적 신념체계를 통해 그 사건을 해석함으로써 느끼게 되는 정서적·행동적 결과를 말한다.
  ㉡ 실제 치료장면에서는 내담자가 호소하는 부정적 감정(C)에서 출발하여 그와 같은 감정을 촉발한 사건(A)을 확인하고, 그 사건과 부정적 감정을 매개한 신념체계(B)를 찾아내는 순서로 진행된다.

④ D(Dispute ; 논박)
  ㉠ 내담자가 가지고 있는 비합리적 신념이나 사고에 대해 그것이 사리에 부합하는 것인지 논리성·실용성·현실성에 비추어 반박하는 것으로서, 내담자의 비합리적 신념체계를 수정하기 위한 것이다.
  ㉡ 논박은 마치 철학자들이 토론을 펼치듯이 어떤 신념의 타당성을 다양한 관점에서 평가하는 대화 과정으로 볼 수 있다.

⑤ E(Effect ; 효과)
  ㉠ 논박으로 인해 나타나는 효과로서, 내담자가 가진 비합리적 신념을 철저하게 논박하여 합리적인 신념으로 대체한다.
  ㉡ 치료자는 논박을 통해 내담자로 하여금 비합리적 신념을 포기하고 새로운 신념체계로써 효율적인 철학(Effective Philosophy)을 형성하도록 돕는다.

⑥ F(Feeling ; 감정)
  ㉠ 내담자는 합리적인 신념으로 인해 새로운 감정과 행동(New Feelings and Behaviors)을 나타내게 된다.
  ㉡ 과거 부정적인 감정을 느꼈던 사건에 대해서도 보다 적절하고 긍정적인 감정을 경험하게 되며, 효과적인 행동을 나타내 보임으로써 적응적인 성격을 가지게 된다.

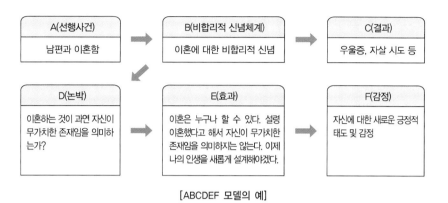

[ABCDEF 모델의 예]

[참고]
엘리스의 인지적 관점에 의한 치료적 모델로서 'ABCDEF 모델'은 'F'를 제외한 형태, 즉 'ABCDE 모델'로도 불립니다.

(4) 논박의 유형

① **기능적 논박(Functional Dispute)**
  ㉠ 내담자에게 그의 신념과 그에 수반하는 정서, 행동의 실제적 유용성에 대해 의문을 가지도록 하는 것이다. 즉, 내담자로 하여금 자신이 지닌 신념, 행동, 정서가 목표를 성취하는 데 얼마나 도움이 되는지를 평가한다.
    예 "그것이 당신에게 도움이 됩니까?", "그와 같은 방식으로 생각(또는 행동)을 지속하는 것이 당신에게 어떤 영향을 줄 것 같습니까?" 등
  ㉡ 치료자는 내담자에게 비합리적 신념을 더욱 융통적이고 현실적인 합리적 신념으로 바꾸었을 때 얼마나 많은 이득을 얻을 수 있을지를 체계적으로 보여주기 위해 노력해야 한다.

② **경험적 논박(Empirical Dispute)**
  ㉠ 신념의 사실적 근거에 대한 평가로서, 내담자가 가진 신념이 사회적 현실에 얼마나 부합하는가를 평가한다.
    예 "그와 같은 생각을 뒷받침할 만한 증거가 있습니까?", "그 말이 옳다는 증거가 있습니까?" 등
  ㉡ 경험적 논박은 비합리적 신념이 기반하고 있는 소망의 타당성을 논하는 것이 아니다. 또한 얼마나 많은 사람들이 그와 같은 신념에 동의를 하는지에 대해 묻는 것도 아니다. 즉, 경험적 논박은 신념의 경험적 근거를 찾는 것이지, 선호에 대해 묻는 것이 아니다.
  ㉢ 치료자는 내담자의 바람을 지지하고 그의 염려를 이해하며, 내담자로 하여금 비합리적 두려움과 합리적 걱정을 구분할 수 있도록 도와야 한다.

③ **논리적 논박(Logical Dispute)**

   ㉠ 내담자의 비합리적 신념이 기반하고 있는 **비논리적 추론**에 대해 의문을 제기하는 것이다. 내담자의 비논리성은 그의 소망이나 바람에 의해 나타나는데, 그 소망이나 바람이 꼭 그렇게 되리라는 보장은 없다.

      ㉖ "그 일이 사실이기를 바란다고 해서, 반드시 그렇게 되는 것일까요?", "A 다음에 B가 반드시 나오리라는 논리는 어떻게 나온 것이지요?" 등

   ㉡ 내담자의 우울증은 자신의 과거에 대한 회상과 그에 대한 자책, 분노 등과 연관된다. 이는 자기충족예언으로 되돌아와서 "절대로 내가 원하는 대로 될 수 없을 거야."와 같은 부적절한 신념으로 이어진다. 이 경우 치료자는 내담자의 완전주의와 비현실적 기대에 대해 논리적으로 논박함으로써 내담자로 하여금 미래에 대한 낙관적인 시각을 가지도록 할 수 있다.

④ **철학적 논박(Philosophical Dispute)**

   ㉠ 내담자는 바로 눈앞의 문제에 너무나 몰두해 있는 나머지, 삶의 다른 부분에 내재한 가능성을 보지 못하는 경우가 많다. 즉, 내담자는 눈앞의 문제가 해결되지 않는다면 자신의 실존이 위협을 받을 것으로 생각하기도 한다. 요컨대, 철학적 논박은 삶에 대한 만족이라는 주제를 내담자와 함께 다루는 것이다.

      ㉖ "설령 당분간 당신이 원하는 대로 되지 않을지라도 다른 부분에서 만족을 느끼고 행복할 수 있지 않을까요?" 등

   ㉡ 갑작스런 해고나 연인과의 이별을 경험한 내담자에게 치료자는 그와 같은 일을 제외하고 그 동안 내담자가 잘 살아왔음을 이야기한다. 비록 그와 같은 불행을 통해 깨달음을 얻게 된 것은 안타까운 일이나, 결과적으로 인생의 깊은 교훈을 배우게 된 것임을 알려 줄 수 있다.

더 알아두기

인지 · 정서 · 행동적 관점의 주요 치료기법

1. 인지적 기법

  주로 내담자의 비합리적 신념의 비논리성 · 비실용성 · 비현실성에 초점을 둔 것이다.

비합리적 신념 논박하기	• 치료자는 내담자가 가지고 있는 비합리적 신념을 논박함으로써 내담자가 느끼는 장애가 내담자 자신의 지각과 자기진술에 의한 것임을 강조한다. • 이러한 비합리적 신념에 대한 논박은 내담자가 자신의 비합리적 신념을 포기할 때까지 또는 그 강도가 약화될 때까지 지속적이고 당위적으로 이루어져야 한다.
인지적 과제 부여하기	• 치료자는 내담자로 하여금 자신의 문제를 목록표로 만들도록 하며, 이를 통해 자신의 절대론적 사고를 논박하도록 요구한다. • 이 과정에서 치료자는 내담자 스스로 자신의 제한적 사고에 대한 도전을 감행하도록 촉구한다.
내담자의 언어 변화시키기	• 치료자는 내담자의 부정확한 언어사용에 주의를 기울이는 한편, 내담자의 언어 패턴을 포착한다. • 특히 치료자는 내담자로 하여금 '~해야 한다' 또는 '~하지 않으면 안 된다'와 같은 표현을 '~하는 것이 더 낫다'와 같은 표현으로 대체할 수 있음을 주지시킨다.

2. 정서적 기법

인지적 개입을 보완하고 강화하기 위한 것으로서, 직접적으로 내담자의 비합리적 신념을 다루기보다는 인지적 기법을 통해 얻은 긍정적 변화를 더욱 강화하고 확대하기 위한 것이다.

합리적 정서 심상법 (합리적 상상하기)	• 치료자는 내담자에게 최악의 상황을 상상하도록 요구하며, 그 상황에 맞지 않는 부적절한 감정을 적절한 감정으로 대치하도록 한다. • 이와 같은 정서적 모험을 통해 치료자는 내담자가 정서적으로 자신을 개방할 수 있도록 하며, 지속적인 합리적 상상으로써 부적절한 신념에 의해 유발되는 혼란을 방지하도록 돕는다.
합리적 역할극	• 내담자가 심리적인 고통을 경험했거나 그러할 것으로 예상되는 상황을 치료자와 함께 역할연기를 통해 체험해 본다. • 역할극은 내담자의 비합리적 신념을 확인하는 기회가 될 수 있는 것은 물론 내담자에게 다양한 피드백을 제공하는 기회가 되기도 한다.
유머 사용하기	• 치료자는 내담자가 진지하고 과장된 사고로 생활상의 사소한 문제를 심각한 문제 상황으로 확대하지 않도록 조치한다. • 유머는 진지한 사고가 내담자의 정서적 혼란을 야기할 때, 틀에 박힌 생활철학에 대해 논박할 필요가 있을 때 유용하게 사용될 수 있다.

3. 행동적 기법

치료자가 내담자로 하여금 직접 새로운 행동을 시도하도록 함으로써 실천경험을 통해 현실검증이 이루어지도록 하는 것이다. 이는 정서적 기법과 마찬가지로 비합리적 신념의 변화를 통해 얻어진 성과를 더욱 강화하기 위해 흔히 사용된다.

강화와 처벌 기법	• 치료자는 내담자가 특정한 과제를 성공적으로 수행한 경우 보상을 하는 반면, 실패한 경우 벌칙을 부과한다. • 이와 같이 과제의 수행 여부에 따라 강화 혹은 처벌을 부여함으로써 체계적으로 행동 변화를 유도한다.
기술 훈련	• 내담자에게 부족한 행동기술을 향상시킬 수 있도록 교육하고 훈련하는 것이다. • 사회적응기술, 대인관계기술을 비롯하여 직업 관련 기술 훈련을 통해 내담자의 직업 활동이나 대인관계에서의 자신감을 증가시킨다.
역설적 과제	• 내담자로 하여금 이면적으로 치료를 통해 변화하고자 하는 모습과 정반대로 행동해 보도록 하는 것이다(예 불안한 생각으로 고통을 받는 사람에게 하루에도 몇 번씩 의도적으로 그 생각을 하도록 요구한다). • 내담자는 역설적 과제를 통해 자신의 문제를 새로운 관점에서 바라봄으로써 좀 더 객관적으로 현실 인식을 할 수 있게 된다.

제3절 │ 자동적 사고와 인지왜곡

1 개요

(1) 인지치료의 의의 및 특징

① 벡(Beck)은 인지적 관점을 토대로 우울증을 비롯한 다양한 정신장애를 치료하기 위한 치료적 방법으로서 **인지치료(CT ; Cognitive Therapy)**를 제시하였다.

② 정신과 의사인 벡이 인지치료를 개발할 무렵인 1960년대 초까지 우울증은 정신분석이나 행동치료로써 잘 치료되지 않았다. 벡은 우울증 환자들을 치료하는 과정에서 환자들의 사고가 실패나 상실, 좌절과 같은 부정적인 내용으로 가득 채워져 있음을 발견하였고, 이와 같은 인지적 특성에 초점을 맞춘 치료적 방법을 고안하게 되었다.

③ 벡은 사람들이 느끼고 행동하는 방식이 경험의 지각과 구조화의 방식에 의해 결정된다고 보았다. 그는 우울증 환자들에게서 자기, 타인, 세상에 대해 별다른 자각 없이 부정적인 생각이 떠오르게 되는 **자동적 사고(Automatic Thought)**, 특정 상황 자체가 아닌 그 상황을 인식하는 **부정적이고 역기능적인 인지도식(Maladaptive Schema)**을 관찰하였으며, 그와 같은 요인들이 우울 증상을 야기한다고 보았다.

④ 벡의 인지치료는 인지적 관점에 근거하여 내담자를 이해하고 치료하는 단기적 치료방법으로서, 인지의 변화에 초점을 맞추어 증상을 치료하는 **적극적이고 구조화된 단기치료**이다. 특히 역기능적이고 자동적인 사고 및 도식, 신념, 가정의 대인관계행동에서의 영향력을 강조하며, 이를 수정하여 내담자의 정서나 행동을 변화시키는 데 역점을 둔다.

⑤ 벡의 연구는 우울증 외에도 불안증, 공포증, 강박증 등을 포함한 광범위한 정서적 문제 혹은 성격적 문제를 치료하는 이론으로 확장되었다. 그리고 그의 치료적 방법은 다양한 정신장애를 효과적으로 치료할 수 있는 구체적인 기법들을 제시함으로써 심리치료 분야에 크게 공헌하였다.

(2) 인지치료의 원리(Beck)

① 인지치료는 인지(사고)의 변화가 감정 및 행동의 변화를 유도한다는 점에 근거한다.

② 인지치료는 견고하고 협력적인 **치료동맹**을 필요로 한다.

③ 인지치료는 일반적으로 단기적, 문제중심적, 목표지향적이다.

④ 인지치료는 **치료에 적극적이고 구조화된 접근법**이다.

⑤ 인지치료는 원칙적으로 **현재에 초점**을 두며, 필요 시에만 과거에 관심을 가진다.

⑥ 신중한 평가, 진단, 치료계획은 인지치료에 필수적이다.

⑦ 인지치료는 사람들로 하여금 자신의 인지를 평가하고 바꿀 수 있도록 광범위한 전략과 개입을 사용한다.

[Aaron Temkin Beck]

⑧ 귀납적 추론과 소크라테스식 질문은 인지치료의 중요한 전략이다.

⑨ 인지치료는 사람들에게 자신의 인지를 확인·평가·수정하는 방법을 알려줌으로써 정서적인 건강을 촉진하고 재발을 방지하는 심리교육 모델이다.

⑩ 과제 부여, 추수상담, 내담자 피드백은 이와 같은 접근법의 성공을 확실히 하는 데 중요하다.

2 인지 수준과 자동적 사고

(1) 인지 수준

① **도식 또는 인지도식(Schemas)** 기출

ㄱ 도식은 본래 사람들이 사물을 받아들이는 데 사용하는 정신체계로서, 사물이나 사건에 대한 전체적인 윤곽 또는 지각의 틀을 말한다.

ㄴ 핵심신념을 둘러싼 정보를 조직하고 가설화된 마음속의 인지구조로서, 벡은 도식을 '정보처리와 행동을 지배하는 구체적인 규칙'으로 보았다.

ㄷ 자기 자신, 타인, 세계, 미래를 보는 개인의 특유하고 습관적인 사고방식으로, 그와 같은 도식이 부적절하게 형성될 경우 인지적 왜곡이 일어나며, 이는 개인의 정서 및 행동에 부정적인 영향을 미친다.

② **핵심신념(Core Beliefs)**

ㄱ 개인의 수많은 자동적 사고의 기저에 있으면서 중간신념으로 반영되어 나오는 자기 자신에 대한 중심적인 생각들이다.

ㄴ 포괄적이고 경직되어 있으며 지나치게 일반화된 절대적인 믿음의 양상으로 나타나며, 자기 자신, 타인, 세계, 미래에 대한 개인의 견해를 반영한다.

ㄷ 개인은 자신의 핵심신념을 입증하는 정보에만 선택적으로 관심을 기울이며, 그것이 부정확하고 역기능적이라 할지라도 그것을 계속 믿게 된다.

③ **중간신념 또는 중재적 신념(Intermediate Beliefs)**

ㄱ 중간신념은 핵심신념의 영향을 받으며, 핵심신념이 자동적 사고를 유발하는 데 중간 역할을 한다.

ㄴ 흔히 사람들의 자동적 사고를 형성하는 극단적이고 절대적인 규칙 및 태도를 반영한다.

ㄷ 중간신념은 주어진 상황을 보는 관점에 영향을 주며, 그렇게 형성된 관점은 또 다시 개인의 생각과 행동에 영향을 미친다.

④ **자동적 사고(Automatic Thoughts)**

ㄱ 개인의 마음속에 끊임없이 지나가는 인지의 연속적인 흐름을 말한다. 상황 특수적인 생각들이 경험에 대한 반응으로 자연스럽게 떠오른다.

ㄴ 개인에게 내재된 핵심신념이나 중간신념은 어떤 특정한 상황에서 지각에 영향을 미치고 자동적 사고로 나타난다.

ⓒ 자동적 사고는 상황과 정서를 매개한다. 예를 들어, 친구에게서 연락이 뜸하다고 하여 이를 자신에 대한 무관심 때문인 것으로 생각하고 그것에 대해 슬픔의 감정을 느낀다면, 그 슬픔의 감정은 상황 자체가 아닌 그것이 무관심 때문이라는 자동적 사고에서 기인한다.

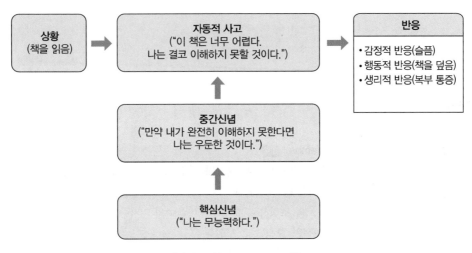

[인지 모델(Cognitive Model)]

(2) 자동적 사고

① 의의

ⓐ 자동적 사고(Automatic Thoughts)는 어떠한 자극이 주어질 때 의식적인 노력 없이도 저절로 떠오르는 생각을 말한다.

ⓑ 개인이 자신의 경험으로부터 생성한 신념 및 가정을 반영하는 것으로, 보통 심리적 장애를 가진 사람은 자동적 사고가 왜곡되어 극단적이거나 부정확한 양상을 보인다.

② 특징 [기출]

ⓐ 구체적이며, 분리된 메시지이다.

ⓑ 축약된 언어나 이미지 또는 그 두 가지가 혼합된 형태로 나타난다.

ⓒ 비합리적인 내용이라도 거의 의심 없이 받아들여진다.

ⓓ 자발적으로 경험된다.

ⓔ 흔히 당위적인 말로 표현된다.

ⓕ 일을 극단적으로 보려는 경향이 있다.

ⓖ 개인에 따라 독특한 방식으로 나타난다.

ⓗ 중단하기가 쉽지 않다.

ⓘ 학습되는 경향이 있다.

(3) 우울 증상을 동반한 부정적인 자동적 사고로서 인지삼제(Cognitive Triad)

① 의의

ㄱ 자동적 사고는 한 개인이 어떤 상황에 대해 내리는 즉각적이고 자발적인 평가를 말하는 것으로서, 우울 증상을 경험하는 사람의 경우 자동적으로 떠올리는 부정적인 내용의 생각들이 심리적인 문제로 이어지게 된다.

ㄴ 벡(Beck)은 이러한 우울 증상을 경험하는 사람들의 자동적 사고를 세 가지로 구분하여 이를 '인지삼제(Cognitive Triad)'라고 하였다.

② 인지삼제의 요소

인지삼제는 자기 자신, 자신의 미래, 주변 환경(상황)에 대한 부정적인 생각을 말한다.

자기 자신	자기 자신에 대한 비관적 사고를 말한다. 예 "나는 아무짝에도 쓸모없는 사람이다."
자신의 미래	자기 자신의 앞날에 대한 염세주의적 사고를 말한다. 예 "내겐 더 이상 희망이 존재하지 않는다."
주변 환경(상황)	자기 주변은 물론 세상 전반에 대한 부정적 사고를 말한다. 예 "세상 살기가 정말로 어렵다."

3 역기능적 신념과 인지적 왜곡

(1) 역기능적 신념

① 인지도식(Schema)은 과거 경험을 추상화한 기억체계로서, 생활 속에서 경험하는 다양한 사건들에 관한 정보를 선택하고 그 사건들의 의미를 해석함으로써 미래의 결과를 예상하도록 하는 인지구조(Cognitive Structure)를 말한다.

② 각 개인이 가지고 있는 인지도식은 서로 다르므로 동일한 생활사건에 대해 서로 다른 의미로 해석할 수 있다.

③ 벡(Beck)은 특히 우울증 환자들을 관찰하면서 그들이 생활사건의 의미를 부정적으로 해석하는 것을 보았는데, 벡은 이를 그들이 가진 '역기능적 인지도식(Dysfunctional Schema)'에서 비롯된 것이라 주장하였다.

④ 우울증 환자들이 부정적인 사고를 하게 되는 이유는 그들이 당위적이고 완벽주의적인 완고한 신념을 지니고 있기 때문이다. 그와 같은 신념은 비현실적인 것이므로 필연적으로 좌절과 실패를 초래하게 되는데, 벡은 이를 '역기능적 신념(Dysfunctional Beliefs)'이라고 불렀다.

⑤ 역기능적 신념은 삶에 대한 일반적인 믿음 혹은 원칙으로서 절대주의적이고 완벽주의적이며, 융통성이 결여된 내용으로 구성되어 있다.

(2) 인지적 왜곡(인지적 오류) 기출

벡(Beck)은 우울증 환자들이 생활사건의 의미를 부정적인 것으로 받아들이면서 다양한 유형의 논리적 오류를 범하는 것을 확인하였다. 이와 같이 개인이 생활사건의 의미를 해석하는 정보처리 과정에서 범하는 체계적인 과오를 '인지적 왜곡(Cognitive Distortion)' 또는 '인지적 오류(Cognitive Error)'라 한다.

① 자의적 추론 또는 임의적 추론(Arbitrary Inference)

어떤 결론을 지지하는 증거가 없거나 그 증거가 결론에 위배됨에도 불구하고 그와 같은 결론을 내린다. 보통 상황에 대한 비극적 결말이나 최악의 시나리오를 가정하는 것으로서, 또 다른 형태로 독심술(Mind Reading)과 부정적 예측(Negative Prediction)이 있다.

예 남자친구가 사흘 동안 전화를 하지 않은 것은 자신을 사랑하지 않고 이미 마음이 떠났기 때문이라고 자기 멋대로 추측하는 경우

② 선택적 추상 또는 선택적 추상화(Selective Abstraction) 기출

다른 중요한 요소들은 무시한 채 사소한 부분에 초점을 맞추고, 그 부분적인 것에 근거하여 전체 경험을 이해한다. '정신적 여과(Mental Filtering)'라 불리는 것으로서, 보통 상황의 긍정적인 양상을 여과하는 데 초점이 맞추어져 있으며, 극단적으로 부정적인 세부사항에 머문다.

예 아내가 자신의 장단점을 이야기해 주었을 때 약점에 대해서만 집착한 나머지 아내의 진심을 왜곡하고 아내가 자신을 비웃고 헐뜯는 것으로 받아들이는 경우

③ 과잉 일반화 또는 과도한 일반화(Overgeneralization)

한두 가지의 고립된 사건에 근거해서 일반적인 결론을 내리고 그것을 서로 관계없는 상황에 적용한다. 단일 사건에 기초한 극단적인 신념이 유사하지 않은 사건들에 부적절하게 적용되는 경우이다.

예 한 남자에게서 성적 학대를 당한 여성이 세상의 모든 남자들은 믿을 수 없다고 결론을 내리는 경우

④ 개인화(Personalization) 기출

자신과 관련시킬 근거가 없는 외부사건을 자신과 관련시키는 경향이다. 실제로는 다른 것 때문에 생긴 일에 대해 자신이 원인이고 자신이 책임져야 할 것으로 받아들인다.

예 친구가 오늘 기분이 나쁜 것이 내게 화가 나 있기 때문인 것으로 간주하는 경우

⑤ 이분법적 사고 또는 흑백논리적 사고(Dichotomous Thinking)

모든 경험을 한두 개의 범주로만 이해하고 중간지대가 없이 흑백논리로써 현실을 파악한다. 완전한 실패 아니면 대단한 성공과 같이 경험을 극단적으로 범주화하는 것이다.

예 100점이 아니면 0점과 다를 바 없다고 보는 경우

⑥ 극대화/극소화 또는 의미확대/의미축소(Magnification/Minimization)

어떤 사건 또는 한 개인이나 경험이 가진 특성의 한 측면을 그것이 실제로 가진 중요성과 무관하게 과대평가하거나 과소평가한다. 어떤 사람들은 자신의 결점이나 타인의 재능을 실제보다 크게 보는 반면, 자신의 재능이나 타인의 결점을 실제보다 작게 봄으로써 자신이 부적절하고 타인보다 열등하다고 생각하기도 한다.

예 시험을 잘 보았을 때 운이 좋아서 혹은 시험이 쉽게 출제되어서 좋은 결과에 이르렀다고 보는 경우

⑦ **정서적 추론(Emotional Reasoning)** 기출

자신의 정서적 경험이 마치 현실과 진실을 반영하는 것인 양 간주하여 이를 토대로 그 자신이나 세계 또는 미래에 대해 그릇되게 추리한다. 자기 자신의 정서를 사실이 실제로 그렇다고 보는 데 대한 근거로써 취하는 것과 연관된다.

예 자신이 부적절하다는 느낌을 통해 아무런 쓸모없는 사람이라고 단정하는 경우

⑧ **긍정 격하(Disqualifying the Positive)** 기출

자신의 긍정적인 경험이나 능력을 객관적으로 평가하지 않은 채 그것을 부정적인 경험으로 전환하거나 자신의 능력을 낮추어 본다. 선택적 추상이 주로 상황의 부정적인 측면에 초점을 두고 긍정적인 측면을 무시하는 것인 데 반해, 긍정 격하는 개인의 긍정적인 측면들을 능동적으로 무력화시킨다.

예 자신의 계획이 성공에 이르렀음에도 불구하고 이를 자신의 실력이 아닌 운에 의한 것으로 돌리는 경우

⑨ **재앙화 또는 파국화(Catastrophizing)**

어떠한 사건에 대해 자신의 걱정을 지나치게 과장하여 항상 최악을 생각함으로써 두려움에 사로잡힌다. 이와 같은 재난에 대한 과장은 세상에 곧 종말이 닥칠 것이라는 두려움 속에서 살아가도록 만드는 원인이 된다.

예 길을 걷다가 개에게 물린 사람이 이제 곧 광견병으로 목숨을 잃게 될 것이라 생각하는 경우

⑩ **잘못된 명명(Mislabelling)**

어떠한 하나의 행동이나 부분적 특성을 토대로 사람이나 사건에 대해 완전히 부정적이고 단정적으로 명명한다. 과잉 일반화의 극단적인 형태로서, 개인이 자신의 오류나 불완전함에 근거하여 하나의 부정적 정체성을 창조함으로써 그것이 마치 진실한 자기인 것처럼 단정 짓기도 한다.

예 한 차례 지각을 한 학생에 대해 지각대장이라는 이름표를 붙이는 경우

[참고]

인지적 왜곡(인지적 오류)의 유형과 관련된 예는 반드시 어느 하나의 정답이 있는 것은 아닙니다. 경우에 따라 2가지 이상의 왜곡 또는 오류가 혼합된 것일 수도 있으며, 내용상 어느 하나로 명확히 구분하기 어려운 것도 있습니다.

더 알아두기

자기도식(Self-schema)

• 인지도식(Schema)은 개인이 세상을 이해하는 인식의 틀로서, 개인은 자기, 타인, 세상은 물론 자신의 삶에 있어서 중요한 대상이나 주제에 대한 도식들을 가지고 있으며, 그 중 가장 중요한 도식은 자기 자신에 대해 형성한 자기도식(Self-schema)이다.

• 자기도식은 주어진 특성을 토대로 관련 정보를 빠르게 처리하고, 자기도식의 부합 여부에 따라 정보를 적절히 여과하며, 자기참조 효과를 통해 자기도식과 관련된 정보를 쉽고 빠르게 학습하도록 한다. 그러나 자기도식은 현재 자신을 보는 방식에 보다 잘 부합하도록 자신의 과거에 대한 회상을 왜곡시키기도 한다.

- 자기도식은 구체적인 행동에 대한 정보를 통합시키며, 다른 도식에 비해 정서적인 요소를 보다 많이 가지고 있다.
- 자기도식은 일반도식에 비해 복잡한 양상을 보이나, 그 복잡성의 정도에는 개인차가 있다. 예를 들어, 복잡성이 높은 사람은 자기의 분화로 다양한 독립적 측면에 대한 도식을 가지고 있는 반면, 복잡성이 낮은 사람은 자기의 측면이 서로 덜 분화되어 있다. 특히 복잡성이 낮은 사람의 경우 삶의 한 측면에서 일어난 불쾌한 사건과 관련된 감정이 자기감의 다른 측면에도 영향을 미친다.

4 치료적 방법론

(1) 인지치료의 인지적 기술

① 재귀인(Reattribution)
  ⊙ 사건의 대안적인 원인을 고려하여 자동적 사고와 가정을 검증하도록 하는 것이다.
  ⓒ 치료자는 내담자가 어떠한 사건을 개인적인 것으로 받아들이거나 그것에 대해 부정적으로 지각하여 단일변인을 사건의 유일한 원인으로 결론짓는 경우, 그러한 사건과 관련된 모든 변인을 검토하도록 요구한다.

② 재정의(Redefining)
  ⊙ 문제가 자신의 개인적인 통제를 넘어선 것이라고 믿는 내담자의 부적절한 신념을 수정하는 것이다.
  ⓒ 치료자는 문제를 보다 구체적이고 특징적으로 제시하여 내담자로 하여금 자신의 행동관점에서 이야기하도록 요구한다.

③ 탈중심화(Decentering)
  ⊙ 특히 불안 증상을 나타내 보이는 내담자에게 유효한 기술로서, 다른 사람들의 관심이 자신에게 집중되어 있다고 부적절하게 믿는 경우 적용한다.
  ⓒ 다른 사람들이 자신을 응시한다고 생각하는 이유와 함께 어떻게 자신의 마음을 알게 되는지에 대해 그 이면에 내재한 논리를 검토한 후 그와 관련된 특정 신념을 검증하도록 행동적 실험이 설계된다.

(2) 소크라테스식 질문

① 의의
  ⊙ 소크라테스식 질문(Socratic Questioning)은 주로 인지치료에서 내담자의 자동적 사고를 평가하기 위해 활용하는 기법으로서, 내담자로 하여금 자신의 자동적 사고가 현실적으로 타당한가를 평가하고 좀 더 현실적인 생각을 가지도록 유도하는 방법이다.
  ⓒ 벡(Beck)이 내담자의 인지적 변화 촉진을 위한 질문 방식을 지칭하기 위해 사용한 용어로서, 내담자에게 문제에 대한 해결책을 제시하거나 내담자의 지각 및 해석 내용을 직접 수정해 주기보

다, 일련의 신중한 질문을 제시하여 내담자 스스로 자신의 생각을 평가하고 해결책을 얻도록 돕는 것을 근본적인 목표로 한다.

② 소크라테스식 질문 유형(Gandy)

　　㉠ 논리적 논박 : 그와 같은 신념이 타당하다는 논리적인 근거는 무엇인가?

　　㉡ 경험적 논박 : 그와 같은 신념이 타당하다는 현실적·경험적 근거는 무엇인가?

　　㉢ 실용적(기능적) 논박 : 그와 같은 신념이 당신이 추구하는 목적을 달성하는 데 어떠한 도움이 되는가?

　　㉣ 철학적 논박 : 그와 같은 신념이 당신의 인생에 있어서 어떠한 의미를 지니는가?

　　㉤ 대안적 논박 : 현 상황에서 좀 더 타당한 대안적 신념은 없는가?

(3) 척도화 기법

① 의의

　　㉠ 척도화 기법(Scaling Technique)은 모든 사건이나 경험에 대해 극단적인 해석을 유도하는 이분법적 사고를 극복하도록 하기 위해 가장 보편적으로 사용되는 치료기법이다.

　　㉡ 탈 이분법적 인지치료 전략에서 비롯된 것으로서, 어떤 사건이나 경험을 판단할 때 양단 결정을 하지 않고 이를 비율(%)로 제시하도록 하여 중간지대를 떠올려 보도록 하는 것이다.

② 기법의 예

> (내담자는 평소 남편과의 갈등으로 인해 슬픔에 빠져있다.)
> 치료자 : 슬픔의 척도를 1~100까지로 볼 때, 현재 당신은 어느 정도로 슬픕니까?
> 내담자 : 95 이상은 되는 것 같아요.
> 치료자 : 매우 높은 수준이군요. 그렇다면 지금껏 살아오면서 가장 슬펐던 때는 언제였나요?
> 내담자 : 가장 친했던 친구가 교통사고로 세상을 떠났을 때예요.
> 치료자 : 그럼 그 슬픔의 정도를 100으로 볼 수 있겠네요. 자, 이번에는 슬프지 않았던 때, 즉 즐거웠던 때를 떠올려 보세요. 그것이 언제였나요?
> 내담자 : 남편과 함께 신혼여행을 갔을 때예요.
> 치료자 : 그럼 그 슬픔의 정도를 0으로 볼 수 있겠네요. 이제 두 가지 사건, 즉 친구를 잃었을 때와 남편과 신혼여행을 갔을 때를 비교해 본다면, 현재 당신은 얼마나 슬픈가요?
> 내담자 : 글쎄요… 그 때의 일들과 비교해 본다면 대략 50 정도 될 것 같네요.

(4) 역기능적 사고의 일일기록지(사고기록지)

① 의의

　　㉠ 역기능적 사고의 일일기록지(Daily Record of Dysfunctional Thoughts)는 내담자의 역기능적 사고를 탐색하기 위한 것이다.

　　㉡ 'ABC 모델'의 원리에 기초한 것으로서, 종이 위에 구체적인 사건(상황)과 함께 그때의 감정 및 행동 반응을 기술하도록 하며, 그 사이에 어떤 사고가 개입되었는지를 작성하도록 한다.

ⓒ 내담자는 자동적 사고의 타당성을 검토하고 이를 보다 현실적인 사고로 전환함으로써 자신에게 어떤 감정상의 변화가 나타나는지를 체험할 수 있게 된다.

ⓔ 일일기록지는 내담자에게 사고를 좀 더 구체적이고 분명하게 만드는 것은 물론 자신의 불쾌 감정과 관련된 사고 내용을 인식하도록 함으로써, 합리적 사고능력 및 자기관찰 능력을 향상시킨다.

② **일일기록지(사고기록지)의 칼럼**

㉠ 상황(Situation) : 불쾌한 감정을 유발한 실제 사건, 생각의 흐름, 기억의 내용을 기술한다.

㉡ 감정 또는 정서[Emotion(s)] : 앞선 상황에서 발생한 감정의 유형(슬픔, 불안, 분노 등) 및 그 감정의 강도(1~100%)를 기술한다.

㉢ 자동적 사고[Automatic Thought(s)] : 감정과 연관된 자동적 사고 및 그 사고의 확신 정도(0~100%)를 기술한다.

㉣ 합리적 반응(Rational Response) : 자동적 사고에 대한 합리적 반응 및 그 반응의 확신 정도(0~100%)를 기술한다.

㉤ 결과(Outcome) : 현 상황에서 자동적 사고에 대한 확신 정도(0~100%)를 재평정하며, 그에 대한 감정 강도(0~100%)를 기술한다.

Date	Situation	Emotion	Automatic Thoughts	Rational Response	Outcome
	Describe actual event leading to unpleasant emotion	Specify sad, angry, etc. and rate degree of emotion 1 to 100	Write automatic thoughts that preceded the emotion and rate your belief in them, 0 to 100	Write rational response to automatic thoughts and rate your belief to the rational response, 0 to 100	Re-rate your belief in automatic thoughts, 0 to 100 and specify and rate your emotions now, 0 to 100

[역기능적 사고의 일일기록지(사고기록지)]

더 알아두기

스트레스 사건에 대한 인지적 평가

- 라자루스와 포크만(Lazarus & Folkman)은 스트레스 사건 자체보다 그 사건에 대한 개인의 지각 및 인지 과정에 초점을 두었다. 즉, 생활사건이 스트레스를 일으키기보다는 개인의 상황에 대한 인지적 평가가 스트레스를 만든다고 가정하였다.
- '스트레스 대처'를 개인에게 과도한 부담을 주거나 개인의 가용자원을 초과하여 안녕을 위협하는 것으로 평가되는 내적·외적 요구를 다스리기 위한 지속적인 인지적·행동적 노력으로 본다.
- 동일한 스트레스 사건에도 불구하고, 인지적 평가에 따라 정서적·행동적인 반응상에 개인차가 나타난다.
- 개인이 스트레스원을 어떻게 인지하느냐에 따라 대처 과정에 중요한 차이가 나타난다. 개인의 스트레스원에 대한 인지적 평가 과정은 1차 평가, 2차 평가, 그리고 재평가(3차 평가)로 구분된다.

> - 1차 평가 : **사건에 대한 평가로서, 사건의 위협성 정도**, 사건과 자신의 안녕 간의 연관성을 평가한다.
> - 2차 평가 : **개인의 대처능력에 대한 평가로서, 사건에 대해 개인이 실행할 수 있는 유효한 대처전략을 평가**한다.
> - 재평가(3차 평가) : 환경으로부터 오는 새로운 정보에 근거하여 **앞선 평가 내용을 수정**한다.

제4절 개인적 구성개념 이론

1 개요

(1) 개인적 구성개념 이론의 의의 및 특징

① 켈리(Kelly)는 사람들로 하여금 각자 자신의 세계를 이해하고 해석할 수 있도록 해 주는 독특한 과정에 의해 개인의 성격을 설명하는 인지적 성격이론으로서 개인적 구성개념 이론을 제시하였다.

② 인간은 세상을 자기 나름대로 구성하는 존재이다. 인간은 자신이 생활하는 환경을 파악하기 위해 인지적 구성개념을 창조하며, 그와 같은 구성개념을 토대로 생활사건을 해석하고 예측한다는 것이다.

③ 인간은 어떤 사건을 관찰하고 그에 대해 의문을 던지면서 이를 탐구하는 과학자와 같다. 즉, 각 개인은 자기가 독특하게 형성한 구성개념을 토대로 과학자와 같이 사건들을 예견하고 해석하면서 삶을 영위한다. 따라서 개인의 성격을 파악하기 위해서는 그가 세상을 어떻게 해석하고 조직화하는지 그의 독특한 인지체계인 개인적 구성개념(Personal Constructs)을 이해할 필요가 있다.

④ 켈리의 이론은 인간이 자신의 세계를 범주로 묶고 순서를 매기는 체계를 사용한다는 가정에 기초하고 있다. 이와 같은 체계는 각 개인이 사건들에 대한 자신의 해석이나 경험에 따라 해당 사건들을 이해하는 독특한 패턴을 만들어낸다.

⑤ 사람들의 행동이 서로 다른 이유는 그들이 세계를 해석하는 방식이 서로 다르기 때문이다. 켈리는 사람들이 항상 세계를 바라보는 저마다의 다양한 방식들이 있다는 '**구성개념적 대안주의 또는 구성적 대안주의(Constructive Alternativism)**'의 철학적 입장을 분명히 하였다.

(2) 과학자로서의 인간

[George Kelly]

① 켈리(Kelly)는 모든 인간이 자신의 구성개념에 근거하여 사건을 해석하고 예언하고 통제한다고 보았으며, 그 과정을 '**과학자로서의 인간(Man-as-scientist)**'으로 설명하였다.

② 과학자가 자신의 이론을 구성하고 검증하는 것과 마찬가지로, 각 개인은 자신의 주변에서 일어나는 사건들을 관찰하고 그것을 보다 잘 설명할 수 있는 나름대로의 개념과 이론체계를 구성하며, 그 이론적 기반을 토대로 미래에 대한 예측, 통제, 재검토를 수행한다.

③ 과학자로서 심리학자가 자신의 인지적 구조인 구성개념에 따라 인간의 행동을 예언하고 통제하려고 시도하는 것과 같이, 그들의 피험자들도 자신의 구성개념을 통해 사건을 해석하고 예언하고 통제하려고 시도한다.

④ 이와 같이 각 개인은 과학자가 자신의 이론을 형성하고 검증하는 방식과 유사한 방식으로 일어나는 사건들을 관찰하고 탐색하며, 미래를 예언하고 통제하려는 시도를 반복함으로써 삶을 영위해 나간다.

⑤ 그러나 견실한 개념과 이론에 근거하여 미래를 정확히 예측하는 유능한 과학자가 있는 반면, 부실한 개념과 이론에 근거하여 미래에 대한 잘못된 예측을 일삼는 어설픈 과학자도 있다. 마찬가지로 정교하고 체계적인 구성개념을 토대로 미래를 비교적 정확히 예측하고 적응적인 삶을 살아가는 사람도 있는 반면, 그렇지 못한 구성개념을 토대로 미래를 어설프게 예측하고 부적응적인 삶을 살아가는 사람도 있다.

⑥ 켈리는 구성개념의 적응성이 얼마나 상황을 잘 설명하고 미래를 유효하게 예측하는가에 달려있다고 보았다. 즉, 유능한 과학자가 자신의 구성개념과 이론을 새로운 정보에 부합하도록 지속적으로 개정하고 발전시키는 것과 같이, 적응적인 사람도 자신의 경험 속에서 새로운 정보에 알맞도록 자신의 구성개념을 지속적으로 새롭게 한다는 것이다.

(3) 구성개념적 대안주의(구성적 대안주의) [기출]

① 구성개념적 대안주의(Constructive Alternativism)는 세상을 구성하는 방식에는 다양한 대안들이 존재하며, 개인은 자신의 구성 방식을 다른 대안으로 언제든지 변화시킬 수 있다는 철학적 입장이다.

② 개인은 다양한 상황에서 다양한 사람들과 접촉하면서 그에 부합하는 구성개념을 발달시켜 나간다. 특히 새로운 상황에서 낯선 사람과 직면하는 경험은 그로 하여금 구성개념의 목록을 확장하거나 수정할 것을 요구한다. [기출]

③ 구성개념적 대안주의는 개인적 구성개념이 거의 완전히 사전에 결정되어 있지 않음을, 그리고 개인이 자신의 현재 해석을 언제든지 변화시키거나 대체할 수 있음을 가정한다. 즉, 개인은 언제든지 자신의 생각의 틀인 구성개념을 변화시킬 수 있으며, 자신의 경험을 자유롭게 재해석할 수 있는 것이다.

④ 이와 같은 구성개념의 수정 혹은 변화는 개인의 삶에 있어서 지속적으로 일어나는 과정일 뿐만 아니라 개인의 적응적인 삶을 위해서도 필요한 과정이다. 결국 이는 **자신의 구성개념을 변화된 상황에 적합한 대안적 구성개념으로 수정 혹은 대체함으로써 현실에 적응해 나가는 것을 의미한다.**

2 기본 가정 및 추론

(1) 기본 가정

켈리(Kelly)는 개인적 구성개념 이론의 기본 가정을 다음과 같이 제시하였다.

> "개인의 과정은 그가 사건을 예측하는 방식에 의해 심리적으로 통로화된다."
> ("A person's processes are psychologically channelized by the ways in which he anticipated events.")

이를 각 용어에 따라 살펴보면 다음과 같다.

① **개인(Person)**

개인은 우리가 일차적으로 관심을 두어야 할 실체를 나타낸다.

② **과정(Processes)**

인간은 일시적으로 활동하는 상태에 있는 대상이 아닌 그 자체가 활동의 형태이다.

③ **심리적으로(Psychologically)**

우리가 다루려고 의노하는 영역으로서, 이는 과정(Processes)을 심리적으로 개념화한다는 것을 의미한다.

④ **통로화된(Channelized)**

개인의 과정을 광대한 빈 공간에서 허우적거리는 것으로 보기보다는 구조화된 통로의 네트워크를 통해 조작하는 것으로 생각한다는 의미이다.

⑤ **방식(Ways)**

이는 통로가 개인이 목적을 성취하기 위해 만들어낸 책략에 의해 설정된 것임을 의미한다.

⑥ **그가(He)**

방식의 주체를 강조한 말로서, 각 개인은 다른 방식(Ways)을 만들고 이용하며, 그가 선택한 방식이 그의 과정을 통로화한다.

⑦ **예측하는(Anticipates)**

구조화된 통로의 네트워크는 그가 미래를 예측할 수 있도록 미래를 지향하여 이끄는 기능을 한다.

⑧ **사건(Events)**

우리가 심리적 과정을 현실과 관련하여 이해하고 이를 통해 실제적 사건을 예측한다는 의미로서, 이때 예측은 단순히 그 자체를 위해 수행되는 것이 아닌 미래의 현실이 보다 훌륭하게 설명될 수 있도록 수행된다.

(2) 추론

켈리(Kelly)는 개인적 구성개념 이론의 기본 가정을 토대로 인간의 행동을 설명하는 11가지의 추론들 (Corollaries)을 제시하였다.

① **구성개념 추론(Construction Corollary)**

개인은 각자 반복적으로 경험하는 것들을 구성함으로써 미래의 사건들을 예상한다. 과거 사건과의 유사성을 지각함으로써 사회적 상황에서 일어나는 사건들을 예상하는 것이다.

② **개별성 추론(Individuality Corollary)**

사람들은 각자가 가지고 있는 사건의 구성개념에 있어서 서로 다르다. 즉, 사람들은 사건을 구성하는 방식이 서로 다르다.

③ **조직화 추론(Organization Corollary)**

각 개인은 특성적으로 사건을 예측하는 데 있어서 자신의 편의를 위해 구성개념들 간의 위계적 관계를 수용하는 구성개념 체계를 발전시켜 나간다.

④ **이분법 추론(Dichotomy Corollary)**

개인의 구성개념 체계는 제한된 수의 이분법적 구성개념들로 구성되어 있다.

⑤ **선택 추론(Choice Corollary)**

개인은 자신을 위해 이분법적 구성개념 중에서 어느 하나를 선택하며, 그와 같은 선택은 그가 가진 구성체계의 확장과 정의를 위해 더 큰 가능성을 예견한다.

⑥ **범위 추론(Range Corollary)**

하나의 구성개념은 제한된 범위의 사건들만을 예측하는 데 유용하다.

⑦ **경험 추론(Experience Corollary)**

개인의 구성개념 체계는 반복되는 사건들을 지속적으로 구성함에 따라 변화한다.

⑧ **조절 추론(Modulation Corollary)**

개인의 구성개념 체계 내에서의 변화는 그 변화된 구성개념이 유익한 범위 내에서 다른 구성개념에 영향을 미친다.

⑨ **분열(파편화) 추론(Fragmentation Corollary)**

개인은 추론적으로 서로 양립하지 않는 다양한 구성개념의 하위체계들을 지속적으로 이용할 수 있다.

⑩ **공통성 추론(Commonality Corollary)**

한 사람이 다른 사람이 사용하는 것과 유사한 경험의 구성개념을 사용하는 정도에 따라, 그의 심리적 과정은 다른 사람과 유사하다.

⑪ 사회성 추론(Sociality Corollary)

한 사람이 다른 사람의 구성개념 과정을 적절하게 잘 구성하는 만큼 그 사람을 포함하는 사회적 과정에서의 역할을 잘 수행할 수 있다.

3 치료적 방법론

(1) 역할구성 개념목록 검사(Rep Test ; Role Construct Repertory Test)

① 켈리(Kelly)는 개인의 성격을 이해하기 위해서는 그가 세상을 해석하고 조직화하는 방식으로써 자신의 행동을 생성하는 데 사용하는 개인적 구성개념을 확인해야 한다고 강조하였다.

② 역할구성 개념목록 검사는 이와 같은 개인이 지닌 구성개념을 파악하기 위한 것으로서, 한 개인이 세계를 어떻게 해석하는가를 이해하기 위해 개발된 검사도구이다.

③ 요컨대, 한 개인의 인생에서 유의미한 사람들과의 유사점 및 차이점을 비교함으로써 그의 개인적 구성개념을 나타낼 수 있다. 그에 따라 역할구성 개념목록 검사는 내담자에게 하얀색 카드를 여러 장 주고 각 카드에 자신과 관련된 중요한 인물들(예 아버지, 어머니, 형제·자매, 배우자, 애인, 교사, 친구 등)을 한 명씩 적도록 하며, 치료자가 그 목록에서 임의적으로 세 사람을 선정하여 그들이 어떻게 서로 유사하고 서로 다른지에 대해 질문한다. 이와 같은 과정은 반복됨으로써 카드에 적힌 사람들은 세 명의 다양한 조합으로 선택되며, 그들 간의 유사점 및 차이점에 대한 질문으로 이어지게 된다.

④ 반복된 선택 및 질문 과정에서 중요한 인물들 간의 유사점 및 차이점이 제시되며, 이때 평가는 형용사나 주제들을 통해 이루어진다. 특히 이러한 구성개념에는 두 가지 주제를 포함하는데, 그 하나는 대인관계의 특성에 관한 내용(예 남에게 베푸는/자기중심적인, 민감한/둔감한 등)이며, 다른 하나는 안정성에 관한 내용(예 의존적인/건강한, 불안정한/자기확신적인 등)이다.

⑤ 치료자는 형용사나 주제들의 공통점이나 빈도를 분석하여 내담자가 과연 어떤 방식으로 사람들을 인식하고 평가하는지를 살펴봄으로써 그의 개인적 구성개념을 파악할 수 있다.

(2) 고정역할 치료(Fixed Role Therapy)

① 고정역할 치료는 역할시연(Role Playing)의 기법을 사용하여 내담자로 하여금 자신이 지닌 구성개념의 부적절성을 인식하고 새로운 구성개념을 발견하도록 돕는 치료방법이다.

② 치료자가 내담자에게 새로운 역할을 약 2주 정도 시행해 보도록 함으로써 자신과 세상에 대한 대안적 관점을 가질 수 있도록 돕는 방식으로 이루어진다.

③ 역할시연을 위해서는 타인의 관점에 대한 지각이 필수적이다. 예를 들어, 어머니를 역할시연하기 위해서는 어머니가 세상을 보는 방식 그대로 세상을 지각해야 하며, 그 지각에 따라 마치 어머니처럼 행동해야 한다.

④ 고정역할 치료에서 치료자는 내담자의 이해를 기초로 새로운 인물에 대한 성격 스케치를 제시하며, 내담자는 역할시연을 통해 마치 자신이 그 사람인양 행동함으로써 새로운 성격을 발달시킨다.

⑤ 이와 같이 고정역할 치료는 내담자로 하여금 성격을 재구성하도록 하며, 그 과정에서 사건을 해석하는 새로운 방식을 검증할 기회를 제공하는 것을 목표로 한다.

제5절 자기효능감과 통제소재

1 자기효능감

(1) 개념의 등장배경

① 반두라(Bandura)는 사회학습 과정에 있어서 인지적 요인의 중요성을 깨닫고 이후 자신의 이론적 관점을 '사회학습이론(Social Learning Theory)'에서 '사회인지이론(Social Cognitive Theory)'으로 변경하였다.

② 그는 성격을 "주어진 자극에 대해 인지 과정이 반영된 반응인 행동의 집합체"로 보았다. 이는 기존의 행동주의이론이 인간의 행동적 측면에만 초점을 둔 반면, 반두라의 사회인지이론은 사람(Person), 행동(Behavior), 환경(Environment)의 요인들이 서로 상호작용하여 개인의 성격을 형성한다는 주장을 반영한다. 기출

③ 반두라 또한 다른 행동주의 이론가들과 마찬가지로 인간의 성격구조에 대해 별다른 관심을 기울이지는 않았으나, 그의 사회인지이론은 인간의 인지적 힘이 자신의 실체를 구성하고 정보를 선택적으로 부호화하며, 자신의 가치관과 기대를 토대로 행동을 수행하도록 작용하면서 성격형성이 이루어지는 것으로 설명하고 있다.

④ 반두라가 사회학습이론에서 사회인지이론으로 자신의 이론적 관점을 보다 명확히 제시함으로써 더욱 부각되는 개념이 바로 '자기효능감(Self-efficacy)'이다. 이는 자기(Self)와 관련된 사고가 인간의 성격형성 및 심리적 기능에 있어서 매우 중요한 것임을 강조한다.

⑤ 이와 같이 반두라는 인간행동을 설명하는 데 선행되는 조건형성에 인지적 중재를 포함시킴으로써 체계적이고 통합적인 개념모델을 제안하였다. 여기서 인지적 중재는 인간의 사고 과정에서 나타나는 실제적 상황과 행동의 상징적 표상을 의미한다.

⑥ 반두라는 인간의 성격을 이해하는 데 있어서 성격의 단계적 발달보다는 비슷한 연령대에 있는 개인들의 차이를 연구하는 데 관심을 기울였다. 그리고 그 차이에서 생물학적·사회 경제적·인종적·문화적 요인들의 중요성이 대두된다고 보았다.

[참고]
반두라는 행동주의적 관점에서 사회인지이론을 전개한 학자로, 교재에 따라 행동주의 학자의 범주에 포함시키는 경향이 있지만 당시의 이론이 너무 행동주의적인 설명에만 집중되어 있다는 것을 느낀 후에는 점차 인지적 관점에서 사회인지이론을 발전시켰으므로 여기서는 인지적 관점에 포함하였습니다.

(2) 주요 관련 개념

① 자기조절(Self-regulation)

㉠ 반두라는 인간이 외부로부터 정보를 받아들이고 이를 이용하여 자신의 행동을 조절해 나간다고 보았다. 이와 같이 인간이 자신의 행동을 스스로 평가·감독하는 것을 '자기조절(Self-regulation)'이라고 한다.

㉡ 자기조절은 수행(자기관찰) 과정, 판단(자기판단) 과정, 자기반응 과정으로 이루어지며, 이때 자기관찰, 자기판단, 자기반응이 자기조절적 기제에 해당한다.

㉢ 인간행동은 외부환경으로부터의 보상이나 처벌은 물론 스스로 정한 내적 표준에 의해 조절된다. 특히 자기조절의 핵심은 자기보상 또는 자기칭찬에 있다.

㉣ 행동의 자기조절 과정에 영향을 미치는 중요한 두 가지 요인은 '자기평가'와 '자기효능감 또는 자기효율성(Self-efficacy)'이다.

② 자기평가(Self-evaluation)

㉠ 자기평가는 자기가 스스로 설정한 수행 기준에 따라 자신의 행동을 평가하는 것을 말한다. 만약 그 수행 기준에 따라 자신의 행동이 만족할만한 것으로 평가되는 경우 내적 강화를 받게 된다.

㉡ 반두라는 자기평가로부터 오는 내적 강화가 타인에게서 제공되는 외적 강화보다 영향력이 더욱 크다고 주장하였다.

㉢ 다만, 반두라는 개인이 스스로를 위해 기준을 개발할 때 어느 정도 타인들이 만든 외적인 기준에 맞추려고 노력한다고 보았다. 만약 자신의 행동이 그 기준에 맞을 경우 자기강화로써 보상하지만, 기준에 맞지 않을 경우 죄책감과 같은 자기부담감을 가지고 자신을 처벌하게 된다.

③ 자기효능감 또는 자기효율성(Self-efficacy)

㉠ 자기효능감은 바람직한 효과를 산출하는 행동을 성공적으로 수행할 수 있다는 신념, 즉 자기가 무엇을 잘 할 수 있고, 자신의 노력으로 원하는 결과를 얻을 수 있다는 신념을 말한다.

㉡ 행동의 인지적 중재자로서 특정한 상황에서 과제를 수행할 능력이 있다고 판단하는 것으로 볼 수 있다.

㉢ 반두라는 개인이 주관적으로 자기효능감에 대해 어떤 개념을 가지고 있느냐가 중요하다고 보았으며, 이를 '인지된(지각된) 자기효능감(Perceived Self-efficacy)'이라고 하였다.

㉣ 높은 자기효능감은 특정 과제를 수행할 수 있다는 강한 신념을 반영하는 반면, 낮은 자기효능감은 그 과제를 수행할 수 없다는 신념을 반영한다. 이는 동기부여와 자기효능감 사이에 정적 상관이 있음을 나타낸다. 기출

ⓜ 자기효능감이 높은 사람은 낮은 사람에 비해 더욱 열심히 일에 집중하고 일을 오래 지속하며, 성취적인 측면에서도 남들보다 앞선다. 또한 자기조절에 영향을 미쳐서 자신과 환경을 보다 잘 통제하게 되므로 불확실성을 덜 경험하고 공포감도 덜 느끼게 된다.

ⓗ 자기효능감은 인생의 목표를 추구하는 과정에서 겪게 되는 스트레스 상황에 보다 잘 대처할 수 있도록 돕는다. 기출

ⓢ 반두라는 뱀 공포증에 관한 치료적 실험에서 환자의 뱀에 대한 공포증이 자기효능감의 상실, 즉 자신이 처한 상황에 효과적으로 대처할 수 없다는 인식에서 비롯된 것으로 보았으며, 이러한 뱀 공포증의 치료가 자기효능감에 대한 믿음에 의해 매개된 것으로 주장한 바 있다. 기출

(3) 자기효능감의 차원 및 근원 요소

① 수준(Level) 차원

과제를 가장 쉬운 수행 수준에서부터 가장 어려운 수행 수준에 이르기까지 과제의 수행 난이도를 정도에 따라 몇 단계의 수준으로 구분한다.

② 강도(Strength) 차원

자기효능감의 각 수준을 어느 정도 자신 있게 수행할 수 있는가에 대한 확신의 정도를 나타낸다.

③ 일반성(Generality) 차원

어떤 대상, 어떤 상황, 어떤 행동 항목에 관한 자기효능감이 어느 정도까지 그 대상, 상황, 행동항목을 넘어서 보다 광범위하게 일반화될 수 있는가를 말한다.

④ 자기효능감(자기효율성)의 토대에 해당하는 근원 요소

완숙경험 기출	직접적 경험으로서, 효능감 정보에 대한 가장 강력한 근원이 된다. 성공은 효능감을 높이는 반면, 실패는 효능감을 낮춘다.
각성수준	그것이 어떻게 해석되는가에 따라 자기효능감에 영향을 준다. 과제를 접하면서 가지게 되는 염려나 걱정은 효능감을 낮추는 반면, 자극과 흥분은 효능감을 높인다.
대리경험	누군가 다른 사람이 성취의 모델이 된다. 학생이 모델과 더 가까이 동일시한 경우, 효능감에 미치는 효과는 더 커진다. 모델이 수행을 잘 할 때 그 학생의 효능감은 고양되지만, 모델이 잘못할 때 효능감의 기대는 줄어든다.
사회적 설득	격려의 말이나 수행에 대한 구체적 피드백이 될 수 있다. 사회적 설득만으로 효능감의 지속적 증가는 이룰 수 없지만, 설득적 지원을 통해 학생의 노력을 유도하고, 새로운 전략을 시도하도록 할 수 있다.

(4) 자기효능감의 효과

① 선택

자기효능감은 개인이 선택하는 목표에 영향을 준다. 예를 들어, 자기효능감이 높은 사람은 낮은 사람에 비해 더욱 어렵고 도전적인 과제를 선택하는 경향이 있다.

② 노력, 인내, 수행

자기효능감이 높은 사람은 과제를 수행하기 위해 더욱 많은 노력을 기울이며, 어려움에 처하더라도 인내심을 발휘함으로써 더 나은 수행 양상을 보인다.

③ 정서

자기효능감이 높은 사람은 적절하고 적응적인 감정으로 과제에 접근하는 반면, 자기효능감이 낮은 사람은 부적응적인 감정(예 불안, 공포 등)으로 과제에 접근하며 억압적인 양상을 보인다.

④ 대처

자기효능감이 높은 사람은 낮은 사람에 비해 긴장과 좌절에 보다 잘 대처할 수 있다.

(5) 자기효능감에 영향을 미치는 요인

요소	원인
성취경험 (수행성취)	• 비슷한 과제에 대한 과거의 **성공경험**은 다음 과제에 대한 자기효능감을 증가시킨다. • 비교적 작은 일부터 점차 큰 일로 단계적으로 성공을 경험할 때 자기효능감은 상승한다. 반면, 처음부터 너무 큰 목표를 세우는 경우 그로 인한 실패경험이 불안을 유발하여 다른 일들도 도전하지 못하게 만들 수 있다.
모델 관찰 (대리경험)	• **관찰학습을 통해 다른 사람의 수행에 대한 정보를** 수집하는 것도 자기효능감에 영향을 미친다. • 타인의 성공을 목격하는 것은 개인의 능력을 평가하는 데 비교 근거가 되는 것은 물론 자신 또한 할 수 있다는 자신감을 가지도록 함으로써 자기효능감을 증가시킨다.
언어적 설득	• **다른 사람의 칭찬이나 격려, 지지나 확신을 주는** 말이 자기효능감에 영향을 미친다. 특히 의미 있는 타인의 칭찬이나 격려가 자기효능감을 증가시키는 데 보다 유효하다. • 격려의 말이나 수행에 대한 구체적인 피드백 등을 통해 개인으로 하여금 새로운 전략이나 성공하기에 충분할 정도의 노력을 이끌어 낼 수 있다.
생리적·정서적 심리상태	• 피로, 배고픔과 같은 생리적 요소, 걱정과 같은 심리상태 등이 과제집중을 방해하여 결국 자기효능감을 감소시킨다. • 자기효능감이 높은 상태에서는 불안이나 회의의 부정적인 감정조차도 도전과 성공을 향한 열의로 전환될 수 있다. • 개인의 자기효능감은 **어떤 주어진 수행 상황에서 개인이 느끼는 정서적 각성의 정도 및 질에 밀접**하게 영향을 받는다.

2 통제(원인)의 소재

(1) 개념의 등장배경 기출

① 로터의 사회학습이론은 "인간행동은 진공 상태에서 발생하지 않는다. 인간은 외적 및 내적 환경의 여러 측면에 끊임없이 반응한다."는 주장에서 비롯된다. 이와 같이 로터는 인간행동을 내적 과정과 환경적 영향 간의 복잡한 상호작용의 결과라고 주장함으로써 반두라(Bandura)의 연구에 영향을 미쳤다.

② 로터는 인간을 대상으로 연구를 하였으나 보다 잘 통제된 실험실 상황의 연구를 통해 개념을 발전시켰으며, 반두라보다 내부의 의식 과정을 보다 광범위하게 다루었다. 그는 행동에 영향을 미치는 요인으로 외부적 강화의 중요성을 인정하였으나, 그 강화의 효과는 내부적인 인지적 요인에 달려있다고 강조하였다.

③ 그는 사람들이 어떤 상황에서 어떻게 행동할 것인가를 예측하기 위해 행동잠재력, 기대, 강화가치(보상가치)와 같은 변인들을 고려해야 한다고 주장하였으며, 그의 이와 같은 연구는 **기대-강화가치 모델**(Expectancy-Reinforcement Value Model)로 이어졌다.

④ 로터는 기대와 강화가치(보상가치)가 상황에 따라 달라질 수 있으나 개인이 여러 상황에 대해 일반적으로 지니는 일반화된 기대(Generalized Expectancy)가 있다고 보았다. 그리고 그 일반화된 기대 중 하나로 '**통제소재(Locus of Control)**'를 주요 개념으로 제시하였다.

(2) 기대-강화가치 모델

① 로터(Rotter)는 어떤 상황에서 특별한 행동이 일어날 가능성, 즉 행동잠재력(BP ; Behavior Potential)은 그 행동이 특별한 결과를 만들어 낼 확률, 즉 기대(E ; Expectancy)와 함께 그와 같은 결과와 연합된 강화가치 혹은 보상가치(RV ; Reinforcement Value)의 함수로 결정된다고 주장하였다. 그리고 이와 같은 진술을 토대로 다음의 공식을 제시하였다.

$$BP = f(E, RV)$$

② 개인에 따라 특별한 상황에서 판단하는 기대와 강화가치(보상가치)는 다르게 나타난다. 동일한 상황에서 사람마다 서로 다르게 행동하는 이유는 각자가 판단하는 기대와 강화가치가 서로 다르기 때문이다. 예를 들어, 자신이 예의바르게 행동하면 상대방이 호의적인 반응을 보일것이라고 기대할 수 있다. 그러나 이와 같은 일반화된 기대(Generalized Expectancy)는 그 내용이나 강도의 측면에서 개인차가 있으므로, 이를 일종의 성격변인으로 간주할 수 있는 것이다.

[Julian B. Rotter]

③ 로터의 성격이론은 **학습의 개념 및 원리**에 근거한다. 즉, 개인의 행동은 대부분 학습되며, 다른 사람들과의 경험을 통해 획득된다는 것이다. 따라서 개인의 행동을 예측하기 위해 그의 과거경험을 심층적으로 탐색할 필요는 없다고 주장하였다.

④ 로터는 **성격의 통합성 및 상호의존성**을 강조하였다. 즉, 개인의 성격은 지속적으로 새로운 경험에 노출됨으로써 변화하고, 이전 경험이 새로운 학습에 영향을 주므로 안정적이라고 보았다.

⑤ 그는 **인간행동이 목표지향적**임을 주장하였다. 이는 개인의 행동이 보상을 최대화하고 처벌을 최소화하기 위해 동기화된다는 가정에서 비롯된다.

(3) 주요 관련 개념

① 행동잠재력(Behavior Potential)

㉠ 어떤 특별한 상황에서 생기는 행동의 잠재적인 강도 혹은 강화에 의해 좌우되는 변인을 의미한다. 즉, 주어진 상황에서 할 수 있는 모든 행동 중 특별한 행동 혹은 반응을 할 가능성을 말한다.

㉡ 개인이 특별한 상황에서 다른 행동보다 우선하여 어떤 특별한 행동을 선택하는 것은 그 상황에 대한 개인의 지각에 근거한다. 따라서 행동잠재력은 지금 상황은 물론 나양한 대안행동들에 대한 의식적 지각의 영향을 받는다.

② 기대(Expectancy)

㉠ 개인이 자신의 행동 결과에 대해 갖는 주관적인 기대로서, 만약 주어진 상황에서 어떤 행동을 할 때 어떤 보상이 뒤따를 것인가를 예측할 수 있다는 신념을 의미한다.

㉡ 로터는 기대를 어떤 대상 혹은 사건의 속성에 대한 신념 혹은 인지로 정의하였다.

㉢ 로터는 세 가지 종류의 기대, 즉 단순한 인지 혹은 자극의 명명으로서의 기대, 강화 결과에 대한 기대, 그리고 강화 순서에 대한 기대를 가정하였다.

③ **강화가치 혹은 보상가치(Reinforcement Value)**

㉠ 개인이 어떤 강화(혹은 보상)를 다른 강화물(혹은 보상물)보다 선호하는 정도를 의미한다. 즉, 개인이 수많은 강화들 중에서 특별한 강화에 대해 부여하는 중요도 혹은 선호도를 말한다.

㉡ 특별한 보상에 대한 강화가치는 사람에 따라 다르다. 예를 들어, 아이들은 착한 일을 한 보상으로 부모님께 장난감을 사달라고 할 수도, 강아지를 사달라고 할 수도 있다.

④ **심리적 상황(Psychological Situation)**

㉠ 개인의 자극에 대한 지각 및 반응에 영향을 미치는 내적 및 외적 요인의 조합으로서, 개인이 반응하는 심리적 맥락을 의미한다.

㉡ 개인은 내적 및 외적 환경에 반응하며, 이와 같은 환경은 서로 상호작용 한다. 이는 개인이 외적 자극 상황에 대해 심리적 지각에 따라 반응하므로, 개인의 행동이 심리적 상황에 대한 이해를 통해 예측될 수 있음을 나타내는 것이다.

㉢ 상황은 개인의 주관적 관점에 따라 다르게 지각되므로, 어떤 주어진 상황도 사람에 따라 다른 의미를 지니게 된다. 로터는 이를 설명하기 위해 심리적 상황을 '성향 영향(Dispositional Influence)'과 '상황 영향(Situational Influence)'으로 가정하였다.

(4) 심리적 욕구

① **의의**

㉠ 로터는 행동의 내적 및 외적 요인 간의 상호작용을 강조하였다. 그는 특히 외적 요인에 대해 기술할 때는 강화물(Reinforcer)에 초점을 둔 반면, 내적 요인에 대해 기술할 때는 욕구(Needs)에 주안점을 두었다.

㉡ 로터는 인간의 심리적 욕구가 학습된다고 보았다. 유아기나 아동기 초기의 심리적 욕구는 생리적 욕구충족과 관련된 경험에서 비롯되지만, 점차 성장함에 따라 생리적 욕구와의 관련성은 줄어드는 반면, 학습을 통해 습득된 심리적 욕구와의 관련성이 더욱 커지게 된다.

㉢ 학습을 통해 습득된 심리적 욕구는 기본적으로 타인에 의존하게 되므로 사회적이라고 볼 수 있다. 예를 들어, 유아는 부모에게, 아동은 선생님이나 또래친구들에게, 그리고 성인은 그보다 넓은 범위의 타인들에게 의존하게 된다.

㉣ 로터는 개인의 행동, 욕구, 목표가 서로 기능적으로 연결되어 체계를 이루는 것으로 보았으며, 이와 같은 체계 내에서 동일하거나 유사한 강화를 야기할 수 있는 관련된 행동이 동시에 일어날 수 있는 가능성을 '욕구잠재력(Need Potential)'이라 불렀다.

② 로터가 제시한 욕구의 범주

인정/지위 욕구 (Recognition/Status)	전문적·사회적·직업적 활동 혹은 여가 활동에 있어서 유능하다고 평가받고 싶은 욕구
보호/의존 욕구 (Protection/Dependency)	타인의 좌절이나 처벌을 방지하도록 돕거나 혹은 자신의 욕구충족을 위해 타인에게 의존하려는 욕구
지배 욕구 (Dominance)	가족성원이나 친구를 포함한 다른 사람들의 행동을 이끌고 통제하려는 욕구
독립 욕구 (Independence)	자기 스스로 결정을 내리고 자기 자신에게 의존하며, 타인의 중재 없이 직접적으로 만족을 얻기 위해 기술을 개발하려는 욕구
사랑과 애정 욕구 (Love and Affection)	타인에게 수용되고, 타인으로부터 좋아함을 받고자 하는 욕구
신체적 안락 욕구 (Physical Comfort)	신체적인 안전과 안락함을 추구하려는 욕구

(5) 통제소재

① 의의

㉠ 통제소재 또는 통제의 위치(Locus of Control)는 개인이 자신에게 영향을 미치는 사건을 통제할 수 있다고 믿는 정도를 의미한다. 이는 개인이 어떤 행동을 했을 때 특정한 결과가 나타날 것이라는 기대와 함께 그 결과로 인한 강화가치(보상가치)의 결정을 자기 자신이 하는가 아니면 타인이 하는가에 대한 믿음으로 볼 수 있다.

㉡ 요컨대, 로터는 기대(Expectancy)라는 인지 기능을 중요한 변인으로 하여 통제소재에 관한 이론을 제시하였다. 그는 개인의 행동이 일어나는 것은 어떤 성과를 획득하는 것에 대한 기대와 그 성과에 대한 매력, 즉 강화가치(보상가치)의 상호작용의 산물로 보았다.

㉢ 통제소재는 개인이 여러 상황에 대해 일반적으로 지니는 일반화된 기대(Generalized Expectancy)로서, 이는 일종의 신념이라고도 할 수 있는 것이다. 예를 들어, 질병에서 회복되는 경우를 가정할 때 그 성과, 즉 회복을 결정하는 요소는 여러 가지가 있을 수 있으나 사실상 그 어느 것도 분명하지 않다. 그래서 사람들은 굳이 개개의 사정을 문제시하지 않은 채 자신이 평소 가지고 있는 신념에 근거하여 판단을 내리게 되는 것이다.

㉣ 일반화된 기대로서 통제소재는 두 가지 방향, 즉 어떤 일의 결과가 자신의 능력이나 노력과 같은 내적 특성에 의한 것이라는 신념, 그것이 자신 이외의 외적인 힘으로서 운이나 우연한 기회, 타인, 제도 등과 같은 외적 특성에 의한 것이라는 신념으로 구분된다.

㉤ 이와 같은 통제소재의 서로 대별되는 양상은 여러 가지 심리적 기능에 있어서 차이를 나타내므로 성격차원의 문제로 다루어진다.

② 내적 통제소재와 외적 통제소재 기출

㉠ 내적 통제소재(Internal Locus of Control)는 성공 혹은 실패가 자신의 노력이나 능력 등 내부적인 요인에 의해 결정된다는 일반화된 기대이다. 반면, 외적 통제소재(External Locus of Control)는 그것이 운이나 우연 혹은 예측할 수 없는 어떤 환경의 힘 등 외부적인 요인에 의해 결정된다는 일반화된 기대이다.

ⓛ 내적 통제소재를 가진 사람(내적 통제자)은 자신의 능력에 부합하는 자격시험에 응시하여 합격을 위해 열심히 노력하며, 설령 불합격하더라도 이를 자신의 노력이나 능력의 부족으로 귀인한다. 그는 자신의 삶이 자신의 통제 하에 있다고 믿으며, 그와 같은 신념에 따라 행동한다.

ⓒ 반면, 외적 통제소재를 가진 사람(외적 통제자)은 자신이 어떤 시험을 보아야 할지에 대해 점을 보거나 타인의 의사를 따르며, 만약 불합격하는 경우 이를 불운, 타인의 부적절한 조언, 시험제도의 문제로 귀인한다. 그는 자신의 노력이나 능력이 그가 받는 강화(보상)에 전혀 영향을 미치지 못한다고 믿으므로, 상황을 개선시키려는 의지를 나타내 보이지 않는다.

ⓔ 통제소재는 항상 주관적이다. 따라서 통제소재의 내부성 혹은 외부성에 대한 믿음의 정도에 따라 다양한 상황에서 행동경향성은 달라질 수 있다.

더 알아두기

통제소재 척도(I-E Scale ; Internal-External Locus of Control)

- 로터(Rotter)가 개인의 통제소재를 측정하기 위해 개발한 자기보고식 검사도구이다.
- 내적 통제소재를 가진 사람과 외적 통제소재를 가진 사람은 서로 다르므로, 이와 같은 통제소재를 성격변인으로 간주하여 다양한 분야에서 그들의 행동을 예측한다.
- 내적 통제소재에서 높은 점수를 나타낸 사람은 스스로 자신의 삶을 주도하고 있다고 생각하는 반면, 외적 통제소재에서 높은 점수를 나타낸 사람은 다른 사람이나 외부요인들이 자신의 삶을 통제하고 있다고 생각하는 경향이 있다.
- 특히 산업심리학 분야에서 이 척도에 관한 많은 연구가 이루어졌는데, 한 예로 내적 통제자는 문제 중심의 대응행동을 통해 스트레스에 적절히 대처하는 반면, 외적 통제자는 부정적 사건에 민감하게 반응하고 자기방어적인 성향을 보임으로써 실제 생활에서 비교적 높은 수준의 스트레스를 경험하는 것으로 보고한 바 있다.

제 **5** 장 | **실전예상문제**

01 다음 중 인지적 접근과 가장 거리가 먼 것은?

① 합리적·정서적 행동치료
② 인지치료
③ 점진적 이완훈련
④ 자기교습훈련

02 다음 중 비합리적 신념에 대한 논박을 통해 사고와 감정의 변화를 도모하는 치료적 접근법으로 가장 옳은 것은?

① 인지치료
② 합리적·정서적 행동치료
③ 정신분석적 치료
④ 의미치료

03 다음 중 REBT의 기본 원리에 대한 설명으로 옳지 <u>않은</u> 것은?

① 정서장애는 생활사건 자체를 통해 일어난다.
② 행동에 대한 과거의 영향보다는 현재에 초점을 둔다.
③ 역기능적 사고는 정서장애의 중요한 결정 요인이다.
④ 유전과 환경을 포함한 다양한 요인들이 정신병리를 일으키는 원인이 된다.

---

01 점진적 이완훈련(Progressive Relaxation Training)은 행동주의적 접근의 치료기법으로서, 본래 일상생활에서 스트레스에 대처하기 위한 방법이 보편화된 것이다. 조용한 환경에서 근육을 이완하고 깊고 규칙적인 호흡을 함으로써 긴장과 이완에 따른 차이를 경험하도록 한다. 점진적 이완훈련은 특히 최면, 명상은 물론 체계적 둔감법의 행동기법과 연결된다.
① 엘리스(Ellis)
② 벡(Beck)
④ 마이켄바움(Meichenbaum)

02 엘리스(Ellis)는 인간의 정서적인 문제가 일상생활에서 구체적으로 경험하는 생활사건 자체에 기인하는 것이 아닌 그러한 사건을 합리적이지 못한 방식으로 받아들이는 것에서 비롯된다고 보았다. 엘리스는 이와 같은 인간의 비합리적 사고나 신념에 초점을 두어 이를 합리적인 사고나 신념으로 재구조화하도록 하는 것을 목표로 합리적·정서적 행동치료 또는 인지·정서·행동치료(REBT ; Rational Emotive Behavior Therapy)를 제시하였다.

03 개인의 정서적인 문제는 일상생활에서 구체적으로 경험하는 생활사건 자체에 기인하는 것이 아닌 그러한 사건을 합리적이지 못한 방식으로 받아들이는 것에서 비롯된다.

정답 (01 ③ 02 ② 03 ①)

04 당위적 사고(절대적 강요와 당위)는 영어의 'Must'와 'Should'로 대변되는 것으로서, 우리말로는 "반드시 ~ 해야 한다"로 표현된다.
② 파국화(재앙화)는 '지나친 과장'을 의미하는 것으로서, 당위적 요구가 충족되지 못했을 때 그와 같은 현실의 결과를 과장되게 해석하는 것이다.
③ 좌절에 대한 인내심 부족은 당위적 요구가 좌절된 상황을 참을 수 없다고 생각하는 것이다.
④ 자기 및 타인에 대한 비하 또는 질책은 당위적 요구를 충족시키지 못한 사람은 누구나 무가치하며, 비난과 질책을 받아야 한다고 생각하는 것이다.

05 부정적 예언은 자신이 시도하는 일은 결과적으로 성공할 수 없다고 믿는 것이다.
① 당위성은 모든 현상이나 사건이 반드시 어떠한 일정한 방식이나 방향으로 전개되리라고 믿는 것이다.
② 과잉 일반화는 한두 개의 고립된 사건에 근거해서 일반적인 결론을 내리고 그것을 서로 관계없는 상황에 적용하려는 것이다.
③ 완전주의는 자신은 완전하며 또한 완전해야 한다고 믿는 것이다.

06 모든 일에 있어서 완전한 해결책의 존재를 가정하는 것은 비합리적 신념에 해당하는 반면, 이를 부정하는 것은 합리적 신념에 해당한다고 볼 수 있다.

04 다음 중 비합리적 신념의 특징에 관한 예로서 〈보기〉의 내용과 연관된 것은?

> ─ 보기 ─
>
> "나는 반드시 성공해야만 한다."

① 당위적 사고
② 파국화
③ 좌절에 대한 인내심 부족
④ 자기 및 타인에 대한 비하

05 다음 중 비합리적 신념의 유형에 관한 예로서 〈보기〉의 내용과 연관된 것은?

> ─ 보기 ─
>
> "나의 문제행동을 수정하기 위한 시도는 결과적으로 제대로 되지 않을 것이다."

① 당위성
② 과잉 일반화
③ 완전주의
④ 부정적 예언

06 다음 중 엘리스(Ellis)가 제시한 비합리적 신념의 예로 옳지 않은 것은?

① 어떤 문제든지 완전한 해결책은 없다.
② 인간은 모든 면에서 반드시 유능하고 성취적이어야 한다.
③ 인간은 주위의 모든 중요한 사람들에게서 항상 사랑과 인정을 받아야만 한다.
④ 인간의 불행은 외부 환경 때문이며, 인간의 힘으로는 그것을 통제할 수 없다.

정답 04 ① 05 ④ 06 ①

07 다음 중 REBT의 구체적인 목표로 옳지 <u>않은</u> 것은?

① 과학적 사고

② 모험 실행

③ 유토피아주의

④ 사회에 대한 관심

합리적 · 정서적 행동치료(REBT)의 구체적인 목표
- 자기에 대한 관심(Self-interest)
- 사회에 대한 관심(Social-interest) (④)
- 자기 지시(Self-direction)
- 관용(Tolerance)
- 유연성(Flexibility)
- 불확실성의 수용(Acceptance of Uncertainty)
- 이행(Commitment)
- 과학적 사고(Scientific Thinking) (①)
- 자기 수용(Self-acceptance)
- 모험 실행(Risk Taking)(②)
- 반유토피아주의(Non-utopianism)

08 다음 중 엘리스(Ellis)가 제시한 ABCDEF 모델에서 정서적 · 행동적 결과를 야기하는 것은?

① 선행사건

② 신념체계

③ 논박

④ 효과

08 예를 들어, 내담자가 평소 시험성적이 곧 지적능력을 반영하는 것이라는 비합리적 신념을 가지고 있다고 가정하자. 그런데 막상 자신이 저조한 성적을 받게 된다면, 그 결과(Consequence)에 의해 극심한 우울감과 자괴감을 느낄 수 있다. 결국 내담자의 우울감과 자괴감은 내담자의 신념체계(Belief System)에서 비롯된 것이다.

09 다음 중 인지 · 정서 · 행동적 관점의 치료기법으로서 인지적 기법과 가장 거리가 <u>먼</u> 것은?

① 내담자의 언어 변화시키기

② 비합리적 신념 논박하기

③ 인지적 과제 부여하기

④ 강화와 처벌 기법

09 강화와 처벌 기법은 내담자가 특정한 과제를 성공적으로 수행한 경우 치료자가 그에 대한 보상을 하는 반면, 실패한 경우 벌칙을 부과하는 행동적 기법에 해당한다.

정답 07 ③ 08 ② 09 ④

10 인지치료는 역기능적이고 자동적인 사고 및 도식, 신념, 가정의 대인관계 행동에서의 영향력을 강조하며, 이를 수정하여 내담자의 정서나 행동을 변화시키는 데 역점을 둔다. 즉, 내담자로 하여금 자신의 부적응적 사고와 부정적 신념을 평가하도록 하고, 그에 대해 적절히 반응하도록 교육적인 치료를 수행함으로써, 내담자로 하여금 보다 현실적이고 긍정적인 사고를 통해 바람직한 의사결정을 할 수 있도록 돕는 것이다. A양은 인과의 결별 원인을 자신이 충분히 잘하지 못했다는 개인적인 신념 또는 가정에 두었고, 그로 인해 우울감을 느끼고 있다. 이와 같은 경우 인지적 치료기술 중 재귀인(Reattribution)이 효과적일 수 있다. 재귀인은 사건의 대안적인 원인을 고려하여 역기능적이고 자동적인 사고와 가정을 검증하도록 하는 것이다.

11 로저스(Rogers)의 인간중심이론에 의한 치료적 접근으로서 인간중심 치료(인간중심상담)의 목표에 해당한다.

12 인지치료는 일반적으로 단기적, 문제중심적, 목표지향적이다.

---

10 다음 중 〈보기〉의 내담자에게 가장 유효한 치료적 접근법에 해당하는 것은?

> ┌ 보기 ┐
> A양은 오랜 기간 사귀던 애인과의 관계가 끝난 후 우울해하고 있다. 그녀는 자신이 애인에게 충분히 잘하지 못하였기 때문에 헤어지게 되었다고 믿고 있다.

① 인지치료
② 행동치료
③ 인간중심 치료
④ 정신분석적 치료

11 다음 중 인지치료에 대한 설명으로 옳지 않은 것은?

① 역기능적 도식을 기능적으로 수정하는 것을 목표로 한다.
② 자동적 사고를 탐지하고 평가하는 것이 치료의 중요한 초점이 된다.
③ 부정적 정서를 가진 사람의 절대주의적이고 완벽주의적인 믿음을 좌절시킨다.
④ 세계에 대한 개인의 지각과 경험세계를 강조하며 자기실현의 촉진을 돕는다.

12 다음 중 인지치료의 원리에 대한 설명으로 옳지 않은 것은?

① 인지치료는 견고하고 협력적인 치료동맹을 필요로 한다.
② 인지치료는 보통 장기적, 과정중심적 접근을 펼친다.
③ 인지치료는 원칙적으로 현재에 초점을 둔다.
④ 인지치료는 내담자의 정서적인 건강을 촉진하고 재발을 방지하는 심리교육 모델이다.

정답 (10 ① 11 ④ 12 ②)

13 다음 중 인지치료의 주요 개념으로서 핵심 신념(Core Beliefs)에 대한 설명으로 옳은 것은?

① 정보처리와 행동을 지배하는 구체적인 규칙이다.

② 개인의 마음속에 끊임없이 지나가는 인지의 연속적인 흐름이다.

③ 포괄적이고 경직되어 있으며 지나치게 일반화된 절대적인 믿음이다.

④ 자기 자신에 대한 타인의 객관적인 견해를 반영한다.

13 ① 도식 또는 인지도식(Schemas)의 내용에 해당한다.
② 자동적 사고(Automatic Thoughts)의 내용에 해당한다.
④ 자기 자신, 타인, 세계, 미래에 대한 개인의 주관적인 견해를 반영한다.

14 다음 중 인지치료의 주요 개념으로서 자동적 사고(Automatic Thoughts)의 특징으로 옳지 않은 것은?

① 구체적이며, 분리된 메시지이다.

② 일을 극단적으로 보려는 경향이 있다.

③ 학습되는 경향이 있다.

④ 중단하기가 쉽다.

14 자동적 사고(Automatic Thoughts)는 어떠한 자극이 주어질 때 의식적인 노력 없이도 저절로 떠오르는 생각을 말하는 것으로, 이는 중단하기가 쉽지 않다.

15 다음 중 벡(Beck)의 인지치료에서 인지적 왜곡의 유형에 해당하지 않는 것은?

① 정서적 추론

② 과잉 일반화

③ 선택적 추상

④ 차원적 사고

15 '차원적 사고'가 아닌 '이분법적 사고 또는 흑백논리적 사고(Dichotomous Thinking)'가 인지적 왜곡의 유형에 해당한다.

정답 13 ③ 14 ④ 15 ④

16 선택적 추상 또는 선택적 추상화 (Selective Abstraction)는 다른 중요한 요소들은 무시한 채 사소한 부분에 초점을 맞추고, 그 부분적인 것에 근거하여 전체 경험을 이해하는 것이다. 특히 관심을 두는 부분은 실패와 부족한 점에 관한 것이다.
   ① 자의적 추론 또는 임의적 추론 (Arbitrary Inference)은 어떤 결론을 지지하는 증거가 없거나 그 증거가 결론에 위배됨에도 불구하고 그와 같은 결론을 내리는 것이다.
   ③ 긍정 격하(Disqualifying the Positive)는 자신의 긍정적인 경험이나 능력을 객관적으로 평가하지 않은 채 그것을 부정적인 경험으로 전환하거나 자신의 능력을 낮추어 보는 것이다.
   ④ 잘못된 명명(Mislabelling)은 어떠한 하나의 행동이나 부분적 특성을 토대로 사람이나 사건에 대해 완전히 부정적이고 단정적으로 명명하는 것이다.

17 ② 자의적 추론(임의적 추론)
   ③ 개인화
   ④ 과잉 일반화

18 개인화(Personalization)는 인지적 왜곡(인지적 오류)의 유형에 해당하는 것으로서, 자신과 관련시킬 근거가 없는 외부사건을 자신과 관련시키는 경향을 말한다.

16 다음 인지적 왜곡의 유형 중 상황의 긍정적인 양상을 여과하는 데 초점이 맞추어져 있고 극단적으로 부정적인 세부사항에 머무르는 것은?

① 자의적 추론
② 선택적 추상
③ 긍정 격하
④ 잘못된 명명

17 다음 중 인지적 왜곡과 그 예를 연결한 것으로 가장 옳은 것은?

① 이분법적 사고 – "최고가 아니면 모두 실패인 거야."
② 과잉 일반화 – "내가 너무 뚱뚱해서 사람들이 다 나만 쳐다보는 것 같아."
③ 자의적 추론 – "내가 신고만 빨리 했어도 지하철 화재로 사람이 죽지 않았을 텐데."
④ 재앙화 – "내가 너무 못생겨서 남자친구가 떠났으니 결혼도 하기 어렵겠지."

18 다음 중 인지치료의 인지적 기술에 해당하지 않는 것은?

① 재귀인(Reattribution)
② 탈중심화(Decentering)
③ 개인화(Personalization)
④ 재정의(Redefining)

정답 16 ② 17 ① 18 ③

19 켈리(Kelly)는 개인적 구성개념 이론에서 인간의 행동을 설명하는 추론들(Corollaries)을 제시하였다. 다음 중 〈보기〉의 내용과 연관된 개인적 구성개념 이론의 추론에 해당하는 것은?

> ─ 보기 ─
>
> 사람들은 각자가 가지고 있는 사건의 구성개념에 있어서 서로 다르다. 즉, 사람들은 사건을 구성하는 방식이 서로 다르다.

① 경험 추론(Experience Corollary)
② 분열 추론(Fragmentation Corollary)
③ 선택 추론(Choice Corollary)
④ 개별성 추론(Individuality Corollary)

20 켈리(Kelly)는 내담자로 하여금 자신이 지닌 구성개념의 부적절성을 인식하고 새로운 구성개념을 발견하도록 돕기 위해 고정역할 치료(Fixed Role Therapy)를 제안하였다. 다음 중 고정역할 치료에서 사용하는 주된 기법에 해당하는 것은?

① 역할시연(Role Playing)
② 모델링(Modeling)
③ 역설적 의도(Paradoxical Intention)
④ 척도화 기법(Scaling Technique)

19 ① 경험 추론(Experience Corollary)
: 개인의 구성개념 체계는 반복되는 사건들을 지속적으로 구성함에 따라 변화한다.
② 분열(파편화) 추론(Fragmentation Corollary) : 개인은 추론적으로 서로 양립하지 않는 다양한 구성개념의 하위체계들을 지속적으로 이용할 수 있다.
③ 선택 추론(Choice Corollary) : 개인은 자신을 위해 이분법적 구성개념 중에서 어느 하나를 선택하며, 그와 같은 선택은 그가 가진 구성체계의 확장과 정의를 위해 더 큰 가능성을 예견한다.

20 역할시연(Role Playing)은 치료적 상황이나 실험 상황에서 다른 사람의 역할을 하는 것, 또는 의도한 효과를 얻기 위해 특정 역할을 수행하는 것의 두 가지 의미를 가진다.
② 모델링 또는 모방학습(Modeling)은 관찰학습과 연관된 것으로서, 다른 사람의 행동을 보고 들으면서 그 행동을 따라하는 것이다.
③ 역설적 의도(Paradoxical Intention)는 의미치료에서 널리 사용하는 기법으로서, 강박증이나 공포증을 가지고 있는 사람들의 예기불안을 다루기 위해 자기가 두려워하는 그 일을 일부러 하도록 격려하는 것이다.
④ 척도화 기법(Scaling Technique)은 인지치료에서 널리 사용하는 기법으로서, 모든 사건이나 경험에 대해 극단적인 해석을 유도하는 이분법적 사고를 극복하도록 하기 위한 것이다.

정답 19 ④ 20 ①

21 반두라(Bandura)의 상호결정론의 세
가지 요소 : 사람(Person), 행동(Beha
vior), 환경(Environment)

21 다음 중 반두라(Bandura)가 제시한 상호결정론의 세 가지 요소에 해당하지 <u>않는</u> 것은?

① 행동(Behavior)
② 사람(Person)
③ 환경(Environment)
④ 집단(Group)

22 [문제 하단의 표 참고]

22 다음 중 자기효율성의 토대에 해당하는 요소들을 모두 고른 것은?

> ㄱ. 사회적 설득   ㄴ. 대리경험
> ㄷ. 각성수준   ㄹ. 완숙경험

① ㄱ, ㄴ, ㄷ
② ㄱ, ㄷ
③ ㄴ, ㄹ
④ ㄱ, ㄴ, ㄷ, ㄹ

>>>◯

[자기효율성(자기효능감)의 근원]

완숙경험	직접적 경험으로서, 효능감 정보에 대한 가장 강력한 근원이 된다. 성공은 효능감을 높이는 반면, 실패는 효능감을 낮춘다.
각성수준	그것이 어떻게 해석되는가에 따라 자기효능감에 영향을 준다. 과제를 접하면서 가지게 되는 염려나 걱정은 효능감을 낮추는 반면, 자극과 흥분은 효능감을 높인다.
대리경험	누군가 다른 사람이 성취의 모델이 된다. 학생이 모델과 더 가까이 동일시한 경우, 효능감에 미치는 효과는 더 커진다. 모델이 수행을 잘 할 때 그 학생의 효능감은 고양되지만, 모델이 잘못할 때 효능감의 기대는 줄어든다.
사회적 설득	격려의 말이나 수행에 대한 구체적 피드백이 될 수 있다. 사회적 설득만으로 효능감의 지속적 증가는 이룰 수 없지만, 설득적 지원을 통해 학생의 노력을 유도하고, 새로운 전략을 시도하도록 할 수 있다.

정답 21 ④ 22 ④

23 다음 중 자기효능감에 영향을 미치는 요소 및 원인을 모두 고른 것은?

> ㄱ. 과거의 성과(성공경험)
> ㄴ. 모델 관찰(대리경험)
> ㄷ. 언어적 설득
> ㄹ. 미래의 성공에 대한 가상

① ㄱ, ㄴ, ㄷ
② ㄱ, ㄷ
③ ㄴ, ㄹ
④ ㄹ

>>>🔍

[자기효능감에 영향을 미치는 요소 및 원인]

요소	원인
과거의 성과 (성공경험)	비슷한 과제에 대한 과거의 성과 경험은 다음 과제에 대한 자기효능감을 증가시킨다. 예 성공적인 구술 보고서 작성 경험은 다음 보고서에 대한 자기효능감을 증가시킨다.
모델 관찰 (대리경험)	모델이 될 만한 사람을 관찰하는 것은 높은 기대 수준과 기술을 배우게 한다.
언어적 설득	교사와 같이 학생에게 중요한 사람이 언어적으로 설득하는 말을 한다. 예 네가 좋은 보고서를 제출할 것이라 생각한다.
생리적·정서적 심리상태	• 피로, 배고픔과 같은 생리적 요소, 걱정과 같은 심리상태 등이 과제집중을 방해하여 결국 자기효능감을 감소시킨다. • 개인이 느끼는 각성의 질에 따라 자기효능감이 달라지며, 각성이 불안이 아닌 정도이면 자기효능감이 커진다.

23 [문제 하단의 표 참고]

정답 23 ①

24 ㄱ. 로터가 제시한 욕구의 범주로는 심리적 안락 욕구가 아니라 신체적 안락 욕구가 있다.

ㄷ. 로터가 제시한 욕구의 범주에 자기존중(Self-esteem)은 없다.

로터(Rotter)가 제시한 욕구의 범주
- 인정/지위 욕구 (Recognition/Status)
- 보호/의존 욕구 (Protection/Dependency)
- 지배 욕구(Dominance)
- 독립 욕구(Independence)
- 사랑과 애정 욕구 (Love and Affection)
- 신체적 안락 욕구 (Physical Comfort)

24 다음 중 로터(Rotter)가 제시한 욕구의 범주에 포함되는 것을 올바르게 모두 고른 것은?

> ㄱ. 심리적 안락(Psychological Comfort)
> ㄴ. 지배(Dominance)
> ㄷ. 자기존중(Self-esteem)
> ㄹ. 보호/의존(Protection/Dependency)

① ㄱ, ㄴ, ㄷ
② ㄱ, ㄷ
③ ㄴ, ㄹ
④ ㄱ, ㄴ, ㄷ, ㄹ

25 통제소재는 항상 주관적이다. 따라서 통제 소재의 내부성 혹은 외부성에 대한 믿음의 정도에 따라 다양한 상황에서 행동경향성은 달라질 수 있다.

25 다음 중 로터(Rotter)가 제시한 통제소재(Locus of Control)에 대한 설명으로 옳지 <u>않은</u> 것은?

① 개인이 어떤 일의 결과를 통제하는 정도에 대한 일반화된 기대를 말한다.
② 내적 통제자는 어떤 일의 결과를 자신의 능력이나 노력 등에 귀인하는 경향이 있다.
③ 외적 통제자는 부정적인 결과에도 불구하고 상황을 개선시키려는 의지를 보이지 않는 경향이 있다.
④ 통제소재는 객관적이므로 특정 상황에서 개인의 행동경향성을 정확히 예측할 수 있다.

정답 24 ③ 25 ④

부록

최종모의고사

또 실패했는가? 괜찮다. 다시 실행하라. 그리고 더 나은 실패를 하라!

– 사뮈엘 베케트 –

제한시간 : 50분 | 시작 ___시 ___분 – 종료 ___시 ___분

➡ 정답 및 해설 279p

01 다음 중 성격에 대한 설명으로 가장 옳은 것은?

① 개인의 특정한 행동을 결정하는 데 작용하는 비지적 심리구조이다.
② 지능, 적성, 창의력 등 지적 능력을 포함하는 개념이다.
③ 보통 도덕적 기준에 의한 평가와 연관된다.
④ 주로 유기체의 생물학적인 성향을 지칭한다.

02 다음 중 성격형성의 연구에 대한 설명으로 옳은 것은?

① 일란성 쌍생아는 50% 정도의 유전자를 공유한다.
② 일란성 쌍생아의 유사성은 반드시 유전자에 의한 것이다.
③ 입양 연구는 서로 다른 환경에서 성장하게 된 쌍생아의 특성을 비교·분석한다.
④ 양부모와의 유사성 정도는 유전적 요인에 기인하는 것으로 볼 수 있다.

03 다음 중 성격심리학의 관점으로서 성향적 관점의 학자를 올바르게 모두 고른 것은?

> ㄱ. 카텔(Cattell)
> ㄴ. 아들러(Adler)
> ㄷ. 올포트(Allport)
> ㄹ. 프랭클(Frankl)

① ㄱ, ㄴ, ㄷ
② ㄱ, ㄷ
③ ㄴ, ㄹ
④ ㄱ, ㄴ, ㄷ, ㄹ

04 다음 중 유형(Types)과 특질(Traits)에 대한 설명으로 옳지 않은 것은?

① 유형은 불연속적 범주를 가정한다.
② 특질은 연속적인 차원을 가정한다.
③ 특질은 경험적으로 증명될 수 없다.
④ 아이젱크(Eysenck)는 대표적인 성격의 특질이론가이다.

05 다음 중 성격심리학의 주요 관점을 연결한 것으로 옳지 <u>않은</u> 것은?

① 구성주의 – 개인의 의식 경험의 세부 구성요소를 밝혀내는 데 초점을 둔다.
② 기능주의 – 일상생활 속에서 정신이 어떤 기능을 하는지를 연구한다.
③ 인본주의 – 연령에 따른 성격 발달 과정을 중시한다.
④ 행동주의 – 관찰 및 측정 가능한 외현적 행동에 초점을 둔다.

06 미국의 심리학자 미첼(Mischel)은 특별한 상황에서 사람의 행동을 통제하는 기본적인 심리적 과정과 관련하여 몇 가지 사람변인을 제시하였다. 다음 중 미첼의 사람변인에 해당하지 <u>않는</u> 것은?

① 구성능력
② 부호화 전략
③ 자기조절 체계 및 계획
④ 사회적 목표와 보편적 가치

07 다음 중 매디(Maddi)의 인간관에 관한 갈등 모델로서 심리사회적 입장과 가장 거리가 먼 학자는?

① 융(Jung)
② 에릭슨(Erikson)
③ 머레이(Murray)
④ 프로이트(Freud)

08 다음 중 〈보기〉의 내용과 관련된 성격이론의 평가준거로 가장 적절한 것은?

┌─ 보기 ─
성격이론은 명확히 기술되고 측정될 수 있는 개념들을 가져야 한다.
└─

① 경험적 타당성(Empirical Validity)
② 검증성(Testability)
③ 탐구성(Heuristic Value)
④ 적용성(Applied Value)

09 다음 중 행동평가법에 대한 설명으로 옳지 <u>않은</u> 것은?

① 자연관찰은 관찰자가 실제 생활환경에서 일어나는 참여자의 행동을 관찰하고 기록하는 방법이다.
② 유사관찰은 제한이 없는 환경에서 관찰하는 방법이다.
③ 참여관찰은 관찰하고자 하는 개인이 자연스러운 환경에 관여하면서 기록하는 방식이다.
④ 자기관찰은 개인이 자신과 환경 간의 상호작용에 대해 기록하는 방법이다.

10 다음 중 성격과 관련된 뇌의 구조적 특성을 측정하기 위해 사용되는 심리생리적 측정도구에 해당하지 <u>않는</u> 것은?

① TCI(Temperament and Character Inventory)
② PET(Positron Emission Tomography)
③ EEG(Electroencephalogram)
④ MRI(Magnetic Resonance Imaging)

11 다음 성격 연구의 방법 중 사례연구에 대한 설명으로 가장 옳은 것은?

① 보통 단기간에 걸쳐 진행된다.
② 원인과 결과 간의 인과관계를 규명한다.
③ 주로 임상적인 치료장면에서 내담자와의 면담을 통해 이루어진다.
④ 특질이론가들이 성격특질들을 발견하기 위해 주로 사용하였다.

12 평가도구의 준거로서 표준화(Standardization)의 조건으로 가장 옳은 것은?

① 평가도구는 시간의 경과에도 불구하고 일관된 반응을 보여야 한다.
② 검사 시행을 위한 절차나 조건은 일관된 속성을 갖추고 있어야 한다.
③ 검사를 구성하고 있는 내용은 평가자의 의도에 따라 정확히 측정되어야 한다.
④ 평가도구는 적은 시간과 비용으로 많은 목표를 달성할 수 있어야 한다.

13 다음 중 척도의 종류와 그 예를 연결한 것으로 옳지 <u>않은</u> 것은?

① 명명척도 – 축구선수의 등번호
② 서열척도 – 성적에서의 학급석차
③ 등간척도 – 온도계로 측정한 온도
④ 비율척도 – 지능검사로 측정한 지능지수

14 다음 중 학자와 그의 주장 내용에 관한 설명으로 가장 옳은 것은?

① 프로이트(Freud) – 대략 5세 이전의 과거 경험이 성격구조를 결정한다고 보았다.
② 스키너(Skinner) – 인간 내면에 대한 통찰의 중요성을 과학적 실험으로 제시하였다.
③ 반두라(Bandura) – 강화와 처벌을 통해 학습이 가능하다고 주장하였다.
④ 에릭슨(Erikson) – 가상적 목표의 중요성을 강조하였다.

15 다음 중 주요 방어기제와 그 예를 연결한 것으로 옳지 <u>않은</u> 것은?

① 해리 – 지킬박사와 하이드
② 반동형성 – 미운 놈에게 떡 하나 더 준다.
③ 전치 – 종로에서 뺨 맞고 한강에서 눈 흘긴다.
④ 보상 – 여우와 신 포도

16 다음 중 프로이트(Freud)의 심리성적 발달단계와 에릭슨(Erikson)의 심리사회적 발달단계를 해당 연령별로 가장 올바르게 연결한 것은?

① 출생 ~ 약 18개월 – 구강기, 근면성 대 열등감
② 약 18개월 ~ 약 3세 – 항문기, 자율성 대 수치심
③ 약 3세 ~ 약 6세 – 생식기, 친밀감 대 고립감
④ 약 6세 ~ 약 12세 – 잠복기, 신뢰감 대 불신감

17 다음 중 아들러(Adler)가 인간의 성격을 설명하면서 제시한 주요 개념과 가장 거리가 먼 것은?

① 열등감과 보상
② 우월성의 추구
③ 신경증적 욕구
④ 초기기억

18 다음 중 아들러(Adler)가 제시한 생활양식 (Style of Life)에 대한 설명으로 가장 옳은 것은?

① 개인이 지니는 독특한 삶의 방식을 의미한다.
② 인간이 스스로 자신의 삶을 만들어 나간다는 것이다.
③ 개인의 생활양식은 전 생애에 걸쳐 지속적으로 발전한다.
④ 생후 6개월부터 9세까지의 선별된 기억들로 이루어진다.

19 다음 중 융(Jung)의 심리학적 유형론에 기초하여 개발된 검사도구에 해당하는 것은?

① TAT
② CPI
③ MMPI
④ MBTI

20 다음 중 머레이(Murray)의 욕구 및 동기이론의 주요 개념으로서 압력(Press)에 대한 설명으로 옳지 않은 것은?

① 인간행동에 영향을 미치는 외부환경을 의미한다.
② 무언가를 얻고자 하거나 혹은 피하고자 하는 동기를 만들어 내는 요소이다.
③ α압력은 개인이 주관적으로 지각하고 해석함으로써 나타난다.
④ β압력은 동일한 사건에도 불구하고 서로 다른 해석을 유발한다.

21 다음 중 에릭슨(Erikson)의 성격발달에 대한 설명으로 옳지 않은 것은?

① 초기경험이 성격발달에 중요하다.
② 사회성 발달을 강조한다.
③ 발달에 있어서 점성원리가 적용된다.
④ 성격은 각 단계에서 경험하는 위기의 극복 양상에 따라 결정된다.

22 다음 중 에릭슨(Erikson)의 심리사회이론의 주요 개념으로서 위기(Crisis)에 대한 설명으로 옳은 것은?

① 개인이 각 발달단계에 따라 사회에 기대하는 심리적 요구이다.
② 개인이 각 발달단계에서 극복해야 할 재앙의 조짐이다.
③ 위기는 전 생애에 걸쳐 단 한 번 나타난다.
④ 위기를 성공적으로 해결하지 못할 경우 자아정체감의 혼란이 야기된다.

23 다음 중 대상관계이론에 대한 설명으로 옳은 것은?

① 대상(Object)은 주로 사람이 아닌 사물을 지칭한다.

② 표상(Representation)은 외부세계에 대해 주체로서 개인이 가지고 있는 정신적 이미지이다.

③ 클라인(Klein)은 유아가 분리와 개별화의 상호보완적 발달 경로를 거친다고 보았다.

④ 말러(Mahler)는 유아가 사용하는 원시적인 방어기제로서 투사적 동일시를 강조하였다.

24 다음 중 올포트(Allport) 이론의 공헌점에 대한 설명으로 옳지 <u>않은</u> 것은?

① 성격심리학을 과학의 영역으로 끌어올렸다.

② 순수심리학과 임상심리학의 가교 역할을 하였다.

③ 인간을 기능적 자율성에 의해 움직이는 합리적인 존재로 보았다.

④ 성격에 영향을 미치는 사회적·문화적 배경을 탐구하였다.

25 다음 중 카텔(Cattell)이 제시한 역동적 특질로서 인간의 선천적이면서 원초적인 기초가 되는 특질에 해당하는 것은?

① 에르그(Erg)

② 태도(Attitude)

③ 감정(Sentiment)

④ 기질(Temperament)

26 다음 중 성격 5요인(Big Five)의 하위요인에 해당하는 것을 올바르게 모두 고른 것은?

> ㄱ. 정서적 개방성
> ㄴ. 신경증
> ㄷ. 정신증
> ㄹ. 성실성

① ㄱ, ㄴ, ㄷ

② ㄱ, ㄷ

③ ㄴ, ㄹ

④ ㄱ, ㄴ, ㄷ, ㄹ

27 다음 중 매슬로우(Maslow)의 이론에 대한 설명으로 옳은 것은?

① 유전적 요소가 성격발달에 미치는 영향을 부정하였다.

② 인간의 본성은 본질적으로 악하다고 보았다.

③ 상위의 욕구는 하위의 욕구가 일정 부분 충족되었을 때 나타날 수 있다.

④ 자기실현의 욕구는 인간의 모든 욕구 중에서도 가장 강력한 욕구이다.

28 다음 중 로저스(Rogers)의 인간관에 대한 설명으로 옳지 <u>않은</u> 것은?

① 인간은 자신의 주관적 자유를 실천해 나간다.

② 인간의 성격발달은 주로 자아(Ego)를 중심으로 이루어진다.

③ 인간은 통합적 유기체이므로 전체론적 관점에서 접근해야 한다.

④ 인간은 성장 지향적 존재로서 자신의 타고난 잠재력을 발달시켜 나간다.

29 다음 중 실존적 조건의 정신병리로서 죽음의 공포에 대한 방어기제에 해당하는 것은?

① 특수성(Specialness)
② 실존적 공허(Existential Vacuum)
③ 소망 차단(Wish-block)
④ 융합(Fusion)

30 다음 중 〈보기〉의 내용과 연관된 치료법에 해당하는 것은?

┌─ 보기 ─────────────────────┐
프랭클(Frankl)은 나치 포로수용소에서 삶과 죽음의 극한 상황에서 나타나는 인간행동을 관찰할 기회를 가졌다. 그리고 삶의 역경에도 불구하고 스스로 선택할 자유를 지키려는 죄수들을 보면서, 인간이 고통 속에서도 의미를 추구하려는 실존적으로 도전적인 존재임을 깨닫게 되었다.
└────────────────────────────┘

① 인간중심 치료
② 게슈탈트 치료
③ 인지치료
④ 의미치료

31 다음 내용에서 괄호 안에 들어갈 용어로 알맞은 것은?

┌────────────────────────────┐
(   )(이)란 어떻게 반응할 것인가를 스스로 결정하는 과정을 말하며, 사람들의 타고난 성장경향과 심리적 욕구에 대한 동기부여와 성격에 대해 설명해주는 이론으로 심리적 욕구만족과 내재적 동기를 강조한다.
└────────────────────────────┘

① 자기결정(Self-determination)
② 자기평가(Self-evaluation)
③ 자기존중(Self-esteem)
④ 자기조절(Self-regulation)

32 다음 중 인지적 평가이론에 대한 설명으로 옳지 않은 것은?

① 내재적으로 동기화된 행동에 외재적 보상을 주는 경우 내재적 동기가 감소된다는 이론이다.
② 내재적인 동기에 주요 관심을 두고 내재적 동기를 촉진하거나 저해하는 환경에, 연구의 초점을 맞추고 있다.
③ 외재적 동기의 내면화에 초점이 맞추어져 있다.
④ 기본적인 욕구가 만족될 때 내재적인 동기가 증진된다고 보았다.

33 다음 중 인본주의적 관점에서 자기결정이론을 발전시킨 학자를 올바르게 모두 고른 것은?

> ㄱ. 데시(Deci)
> ㄴ. 엘리스(Ellis)
> ㄷ. 라이언(Ryan)
> ㄹ. 로터(Rotter)

① ㄱ, ㄴ, ㄷ
② ㄱ, ㄷ
③ ㄴ, ㄹ
④ ㄱ, ㄴ, ㄷ, ㄹ

34 다음에서 설명하고 있는 이론은?

> 외적인 이유 때문에 어떤 행동을 해야 하는 상황에서 개인의 태도는 전혀 동기가 없는 무동기에서부터 수동적 복종, 적극적 개입까지 다양하게 나타난다고 보는 이론으로, 사람들이 자신들이 속한 집단과 문화의 가치를 내면화하는 과정을 설명한다.

① 사회학습이론
② 인지적 평가이론
③ 대상관계이론
④ 유기적 통합이론

35 다음 중 자기결정 인식에 영향을 주는 요인으로 옳지 않은 것은?

① 자극 일반화
② 위협과 마감시간
③ 통제적인 표현
④ 감독과 평가

36 다음 중 로터(Rotter)의 사회학습이론의 주요 개념에 대한 설명으로 옳지 않은 것은?

① 기대(Expectancy) – 주어진 상황에서 어떤 행동을 할 때 어떤 보상이 뒤따를 것인가를 예측할 수 있다는 신념
② 행동잠재력(Behavior Potential) – 주어진 상황에서 할 수 있는 모든 행동 중 특별한 행동을 할 가능성
③ 강화가치(Reinforcement Value) – 개인이 수많은 강화들 중에서 특별한 강화에 대해 부여하는 중요도
④ 심리적 상황(Psychological Situation) – 개인의 행동에 영향을 미치는 유전적 요인으로서 생리적 환경

37 다음 중 로터(Rotter)가 개인의 통제소재를 측정하기 위해 개발한 검사도구에 해당하는 것은?

① Mental Scale
② I-E Scale
③ Likert Scale
④ Binet Scale

38 다음 중 〈보기〉의 사례에서 밑줄 친 부분과 연관된 인지적 왜곡의 유형으로 가장 옳지 **않은** 것은?

> ── 보기 ──
>
> "저희 집은 저를 포함해서 총 8남매랍니다. 그런데 어머니는 제 능력이 남매들 중 가장 뛰어나다면서 저만 대학에 보냈었지요. 저도 그게 당연하다고 생각했고요. ① 다른 사람들도 저를 대접하지 않으면 참지 못했거든요. 취업면접에서도 면접관이 ② 먼저 악수를 청하지 않으면 떨어졌다고 좌절했지요. 그런데 이젠 상황이 좀 달라진 것 같아요. 매달 찾아오시던 어머니께서 ③ 지난달에 찾아오시지 않은 것을 보면 이제 저를 신뢰하지 않는 것 같아요. ④ 이렇게 사람들에게 대접받지 못하고 산다는 건 실패한 삶이겠지요."

① 과잉 일반화(Overgeneralization)
② 자의적 추론(Arbitrary Inference)
③ 선택적 추상(Selective Abstraction)
④ 이분법적 사고(Dichotomous Thinking)

39 다음 중 켈리(Kelly)의 개인적 구성개념 이론에 대한 설명으로 옳지 **않은** 것은?

① 인간은 인지적 구성개념을 토대로 생활사건을 해석하고 예측한다.
② 인간은 자신의 세계를 범주로 묶고 순서를 매기는 체계를 사용한다.
③ 사람들의 행동이 서로 다른 이유는 그들이 서로 다른 환경에서 성장하였기 때문이다.
④ 사람들은 어떤 사건을 관찰하고 그에 대해 의문을 던지면서 이를 탐구하는 과학자와 같다.

40 다음 중 〈보기〉의 내용과 연관된 치료법에 해당하는 것은?

> ── 보기 ──
>
> 켈리(Kelly)는 역할시연(Role Playing)의 기법을 사용하여 내담자로 하여금 자신이 지닌 구성개념의 부적절성을 인식하고 새로운 구성개념을 발견하도록 도왔다.

① 구성개념 치료
② 고정역할 치료
③ 집단행동치료
④ 모델링 치료

제2회 최종모의고사 | 성격심리학

제한시간 : 50분 | 시작 ___시 ___분 - 종료 ___시 ___분

정답 및 해설 287p

01 다음 중 〈보기〉의 내용과 같이 성격을 정의한 학자는?

보기

성격은 보통 개인이 접하는 생활상황에 대해 적응의 특성을 기술하는 사고와 감정을 포함하는 구별된 행동패턴이다.

① 미첼(Mischel)
② 올포트(Allport)
③ 설리반(Sullivan)
④ 카버와 샤이어(Carver & Scheier)

02 다음 중 성격의 특징적 요소에 대한 설명으로 옳지 않은 것은?

① 성격은 개인의 독특한 특성을 반영한다.
② 성격은 사람들을 구별할 수 있는 개인차를 반영한다.
③ 성격을 통해 개인의 행동을 이해하고 예언할 수 있는 것은 공통성에서 비롯된다.
④ 개인의 다양한 행동은 역동적인 심리적 과정에서 비롯된다.

03 다음 중 심리학의 주요 학파에 대한 설명으로 옳지 않은 것은?

① 신정신분석 - 인간행동의 동기를 이해하는 데 있어서 무의식과 성적인 힘을 강조한다.
② 행동주의 - 관찰 및 측정 가능한 인간의 외현적 행동에 초점을 둔다.
③ 구성주의 - 개인의 의식 경험의 세부 구성요소를 밝혀내는 데 초점을 둔다.
④ 게슈탈트 심리학 - 인간을 정신, 행동 등으로 구분하여 이해하는 것보다는 전체적인 관점에서 이해할 것을 강조한다.

04 다음 중 인간의 성격형성에 있어서 환경의 영향력을 강조한 학자로 가장 옳은 것은?

① 프로이트(Freud)
② 아이젱크(Eysenck)
③ 로터(Rotter)
④ 융(Jung)

05 다음 성격평가의 자료 중 표준화된 성격검사나 실험과제를 통해 수집된 객관적인 자료에 해당하는 것은?

① L-data
② T-data
③ O-data
④ S-data

06 다음 중 비구조화된 면담과 비교하여 구조화된 면담에 대한 설명으로 옳지 <u>않은</u> 것은?

① 면담자 간의 일치도를 높일 수 있다.

② 응답 결과에 있어서 상대적으로 신뢰도가 높다.

③ 유연성 있게 진행되는 것은 상대적으로 어렵다.

④ 응답 결과를 객관적으로 수량화하는 것은 상대적으로 어렵다.

07 다음 중 성격평가를 위해 널리 사용되는 자기보고식 검사에 해당하는 것은?

① Rorschach Test

② Thematic Apperception Test

③ House-Tree-Person

④ Myers-Briggs Type Indicator

08 다음 성격 연구의 방법 중 상관연구의 특징으로 옳은 것은?

① 여러 가지 변인들을 연구할 수 있다.

② 개인에 대한 심층적인 연구를 할 수 있다.

③ 변인들 간의 관계를 규명하지 못한다.

④ 특정 변인에 대해 인위적인 조작이 가능하다.

09 다음 중 청소년의 우울에 대해 연구할 때 조작적 정의 절차로 가장 옳은 것은?

① 백과사전을 참고하여 우울을 명확히 정의한다.

② 우울 관련 척도를 탐색한 후 선정한다.

③ 우울한 청소년과 그렇지 않은 청소년의 차이에 대해 조사한다.

④ 청소년의 우울에 대한 기존 연구 결과들을 정리한다.

10 다음 중 〈보기〉의 내용과 연관된 타당도 검증방법에 해당하는 것은?

┌─ 보기 ─
│ 한 연구자가 검사를 개발한 후 요인분석(Factor Analysis)을 통해 그 검사가 검사개발의 토대가 되는 이론을 잘 반영하고 있는지를 확인하였다.
└─

① 내용타당도

② 동시타당도

③ 준거타당도

④ 구성타당도

11 다음 중 프로이트(Freud)의 심리성적 발달단계와 그 내용을 연결한 것으로 옳지 <u>않은</u> 것은?

① 구강기 - 어머니에 대한 최초의 양가감정(Ambivalence)을 경험한다.

② 항문기 - 배변을 참거나 배설을 하면서 긴장을 감소시키는 동시에 쾌락을 경험한다.

③ 남근기 - 자신의 몸을 보여주거나 다른 사람의 몸을 보면서 쾌락을 경험한다.

④ 생식기 - 리비도(Libido)의 대상이 이성친구에게서 점차 동성친구에게로 옮겨간다.

12 다음 중 프로이트(Freud)의 이론에 대한 설명으로 옳은 것은?

① 거세불안과 남근선망은 주로 생식기에 나타난다.
② 자아(Ego)는 의식, 전의식, 무의식의 세 측면을 모두 가지고 있다.
③ 리비도(Libido)는 인생전반에 걸쳐 작동하는 일반적인 생활에너지를 말한다.
④ 초자아(Super Ego)는 방어기제를 작동하여 갈등과 불안에 대처한다.

13 다음 중 방어기제와 그 예를 연결한 것으로 옳지 <u>않은</u> 것은?

① 보상(Compensation) – 운동을 잘 못하는 사람이 공부에 열중하는 행동을 보인다.
② 억압(Repression) – 자신의 애인을 빼앗아 결혼한 친구의 얼굴을 의식하지 못한다.
③ 신체화(Somatization) – 실적이 낮은 영업사원이 실적 보고를 회피하고 싶을 때 배가 아픈 현상이 나타난다.
④ 반동형성(Reaction Formation) – 불치병에 걸린 환자가 그 사실을 알고도 미래의 계획을 화려하게 세운다.

14 다음 중 정신역동적 관점에서 성격연구를 전개한 학자에 해당하는 사람을 올바르게 모두 고른 것은?

> ㄱ. 융(Jung)
> ㄴ. 에릭슨(Erikson)
> ㄷ. 아들러(Adler)
> ㄹ. 반두라(Bandura)

① ㄱ, ㄴ, ㄷ   ② ㄱ, ㄷ
③ ㄴ, ㄹ   ④ ㄱ, ㄴ, ㄷ, ㄹ

15 다음 중 성격이론과 학자 및 주요 개념을 연결한 것으로 옳은 것은?

① 정신분석이론 – 프로이트(Freud) – 아니마
② 개인심리이론 – 아들러(Adler) – 결핍동기
③ 인본주의이론 – 매슬로우(Maslow) – 열등감
④ 분석심리이론 – 융(Jung) – 페르소나

16 다음 중 호나이(Horney)의 이론에 대한 설명으로 옳지 <u>않은</u> 것은?

① 인간을 기본적으로 외롭고 나약한 존재로 본다.
② 기본적 불안(Basic Anxiety)을 신경증의 토대로 본다.
③ 인간은 안전(Safety)과 사랑(Love)의 욕구에 의해 동기화된다.
④ 개인의 자기체계를 현실적 자기(Real Self)와 당위적 자기(Ought Self)로 구분한다.

17 다음 중 호나이(Horney) 이론의 주요 개념으로서 '기본적 악(Basic Evil)'의 의미로 옳은 것은?

① 개인의 성격발달의 지체를 초래하는 심리적 취약성을 말한다.

② 개인이 적대적인 세계에서 느끼는 고독과 무력감을 말한다.

③ 개인으로부터 불안전감을 불러일으키는 환경 내의 모든 부정적 요인을 말한다.

④ 개인의 기본적 불안을 회피하기 위한 방어적 태도로서 신경증적 욕구를 말한다.

18 설리반(Sullivan)은 유아가 어머니와의 관계에서 여러 수준의 불안을 경험하며, 그 과정에서 자기상을 형성한다고 보았다. 다음 중 설리반이 제시한 세 가지 자기상에 해당하지 <u>않는</u> 것은?

① 좋은 나(Good Me)

② 나쁜 나(Bad Me)

③ 진짜인 나(True Me)

④ 내가 아닌 나(Not Me)

19 다음 중 올포트(Allport)가 제시한 주특질(Cardinal Traits)에 대한 설명으로 옳지 <u>않은</u> 것은?

① 개인의 생활 전반에 광범위하게 퍼져 있는 기본 특질이다.

② 보통 5~10가지 정도의 두드러진 특질로 나타난다.

③ 개인에게 매우 지배적이며, 대부분의 행동에 영향력을 미친다.

④ 주특질에 사로잡혀 행동하는 사람은 매우 독특한 성격을 나타내 보인다.

20 다음 중 카텔(Cattell)의 이론에 대한 설명으로 옳지 <u>않은</u> 것은?

① 개인의 성격과 환경의 상호작용이 개인의 행동을 유발한다는 점을 강조하였다.

② 개인의 성격발달 과정을 유아기, 아동기, 청소년기, 성인기의 4단계로 구분하였다.

③ 특질 차원을 찾아내는 방법으로 요인분석의 통계학적 분석방법을 사용하였다.

④ 성격평가를 위한 자료수집을 위해 생활기록법, 질문지법, 검사법 등을 사용하였다.

21 다음 중 불안장애나 우울증과 같이 정서적인 가변성이나 예민성과 밀접하게 연관된 아이젱크(Eysenck)의 성격차원에 해당하는 것은?

① 외향성(E)

② 허위성(L)

③ 신경증적 경향성(N)

④ 정신병적 경향성(P)

22 다음 중 머레이(Murray)의 성격발달의 5단계를 순서대로 올바르게 나열한 것은?

① 폐소 – 구강 – 요도 – 항문 – 성기
② 폐소 – 구강 – 항문 – 요도 – 성기
③ 구강 – 폐소 – 요도 – 항문 – 성기
④ 구강 – 폐소 – 항문 – 요도 – 성기

23 다음 중 에릭슨(Erikson)의 이론에서 심리사회적 위기와 이를 성공적으로 해결하여 얻게 되는 심리사회적 능력을 올바르게 연결한 것은?

① 자아통합 대 절망 – 배려
② 주도성 대 죄의식 – 의지력
③ 근면성 대 열등감 – 능력감
④ 생산성 대 침체 – 목적의식

24 다음 중 대상관계이론에 대한 설명으로 옳지 않은 것은?

① 기존 정신분석이론의 기본적인 주장을 수용하고 있다.
② 초기 아동기에 성격구조가 발달하는 과정을 중시한다.
③ 모든 대상관계이론은 공통적으로 타인과의 관계를 중시한다.
④ 성적 추동에 일차적인 관심을 가지면서 추동 만족에 초점을 둔다.

25 다음 중 자기실현자의 성격특성으로 옳지 않은 것은?

① 지능 수준이 높다.
② 사생활을 즐긴다.
③ 감성이 풍부하다.
④ 사회적인 압력에 굴하지 않는다.

26 다음 중 로저스(Rogers)가 제안한 내담자의 긍정적인 변화를 촉진시키기 위한 치료자의 3가지 조건에 해당하지 않는 것은?

① 무조건적인 긍정적 수용
② 공감적 이해와 경청
③ 진실성
④ 창의성

27 다음에서 설명하는 데시와 라이언의 자기결정성 정도에 따른 자기조절 유형 수준은?

> • 자타의 인정을 추구한다.
> • 처벌 등을 피하기 위한 동기화된 행동을 한다.

① 외적 조절(Extrinsic Motivation)
② 부과된 조절(Introjected Regulation)
③ 확인된 조절(Identified Regulation)
④ 내적 동기(Intrinsic Motivation)

28 다음에서 설명하는 용어로 알맞은 것은?

> 내적 동기로 하던 행동에 외적 강화물이 주어져서 내적 동기화 되었던 행동이 감소하는 현상이다.

① 임의적 추론(Arbitrary Inference)
② 선택적 추상화(Selective Abstraction)
③ 과잉 정당화(Over justification)
④ 개인화(Personalization)

29 자기결정이론을 바탕으로 구분한 학습동기와의 단계에 대한 설명으로 옳지 <u>않은</u> 것은?

① 무기력 단계에서는 학습동기가 전혀 내면화되지 않은 상태이다.
② 유익추구 단계에서는 어떤 목표를 이루기 위해 유익한 행동을 스스로 선택하여 수행한다.
③ 의미부여 단계에서는 알고 이해하고 의미를 추구하려는 욕구에 의해 공부한다.
④ 지적자극추구 단계에서는 흥분되는 학습내용을 통하여 강렬한 지적 즐거움을 얻기 위해 공부하는 단계이다.

30 다음 중 합리적 · 정서적 행동치료의 ABCDE 과정을 순서대로 올바르게 나열한 것은?

① 선행사건 – 신념체제 – 결과 – 논박 – 효과
② 선행사건 – 신념체제 – 논박 – 결과 – 효과
③ 신념체제 – 선행사건 – 결과 – 논박 – 효과
④ 신념체제 – 선행사건 – 논박 – 결과 – 효과

31 다음 중 〈보기〉의 내용과 연관된 개념으로 가장 적절한 것은?

> ─ 보기 ─
> 인지적 관점의 이론에 따르면, 범불안장애 환자들은 불확실성에 대한 인내력이 부족하여 "만일 …하면 어떡하지?"라는 내면적 질문을 계속하여 던지는 경향이 있다. 특히 이러한 질문과 대답을 반복하는 연쇄적인 사고 과정 속에서 점점 더 부정적이고 끝장난다는 식의 결과를 예상하게 된다.

① 당위적 사고
② 파국화
③ 좌절에 대한 인내심 부족
④ 자기 및 타인에 대한 비하

32 다음 중 엘리스(Ellis)가 제시한 비합리적 신념의 예로 옳지 <u>않은</u> 것은?

① 인간은 모든 면에서 반드시 유능하고 성취적이어야 한다.

② 인간의 불행은 외부 환경 때문이며, 인간의 힘으로는 그것을 통제할 수 없다.

③ 일이 내가 바라는 대로 되지 않는 것은 끔찍스러운 파멸이다.

④ 인간의 문제에 항상 정확하고 완전한 해결책이 있는 것은 아니다.

33 다음 중 〈보기〉의 내용과 연관된 인지적 오류의 유형에 해당하는 것은?

┌─ 보기 ─

우울한 사람들이 보이는 체계적인 사고의 오류 중 어떤 결론을 지지하는 증거가 없거나 그 증거가 결론에 위배됨에도 불구하고 그와 같은 결론을 내린다.

① 임의적 추론(Arbitrary Inference)

② 과잉 일반화(Overgeneralization)

③ 개인화(Personalization)

④ 선택적 추상화(Selective Abstraction)

34 다음 중 벡(Beck)의 인지치료와 관련된 개념에 대한 설명으로 가장 옳지 <u>않은</u> 것은?

① 인지도식 – 정보처리와 행동을 지배하는 구체적인 규칙

② 핵심신념 – 포괄적이고 경직되어 있으며 지나치게 일반화된 절대적인 믿음

③ 인지삼제 – 불안 증상을 경험하는 사람들의 자동적 사고

④ 자동적 사고 – 개인의 마음속에 끊임없이 지나가는 인지의 연속적인 흐름

35 다음 중 인지치료의 치료적 방법론에 대한 설명으로 옳지 <u>않은</u> 것은?

① 인지적 기술로서 재귀인, 재정의, 중심화가 있다.

② 소크라테스식 질문은 내담자에게 문제에 대한 해결책을 직접 제시하지 않는다.

③ 척도화 기법은 내담자의 이분법적 사고를 해결하기 위한 치료기법이다.

④ 역기능적 사고의 일일기록지는 내담자로 하여금 자신의 불쾌 감정과 관련된 사고 내용을 인식하도록 한다.

36 반두라(Bandura)는 인간이 자신의 행동을 스스로 평가·감독하는 것을 자기조절(Self-regulation)이라고 불렀다. 다음 중 자기조절적 기제에 해당하는 것을 올바르게 모두 고른 것은?

┌─

ㄱ. 자기관찰
ㄴ. 자기이해
ㄷ. 자기판단
ㄹ. 자기학습

└─

① ㄱ, ㄴ, ㄷ

② ㄱ, ㄷ

③ ㄴ, ㄹ

④ ㄱ, ㄴ, ㄷ, ㄹ

37 다음 중 자기효능감(Self-efficacy)에 대한 설명으로 옳지 <u>않은</u> 것은?

① 자기가 무엇을 잘 할 수 있고, 자신의 노력으로 원하는 결과를 얻을 수 있다는 신념을 말한다.

② 인생의 목표를 추구하는 과정에서 겪게 되는 스트레스 상황에 보다 잘 대처할 수 있도록 돕는다.

③ 동기부여와 자기효능감 사이에는 부적 상관이 있다.

④ 반두라는 개인이 주관적으로 자기효능감에 대해 어떤 개념을 가지고 있느냐가 중요하다고 보았으며, 이를 '인지된(지각된) 자기효능감(Perceived Self-efficacy)'이라고 하였다.

38 다음 중 로터(Rotter)가 제시한 주요 개념으로서 〈보기〉의 내용과 연관된 것은?

┌─ 보기 ─────────────────┐
개인이 여러 상황에 대해 일반적으로 지니는 일반화된 기대(Generalized Expectancy)로서, 두 가지 방향, 즉 어떤 일의 결과가 자신의 능력이나 노력과 같은 내적 특성에 의한 것이라는 신념, 그것이 자신 이외의 외적인 힘으로서 운이나 우연한 기회, 타인, 제도 등과 같은 외적 특성에 의한 것이라는 신념으로 구분된다.
└──────────────────────┘

① 욕구잠재력(Need Potential)

② 행동잠재력(Behavior Potential)

③ 자기효능감(Self-efficacy)

④ 통제소재(Locus of Control)

39 다음 중 켈리(Kelly)의 이론에 대한 설명으로 옳지 <u>않은</u> 것은?

① 인간은 자신의 구성개념에 근거하여 사건을 해석하고 예언하고 통제한다.

② 모든 인간은 과학자와 같이 체계적인 구성개념을 토대로 미래를 정확히 예측한다.

③ 개인은 자신의 구성 방식을 다른 대안으로 언제든지 변화시킬 수 있다.

④ 구성개념의 변화는 개인의 적응적인 삶을 유도한다.

40 켈리(Kelly)는 인간의 행동을 설명하는 11가지의 추론들을 제시하였다. 다음 중 〈보기〉의 내용과 연관된 추론에 해당하는 것은?

┌─ 보기 ─────────────────┐
각 개인은 특성적으로 사건을 예측하는 데 있어서 자신의 편의를 위해 구성개념들 간의 위계적 관계를 수용하는 구성개념 체계를 발전시켜 나간다.
└──────────────────────┘

① 범위 추론(Range Corollary)

② 조절 추론(Modulation Corollary)

③ 조직화 추론(Organization Corollary)

④ 개별성 추론(Individuality Corollary)

01	02	03	04	05	06	07	08	09	10	11	12	13	14	15	16	17	18	19	20
①	③	②	③	③	④	①	②	②	①	③	②	④	①	④	②	③	①	④	③

21	22	23	24	25	26	27	28	29	30	31	32	33	34	35	36	37	38	39	40
①	④	②	④	①	③	②	②	②	①	④	①	③	②	④	①	④	②	③	②

01 **정답** ①

① · ② 성격(Personality)은 개인의 특정한 행동을 설징하는 데 작용하는 비지적 심리구조로서, 지능이나 적성, 창의력 등 지적인 특성과 구분되는 개념이다.

③ 성질(Character)의 내용에 해당한다.

④ 기질(Temperament)의 내용에 해당한다.

02 **정답** ③

③ 입양 연구는 어린 시절 다양한 이유로 서로 다른 환경에서 성장하게 된 쌍생아의 특성을 비교함으로써 유전과 환경의 영향을 밝힌다.

① 일란성 쌍생아는 동일한 정자와 난자로부터 발생하므로 유전자가 거의 100% 일치한다.

② 일란성 쌍생아의 유사성이 반드시 유전자에 의한 것이라고 확신할 수는 없다. 이들 간의 유사성은 유전적 동일성과 환경적 동일성이 혼합된 것으로 보아야 한다.

④ 양부모와의 유사성 정도는 환경적 요인에 기인하는 것으로 볼 수 있다.

03 **정답** ②

ㄱ, ㄷ이 옳은 내용이다.

ㄴ. 아들러(Adler)의 개인심리이론은 정신역동적 관점에 포함된다.

ㄹ. 프랭클(Frankl)의 실존주의적 접근은 인본주의적 관점에 포함된다.

04 **정답** ③

③ 특질(Traits)은 성험직으로 승명될 수 있다. 특질은 우리 눈에 보이지 않지만 개인의 행동이나 말을 반복적으로 관찰함으로써 그 존재에 대한 증거를 추론할 수 있다.

05 **정답** ③

③ 인본주의 심리학은 연령에 따른 성격 발달 과정을 중시하기보다는 자기실현을 위한 과정을 강조한다.

06 **정답** ④

④ 사회적 목표와 보편적 가치가 해당되지 않는다.

미쳴(Mischel)의 5가지 사람변인

• 구성능력(Construction Competencies)(①)

• 부호화 전략(Encoding Strategies)(②)

• 기대(Expectancies)

• 목표와 주관적 가치(Goals and Subjective Values)

• 자기조절 체계 및 계획(Self-regulatory Systems and Plans)(③)

07 정답 ①

① 융은 정신내적 입장이다.

매디(Maddi)의 인간관에 관한 갈등 모델

심리 사회적 입장	• 개인 내부의 힘과 외부의 힘으로서 사회적 힘 간의 갈등을 가정한다. • 대표적인 학자: 프로이트(Freud), 머레이(Murray), 에릭슨(Erikson) 등
정신내적 입장	• 개인 내부의 상반되는 두 가지 힘들 간의 갈등을 가정한다. • 대표적인 학자: 융(Jung), 랭크(Rank), 펄스(Perls) 등

08 정답 ②

② 검증성에 대한 내용이다.

성격이론의 평가준거(Ryckman, Pervin & John)

• 포괄성(Comprehensiveness) : 이론은 광범위한 자료를 토대로 인간을 종합적으로 설명할 수 있어야 한다.
• 검증성(Testability) : 이론은 명확히 기술되고 측정될 수 있는 개념들을 가져야 한다.
• 경제성(Parsimony) : 이론은 어떤 영역의 다양한 자료 및 현상들을 단순하고 경제적으로 설명할 수 있어야 한다.
• 경험적 타당성(Empirical Validity) : 이론은 뒷받침해 주는 자료들을 통해 경험적으로 타당하다는 것을 보여줄 수 있어야 한다.
• 탐구성(Heuristic Value) : 이론은 절대적인 것이 아니며, 도전에 의해 새로운 아이디어와 연구를 촉발시키는 것이어야 한다.
• 적용성(Applied Value) : 이론은 인간 삶에 실제적으로 적용될 수 있는 것이어야 한다.

09 정답 ②

② 유사관찰(Analogue Observation)은 '통제된 관찰(Controlled Observation)' 또는 '실험적 관찰(Experimental Observation)'이라고도 한다. 이는 관찰자에 의해 미리 계획되고 조성된 상황의 전후 관계에 따라 특정한 환경 및 행동 조건에서 내담자의 행동을 부각시키기 위한 방법이다.

10 정답 ①

① 기질 및 성격검사(TCI ; Temperament and Character Inventory)는 성격평가를 위해 사용되는 자기보고식 지필검사도구이다.
② 양전자 방출 단층촬영(PET ; Positron Emission Tomography)은 양전자를 방출하는 방사성 의약품을 투여한 후 단층촬영을 통해 인체의 기능적·생화학적 정보를 입수하는 검사방법이다.
③ 뇌파전위 기록술(EEG ; Electroencephalogram)는 뇌에서 발생하는 알파파(α파), 베타파(β파) 등의 전기적 파동에 의한 주파수상의 변화를 분석하는 방법이다.
④ 자기공명영상(MRI ; Magnetic Resonance Imaging)은 스캐너의 자기적 특성을 이용하여 인체조직의 밀도차를 해부학적으로 볼 수 있도록 하는 검사도구이다.

11 정답 ③

① 사례연구는 보통 장기간에 걸쳐 진행된다.
② 원인과 결과 간의 인과관계를 규명하는 것은 실험연구에 해당한다.
④ 특질이론가들이 성격특질들을 발견하기 위해 주로 사용한 것은 상관연구이다.

독학사 심리학과 2단계_성격심리학

12 정답 ②

② 표준화(Standardization)는 평가도구가 갖추고 있는 규준(Norm)에 대한 것으로서, 검사 시행을 위한 절차나 조건상의 일관성 혹은 동일성을 갖추고 있는 것을 말한다.

① 신뢰도(Reliability)에 대한 설명이다.

③ 타당도(Validity)에 대한 설명이다.

④ 실용도(Usability)에 대한 설명이다.

13 정답 ④

④ 지능검사로 측정한 지능지수(IQ)는 등간척도의 예에 해당한다. 예를 들어, 지능검사의 점수를 비율로 해석해서 지능지수 100을 지능지수 50의 두 배라고 해석할 수는 없다.

14 정답 ①

① 프로이트(Freud)는 인간의 기본적 성격구조가 대략 5세 이전의 과거 경험에 의해 결정된다는 정신적 결정론 또는 심리결정론(Psychic Determination)의 입장을 표명하였다.

② 스키너(Skinner)는 인간 내면의 정신 과정에 관심을 두지 않았으며, 오로지 관찰 가능한 행동에 초점을 두었다.

③ 강화와 처벌에 의한 학습을 강조한 학자는 행동주의이론을 통해 조작적 조건형성을 제시한 스키너(Skinner)이다.

④ 개인이 추구하는 궁극적 목표는 현실에서 검증되지 않은 가상적 목표(Fictional Finalism)라고 주장하면서, 개인이 열등감을 극복하고 우월을 추구함으로써 이러한 가상적 목표를 향해 나아간다고 주장한 학자는 개인심리이론의 대표적인 학자 아들러(Adler)이다.

15 정답 ④

④ 여우가 먹음직스러운 포도를 발견하였으나 먹을 수 없는 상황에 처했을 때 "저 포도는 신 포도라서 안 먹는다."고 말하는 것은 합리화(Rationalization)에 해당한다.

16 정답 ②

② 항문기, 자율성 대 수치심과 연령대가 가장 올바른 연결이다.

프로이트(Freud)와 에릭슨(Erikson)의 인간발달단계

프로이트(Freud)	에릭슨(Erikson)
구강기 또는 구순기(0~1세) : 최초의 양가감정	유아기(0~18개월) : 기본적 신뢰감 대 불신감 – 희망
항문기(1~3세) : 배변훈련, 사회화	초기 아동기(18개월~3세) : 자율성 대 수치심·회의 – 의지력
남근기(3~6세) : 오이디푸스 콤플렉스, 초자아	학령전기 또는 유희기(3~5세) : 주도성 대 죄의식 – 목적의식
잠복기 또는 잠재기(6~12세) : 지적 탐색	학령기(5~12세) : 근면성 대 열등감 – 능력감
생식기(12세 이후) : 2차 성징	청소년기(12~20세) : 자아정체감 대 정체감 혼란 – 성실성
–	성인 초기 또는 청년기(20~24세) : 친밀감 대 고립감 – 사랑
–	성인기 또는 중년기(24~65세) : 생산성 대 침체 – 배려
–	노년기(65세 이후) : 자아통합 대 절망 – 지혜

최종모의고사 제1회 정답 및 해설 **281**

17 정답 ③

③ 신경증적 욕구는 호나이(Horney)의 신경증적 성격이론의 주요 개념에 해당한다. 호나이는 개인이 안전감을 확보하고 기본적 불안을 회피하기 위한 방어적 태도로서 신경증적 욕구를 가진다고 주장하였다.

① 아들러(Adler)는 열등감과 보상이 개인의 발달에 동기가 된다고 주장하였다.

② 아들러는 모든 인간이 우월에 대한 욕구를 가지고 있으며, 이는 열등감을 보상하려는 선천적인 욕구에서 비롯된다고 주장하였다.

④ 초기기억은 생후 6개월부터 9세까지의 선별된 기억들로서, 아들러는 이와 같은 초기기억이 개인의 생활양식, 잘못된 신념, 사회적 상호작용, 행동목표에 관한 의미 있는 단서를 제공한다고 주장하였다.

18 정답 ①

① 인간은 누구나 나름대로의 독특한 신념과 행동방식을 가지고 있다. 아들러(Adler)는 이와 같이 개인이 지니는 독특한 삶의 방식을 '생활양식(Style of Life)'으로 제시하였다.

② 창조적 자기(Creative Self)에 대한 내용에 해당한다.

③ 개인의 생활양식은 대략 4~5세경에 결정된다.

④ 초기기억(Early Recollections)에 대한 내용에 해당한다.

19 정답 ④

④ 마이어스-브릭스 성격유형검사(MBTI ; Myers-Briggs Type Indicator)는 융(Jung)의 심리유형론을 토대로 고안된 성격검사로서, 4가지 선호지표(외향형/내향형, 감각형/직관형, 사고형/감정형, 판단형/인식형)를 통해 16가지의 성격유형으로 구분한다.

① 주제통각검사(TAT ; Thematic Apperception Test)는 비구조적 검사 과제를 사용하는 투사적 검사로서, 수검자가 동일시 할 수 있는 인물과 상황을 그림으로 제시하여 수검자의 반응양상을 분석·해석한다.

② 캘리포니아 성격검사(CPI ; California Psychological Inventory)는 정신병리에 대한 진단적 성격이 강한 미네소타 다면적 인성검사(MMPI)와 달리 일반인의 심리적 특성을 이해하기 위해 제작된 것으로서, 4개의 척도군과 20개의 하위척도를 포함한 성격검사이다.

③ 미네소타 다면적 인성검사(MMPI ; Minnesota Multiphasic Personality Inventory)는 수검자의 검사태도를 측정하는 4가지 타당도 척도와 주요 비정상행동을 측정하는 10가지 임상척도로 이루어진 성격검사이다.

20 정답 ③

③ α압력은 개인에 의해 객관적으로 지각된 압력을 의미하는 반면, β압력은 개인이 주관적으로 지각하고 해석함으로써 나타나는 압력을 말한다.

21 정답 ①

① 성격발달에 있어서 초기경험을 강조한 대표적인 학자로는 정신분석이론의 프로이트(Freud)와 개인심리이론의 아들러(Adler)를 예로 들 수 있다. 반면, 심리사회이론의 에릭슨(Erikson)은 인간의 전 생애에 걸친 발달과 변화를 강조하였다.

② 에릭슨은 인간의 행동이 개인의 심리적 요인과 사회문화적 영향의 상호작용에 의해 형성된다고 보았으며, 사회적 환경이 개인의 발달에 지속적으로 영향을 미친다고 주장하였다.

③ 점성원리(Epigenetic Principle)는 발달이 기존의 기초 위에서 이루어지며, 그로 인해 특정단계의 발달이 이전단계의 성취에 영향을 받는다는 사실을 강조하는 것이다. 에릭슨은 인간발달이 심리사회적인 발달과업을 내포하고 있으며, 특정 단계의 발달이 이전 단계의 발달에 의해 영향을 받는다고 보았다.

④ 에릭슨은 인간의 발달단계마다 사회가 개인에게 어떠한 심리적 요구를 한다고 보았으며, 이를 '위기(Crisis)'로 설명하였다. 즉, 현 단계이 위기에 적응하는 경우 다음 단계의 위기에 직면하게 되며, 만약 이러한 위기를 성공적으로 해결하지 못하는 경우 자아정체감의 혼란이 야기된다는 것이다.

22 정답 ④

① 인간의 각 발달단계마다 사회는 개인에게 어떠한 심리적 요구를 하는데 이것을 '위기(Crisis)'라고 한다.

② 위기는 그 자체로 재앙의 조짐이 아닌 일종의 전환점이다.

③ 현 단계의 위기에 적응하는 경우 다음 단계의 위기에 직면하게 된다.

23 정답 ②

① 대상(Object)은 특정 사물(Thing)일수도 혹은 추동이 향하는 표적(Target)일수도 있다. 다만, 대상관계이론에서는 어떤 비인간적인 사물을 의미하기보다는 갈망이나 행동이 지향하고 있는 사람을 지칭한다.

③ 유아가 분리(Separation)와 개별화(Individuation)의 상호보완적 발달 경로를 거친다고 주장한 학자는 말러(Mahler)이다.

④ 유아가 사용하는 원시적인 방어기제로서 투사적 동일시(Projective Identification)를 강조한 학자는 클라인(Klein)이다.

24 정답 ④

④ 올포트(Allport)는 성격에 영향을 미치는 사회적·문화적 영향력을 간과하였다는 지적을 받고 있다. 이는 그가 개인의 내면적 특성에 너무도 집중한 나머지 인간의 성격형성에 영향을 미치는 요소로서 사회적·문화적 배경을 소홀히 한 때문이다.

25 정답 ①

① 에르그에 대만 설녕이다.

카텔(Cattell)의 3가지 역동적 특질(Dynamic Trait)

• 에르그(Erg) : 원천특질이자 체질특질로서, 본능 혹은 추동과 같이 인간의 선천적이면서 원초적인 기초가 되는 특질이다.

• 감정(Sentiment) : 원천특질이자 환경조형특질로서, 삶의 중요한 측면에 맞춰진 학습된 태도의 패턴이다.

• 태도(Attitude) : 어떤 사건이나 대상에 대해 개인이 가지는 흥미나 관심, 정서 혹은 행동을 의미한다.

26 정답 ③

ㄱ, ㄴ이 해당하지 않는다.

골드버그(Goldberg)의 성격 5요인(Big Five)

• 신경증(Neuroticism)(ㄴ)
• 외향성(Extroversion)
• 경험에 대한 개방성(Openness to Experience)
• 우호성(Agreeableness)
• 성실성(Conscientiousness)(ㄹ)

27 정답 ③

① 매슬로우(Maslow)는 인간의 욕구를 선천적 인 것으로 보는 등 유전론적 인간관을 제시 하였다.

② 매슬로우는 인간의 본성을 긍정적으로 보았 다. 즉, 인간의 본질은 선하며, 인간의 악하 고 파괴적이며 폭력적인 행위는 인간의 본 성 자체가 악해서라기보다는 환경이 좋지 못한 데서 비롯된다는 것이다.

④ 매슬로우는 인간의 모든 욕구 중에서도 가 장 기본적이고 강력한 욕구를 생리적 욕구 (제1단계)로 보았다.

28 정답 ②

② 인간의 성격발달을 신체적·심리적·사회 적 발달의 적응 과정에서 형성되는 '자아 (Ego)'를 중심으로 이루어진다고 주장한 학 자는 에릭슨(Erikson)이다. 반면, 로저스 (Rogers)는 인간의 성격발달을 자기 자신에 대해 가지고 있는 조직적이고 지속적인 인식 으로서의 '자기(Self)'로 설명한다.

29 정답 ①

① 특수성(Specialness)은 죽음의 법칙이 다 른 사람에게 적용되는 것일 뿐 자신에게는 적용되지 않는다고 믿는 죽음의 공포에 대 한 방어기제이다.

② 실존적 공허(Existential Vacuum)는 자신 의 삶에 대한 의미를 발견하지 못한 채 막연 한 허무감과 공허감을 느끼는 상태로서, 무 의미에서 비롯되는 증상이다.

③ 소망 차단(Wish-block)은 자신이 원하는 소망들을 분명하게 자각하지 못하는 것 혹 은 적절하지 못한 것으로 불신하여 이를 억 누르는 것으로서, 자유와 책임에서 비롯되 는 불안에 대한 방어기제이다.

④ 융합(Fusion)은 자신과 상대방의 분리를 부 정하고 하나가 되기를 원하는 것으로서, 고 립 또는 소외를 회피하고 이를 부정하기 위 한 방어기제이다.

30 정답 ④

의미치료(의미요법)

'의미치료 또는 의미요법(Logotherapy)'은 프랭 클(Frankl)이 '의미에의 의지(Will to Meaning)' 를 강조하면서 기존의 심리학적 이론에 실존철 학을 도입한 치료법이다.

31 정답 ①

② 자기평가(Self-evaluation) : 자기가 스스 로 설정한 수행 기준에 따라 자신의 행동을 평가하는 것

③ 자기존중(Self-esteem) : 타인으로부터 자 신의 행동이나 인격이 승인을 얻음으로써 자신감, 명성, 힘, 주위에 대한 통제력 및 영 향력을 느끼고자 하는 욕구

④ 자기조절(Self-regulation) : 인간이 자신 의 행동을 스스로 평가·감독하는 것

32 정답 ③

유기적 통합이론에 대한 설명이다.

33 정답 ②

ㄴ. 엘리스(Ellis) : 인지적 접근의 이론가이자 치료자

ㄹ. 로터(Rotter) : 인간행동에 영향을 미치는 인지적 요인의 역할을 설명한 학자

34 정답 ④

① 사회학습이론 : 반두라가 주창한 이론으로, 사람의 행동은 다른 사람의 행동이나 상황을 관찰하거나 모방한 결과로 이루어진다고 설명하며 후에 사회인지이론으로 변경하였다.

② 인지적 평가이론 : 내재적으로 동기화된 행동에 외재적 보상을 주는 경우 내재적 동기가 오히려 감소된다는 이론으로, 유능성, 자율성, 관계성의 기본적인 욕구가 만족될 때 내재적인 동기가 증진된다고 보는 이론이다.

③ 대상관계이론 : 초기 아동기에 성격구조가 발달하는 과정 및 타인과의 관계를 중시하는 이론이다.

35 정답 ①

자극 일반화(Stimulus Generalization) : 특정 조건 자극에 대해 조건 반응이 성립되었을 때 그와 유사한 조건 자극에 대해서도 똑같은 조건 반응을 보이는 것이다.

자기결정 인식에 영향을 주는 요인

선택	자기행동을 정당한 한계 내에서 선택할 수 있을 때 자기결정력 증가
위협과 마감시간	자신이 압박을 받고 있다는 느낌을 받을 때 자기결정력 감소
통제적인 표현	나의 행동을 다른 사람이 통제하는 언급을 들을 때 자기결정력 감소
외적보상	외적보상이 행동 통제나 조종의 수단으로 인식될 때 자기결정력 감소
감독과 평가	자신이 평가받고 있다고 느낄 때 자기결정력 감소

36 정답 ④

④ 심리적 상황(Psychological Situation)은 개인의 자극에 대한 지각 및 반응에 영향을 미치는 내적 및 외적 요인의 조합으로서, 개인이 반응하는 심리적 맥락을 의미한다. 개인은 내적 및 외적 환경에 반응하며, 이와 같은 환경은 서로 상호작용 한다. 이는 개인이 외적 자극 상황에 대해 심리적 지각에 따라 반응하므로, 개인의 행동이 심리적 상황에 대한 이해를 통해 예측될 수 있음을 나타내는 것이다.

37 정답 ②

통제소재 척도(I-E Scale ; Internal-External Locus of Control)

• 로터(Rotter)가 개인의 통제소재를 측정하기 위해 개발한 자기보고식 검사도구이다.

• 내적 통제소재를 가진 사람과 외적 통제소재를 가진 사람은 서로 다르므로, 이와 같은 통제소재를 성격변인으로 간주하여 다양한 분야에서 그들의 행동을 예측한다.

• 내적 통제소재에서 높은 점수를 나타낸 사람은 스스로 자신의 삶을 주도하고 있다고 생각하는 반면, 외적 통제소재에서 높은 점수를 나타낸 사람은 다른 사람이나 외부요인들이 자신의 삶을 통제하고 있다고 생각하는 경향이 있다.

38 정답 ①

① 벡(Beck)이 제시한 인지적 왜곡(인지적 오류)라기보다는 엘리스(Ellis)가 제시한 비합리적 신념에 해당하는 것으로 볼 수 있다. 엘리스는 "인간은 주위의 모든 중요한 사람들에게서 항상 사랑과 인정을 받아야만 한다."를 비합리적 신념의 예로 제시한 바 있다.

39 정답 ③

③ 켈리(Kelly)는 인간이 세상을 자기 나름대로 구성한다고 보았다. 즉, 인간은 자신이 생활하는 환경을 파악하기 위해 인지적 구성개념을 창조하며, 그와 같은 구성개념을 토대로 생활사건을 해석하고 예측한다는 것이다. 켈리는 사람들의 행동이 서로 다른 이유와 관련하여 그들이 세계를 해석하는 방식이 서로 다르기 때문이라고 보았다. 이는 사람들이 항상 세계를 바라보는 저마다의 다양한 방식들이 있다는 '구성개념적 대안주의 또는 구성적 대안주의(Constructive Alternativism)'의 철학적 입장을 반영한 것이다.

40 정답 ②

고정역할 치료(Fixed Role Therapy)
치료자가 내담자에게 새로운 역할을 일정 기간 동안 시행해 보도록 함으로써 자신과 세상에 대한 대안적 관점을 가질 수 있도록 돕는 치료적 방법이다.

01	02	03	04	05	06	07	08	09	10	11	12	13	14	15	16	17	18	19	20
①	③	①	③	②	④	④	①	②	④	④	②	④	①	④	④	③	③	②	②

21	22	23	24	25	26	27	28	29	30	31	32	33	34	35	36	37	38	39	40
③	②	③	④	①	④	②	③	③	①	②	④	①	③	①	②	③	④	②	③

01 정답 ①

② 올포트(Allport)는 성격을 "개인의 특유한 행동과 사고를 결정하는 심리신체적 체계인 개인 내 역동적 조직"으로 정의하였다.

③ 설리반(Sullivan)은 성격을 "인간 상호 관계 속에서 개인의 행동을 특징짓는 비교적 지속적인 심리적 특성"으로 정의하였다.

④ 카버와 샤이어(Carver & Scheier)는 성격을 "인간의 행동, 사고, 감정의 특유한 패턴을 창조하는 심리신체적 체계인 인간 내부의 역동적 조직"으로 정의하였다.

02 정답 ③

③ 성격은 비교적 일관되고 안정적인 행동패턴을 반영한다. 성격을 통해 개인의 행동을 이해하고 예언할 수 있는 것도 이와 같은 일관성 혹은 안정성에서 비롯된다.

03 정답 ①

① 신정신분석은 인간행동의 동기를 이해하는 데 있어서 무의식이 아닌 의식을, 성적인 힘보다는 사회적·문화적 힘을 강조한다.

04 정답 ③

③ 로터가 강조한 주장이다.

인간관의 주요 준거로서 유전 대 환경

유전	• 개인은 생득적 요인으로서 유전의 영향을 더욱 많이 받는다. • 대표적인 학자 : 프로이트(Freud), 융(Jung), 아이젱크(Eysenck), 카텔(Cattell) 등
환경	• 개인은 자신을 둘러싼 환경의 영향을 더욱 많이 받는다. • 대표적인 학자 : 왓슨(Watson), 스키너(Skinner), 반두라(Bandura), 로터(Rotter) 등

05 정답 ②

② 검사 자료(T-data ; Test Data)는 표준화된 성격검사나 실험과제를 통해 수집된 객관적인 자료를 말한다.

① 생활기록 자료(L-data ; Life-record Data)는 개인의 성장 과정, 가족관계, 현재 생활상황 등 개인의 생활사에 관한 자료를 말한다.

③ 관찰자 자료(O-data ; Observer-rating Data)는 관찰자 평정자료로서 연구자 혹은 관찰대상자 개인을 잘 알고 있는 사람이 그에 대해 관찰한 자료를 말한다.

④ 자기보고 자료(S-data ; Self-report Data)는 개인이 자신에 대해 스스로 설명하거나 평가자의 질문에 대해 응답한 자료를 말한다.

06 정답 ④

④ 구조화된 면담(면접)은 일정하게 표준화된 질문, 즉 면접조사표를 활용하므로 면접 상황에 구애되지 않은 채 모든 응답자에게 동일한 질문을 할 수 있다. 즉, 구조화된 면담은 면담자(면접자) 간의 일치도를 높일 수 있으며, 그 결과를 객관적으로 수량화하는 것이 상대적으로 용이하다.

07 정답 ④

④ MBTI가 옳은 내용이다.

성격평가를 위한 주요 검사도구

자기 보고식 검사 (객관적 검사)	• 미네소타 다면적 인성검사(MMPI) • 마이어스-브릭스 성격유형검사 (MBTI)(④) • 기질 및 성격검사(TCI) • 캘리포니아 성격검사(CPI) • 16성격 요인검사(16PF) 등
투사적 검사	• 로샤 검사(Rorschach Test)(①) • 주제통각검사(TAT)(②) • 아동용 주제통각검사(CAT) • 집-나무-사람 그림검사(HTP)(③) • 인물화 검사(DAP) 등

08 정답 ①

①・③ 상관연구는 여러 가지 변인들을 연구할 수 있으며, 많은 변인들 간의 관계를 연구할 수 있는 강점이 있다.

② 상관연구는 개인에 대한 심층적인 연구를 하기 어렵다. 개인에 대한 심층적인 연구를 강점으로 하는 것은 사례연구에 해당한다.

④ 특정 변인에 대해 인위적인 조작이 가능한 것은 실험연구의 강점에 해당한다.

09 정답 ②

② 조작적 정의(Operational Definition)는 개념이 추상적이어서 직접 조사하기 어려운 경우 그것을 측정 가능한 형태로 대체하거나 지수로 정립하는 것이다. 추상적 개념을 조작적으로 정의하는 구체적인 방법들은 다양할 수 있다. 만약 청소년의 우울에 대해 연구할 경우 우울의 수준을 측정하기 위해 만든 우울 관련 척도를 활용할 수 있다. 그 이유는 우울 관련 척도가 우울의 수준을 점수화함으로써 이를 과학적으로 측정 가능하도록 하기 때문이다. 이와 같은 추상적 개념의 조작화 과정은 특히 양적 조사에서 중요한 과정에 해당한다.

10 정답 ④

④ 보기에 제시된 요인분석(Factor Analysis)은 검사의 구성타당도(Construct Validity)를 알아보기 위해 가장 널리 사용되는 방법으로서, 검사를 구성하는 문항들의 상관관계를 분석하여 상관이 높은 문항들을 묶어주는 통계적 방법이다.

① 내용타당도(Content Validity)는 검사의 문항들이 그 검사가 측정하고자 하는 내용영역을 얼마나 잘 반영하고 있는지를 검증하는 방법이다.

②・③ 준거타당도(Criterion Validity)는 이미 전문가가 만들어놓은 신뢰도와 타당도가 검증된 측정도구에 의한 측정결과를 기준으로 하는 방법으로서, 준거변인에 관한 측정이 어느 시기에 행해지는가에 따라 '동시타당도(Concurrent Validity)'와 '예언타당도(Predictive Validity)'로 구분된다.

11 정답 ④

④ 잠복기(잠재기)에는 리비도의 대상이 동성 친구로 향하는 반면, 생식기에는 리비도의 대상이 점차 또래의 이성친구에게로 옮겨 간다.

12 정답 ②

① 거세불안과 남근선망은 주로 남근기(3~6세)에 나타난다.

③ 프로이트(Freud)는 리비도(Libido)를 성적 에너지로 주장한 반면, 융(Jung)은 이를 일반적인 생활에너지로 간주하였다.

④ 방어기제는 갈등과 불안에 대처하기 위해 자아(Ego)가 사용하는 심리적 기제이다.

13 정답 ④

④ 부인 또는 부정(Denial)에 해당한다. 부인 또는 부정은 의식화되는 경우 감당하기 어려운 고통이나 욕구를 무의식적으로 부정하는 것이다.

① 보상(Compensation)은 어떤 분야에서 탁월하게 능력을 발휘하여 인정받음으로써 다른 분야의 실패나 약점을 보충하여 자존심을 고양시키는 것이다.

② 억압(Repression)은 죄의식이나 괴로운 경험, 수치스러운 생각을 의식에서 무의식으로 밀어내는 것으로서 선택적인 망각을 의미한다.

③ 신체화(Somatization)는 심리적인 불안이나 스트레스가 감각기관이나 수의근계통 이외의 신체증상으로 표출되어 나타나는 것이다.

14 정답 ①

ㄱ, ㄴ, ㄷ이 옳은 내용이다.

ㄹ. 반두라(Bandura)는 행동주의적 관점에서 사회학습이론(사회인지이론)을 전개한 학자에 해당한다.

15 정답 ④

④ 페르소나(Persona)는 자아의 가면으로 개인이 외부세계에 내보이는 이미지를 말하는 것으로서, 융(Jung)의 분석심리이론 중 주요 개념에 해당한다.

① 아니마(Anima)는 무의식 속에 존재하는 남성의 여성적인 측면을 말하는 것으로서, 융(Jung)의 분석심리이론 중 주요 개념에 해당한다.

② 결핍동기(Deficiency Motive)는 유기체 내의 부족한 어떤 것을 충족시키려는 결핍욕구에서 비롯된 것으로서, 매슬로우(Maslow) 인본주의이론의 주요 개념에 해당한다.

③ 열등감(Inferiority)을 동기유발의 요인으로서 인간의 성숙과 자기완성을 위해 필수적인 요소로 간주한 것은 아들러(Adler)의 개인심리이론이다.

16 정답 ④

④ 호나이(Horney)의 신경증적 성격이론은 개인의 자기체계를 현실적 자기(Real Self)와 이상적 자기(Ideal Self)로 구분한다.

17 정답 ③

기본적 악(Basic Evil)

• 호나이(Horney)는 개인으로부터 불안전감을 불러일으키는 환경 내의 모든 부정적 요인을 '기본적 악(Basic Evil)'으로 보았다.

• 특히 아동에게 있어서는 지배, 고립, 과보호, 무관심, 부모의 불화, 돌봄과 지도의 결핍, 격려와 애정의 결핍 등이 기본적 악이라고 볼 수 있다.

18 정답 ③

③ '진짜인 나'가 해당되지 않는다.

자기상 형성 또는 자기의 정형화 (Personification of Self)

• 좋은 나(Good Me) : 유아가 어머니와 안정감 있고 만족스러운 관계를 경험하면서 자신에게 주어진 긍정적 피드백을 토대로 형성한 자기상이다.

• 나쁜 나(Bad Me) : 유아의 행동에 대한 어머니의 불안정하고 과민한 반응이 내재화된 자기상이다.

• 내가 아닌 나(Not Me) : 참을 수 없는 강렬한 불안을 경험하면서 자신의 것이 아닌 것으로 거부된 자기의 부분이다.

19 정답 ②

② 중심특질(Central Traits)에 대한 설명에 해당한다. 주특질(Cardinal Traits)은 개인의 가장 일반적으로 일관성이 있는 기본 특질로서 히틀러(Hitler)의 권력추구, 돈 주앙(Don Juan)의 성적 탐닉, 테레사 수녀(Mother Teresa)의 인간애 등을 예로 들 수 있다. 그러나 대부분의 사람들은 어떤 하나의 기본 특질보다는 여러 개의 중심특질에 의해 움직인다.

20 정답 ②

② 카텔은 개인의 성격발달 과정을 4단계가 아닌 6단계로 구분하였다.

카텔(Cattell)의 특질이론에 따른 성격발달 단계

• 유아기(0~6세) : 배변훈련, 자아와 초자아, 사회적 태도 형성 등

• 아동기(6~14세) : 또래와 자신의 동일시 등

• 청소년기(14~23세) : 독립성, 자기표현, 성적 갈등의 경험 등

• 성인기(23~50세) : 직업의 선택, 결혼과 출산, 부모로서의 역할 수행 등

• 성인 후기(50~65세) : 신체적 매력의 감소, 자녀의 결혼, 은퇴 준비 등

• 노년기(65세 이후) : 배우자나 친구의 죽음, 은퇴에 따른 직업 상실, 사회문화적 활동에서의 지위 상실, 고독감과 죽음의 엄습 등

21 정답 ③

③ 신경증적 경향성에 대한 설명이다.

아이젱크(Eysenck)가 분류한 인간의 성격차원

• 외향성(E ; Extraversion) : 개인의 각성 수준

• 신경증적 경향성(N ; Neuroticism) : 정서적 예민성·불안정성

• 정신병적 경향성(P ; Psychoticism) : 공격성·충동성·반사회성

22 정답 ②

머레이(Murray)의 성격발달의 5단계

• 폐소(Claustral) – 자궁 내에서의 안전하고 수동적이며, 의존적인 상태에 있는 단계이다.

• 구강(Oral) – 어머니의 젖이나 우유병을 빨면서 영양분을 흡수하는 감각적 즐거움을 느끼는 단계이다.

• 항문(Anal) – 배변에 따른 상쾌한 감각의 즐거움을 느끼는 단계이다.

- 요도(Urethral) − 배뇨에 따른 상쾌한 감각의 즐거움을 느끼는 단계이다.
- 성기(Genital) − 성기로부터 일어나는 흥분을 느끼는 단계이다.

- 자연스러움과 간결함을 좋아한다.
- 감성이 풍부하다.(③)
- 창의적이다.
- 초월적인 것을 경험하려 한다.

23 정답 ③
① 배려는 성인기(중년기)의 위기로서 생산성 대 침체와 연관된다.
② 의지력은 초기 아동기의 위기로서 자율성 대 수치심 · 회의와 연관된다.
④ 목적의식은 학령전기(유희기)의 위기로서 주도성 대 죄의식과 연관된다.

24 정답 ④
④ 고전적 정신분석이론이 성적 추동을 일차적인 것으로 보는 반면, 대상관계이론은 개인이 다른 사람과 맺는 관계를 일차적인 것으로 본다. 즉, 전통적 이론이 추동 만족에 초점을 두는 반면, 대상관계이론은 관계 추구를 강조한다.

25 정답 ①
① 지능수준이 높은 것이 해당되지 않는다.

자기실현자의 성격특성
- 현실 중심적이다.
- 문제해결 능력이 탁월하다.
- 수단과 목적을 구분한다.
- 사생활을 즐긴다.(②)
- 환경과 문화에 영향을 받지 않는다.
- 사회적인 압력에 굴하지 않는다.(④)
- 민주적인 가치를 옹호한다.
- 인간적이다.
- 인간적인 관계를 깊이 한다.
- 공격적이지 않는 유머를 즐긴다.
- 자신과 남을 있는 그대로 받아들인다.

26 정답 ④
④ 창의성이 해당하지 않는다.

인간중심 치료의 주요 요소(Rogers)
- 일치성과 진실성
- 공감적 이해와 경청
- 무조건적인 긍정적 관심(수용) 또는 존중

27 정답 ②
부과된 조절(내사)
- 자신이나 타인의 인정을 추구하며, 죄책감이나 불안 혹은 자기 비난을 피하기 위하여 동기화된 행동을 한다.
- 부과된 조절에 의해 동기화된 학습자는 교사가 자신을 좋은 학생으로 생각하기를 원하기 때문이라든지, 과제를 하지 않는 것을 스스로 용납하지 못하기 때문이라든지, 하지 않으면 수치스럽기 때문이라든지 등의 이유로 과제를 수행한다.

28 정답 ③
① 임의적 추론(Arbitrary Inference) : 결론을 지지하는 증거가 없거나 그 증거가 결론에 위배됨에도 불구하고 그와 같은 결론을 내리는 것이다.
② 선택적 추상화(Selective Abstraction) : 다른 중요한 요소들은 무시한 채 사소한 부분에 초점을 맞추고, 그 부분적인 것에 근거하여 전체 경험을 이해하는 것이다.
④ 개인화(Personalization) : 자신과 관련시킬 근거가 없는 외부사건을 자신과 관련시키는 경향이다.

29 **정답** ③

알고 이해하고 의미를 추구하려는 욕구에 의해 공부하는 단계는 지식탐구추구 단계로, 의미부여 단계에서는 행동을 수행하면서 갈등을 경험하지 않는 단계로, 공부하면서 내적 갈등이나 긴장을 하지 않는다.

자기결정이론을 바탕으로 구분한 학습동기와의 단계

무기력 단계	학습동기가 전혀 내면화되지 않은 상태이다.
외적강압 단계	누군가가 직접적으로 보상을 주거나 통제를 가하면서 구체적인 행동을 지시할 때 행동을 수행하는 것(처벌을 피하고 보상받기 위해 공부하는 것)이다.
내적강압 단계	스스로가 자신의 행동을 통제하지만 행동의 직접적인 통제자가 자신으로 외적 가치나 보상체계로 그대로 내면화한 단계이다(학습자는 죄책감이나 긴장·불안을 피하기 위해 공부한다).
유익추구 단계	어떤 목표를 이루기 위해 유익한 행동을 스스로 선택하여 수행하는 단계이다.
의미부여 단계	행동을 수행하면서 갈등을 경험하지 않는 단계로, 공부하면서 내적 갈등이나 긴장을 경험하지는 않는다.
지식탐구 추구 단계	알고 이해하고 의미를 추구하려는 욕구에 의해 공부하는 단계이다.
지적성취 추구 단계	과제를 완벽하게 수행하는 것이 중요하며, 즐거움과 만족을 얻기 위해 공부하는 단계이다.
지적자극 추구 단계	흥분되는 학습내용을 통하여 강렬한 지적 즐거움을 얻기 위해 공부하는 단계이다.

30 **정답** ①

합리적·정서적 치료의 ABCDEF 모델

- A(Activating Event) : 선행사건 또는 촉발사건
- B(Belief System) : 신념체계 또는 비합리적 신념체계
- C(Consequence) : 결과
- D(Dispute) : 논박
- E(Effect) : 효과
- F(Feeling) : 감정

31 **정답** ②

파국화(Awfulizing) 또는 재앙화(Catastrophizing)
'지나친 과장'을 의미하는 것으로서, 당위적 요구가 충족되지 못했을 때 그와 같은 현실의 결과를 과장되게 해석하는 것이다. 이와 같이 사소한 위험에 대한 의문은 꼬리를 물고 확산될 뿐만 아니라 파국적인 결과를 예상하도록 함으로써 불안과 걱정이 만연하게 된다.

32 **정답** ④

④ 비합리적 신념이 아닌 합리적 사고로 볼 수 있다.

33 **정답** ①

② 과잉 일반화 또는 과도한 일반화(Overgeneralization)는 한두 가지의 고립된 사건에 근거해서 일반적인 결론을 내리고 그것을 서로 관계없는 상황에 적용하는 것이다.
③ 개인화(Personalization)는 자신과 관련시킬 근거가 없는 외부사건을 자신과 관련시키는 경향이다.
④ 선택적 추상화(Selective Abstraction)는 다른 중요한 요소들은 무시한 채 사소한 부분에 초점을 맞추고, 그 부분적인 것에 근거하여 전체 경험을 이해하는 것이다.

34 **정답** ③

③ 인지삼제(Cognitive Triad)는 우울 증상을 경험하는 사람들의 자동적 사고에 해당한다. 우울 증상을 경험하는 사람의 경우 자동적으로 떠올리는 부정적인 내용의 생각들이 심리적인 문제로 이어지게 된다.

35 **정답** ①

① 인지치료의 인지적 기술로서 재귀인(Reattribution), 재정의(Redefining), 탈중심화(Decentering)가 있다.

36 **정답** ②

ㄴ, ㄹ이 옳지 않다.

자기조절(Self-regulation)의 하위 과정으로서 자기조절적 기제

• 자기관찰 : 자신의 수행을 체계적으로 점검한다.
• 자기판단 : 목표 혹은 기준과 자신의 수행을 체계적으로 비교한다.
• 자기반응 : 목표 혹은 기준에의 부합 여부에 따라 스스로 보상이나 처벌을 한다.

37 **정답** ③

높은 자기효능감은 특정 과제를 수행할 수 있다는 강한 신념을 반영하는 반면, 낮은 자기효능감은 그 과제를 수행할 수 없다는 신념을 반영한다. 이는 동기부여와 자기효능감 사이에 정적 상관(비례관계)이 있음을 나타낸다.

38 **정답** ④

통제소재 또는 통제의 위치(Locus of Control)
개인이 자신에게 영향을 미치는 사건을 통제할 수 있다고 믿는 정도를 의미한다. 이는 개인이 어떤 행동을 했을 때 특정한 결과가 나타날 것이라는 기대와 함께 그 결과로 인한 강화가치(보상가치)의 결정을 자기 자신이 하는가 아니면 타인이 하는가에 대한 믿음으로 볼 수 있다.

39 **정답** ②

과학자로서의 인간(Man-as-scientist)
• 켈리(Kelly)는 모든 인간이 자신의 구성개념에 근거하여 사건을 해석하고 예언하고 통제한다고 보았으며, 그 과정을 '과학자로서의 인간(Man-as-scientist)'으로 설명하였다.
• 그러나 견실한 개념과 이론에 근거하여 미래를 정확히 예측하는 유능한 과학자가 있는 반면, 부실한 개념과 이론에 근거하여 미래에 대한 잘못된 예측을 일삼는 어설픈 과학자도 있다. 마찬가지로 정교하고 체계적인 구성개념을 토대로 미래를 비교적 정확히 예측하고 적응적인 삶을 살아가는 사람도 있는 반면, 그렇지 못한 구성개념을 토대로 미래를 어설프게 예측하고 부적응적인 삶을 살아가는 사람도 있다.

40 **정답** ③

① 범위 추론(Range Corollary)은 하나의 구성개념이 제한된 범위의 사건들만을 예측하는 데 유용하다는 것이다.
② 조절 추론(Modulation Corollary)은 개인의 구성개념 체계 내에서의 변화는 그 변화된 구성개념이 유익한 범위 내에서 다른 구성개념에 영향을 미친다는 것이다.
④ 개별성 추론(Individuality Corollary)은 사람들이 각자가 가지고 있는 사건의 구성개념에 있어서 서로 다르다는 것이다.

SD에듀와 함께, 합격을 향해 떠나는 여행

독학학위제 2단계 전공기초과정인정시험 답안지(객관식)

컴퓨터용 사인펜만 사용

★ 수험생은 수험번호와 응시과목 코드번호를 표기(마킹)한 후 일치여부를 반드시 확인할 것.

전공분야

성명

(1)	2	—				

수험번호

(2)	①		—		—	—
	②					
	③	●				
	④					

①	①	①	①	①	①	①
②	②	②	②	②	②	②
③	③	③	③	③	③	③
④	④	④	④	④	④	④
⑤	⑤	⑤	⑤	⑤	⑤	⑤
⑥	⑥	⑥	⑥	⑥	⑥	⑥
⑦	⑦	⑦	⑦	⑦	⑦	⑦
⑧	⑧	⑧	⑧	⑧	⑧	⑧
⑨	⑨	⑨	⑨	⑨	⑨	⑨
⑩	⑩	⑩	⑩	⑩	⑩	⑩

※ 감독관 확인란

(인)

관리번호

(연번)

(응시자수)

과목코드 / 응시과목

교시코드 ① ② ③ ④

과목코드	응시과목
⓪①②③④⑤⑥⑦⑧⑨	1 ①②③④ 21 ①②③④
⓪①②③④⑤⑥⑦⑧⑨	2 ①②③④ 22 ①②③④
⓪①②③④⑤⑥⑦⑧⑨	3 ①②③④ 23 ①②③④
⓪①②③④⑤⑥⑦⑧⑨	4 ①②③④ 24 ①②③④
	5 ①②③④ 25 ①②③④
	6 ①②③④ 26 ①②③④
	7 ①②③④ 27 ①②③④
	8 ①②③④ 28 ①②③④
	9 ①②③④ 29 ①②③④
	10 ①②③④ 30 ①②③④
	11 ①②③④ 31 ①②③④
	12 ①②③④ 32 ①②③④
	13 ①②③④ 33 ①②③④
	14 ①②③④ 34 ①②③④
	15 ①②③④ 35 ①②③④
	16 ①②③④ 36 ①②③④
	17 ①②③④ 37 ①②③④
	18 ①②③④ 38 ①②③④
	19 ①②③④ 39 ①②③④
	20 ①②③④ 40 ①②③④

교시코드 ① ② ③ ④

과목코드	응시과목
⓪①②③④⑤⑥⑦⑧⑨	1 ①②③④ 21 ①②③④
⓪①②③④⑤⑥⑦⑧⑨	2 ①②③④ 22 ①②③④
⓪①②③④⑤⑥⑦⑧⑨	3 ①②③④ 23 ①②③④
⓪①②③④⑤⑥⑦⑧⑨	4 ①②③④ 24 ①②③④
	5 ①②③④ 25 ①②③④
	6 ①②③④ 26 ①②③④
	7 ①②③④ 27 ①②③④
	8 ①②③④ 28 ①②③④
	9 ①②③④ 29 ①②③④
	10 ①②③④ 30 ①②③④
	11 ①②③④ 31 ①②③④
	12 ①②③④ 32 ①②③④
	13 ①②③④ 33 ①②③④
	14 ①②③④ 34 ①②③④
	15 ①②③④ 35 ①②③④
	16 ①②③④ 36 ①②③④
	17 ①②③④ 37 ①②③④
	18 ①②③④ 38 ①②③④
	19 ①②③④ 39 ①②③④
	20 ①②③④ 40 ①②③④

답안지 작성시 유의사항

1. 답안지는 반드시 컴퓨터용 사인펜을 사용하여 다음 [보기]와 같이 표기할 것.
   [보기] 잘된 표기: ● 잘못된 표기: ⊙ ⊗ ◑ ◐ ◒
2. 수험번호 (1)에는 아라비아 숫자로 쓰고, (2)에는 "●"와 같이 표기할 것.
3. 과목코드는 뒷면 "과목코드번호"를 보고 해당과목의 코드번호를 찾아 표기하고,
   응시과목란에는 응시과목명을 한글로 기재할 것.
4. 교시코드는 문제지 전면 의 교시를 해당란에 "●"와 같이 표기할 것.
5. 한번 표기한 답은 긁거나 수정액 및 스티커 등 어떠한 방법으로도 고쳐서는
   아니되고, 고친 문항은 "0"점 처리함.

[이 답안지는 마킹연습용 모의답안지입니다.]

독학학위제 2단계 전공기초과정인정시험 답안지(객관식)

★ 수험생은 수험번호와 응시과목 코드번호를 표기(마킹)한 후 일치여부를 반드시 확인할 것.

컴퓨터용 사인펜만 사용

전공분야

성명

수험번호

응시과목

과목코드

교시코드 ① ② ③ ④

※ 감독관 확인란

(인)

관 리 번 호

(연번)

호

(응시자수)

절취선

독학학위제 2단계 전공기초과정인정시험 답안지(객관식)

★ 수험생은 수험번호와 응시과목 코드번호를 표기(마킹)한 후 일치여부를 반드시 확인할 것.

전공분야

성 명

		수 험 번 호			
2					

(1)

	−				−		−	

(2)

① ● ③ ④

①	−	①	①	−	①	−	①	①
②	②	②	②	②	②	②	②	②
③	③	③	③	③	③	③	③	③
④	④	④	④	④	④	④	④	④
⑤	⑤	⑤	⑤	⑤	⑤	⑤	⑤	⑤
⑥	⑥	⑥	⑥	⑥	⑥	⑥	⑥	⑥
⑦	⑦	⑦	⑦	⑦	⑦	⑦	⑦	⑦
⑧	⑧	⑧	⑧	⑧	⑧	⑧	⑧	⑧
⑨	⑨	⑨	⑨	⑨	⑨	⑨	⑨	⑨
⑩	⑩	⑩	⑩	⑩	⑩	⑩	⑩	⑩

과목코드

교시코드

응시과목

1	① ② ③ ④	21	① ② ③ ④
2	① ② ③ ④	22	① ② ③ ④
3	① ② ③ ④	23	① ② ③ ④
4	① ② ③ ④	24	① ② ③ ④
5	① ② ③ ④	25	① ② ③ ④
6	① ② ③ ④	26	① ② ③ ④
7	① ② ③ ④	27	① ② ③ ④
8	① ② ③ ④	28	① ② ③ ④
9	① ② ③ ④	29	① ② ③ ④
10	① ② ③ ④	30	① ② ③ ④
11	① ② ③ ④	31	① ② ③ ④
12	① ② ③ ④	32	① ② ③ ④
13	① ② ③ ④	33	① ② ③ ④
14	① ② ③ ④	34	① ② ③ ④
15	① ② ③ ④	35	① ② ③ ④
16	① ② ③ ④	36	① ② ③ ④
17	① ② ③ ④	37	① ② ③ ④
18	① ② ③ ④	38	① ② ③ ④
19	① ② ③ ④	39	① ② ③ ④
20	① ② ③ ④	40	① ② ③ ④

과목코드

교시코드

응시과목

1	① ② ③ ④	21	① ② ③ ④
2	① ② ③ ④	22	① ② ③ ④
3	① ② ③ ④	23	① ② ③ ④
4	① ② ③ ④	24	① ② ③ ④
5	① ② ③ ④	25	① ② ③ ④
6	① ② ③ ④	26	① ② ③ ④
7	① ② ③ ④	27	① ② ③ ④
8	① ② ③ ④	28	① ② ③ ④
9	① ② ③ ④	29	① ② ③ ④
10	① ② ③ ④	30	① ② ③ ④
11	① ② ③ ④	31	① ② ③ ④
12	① ② ③ ④	32	① ② ③ ④
13	① ② ③ ④	33	① ② ③ ④
14	① ② ③ ④	34	① ② ③ ④
15	① ② ③ ④	35	① ② ③ ④
16	① ② ③ ④	36	① ② ③ ④
17	① ② ③ ④	37	① ② ③ ④
18	① ② ③ ④	38	① ② ③ ④
19	① ② ③ ④	39	① ② ③ ④
20	① ② ③ ④	40	① ② ③ ④

답안지 작성시 유의사항

1. 답안지는 반드시 컴퓨터용 사인펜을 사용하여 다음 보기와 같이 표기할 것.
   보기 잘된 표기: ● 잘못된 표기: ⊗ ◑ ◐ ○

2. 수험번호 (1)에는 아라비아 숫자로 쓰고, (2)에는 "●"와 같이 표기할 것.

3. 과목코드는 뒷면 "과목코드번호"를 보고 해당과목의 코드번호를 찾아 표기하고,
   응시과목란에는 응시과목명을 한글로 기재할 것.

4. 교시코드는 문제지 전면 의 교시를 해당란에 "●"와 같이 표기할 것.

5. 한번 표기한 답은 긁거나 수정액 및 스티커 등 어떠한 방법으로도 고쳐서는
   아니되고, 고친 문항은 "0"점 처리함.

[이 답안지는 마킹연습용 모의답안지입니다.]

※ 감독관 확인란

(인)

※ 감독관 확인란
(연번)

관 리 번 호	
(응시자수)	

절취선

독학학위제 2단계 전공기초과정인정시험 답안지(객관식)

★ 수험생은 수험번호와 응시과목 코드번호를 표기(마킹)한 후 일치여부를 반드시 확인할 것.

전공분야

성명

수험번호

응시과목

	과목코드				응시과목				
					1	① ② ③ ④	21	① ② ③ ④
					2	① ② ③ ④	22	① ② ③ ④
					3	① ② ③ ④	23	① ② ③ ④
					4	① ② ③ ④	24	① ② ③ ④
					5	① ② ③ ④	25	① ② ③ ④
					6	① ② ③ ④	26	① ② ③ ④
					7	① ② ③ ④	27	① ② ③ ④
					8	① ② ③ ④	28	① ② ③ ④
					9	① ② ③ ④	29	① ② ③ ④
					10	① ② ③ ④	30	① ② ③ ④
					11	① ② ③ ④	31	① ② ③ ④
					12	① ② ③ ④	32	① ② ③ ④
					13	① ② ③ ④	33	① ② ③ ④
교시코드					14	① ② ③ ④	34	① ② ③ ④
① ② ③					15	① ② ③ ④	35	① ② ③ ④
					16	① ② ③ ④	36	① ② ③ ④
					17	① ② ③ ④	37	① ② ③ ④
					18	① ② ③ ④	38	① ② ③ ④
					19	① ② ③ ④	39	① ② ③ ④
					20	① ② ③ ④	40	① ② ③ ④

※ 감독관 확인란

관 리 번 호

(연번)

SD에듀 독학사 심리학과 2단계 성격심리학

개정6판1쇄 발행	2024년 02월 07일 (인쇄 2023년 12월 11일)
초 판 발 행	2017년 04월 10일 (인쇄 2017년 02월 27일)
발 행 인	박영일
책 임 편 집	이해욱
편 저	독학학위연구소
편 집 진 행	송영진 · 김다련
표지디자인	박종우
편집디자인	차성미 · 윤준호
발 행 처	(주)시대고시기획
출 판 등 록	제10-1521호
주 소	서울시 마포구 큰우물로 75 [도화동 538 성지 B/D] 9F
전 화	1600-3600
팩 스	02-701-8823
홈 페 이 지	www.sdedu.co.kr

I S B N	979-11-383-4779-2 (13180)
정 가	27,000원

SD에듀 독학사
심리학과

why

왜? 독학사 심리학과인가?

4년제 심리학과 학위를 최소 시간과 비용으로 **단 1년 만에 초고속 취득 가능!**

1 독학사 11개 학과 중 가장 최근(2014년)에 신설된 학과

2 청소년상담사, 임상심리사 등 심리학 관련 자격증과 연관

3 심리치료사, 심리학 관련 언론사, 연구소, 공공기관 등 다양한 분야로 취업 가능

심리학과 과정별 시험과목(2~4과정)

1~2과정 교양 및 전공기초과정은 객관식 40문제 구성

3~4과정 전공심화 및 학위취득과정은 객관식 24문제+**주관식 4문제** 구성

※ SD에듀에서 개설된 과목은 굵은 글씨로 표시하였습니다.

2과정(전공기초)	3과정(전공심화)	4과정(학위취득)
감각 및 지각심리학	산업 및 조직심리학	소비자 및 광고심리학
동기와 정서	상담심리학	심리학연구방법론
발달심리학	인지심리학	인지신경과학
사회심리학	학교심리학	임상심리학
성격심리학	학습심리학	
이상심리학	심리검사	
생물심리학	건강심리학	
심리통계	중독심리학	

SD에듀 심리학과 학습 커리큘럼

기본이론부터 실전문제풀이 훈련까지!

SD에듀가 제시하는 각 과정별 최적화된 커리큘럼에 따라 학습해 보세요.

STEP 01
기본이론
핵심이론 분석으로
확실한 개념 이해

STEP 02
문제풀이
실전예상문제를 통해
실전문제에 적용

STEP 03
모의고사
최종모의고사로
실전 감각 키우기

STEP 04
핵심요약
빨리보는 간단한 키워드로
중요 포인트 체크

─ 독학사 심리학과 2~4과정 교재 시리즈 ─

독학학위제 공식 평가영역을 100% 반영한 이론과 문제로 구성된 완벽한 최신 기본서 라인업!

START

2과정

▶ 전공 기본서 [전 6종]
- 감각 및 지각심리학
- 동기와 정서
- 발달심리학
- 사회심리학
- 성격심리학
- 이상심리학

▶ 심리학 벼락치기 [출간 예정]

감각 및 지각심리학+동기와 정서+
발달심리학+사회심리학+
성격심리학+이상심리학

3과정

▶ 전공 기본서 [전 6종]
- 산업 및 조직심리학
- 상담심리학
- 인지심리학
- 학교심리학
- 학습심리학
- 심리검사

4과정

▶ 전공 기본서 [전 4종]
- 소비자 및 광고심리학
- 심리학연구방법론
- 인지신경과학
- 임상심리학

※ 표지 이미지 및 구성은 변경될 수 있습니다.

GOAL!

➕ **독학사 전문컨설턴트가 개인별 맞춤형 학습플랜을 제공해 드립니다.**

SD에듀 홈페이지 **www.sdedu.co.kr**   상담문의 **1600-3600** 평일 9~18시 / 토요일·공휴일 휴무

나는 이렇게 합격했다

여러분의 힘든 노력이 기억될 수 있도록
당신의 합격 스토리를 들려주세요.

베스트 리뷰자 1등
갤럭시탭 S8 증정

추첨을 통해
선물 증정

합격생 인터뷰
상품권 증정

베스트 리뷰자 2등
갤럭시 버즈2 증정

100000

문화상품권 ₩10,000

SD에듀 합격생이 전하는 합격 노하우

"기초 없는 저도 합격했어요
여러분도 가능해요."

검정고시 합격생 이*주

"불안하시다고요?
시대에듀와 나 자신을 믿으세요."

소방직 합격생 이*화

"강의를 듣다 보니
자연스럽게 합격했어요."

사회복지직 합격생 곽*수

"선생님 감사합니다.
제 인생의 최고의 선생님입니다."

G-TELP 합격생 김*진

"시험에 꼭 필요한 것만 딱딱!
시대에듀 인강 추천합니다."

물류관리사 합격생 이*환

"시작과 끝은 시대에듀와 함께!
시대에듀를 선택한 건 최고의 선택 "

경비지도사 합격생 박*익

합격을 진심으로 축하드립니다!

합격수기 작성 / 인터뷰 신청

QR코드 스캔하고 ▷ ▷ ▷ ▶

이벤트 참여하여 푸짐한 경품받자!

합격의 공식
SD에듀